쓰레기의 세계사

문명의 거울에서 전 지구적 재앙까지

로만 쾨스터 지음
김지현 옮김

쓰레기의 세계사

흐름출판

차례

들어가는 말 •7

1부
• 근대 이전: 삶에는 쓰레기가 따른다 •

2부
• 산업 시대: 회색빛 도시의 시작 •

3부

• 대량 소비의 시대: 폭발하는 쓰레기 •

✝
쓰레기는 사치다.
—존 E. 영John E. Young**1**

쓰레기로 가득한 세계

인간과 쓰레기는 가깝고도 오래된 관계를 맺어왔다. 쓰레기가 있는 곳에는 인간이 존재하고, 인간은 늘 쓰레기를 만든다. 네안데르탈인도 쓸모없다고 여긴 물건들을 분류해서 내버렸다. 고대 로마는 쓰레기 문제로 골머리를 앓았으며, 시인 유베날리스는 도시를 돼지우리에 빗대기도 했다. 13세기 이집트 카이로는 골목 곳곳의 쓰레기를 치우기 위해 주기적으로 대청소를 했다. 17세기와 18세기에는 런던이나 파리 등 급격하게 성장한 대도시들이 쓰레기를 도시 밖으로 내버리는 데 어려움을 겪었다. 이러한 현상은 19세기에 더욱 악화되었으며, 쓰레기의 양이 전 세계적으로 증가한 오늘날에도 크게 나아지지 않았다. 아니, 오히려 그 반대이다.

쓰레기는 새로 생겨난 문제가 아니다. 하지만 문제의 핵심은 시간에 따라 변해왔다. 전근대 시기 쓰레기는 주로 편리함의 문제였다. 쓰레기는 길에 널브러져 있었고, 악취가 났으며, 통행을 방해했다. 높으신 분들의 방문 때문에 도시 미관을 관리해야 하는 것이 아니면 크게 중요하게 여겨지지 않았다. 18세기 후반부터는 세계적으로 도시들이 급성장하면서 쓰레기에서 비롯된 위생 문제가 수면 위로 떠올랐다. 비위생적인 환경이 발진티푸스나 콜레라를 확산시켰기 때문이다. 2차 세계 대전 이후에는 쓰레기가 지닌 또 다른 위험성이 문제가 되었다. 질병을 통제하는 것에는 차차 성공했지만, 무지막지한 양의 쓰레기와 환경 오염 문제에는 그러지 못했다.

쓰레기의 세계사를 다루는 이 책은 인간의 초기 역사부터 오늘날까지를 훑어보며 이러한 변화의 시작점을 짚어보고자 한다. 결국 이 책은 인간이 더럽고, 위험하고, 성가시고, 쓸모없다고 여기는 물건들의 이야기이다. 이 책은 쓰레기가 도시 미관에 관한 문제에서 세계적인 환경 문제로 부상하게 되기까지의 연대기를 살핀다. 여기서 우리는 쓰레기가 인간에게 어떠한 문제를 가져왔고, 인간이 여기에 어떻게 대처해왔으며, 이러한 대처 방안이 어떻게 변화해왔는지를 보게 될 것이다.

쓰레기의 역사를 살펴보는 작업은 다양한 부분에서 흥미롭다. 단순히 쓰레기가 인간이라는 존재와 역사를 보여주기 때문이 아니다. 물론 고고학자들이 쓰레기 더미를 뒤지지 않았다면 선사 시대의 삶과 식단, 풍습에 대해 지금만큼 알 수 없었을 것이다. 중세나 현대 초기를 연구할 때도 마찬가지이다. 쓰레기는 그 시대를 살던 사람들의 일상과 사회를 반영한다. 오늘날에도 크게 다르지 않다. **쓰레기사회학**은 이제 하나의 연구 분야로 발전했다. 학자들은 1970년대 사람들의 소비 행태를 연구하기 위해 비교적 최근에 생긴 매립지를 파헤친다.[2]

쓰레기 매립지에서 찾아낼 수 **없는** 것들도 흥미롭기는 매한가지이다. 인간은 수백 년에 걸쳐 물건의 재사용과 재활용 방법을 발전시켰다. 돌, 판자, 냄비, 옷감은 계속해서 재사용되었다. 쓰레기 재사용은 당시의 관계망과 가치 사슬value chain, 무역로, 사회가 오랜 시간에 걸쳐 형성한 가치 사상을 보여준다. 과거를 이룬 물질적 기반과 당시의 사회상, 쓰레기 처리 방식에서 알 수 있는 불결과 청결, 정돈과 위험을 둘러싼 인식의 변화 또한 마찬가지이다.

재활용품을 찾기 위해 쓰레기장을 뒤지는 아이들[3]

쓰레기는 **하층민**의 소비 역사를 연구하는 출발점이기도 하다. 귀족이나 부유층과는 달리, 이들은 당장 식탁에 올라오는 것들에 중점을 두고 소비했다. 쓸모없어 보이는 버려진 물건들을 가져와 사용하는 것은 하층민이 생계를 꾸려나가는 방식이자 창의적인 생존 방법이었다. 중고 옷이나 가구, 액세서리의 재사용은 소비 경제에 참여하면서 개성을 드러낼 수 있는 가능성을 열어주었다. 소비의 역사에서는 이러한 부분을 간과하는 경향이 있지만, 재활용과 재사용은 오늘날에도 서구권 이외의 지역에서 여전히 중요하다.

경제, 사회, 환경의 역사 등 다양한 분야를 살펴본 후에는 오늘날 쓰레기 문제의 뿌리를 찾아보고자 한다. 쓰레기 문제는 상상 이상으로 심각하다. 세계은행의 연구에 따르면, 2016년 가정에서 버린 쓰레기의 양은 20억 1천만 톤으로 추산된다. 상상조차 힘들 만큼 많은 양이다. 우리가 매일 내놓는 플라스틱 쓰레기는 에펠탑 100여 개 무게에 달한다.[4] 쓰레기의 양은 특히 2차 세계 대전 직후에 폭발적으로 증가했다.[5] 미래 또한 낙관적이지 않다. 특단의 조치를 취하지 않는다면, 2050년에는 가정에서 배출하는 쓰레기만 34억 톤에 달할 것으로 보인다. 지금보다 75% 증가한 양이다.[6] 1970년대 이후 쓰레기 배출량 감소는 환경 정치 분야의 주요 목표 중 하나로 늘 꼽혀왔다. 15년 전쯤부터는 **제로 웨이스트**zero waste가 화두에 오르기 시작했지만, 우리는 여기에서 점점 멀어질 뿐이다.[7]

쓰레기를 수거하고, 환경을 오염시키거나 바다에 버리지 않는 방법으로 처리해 재활용하는 것은 인류가 당면한 가장 큰 숙제이다. 이 책은 우리를 여기까지 이끈 과정을 설명하는 것에서 그치지 않는다. 쓰레기는 우리와 우리의 일상을 형성했으며, 우리가 먹고, 살고, 입고, 움직이고, 즐거움을 얻는 방식을 보여준다. 오늘날처럼 대량 소비 시대가 아닌 전근대에도 마찬가지이다. 쓰레기는 역사를 비추는 거울이고, 우리는 쓰레기와 생각 이상으로 가깝다.

낭비, 폐기, 그리고 효율성

쓰레기는 지구와 우리를 위협하는 환경 문제 중 하나이다. 하지만 사회가 이를 다루는 방식은 다른 문제를 다룰 때와는 사뭇 다르다. 기후 변화는 피부로 느끼기 쉽지 않고, 기본적으로—예를 들어 인터넷을 하거나 비행기를 탈 때—개개인이 미치는 영향을 파악하기 힘들다. 전기차 생산이 환경에 미치는 영향을 논의하는 글은 쉽게 찾아볼 수 있지만, 당장 자신의 자동차가 어떤 영향을 미치는지는 쉽게 확인할 수 없다. 반면 쓰레기는 우리가 매일같이 마주한다. 사람들은 음식이나 플라스틱 포장지를 버리면서 양심의 가책을 느낀다. 우리는 쓰레기를 직접 보며 자신이 환경을 얼마나 오염시키고 있는지 깨닫는다.

환경 문제에 대한 개인의 책임을 가시적으로 보여준다고 해서 문제가 해결되는 것은 아니다. 쓰레기는 사회를 반영한다. 자원 낭비는 우리가 마주한 문제로서 공기와 물을 오염시킬 뿐만 아니라, 대부분 폐기될 것을 알면서도 과도하게 상품을 생산하는 경제 체제의 병든 이면을 비춘다. 우리는 쓰레기를 생산하지만, 보통은 자의가 아니다. 쓰레기의 흐름은 자본주의 사회가 수요에 대한 공급을 맞추는 데 실패했음을 보여준다. 자본주의에 따르는 낭비와 환경 오염이라는 특성을 강조하는 **낭비 경제**Waste Economy라는 표현은 오래전부터 쓰였으며, 최근에는 **쓰레기세**Wasteocene라는 단어도 생겨났다(인간의 영향으로 형성된 지질 시대를 의미하는 단어 **인류세**Anthropocene에서 유래했다).[8]

　　낭비에 대한 토론에서 **폐기**Entwertung, 평가 절하 이야기를 빼놓을 수 없다. '쓰레기'라는 용어는 무언가가 쓸모없고 무가치하다는 평가를 내포한다. 여기에는 이를 버려야 한다는 강력한 사회적 압박이 뒤따른다. 평가 절하는 물건뿐만 아니라 사람에게도 적용되는 개념으로, 예술과 문학계의 흥미를 자극해왔다. 시각 예술에서 쓰레기는 사물이자 물질로서 어디에나 존재한다. 요제프 보이스Joseph Beuys의 설치 미술과 엘 아나추이El Anatsui의 재활용 조각상이 대표적이다. 찰스 디킨스의 『우리 공통의 친구Our Mutual Friend』(1865)나 황석영의 『낯익은 세상』(2011)에는 수많은 쓰레기—와 쓰레기에 관한 문학—가 등장한다. 무가치하다는 평가는 사회 계급을 분해하고 재형성한다. 쓰레기 매립지에서는 파산한 은행가와 미혼모가 마주칠 수 있지만, 고층 건물과 밝은 빛으로 가득한 번화가에서는 이 둘이 가까운 관계를 맺을 일이 없다.

　　낭비와 폐기라는 주제는 쓰레기에 관한 글에서 쉽게 찾아볼 수 있다. 이러한 글은 때로는 천재적이고, 때로는 계몽적이며, 가끔은 진부하기도 하다. 이러한 글들은 명백한 쓰레기—우리가 쓰레기통을 열었을 때 마주하고, 길에 굴러다니고, 매립지에서 썩어가는 그런 종류의 물건들—에서 애써 눈을 돌리는 경향이 있다. 쓰레기라는 표현은 주로 사회 계급을 구분하거나, 하나의 비유로서 물건이나 사람에게 가치를 부여하기도 하고 부정하기도 한다.[9]

쓰레기라는 단어에 과도한 의미가 담기면 정작 쓰레기의 물질적 특성은 부차적인 요소로 치부된다. 모든 것은 쓰레기로 여겨질 수 있고, 앞으로 쓰레기가 될 수 있다.[10] 리처드 걸링Richard Girling이 책 『쓰레기!Rubbish!』에서 도시 설계와 현대음악을 쓰레기라는 범주로 묶은 시도가 틀렸다는 말은 아니다.[11] 많은 사람이 여기에 찬성할 것이다. 하지만 이는 쓰레기라는 용어가 광범위하게 쓰이면서 그 실제 모습이 망각되는 현상을 보여준다.[12]

이 책은 쓰레기를 이해하도록 돕기 위해 쓰레기의 **물질적** 특성, 즉 인간이 더럽고, 성가시고, 위험하고, 쓸모없다고 정의하고 배출하는, **버려지는** 물건에 초점을 맞추고자 한다. 사빈 바를레Sabine Barles의 말마따나 쓰레기의 역사를 '정신 분석적'으로 다루는 것은 재미없어 보일지도 모른다.[13] 여러 문헌 자료가 강조하듯 쓰레기의 정의는 주관적이다. 무언가를 쓰레기로 규정하는 명확한 특성은 존재하지 않으며 일상에도 도움이 되지 않는다. 우리가 아직 먹지 않은 고기를 버리고, 치즈 포장지로 무언가를 만들지 않는 데에는 보통 이유가 있기 마련이다. 쓰레기 연구에서 가장 많이 인용되는 문헌인 메리 더글러스Mary Douglas의 1966년 작 『순수와 위험Purity and Danger』에서 말했듯,[14] 사회 질서를 유지하기 위해 **더럽고 깨끗한 것**과 **가치 있고 없는 것**을 구분해야 하기 때문만은 아니다.

이는 오히려 사회가 물건을 재생산하고 소비재를 공급하는 방식과 연관이 있다. 쓰레기의 역사를 다룰 때는 폐기되는 물건이 생산되는 조건을 자세히 살펴보아야 한다. 인간이 어떻게 물자를 절약해왔고, 어떤 쓰레기를 만들고 어떻게 처리했는지는 서로 밀접하게 얽혀 있다. 이는 쓰레기를 바라보는 사회의 일반적인 생각에 **의문**을 제기한다. 쓰레기 이야기는 곧 **낭비**에 관한 이야기로 이어진다. 실제로 둘 사이의 간극은 크지 않다. 부유한 서구권 국가들이 식료품의 절반 이상을 먹지도 않고 버린다는 사실을 어떻게 달리 포장할 수 있겠는가? 동물이 태어나고, 사육되고, 도살당하는 이유가 그 고기를 쓰레기통에 버리기 위함이라는 사실은? 새로 생산되는 엄청난 양의 옷들이—애초에 누군가가 입는다는 가정 아래—얼마 지나지 않아 헌 옷 수거함에 던져진다는 사실은 어떻게 설명할 것인가?

낭비에 대한 토론에는 특이한 모순이 존재한다. 노동 생산성이 낮았던 과거—18세기 산업화 시대 이전—에는 쓰레기를 거의 생산하지 않았지만, 생산성이 높은—우리가 살고 있는 오늘날의—사회는 쓰레기에 익사하기 직전이다. 극도로 높은 생산 효율성과 엄청난 자원 낭비의 상관관계를 어떻게 설명할 수 있을까? 내가 말하려는 것이 바로 이것이다. 쓰레기는 부유한 사회가 **감내**해야 하는 것이 아니다. 이는 오히려 사회가 가진 부의 부작용에 가깝다. 중요한 것은 왜 우리가 이렇게 많은 것을 버릴 수 있는지, 어떻게 이러한 현상을 등한시할 수 있는지이다. 미국 문화역사학자 수전 스트레서Susan Strasser는 물건을 재사용하고 고쳐 써야 한다는 의식을 '물건 관리Stewardship of Objects'라는 표현으로 설명했다.[15] 현대 사회는 식료품과 중고 물품, 전자 제품을 국제적인 규모로 분업화하고, 생산성을 높여 대량으로 생산하고 운송하고 배분한다. 대량 생산과 운송은 대량의 낭비로 이어지고, 이 과정에서 대다수의 쓰레기가 발생한다.

쓰레기는 특히 **효율성**의 문제이다. 여기에서 오류가 발생한다.

전근대 사회—고대 그리스부터 아즈텍까지—는 **이미**(!) 재활용 사회였다. 중세에 먹을 수 있는 고기를 버리는 것은 상상조차 할 수 없는 일이었다. 금속은 거의 완전히 재활용되었고, 천 쪼가리로는 종이를 만들었다. 배설물은 대부분 비료로 쓰였다. 이러한 현상을 설명하기 위해 누군가는 과거 사회가 자연을 바라보는 관점은 전혀 달랐으며, 지속 가능성을 지향하는 특수한 도덕관념이 존재했다고 말한다.[16] 하지만 실제로는 당장 직면한 결핍을 해결하기 위해서였을 뿐이다. 대부분의 사람들은 생존을 위해 매일같이 발버둥을 쳐야 했다. 전근대 사회에서 이러한 도덕관념은 일상 속에서 학습한, 결핍에 대처하는 당연한 방법이었다. 아즈텍의 재활용 방식을 오늘날 적용하기는 불가능하다. 그때의 사람들이 지금까지 살아 있었다면 우리만큼이나 많은 쓰레기를 만들었을 것이다.

쓰레기와 효율성의 상관관계는 더 많은 질문으로 이어진다. 왜 우리는 자리만 차지하고 아무것도 할 수 없는 물건들과 마주하게 될까? 프랑스 사회학자 조르주 바타유Georges Bataille에 따르면, 효용 가치가 없다는 것은 일상의 **장애물**이며 **더러움**은 공포로 이어진다.[17] 쓰레기는 날마다 생겨나고, 이를 오래도록 무시할 수는 없다. 쓰레기는 더럽고 냄새 나고 쌓인다.[18] 많은 사람들은 어떤 사물을 쓸데없다고 규정하는 것은 창의력이 부족한 탓이며, 플라스틱 병도 충분히 화분으로 사용할 수 있다고 말한다. 하지만 플라스틱 병은 내일도 나올 것이고, 모레에는 어쩌면 두 개가 나올지도 모른다. 이후에도 마찬가지이다. 물건이 쌓이다 보면 언젠가는 일상 속에서 쓰레기를 해결하려는 노력은 실패할 수밖에 없다.[19] 쓰레기 하나에 집중하는 것으로는 부족하다. 정말 중요한 건 쓰레기 **더미**이다.

이것으로 끝이 아니다. 지금의 경제 구조는 쓰레기를 만드는 부분에서는 탁월하지만, 수거하고 처리하는 부분에서는 그렇지 않다. 정치학자 러셀 하딘Russell Hardin의 말에 따르면 쓰레기를 생산하고 분배할 때의 효율성은 수거하고 처리할 때보다 훨씬 높다.[20] 자본주의 사회는 더 많은 물건을 더 적은 비용으로 생산하는 데 거장의 반열에 올랐지만, 남은 제품을 수거하고 처리해 재활용하는 능력은 여전히 부족하다. 이렇게 발생한 쓰레기 처리 문제는 이제 사회적 문제로 자리를 잡았다.

오늘날 쓰레기는 그 자체만으로 이 문제를 더 어렵게 만든다. 전근대의 쓰레기는 대부분 유기물 아니면 금속, 도자기였고 언젠가는 흙으로 돌아갔다. 하지만 오늘날 대량 생산 사회에서는 물질의 특성이 완전히 바뀌었다. 쓰레기는 다양해졌고, 복잡해졌다. 플라스틱이나 일부 화학 물질 등, 어떤 쓰레기들은 더 이상 '썩지 않고' 몇 십 년, 혹은 더 오랜 시간 형태를 유지한다. 쓰레기의 물질성 변화는 자본주의의 부정적인 면뿐만 아니라 대량 생산의 구조적 문제를 나타낸다. 현대의 운송 체계에서 떼려야 뗄 수 없는 플라스틱만이 아니다. 수많은 합성 물질과 화학 물질도 여기에 해당된다. 최소 1950년대 이후로 우리 삶을 이루는 물질들은 복잡해졌으며, 쓰레기의 발생과 처리를 더 힘들게 만들고 있다.

쓰레기와 부의 관계를 논의하는 것은 쓰레기 발생과 처리에 대해 변명하기 위해서가 결코 아니다. 이는 우리가 살고 있는 세계의 물질적 기반이 이러한 현상과 얼마나 얽히고설켜 있는지를 보여준다.

무언가를 쓰레기로 규정하는 것이 단순히 주관적인 문제인 것처럼 말하는 걸로는 충분하지 않다. 메리 더글러스는 이 문제의 유효성과 복잡성을 지적하여 환경 담론에 지대한 공헌을 했다. 하지만 동시에 가치와 무가치, 더러움과 청결함에 대한 사상을 논쟁에서 제외시키면서 이러한 담론을 지나치게 정치적인 문제로 만들었다. 낭비와 폐기가 현대 사회 쓰레기 문제를 해결하는 데 주요한 걸림돌인 것은 분명하지만, 그 뒤에 숨은 정치적 문제나 인과 관계에도 관심을 기울일 필요가 있다. 쓰레기를 진정으로 **이해하기** 위해서는 우리의 세상이 무엇으로 이루어져 있으며, 어떤 상황에서 쓰레기가 쓰레기로 정의되는지를 알아야 한다. 이 책의 목표는 역사를 살펴 이를 설명하는 것이다.

쓰레기의 세계사

세상은 쓰레기에 관심이 없고, 아직 더 연구가 필요하다는 주장은 문제를 복잡하게 만들 뿐이다. 하지만 엄밀히 말하면 사실이 아니다. 쓰레기에 관한 자료는 어디에나 존재하고, 문헌 또한 마찬가지이다. 선사 시대부터 오늘날까지, 쓰레기 문제를 기록하기 위해 얼마나 많은 잉크가 쓰였는지 모른다.

물론 이렇게 쓰인 쓰레기의 세계사가 모든 면에서 완벽하다는 뜻은 아니다. 많은 부분에서는 연구가 상당히 진행되었지만, 어떤 측면에는 여전히 큰 공백이 존재한다. 하지만 현상 전반에 적용하기에는 충분하다. 쓰레기와 부의 관계, 그리고 쓰레기가 생성되는 구조의 변화는 쓰레기의 발생과 처리 과정의 변화로 이어진다. 모든 쓰레기 통을 뒤지고 모든 쓰레기 수거 과정을 찾아봐야만 변화를 만들 수 있는 것은 아니다. 중요한 것은 세계의 쓰레기 생산과 처리 과정을 **비교할 수 있는** 문제로 만들고 해결 방안을 찾는 것이다. 정보와 지식의

	근대 이전	산업 시대	대량 소비 시대
쓰레기의 발생	도시 내 밀집 지역에도 쓰레기가 적음	도시 내 밀집 지역에서 쓰레기의 양 증가	쓰레기 양이 크게 증가하면서 사회 전반의 문제로 떠오름
재활용	지역을 중심으로 재사용 및 재활용이 이루어짐(도시와 지역 간의 교환)	재활용이 여전히 일반적임. 자원 거래가 이루어지는 지역이 확장됨	자원 재활용의 글로벌화. 전 지구적 상품으로서의 쓰레기
인식	장애, 골칫거리, 원자재	위생 문제, 원자재	환경 문제, 원자재
정책	지역에 따라 상이한 쓰레기 수거 제도를 갖춤	쓰레기 수거가 도시 위생 문제로 부상함	지역에 따라 상이한 쓰레기 수거 및 처리 규정을 갖춤
시대 구분	서유럽 및 미국: 1850년 이전	서유럽 및 유럽: 1850년 이후 중국: 1920년 이후	미국: 1920년 이후 서유럽: 1950년 이후 중국: 1990년 이후

교환은 이 과정을 형성하는 데에 중요한 역할을 했지만, 관계와 네트워크를 살피는 것만으로는 설명할 수 없는 부분도 존재한다. 어떤 쓰레기 문제는 사회 발전으로 이어지기도 했다. 도시 위생에 관한 지식이 공유되면서 이에 대한 새로운 사회적 인식도 생겨날 수 있었다.

이 책은 크게 근대 이전, 산업 시대, 대량 소비 시대 3부로 이루어져 있다. 각 부에서는 쓰레기에 대한 당대의 정의와 각 도시가 쓰레기와 공존한 방식, 쓰레기 문제를 인식하고 처리한 방식, 그리고 이를 통제하기 위한 정치적 조치를 다루고자 한다. 간단하게 표로 정리해보면 이렇다.

이 표는 지나친 일반화에서 벗어나기 위해 이 책이 채택한 분석의 틀을 보여준다. 근대 이전에는 **모든 것**이 재활용되고, 오늘날에는 **모든 것**이 버려진다는 말은 사실이 아니다. 폐기와 재활용, 절약과 낭비 사이에는 몇 세기에 걸쳐 형성된 경제적 역학 구조가 존재했다. 단순히—순환경제에서 선형경제로—쇠퇴했다는 말로는 이를 온전히 요약할 수 없다.[21] 물질적, 구조적 관점에서 세상은 지난 몇 백 년에 걸쳐 점점 더 복잡해졌다. 그렇기 때문에 지금의 시대가 버리는 사회로 발전하게 된 과정을 지나치게 비약하는 것은 오류로 이어질 수밖에 없다.

1부
근대 이전

삶에는 쓰레기가 따른다

1장
선사 시대: 이 모든 쓰레기의 시작

✝
선택의 여지가 있다면, 인간은 늘 버린다.
버리는 행위는 선사 시대부터 오늘날까지 어디에서나 찾아볼 수 있는
처리법이다.
— 윌리엄 L. 랏제William L. Rathje[1]

쓰레기 고고학

선사 시대를 연구하는 고고학자들은 쓰레기 더미를 연구한다. 오늘날 발굴된 물건들은 언젠가 쓸모가 없어져 버려진 것들이다. 물론 예외도 있다. 무덤 속 부장품은 사후 세계에서 죽은 사람에게 도움이 될 만한 것들로 선별된 물건들이다. 주로 산 사람에게도 가치가 있었기 때문에 무덤은 곧잘 도굴당하곤 했다.[2] 귀한 보물들은 보통 숨겨져 있었다. 물론 배를 고의로 침몰시키는 일은 없고, 바루스가 이끈 로마 군인들이 가족을 일부러 토이토부르크 숲에 남겨둔 것은 아니다(토이토부르크 전투). 하지만 이런 일은 예외다. 물건이 계속 쓸모 있었다면 버려질 일도 없었을 것이다. 그렇기 때문에 대부분의 고고학적 유물들은 말 그대로 '쓰레기'이다.[3]

발굴된 유물들은 당대 유용함의 기준을 보여준다. 이는 이러한 물건이 선사 시대 인류의 삶에 어떤 의미가 있었는지에 대한 토론으로 이어진다. 금속이나 유리로 된 유물은 거의 발견되지 않는다. 이러한 물질은 희귀했고 녹여서 쉽게 다시 쓸 수 있었기 때문이다. 18세기에 발굴된 어느 유적지에서는 금속과 옷감은 거의 찾아볼 수 없었다. 1736년 한 유적지의 잿더미에서 금속이 발견되자 파리 경찰들이 이를 의심한 것은 당연한 일이었다.[4] 고고학에서 토기가 중요한 유물로 꼽히는 데에는 이유가 있다. 도기는 실용적이지만, 재활용이 쉽지 않다. 물론 암포라 같은 도기는 화병부터 물주전자까지 가능한 모든 형태로 재활용되기도 했다. 깨진 도기가 집을 지을 때 충전재로 사용되는 일도 많았다.[5]

뼈는 초기 석기 시대 유적에서 쉽게 발견되는데, 당시 사람들의 식습관을 알려줄 뿐만 아니라, 동물의 이동 경로와 인류와의 동행 여부까지도 나타낸다. 화살촉도—깨진—토기와 마찬가지로 석기 시대 유적에서 자주 찾아볼 수 있는 유물에 속한다. 정착 생활을 하기 전의 인류는 새로운 곳으로 이동할 때 쓰레기를 그대로 버리고 떠났다. 이러한 유적들은 정착지가 아닌 임시 거주지에서 주로 보이는 물건들이다. 고고학적으로 중요하지만, 이것을 쓰레기사의 시작으로 보기는 어렵다. 쓰레기의 역사는 인류가 쓰레기를 버리는 것에서 벗어나 쓰레기와 **함께** 살기 시작하면서 비로소 막을 열었다.

쓰레기의 역사는 기원전 1만 년에서 기원전 6000년 사이, 인류가 한 장소에 정착하면서 비로소 시작되었다. 한곳에 자리를 잡게 되면서 인류는 배설물과 음식 찌꺼기, 재, 부서진 도구들과 비로소 마주하게 되었다. 거처에 내던지든, 한곳에 쌓아두든, 초기 인류의 정착지에서 쓰레기가 골칫거리가 되는 것은 (필연적으로) 시간 문제였다.

정착은 오랜 시간에 걸쳐 이루어졌다. 소아시아의 **비옥한 초승달 지대**에 자리를 잡은 인류는 다양한 과정을 거쳐 점차 유럽과 서아시아로 퍼져나갔다. 사냥과 채집을 하며 살아가던 사람들은 하나 혹은 다수의 임시 거처를 두고 살아가다 한곳에 정착하기 시작했고, 이는 점차 농업으로 이어졌다. 정착지를 떠나지 않게 되자, 얼마 지나지 않아 배설물, 음식물 쓰레기, 뼈, 재가 문제가 될 수준으로 쌓이게 되었다. 신석기 시대 정착지에 대한 연구를 살펴보면 이때 얼마나 많은 쓰레기가 발생했는지 알 수 있다. 여기에는 고약한 냄새도 따라왔을 것이다. 쓰레기에 꼬인 동물과 곤충에게서 질병이나 기생충이 옮는 것은 덤이었다.[6]

그 당시 사람들은 악취와 쓰레기에 어떻게 대응했을까? 확실하게 대답하기는 힘들다. 역사학에서는―돌려 말하든, 직설적으로 말하든―폭력적 충동의 조절이나 성적 규율, 식사 예절이 현대에 들어서야 발생했다고 말한다. 논란의 여지가 있기는 하지만, 이 이론이 맞는다면 근대 이전 사람들은 쓰레기나 배설물의 모양과 냄새에 지금처럼 예민하지 않았을 것이다. 따라서 신석기 시대의 인류는 탈취제를 달고 사는 현대인과는 달리 이러한 냄새에 크게 신경 쓰지 않았을 것이다. 그렇지 않다면 그렇게 살 리가 있었겠는가. 물론 근대 이전의 사람들이 오염이나 냄새에 반감이 전혀 없지는 않았을 것이다.

이는 쓰레기를 처리하기 위한 초창기 시도로 이어진다. 나투피안―기원전 1만 2000년에서 기원전 9500년 사이 레반트에 거주한 인류—유물은 쓰레기가 아무렇게나 내던지는 것에서 집 근처에 버리는 것으로 변화하는 과정을 보여준다. 이러한 변화에는 다양한 이유가 있었을 것이다. 어쩌면 쓰레기가 일상에 방해가 되었는지도 모른다. 쓰레기 때문에 동물이 너무 많이 꼬였거나, 악취를 참을 수 없었을지도 모른다. 어쨌든 신석기 초기 사람들은 쓰레기를 문 앞에서 '쓸어버려서' 쓰레기 문제를 해결했다.[7] 이러한 처리 행위에는 단순히 성가신 것을 치워버리는 것 이상의 의미가 있었을 수도 있다. 안과 밖의 경계를 표시하거나, 주거지를 별도의 구역으로 분리하거나, 쓰레기를 성가신 것으로 인식하는 것처럼 말이다. 한번 쓰레기를 밖에 내놓기 시작했으니, 쓰레기를 한곳에 모으는 것도 가능했을 것이다. 이것이 인류 역사에 등장한 초기의 쓰레기장이다. 쓰레기 더미는 중요한 문명의 발달 과정을 보여준다. 사람들은 그렇게 쓰레기 처리법을 익히기 시작했다.

고고학에서는 이러한 초기의 매립 시설을 **두엄 더미**Middens라고 부른다. 음식물 쓰레기를 의미하는 덴마크어에서 유래한 단어로, 선사 및 초기 역사를 연구한 19세기 스칸디나비아 학자들이 남긴 흔적이다. 청동기 시대의 정착지에는 쓰레기를 묻는 고정된 장소가 있었다.[8] 쓰레기 처리 방식이 완전히 발전되어 자리를 잡은 것은 아니었다. 쓰레기는 구덩이에 버려지기도 했지만, 거처 주변에 널브러져 있는 일도 많았다. 대규모 쓰레기 구덩이는 초기 역사에 등장한 매립 시설이었다. 노르웨이에 있는 석기 시대의 한 두엄 더미는 길이만 300m에, 8층 건물 높이 규모를 자랑한다. 불에 탄 흔적도 찾아볼 수 있는데, 부피를 줄이기 위해 쓰레기를 태우려 했던 것으로 보인다.[9]

고고학 관점에서 쓰레기 구덩이는 꽤나 흥미롭다. 이는 초기 인류의 식생활과 의복, 가축에 대한 정보를 전해준다. 이러한 '쓰레기사회학적' 접근 방식은 오늘날의 매립지에도 적용할 수 있다. 선사 시대의 쓰레기를 분류하고 비교하다 보면 당대의 쓰레기 처리 방식도 이해할 수 있다. 중요한 것은 당시 사람들이 정착지라는 공간을 구분했다는 점이다. 뼈는 주로 동물을 도축하고 작업한 곳 주변의 두엄 더미에서 발견된다. 물론 두엄 더미 밖에서도 종종 발견되는데, 주로 개나 돼지가 뼈를 던지거나 물고 돌아다녔기 때문이다. 가축들은 쓰레기의 깔끔한 처리를 방해하곤 했다.[10] 선사 시대의 쓰레기 처리 방식은 그리 대단하지 않았다. 하지만 쓰레기를 처리하려고 노력했다는 사실이 중요하다. 지리학자 윌리엄 F. 둘리틀William E. Doolittle은 쓰레기 더미가 초기 인류에게 새로운 경험을 선사했을 것이라고 추측한다. 쓰레기를 묻으면 양분이 풍부한 퇴비가 형성된다. 하수도 같은 역할을 했을 것이다. 멕시코 속담이 말해주듯, 집 주변에서는 밀이 잘 자라기 마련이다. 실제로 쓰레기 더미는 식물의 성장을 촉진한다. 이렇게 사람들은 음식물 쓰레기와 배설물이 비료로 쓰일 수 있다는 점을 학습했을 것이다. 그렇게 수천 년간 이용해온 쓰레기 처리 방식이 확립되기 시작했다.[11]

이 이론은 굉장한 사실을 보여준다. 쓰레기 더미를 비료로 만든 경험은 인류가 어떻게 뒷마당에 정원을 만들고, 영양소가 풍부한 채소나 식물을 심기 시작했는지를 설명해줄지도 모른다. 이렇게 정원을 일구기 시작했다면, 배설물과 쓰레기는 인류가 자연 환경을 조작하고 문화를 일구는 방식의 시작점이 되었을 것이다. 쓰레기의 역사를 탐구하는 학자로서는 쓰레기가 인간의 문화를 만들었다는 이론은 당연히 매력적일 수밖에 없다. 하지만 이를 실제로 증명하기는 어렵다.

동물의 가축화

정착은 단순히 인류가 유목 생활을 청산하고 한 장소에 자리 잡게 되었다는 말로는 요약할 수 없는 복잡한 과정을 거쳤다. 인류는 몇 천 년에 걸쳐 다양한 문명을 발전시켰다. 야생 식물을 따 먹던 인류는 농사를 짓기 시작했고, 고정 거주지를 건설하고 불과 도구 사용법을 발전시켰다.[12] 더 나아가, 인류는 '한 번 먹으면 끝나는' 사냥과 낚시에서 벗어나 동물을 가축화하기 시작했다.[13] 이는 쓰레기의 역사에서 특히 중요하다. 동물은 쓰레기를 먹고, 쓰레기를 통해 자라고, 새로운 쓰레기를 생산했다. 인간과 쓰레기의 관계를 논할 때 동물을 빼놓을 수 없다.

가축화는 동물을 야생에서 분리해 인간과 동물 사이에 새로운 형식의 관계를 구축하는 것을 의미한다. 이는 생물학적이면서 동시에 문화적인 과정이다. 동물의 신체 형태가 바뀌고, 인류는 이들을 동반자로 받아들인다. 이는 새로운 관계로 이어진다. 동물의 번식과 사육을 엄격하게 관리한다면 전혀 다른 형태의 관계가 형성되었겠지만, 초기 역사에서 이러한 일은 극히 드물었다. 이 시기에는 동물을 사육하는 것과, 완전히 야생에서 분리하지도, 성장을 통제하지도 않으면서 적어도 한쪽은 이득을 얻는 '공생' 관계를 맺는 것을 명확하게 구분 지을 수 없었다. 실제로는 이 두 관계를 계속 넘나들었을 것이다.

이러한 이유로 동물고고학에서 가축화의 시작과 동물의 체형, 치아, 털의 변화를 확실하게 규명하기는 쉽지 않다.[14]

인간이 처음으로 길들인 동물은 개였다. 식용으로 키우는 경우는 드물었고, 주로 운송 수단으로 활용했다.[15] 개는 사냥의 동반자이자 도우미였다. 오늘날 아나톨리아에 위치한 정착지는 기원전 8000년대에 돼지가 가축화되었음을 암시한다. 비옥한 초승달 지대에 위치했던 차이외뉘 테페시Çayönü Tepesi와 할란 체미Hallan Çemi 혹은 괴베클리 테페Göbekli Tepe 같은 정착지에는 돼지우리가 존재했으며, 야생 돼지와 비교되는 가축화의 징후를 확인할 수 있다. 돼지들은 체중이 감소했고, 털은 가늘어졌으며, 이빨은 짧아졌다.[16] 중국에서는 기원전 7000년 즈음에 황허강 일대와 북쪽 일부 지방에서 돼지가 사육되었다. 가축화는 여러 단계에 걸쳐 진행되었다.[17] 돼지는 자유로운 영혼을 지닌 동물이라 우리에서 도망가는 일도 적지 않았다.[18] 돼지가 가축화된 이후에는 양과 닭, 소, 염소를 거쳐 마지막으로 말이 가축화되었다.[19]

동물 사육은 다양한 과정을 거쳐 이루어졌지만, 상호 배타적인 과정은 아니었다. 사람은 사냥을 하며 동물을 추적하고 행동을 연구하고 적응해왔다. 이러한 관계의 변화는 사육화로 이어졌다. 반대로 동물들은 인간의 정착지에 있는 먹을 것에 끌렸다. 쓰레기는 특히 매력적인 먹이였다. 이렇게 쓰레기는—나중에 좀 더 자세히 다루겠지만—초기의 문명 형성에 지대한 역할을 했을 것으로 보인다.

동물의 쓰임은 종에 따라 다르다. 소는 물건을 끄는 데 이용할 수 있었다. 물론 여기에는 바퀴와 쟁기 같은 다양한 장비의 발전이 필요했다. 멍에처럼 동물에 적용하는 장비도 마찬가지였다. 이러한 장비의 조합은 고대 중국과 메소포타미아에서 찾아볼 수 있었지만, 모든 곳에서 발전된 것은 아니었다. 아즈텍을 비롯한 여러 사회에는 이러한 장비와 기술이 개발되지 않았다.[20] 동물 사육의 이점은 이뿐만이 아니었다. 암컷에서는 우유를 얻을 수 있었고, 배설물은 비료로 쓸 수 있었으며, 겨울에는 온기를 주었다. 특히 소는 고기와 가죽을 주었다. 소는 비교적 새끼를 많이 낳지 않기 때문에 사람들은 수컷을 우선적으로 선별했으며, 사육할 때도 돼지나 염소와는 달리 조금 더 신경을 써야 했다. 물론 집약적인 농업이 이루어지기 전에는 이는 큰 문제가 되지 않았다.

돼지는 조금 달랐다. 돼지는 처음에는 가축화가 쉬운 편이다. 돼지는 먹이를 찾기 위해 인간의 정착지를 찾았다. 오늘날에도 흔히 있는 일로, 로마 같은 대도시에서도 골칫거리였다. 돼지는 반쯤 가축화된 형태로 인간들을 따라다니기도 했다. 돼지는 인간에게 운송 수단으로서는 쓸모가 없었지만, 성장 속도가 빨랐기 때문에 개체 수에 신경 쓸 필요 없이 도축할 수 있었다. 초기 사회는 이런 돼지의 특성에 기대 흉작과 같은 문제가 생겼을 때를 대비할 수 있었을 것이다. 흉년에도 충분히 키울 수 있다는 점도 돼지의 가축화에 한 몫을 했다.[21] 돼지 덕분에 사람들은 자력으로 살아갈 수 있게 되었다. 16세기 아메리카 이민자들이 돼지를 중요하게 여긴 것도 바로 이러한 이유에서였다.[22]

돼지는 소와 달리 되새김질을 하지 않고, 잡식 동물이라는 장점이 있다. 이들은 인간이 버린 쓰레기를 먹고, 동물성 단백질을 내주었다. 사실 돼지는 섬세한 후각의 소유자로, 선택지가 있을 때는 음식을 가린다. 하지만 비상시에는 거의 모든 것을 먹기 때문에 인류의 정착 초기에는 쓰레기를 처리하는 역할을 맡았다. 시리아 북쪽에 위치한 샤가르 바자르Chagar Bazar 유적지는 돼지가 2000년 전부터 도시 내에서 사육되며 음식물 찌꺼기를 먹었다는 사실을 보여준다.[23] 약간 달라지기는 했지만 쓰레기를 처리하는 돼지의 역할은 오늘날 카이로와 다른 도시들에서도 관찰된다. 유대교와 이슬람교가 돼지를 사육하거나 섭취하는 행위를 금지하거나 제한했다는 사실은 종종 의문을 자아낸다. 특히 유대교는 이를 엄격하게 제한하는데, 구약 성서의 레위기에서 돼지 사육과 섭취를 금지했기 때문이다. 레위기에는 다른 동물들도 언급되지만, 이러한 규율은 유독 돼지에만 적용된다. 돼지가 쓰레기를 먹기 때문에 비위생적으로 여겨졌다는 것이다.[24]

실제로 이것이 한 가지 이유가 될 수도 있다. 하지만 이 때문만은 아닐 것이다. 다른 동물과 비교했을 때 돼지는 크게 더럽지 않으며, 이러한 위생 관념을 적용한다면 개를 키우는 것도 금지되어야 한다. 구약 성경에서 개는 썩은 고기를 먹는 짐승이며, 개고기는 불결하다고 언급했기 때문이다.[25] 이를 설명하기 위해서는 다른 근거가 필요하다. 유대교가 다른 종교—특히 블레셋인—의 문화와 윤리를 자신들의 것과 구분 짓고자 했다든가, 돼지와 인간이 해부학적으로 유사하기 때문에 돼지고기를 금기시했다는 설명이 크게 설득력 있는 것으로 여겨진다.[26] 또 다른 설명으로는 돼지가 인간의 자립에 너무 큰 도움이 되었기 때문에 공동체를 통제하기 위해 사육을 금지했다는 이야기도 있다.[27] 물론 증명된 가설은 아니다.

7세기 이후에는 이슬람이 영역을 확장하면서, 여러 지역에서 가축으로서의 돼지가 사라지게 되었다.[28] 이러한 현상은 10세기에 이슬람이 잠깐 번성했던 마다가스카르 같은 지역에서도 일어났다.[29] 개는 돼지와 비슷한 역할을 했다. 뼈를 좋아했고, 다른 동물에서 나온 찌꺼기를 먹었다. 이는 개의 이빨 자국으로 확인할 수 있다. 하지만 이는 쓰레기를 파헤치는 연구 방식의 한계를 보여준다. 개와 돼지가 찌꺼기를 먹어 치우고 나면, 거의 남는 것이 없다. 그러면 제대로 된 쓰레기 처리장이 남아 있을 수 없다.[30]

길들여진 동물 말고도 인간과 **공생**해온 동물이 있다. 인간과 동물의 공존(과 소통)은 가축화에 큰 변곡점이 되었지만, 길들여지지 않고도 인류의 정착지에서 함께해온 동물들에게도 영향을 미쳤다. 소아시아에서 발생한 쥐는 돼지처럼 잡식 동물로, 쓰레기에 이끌려 인간의 정착지에 발을 디딘 이후 인간과 늘 함께해왔다.[31] 이들은 생쥐와 마찬가지로 크기가 작아 눈에 띄지 않고도 인간이 만든 쓰레기를 뒤질 수 있었다. 쥐들은 인간의 음식과 식수에 배설물을 남김으로써 질병을 옮기는 데 결정적인 역할을 했다.[32]

정착 생활과 인간과 동물의 동거는 삶의 방식만 바꾸어놓은 것이 아니었다. 이미 언급했다시피, 이 시기에는 질병의 판도도 크게 뒤바뀌었다. 고고학자 이언 모리스Ian Morris는 몇 천 년간 인구의 증가 추세가 둔화되었다는 사실을 발표했다. 정착 생활은 여성의 가임기를 앞당겼고, 공동체가 이동하지 않으면서 임신이 제약을 받지 않게 되자 여성들은 더 많은 아이를 낳을 수 있게 되었다. 이러한 삶의 방식은 인구 증가를 촉진해야 마땅하다. 하지만 실제로 인구의 증가세는 오랜 기간 지지부진했다. 질병과 전염병으로 사람들이 죽어나갔기 때문이다. 모리스는 쓰레기에서 근거를 찾았다. 정착 생활에서 발생한 쓰레기는 가축뿐만 아니라 쥐나 벌레 같은 원치 않은 손님까지도 끌어들였다. 인구수가 지속적으로 증가하게 된 것은 그 지역에서 흔히 발생하는 질병에 대한 면역을 갖추게 된 이후였다.[33]

쓰레기는 초기 인류의 문명 형성에 영향을 미쳤다. 쓰레기는 장기적으로 극적인 결과를 만들어냈다. 다양한 질병에 대한 면역은 인간과 동물이 더불어 살게 되면서 나타났다. 면역이 형성된 질병은 지역에 따라 달랐는데, 이는 유럽인들이 15세기 후반 이후에 세계 곳곳을 식민 지배할 수 있었던 이유가 되기도 했다. 아메리카에 살던 원주민들이 유럽의 식민지 개척자들에게 맞서지 못한 것도 이 때문이었다. 강력한 아즈텍 제국이 1000여 명에 불과한 에스파냐 군인(과 동맹군)에게 무릎을 꿇을 수밖에 없었던 이유도 마찬가지였다.[34]

인류의 정착과 도시의 탄생

초기 역사의 쓰레기 문제는 인류가 더 큰 공동체를 이루고, 도시가 형성되면서 새로운 장으로 접어들었다. 문제는 특히 초기 역사에서 발달한 문화권에 속했던 메소포타미아, 이집트, 크레타, 인더스─델타 지역에서 두드러졌다. 많은 사람이—대개는 벽으로 둘러싸인—좁은 공간에 거주하게 되면서 배설물과 쓰레기를 처리하는 새로운 방법이 만들어졌다.

온전히 필요에 의한 것만은 아니었다. 최초의 부락인 차탈회위크Çatalhöyük에서 시작된 여러 초기 정착지에서는 배설물과 쓰레기를 집이나 그 주변에 던져 버리는 것만으로도 충분했다. 이 시기에는 시체도 집 아래에 묻었다. 많은 초기 도시들은 실제로 쓰레기 위에 지어졌고, 이들의 후손은 새로운 쓰레기 위에 터를 잡았다.[35] 이러한 행동 양식은 오랫동안 이어졌다. 중세와 근대 초기의 쓰레기를 발굴하다 보면 과거에는 시장과 도로가 지금의 지면보다 훨씬 깊은 곳에 존재했다는 것을 알 수 있다.[36] 사람들이 남긴 쓰레기로 인해 지면이 상승한 것이다. 로마 시대에는 쓰레기로 가득한 곳에 자갈층을 덮어 길을 만들었다.[37] 초기 역사에 불에 타지 않는 진흙 벽돌을 건축 자재로 쓴 것도 지면 상승으로 이어졌다. 벽돌은 물건을 저장할 때 말고는 재사용이 거의 불가능했으며, 정착지가—늘 그렇듯—쇠퇴해버리면 관리되지 않고 무너져내렸다. 쓰레기는 거의 대부분 이렇게 아무렇게나 버려졌다.[38]

그럼에도 불구하고 많은 초기 도시 문명은 쓰레기를 처리하기 위해 놀라운 기술 혁신을 일구어냈다. 메소포타미아의 가장 큰 도시였던 우르크에서는 문자와 글을 활용했을 뿐만 아니라 쓰레기와 배설물을 내려보내기 위한 하수도 시스템도 만들었다.[39] 고대 이집트의 헤라클레오폴리스에서는 제9왕조와 제10왕조(기원전 약 2170년)에 이미 귀족들의 쓰레기를 일괄적으로 수거해 나일강에 배출했다. 마야에는 유기물 쓰레기를 버리는 장소가 있었다. 트로이 사람들은 쓰레기를 단순히 문밖에 던져버린 것으로 보이지만, 아테네에서는 기원전 5세기에 이미 거리 청소(코프롤로고이Koprologoi)가 시행되었으며 매립 시설도 갖추고 있었다.[40] 상수와 하수를 구분한 것은 일부 정착지와 초기 도시뿐이었다. 덕분에 기생충이나 콜레라, 이질이 훌륭하게 번성할 수 있었다.[41] 초기 쓰레기 처리 양식의 발전을 이야기할 때는 하라파Harappa 문화권의 주요 도시였던 인더스−델타 지역의 모헨조다로Mohenjo-Daro를 빼놓을 수 없다. 고고학자들은 이곳에서 촘촘하게 얽힌 수도관 시스템을 발굴했다. 인더스 유역의 거주지에서 배설물과 가정 쓰레기를 내려보내는 역할을 했을 것이다. 수도관은 나무판자로 덮여 있었는데, 이는 초기의 '폐쇄형' 수도 망을 의미한다. 수도관 사이에 설치된 오물통은 고형 쓰레기를 모아 비우는 데에 쓰인 것으로 보인다.[42]

이러한 수도 시스템을 유지하려면 정기적인 보수가 필요했기 때문에 모헨조다로는 인류 역사에서 거의 처음으로 쓰레기를 제도적으로 처리한 도시라고 할 수 있다. 하라파 문화권의 문자가 해독된다면 쓰레기 처리 전문 인력이 존재했는지 알 수 있을지도 모른다. 하지만 중요한 것은 이들이 쓰레기와 배설물을 해결하는 방식을 창조했다는 사실이다. 모헨조다로의 예시는 인간이 도시에 모여 살면서 다양한 혁신을 이루어냈음을 보여준다. 이들은─우리가 기후 변화에 대응하듯─식수 공급, 하수 및 쓰레기 처리 체계를 개발해냈고, 이러한 기술은 1000년이 지난 다음에야 로마에서 재발명되었다.[43]

이렇게 인류 초기의 쓰레기 처리 역사 이야기를 마무리 지어볼까 한다. 초기 도시 문명은 쓰레기를 처리하는 새로운 방법을 만들어야만 했다. 도시에서 생긴 쓰레기 문제는 일반 정착지에서와는 사뭇 달랐기 때문이다. 도시의 쓰레기 처리법은 지역에 따라 차이가 있었고, 언제든 없어질 수 있었다. 철기 시대의 도시 위생 수준이 어땠는지 완벽하게 파악하기는 어렵다. 하지만 당시에는 정착지 간의 연결이 거의 없었고, 이후 도시 위생에 크게 기여한 상호 관찰이나 지식 교환도 사실상 불가능했다. 그러나 수많은 인간들이 모여 사는 곳에서 새로운 쓰레기 문제가 발생하는 만큼, 이는 창의적인 해결 방안으로 이어졌다.

2장
도시의 시작, 그리고 지저분한 발전

†

도시를 쓰레기장으로 만들지 않고 함께 살아가는 기술은
끊임없이 발견되었다.(그래야만 했다.)

— 올더스 헉슬리Aldous Huxley[1]

건설된 환경, 도시

고대 로마는 7개의 언덕 위에 세워졌다(실제로는 더 많다). 오늘날 이
도시를 살펴보면, 이 언덕들이 모두 자연적인 방식으로 형성되지는
않았다는 사실을 알 수 있을 것이다. 초기의 항구가 있던 테베레강 동
쪽 기슭에는 몬테 테스타치오Monte Testaccio가 있다. 높이 50m, 둘레
1000m 규모의 이 **언덕**은 사실 과거에 대형 매립지였다. 로마 시민
들은 오늘날 **드레셸 20**Dressel 20으로 분류되는 깨진 암포라를 이곳에
버리곤 했다. 일종의 항아리였던 이 도기에는 **70**리터의 액체를 담을
수 있었으며, 로마 제국에서 밀이나 다른 곡식들, 올리브유를 운송하
는 용기로 사용되었다. 하지만 3세기에 아우렐리아누스 방벽이 세워
지고 나자 쓰레기 매립지는 차차 버려졌다.[2] 로마는 아우구스투스 시

대에 이미 100만 명의 시민이 거주했던 세계 최대 규모의 대도시였으며, 상업적으로 상당 부분 독립된 특이한 지역이기도 했다.[3] 몬테 테스타치오는 도시가 쓰레기를 **처리**하기 위해 얼마나 오랫동안 애써왔는지를 보여준다.

근대 이전 도시들이 말할 수 없을 만큼 더러웠으며, 사람들이 배설물과 쓰레기를 창밖으로 내던졌다는 통설은 사실이 아니다. 이러한 몰상식은 사실 어디에도 없었다. 쓰레기는 위생 문제를 일으킬 뿐 아니라 실생활에 불편을 초래했다. 쓰레기는 자리를 차지했고, 통행에 방해가 되었으며, 동물들을 끌어들였다. 당장은 눈에 거슬리지 않고 냄새도 참을 만했다 하더라도, 쓰레기는 어떤 방식으로든 처리해야만 했다.

1940~1945년도의 몬테 테스타치오[4]

쓰레기에 대한 역사적 연구에서 쓰레기는 고고학적 자료로 다뤄질 때를 제외하고는 단 하나의 대상, 즉 도시 그 자체를 나타낸다. 쓰레기 처리는 대개 도시 외곽에서 이루어졌다. 쓰레기 연구가 지나치게 도시 중심적으로 이루어진다고 생각할 수도 있다. 실제로 근대 이전에는 도시화 수준이 높지 않았다. 1800년대까지만 해도 도시에 거주하는 사람의 수는 전체 인구의 10%에 지나지 않았다.[5]

하지만 쓰레기 문제에 한해서는 **도시 편향**Urban Bias이 옳다. 정확히는 쓰레기 문제가 있었던 도시여야 한다. 이런 곳은 쓰레기 문제를 통제하기 위해 초기적인 규칙과 정책을 만들고 적용했다. 시골은 그렇지 않았다. 도시에서보다 쉽고 간단한 방식으로 쓰레기를 처리할 수 있었기 때문이다. 중국을 예로 들어보자. 잘 알려진 대로 중국의

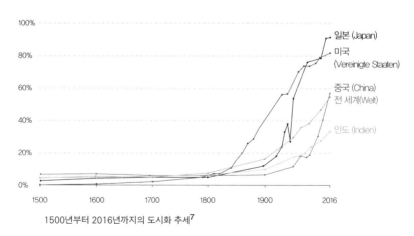

1500년부터 2016년까지 500년간의 도시화
전체 인구 대비 도시 인구의 비율

1500년부터 2016년까지의 도시화 추세[7]

도시들은 오물통과 공중화장실에서 나온 배설물과 쓰레기를 수거해 농경에 활용했다. 시골 사람들은 1950년대와 1960년대 마오쩌둥이 이끈 대규모 건강 캠페인에 따라 지역 의사에게서 적절한 오물통 사용법을 익혔다. 물론 늘 배운 대로 처리한 것은 아니었지만 말이다.[6] 이후 19세기와 20세기를 거치며 중국에서도 도시화 현상이 두드러졌다. 도시는 현대의 쓰레기 문제가 탄생한 배경을 보여준다. 오늘날에도 쓰레기 문제는 도시에서 더 심각한 경향이 있다.

　미국의 환경역사가 조엘 타르Joel Tarr와 마틴 멜로시Martin Melosi는 **건설된 환경**Built Environment이라는 표현으로 도시를 설명하여 1980년대 환경역사 연구에 새 장을 열었다.[8] 과거 환경 연구 분야에서는 바다, 산, 숲과 같은 자연 환경과, 인간으로 인해 발생한 환경 문제에만 초점을 맞췄다. 하지만 '자연적인' 환경이 무엇인지를 정의하기는 쉽지 않았다. 인간이 오래전부터 자연을 바꿔왔기 때문이다.[9] 자연 환경이 형성될 수 있다면 '건설된' 환경과는 어떻게 구분할 수 있을까? 건설된 환경이 '자연'과 비슷하다고 가정한다면, 인간과 환경 사이의 상호 관계 또한 비슷한 방법으로 설명할 수 있지 않을까? 이러한 관점에서 볼 때, 도시는 인공물이자 인간의 행동과 사회를 규정하고 제한하는 공간이다.

　쓰레기의 역사에서 도시라는 공간을 이해하는 것은 중요하다. 도시는 어느 정도 자연에 의해 형성된다. 건축물은 지형과 기후에 따라 결정된다. 온대 기후의 집 모양은 한대 기후의 그것과는 달랐다. 강수량이나 지형은 길의 모양을 결정했다. 도시 주변 물의 존재는 성벽 등 방어 시설의 유무를 결정지었다. 근대 이전에는 건축물의 이러한 구조적 형태에 따라 도시와 주변 지역이 어떻게 교류하고 환경을 관리할지가 결정되었다. 도시의 **대사**代謝, metabolism와 **환경 관리** Environmental Management는 매우 중요했다. 사람과 상품, 식수는 도시를 끊임없이 드나들었다. 도시는 포위되지 않는 한 자급자족할 일이 없을뿐더러, 포위되었을 때 오래 버틸 수도 없었다. 도시는 주변 지역과 소비재, 사람, 자원을 맞바꾸며 스스로를 정의했고, 때로는 권력을 쥐었다. 동시에 도시는 처리해야 하는 문제를 만들었다. 누군가는 쓰레기나 동물 사체를 치워야 했고, 시체를 매장해야 했고, 특히 깔끔함과는 거리가 먼 다양한 처리 사업체—염색소, 제혁製革장, 도살장 등—가 서로 방해하지 않고 작업하며 도시를 지나치게 더럽히지 않도록 감시해야 했다. 이러한 환경 관리는 상호 교환의 형태로 나타났다.

환경을 관리할 수밖에 없었던 이유는 간단하다. 근대 이전 도시들은 서로 달랐지만, 한 가지 공통점이 있었다. 도시가 만병의 근원이라는 사실이었다. **도시 묘지 효과**Urban Graveyard Effect(혹은 **도시 페널티**Urban Penalty)는 도시에서 사망하는 인구수가 태어나는 인구수보다 큰 현상을 의미한다. 이는 높은 아동 사망률과도 관련이 있었다.[10] 도시 인구가 유지되거나 증가할 수 있었던 것은 이민자들이 끊임없이 들어오기 때문이었다. 그리고 이런 사람들은 도시에서 쉽게 감염되는 질병에 대한 면역이 없었다. 도시는 특히 전염병에 취약했다. 14세기에는 흑사병이 도시를 휩쓸었고, 19세기에는 콜레라가 절정을 맞았다.

쓰레기 문제의 심각성은 다양한 요인에 따라 결정된다. 인구수와 인구 밀도는 당연히 중요하다. 오늘날에도 대도시의 쓰레기 문제는 소도시에서보다 심각하다. 기후나 지형, 건축물의 구조나 경제, 문제 해결의 시급성을 결정하는 외부와의 관계, 심지어는 성벽의 유무나 도로 포장 여부까지도 여기에 영향을 미쳤다. 건설된 환경으로서의 도시와 쓰레기 처리 방법은 긴밀하게 엮여 있다. 도시는 돌, 나무, 시멘트로만 이루어진 것이 아니다. 사회적 구조나 다양한 조건도 도시를 형성한다. 사람들을 나무와 돌, 흙으로 이루어진 구조물 안에 밀어 넣는 것이 전부가 아니다. 도시는 다양한 구조의 사회와 경제를 만들고, 사회적 표상과 자아의 표출을 끌어내는 변화의 가속기이다. 루이스 멈퍼드Lewis Mumford는 이렇게 설명했다.

> 사람을 보호하고, 모임과 물물 교환, 물건의 보관을 책임지는 건축물은 도시를 구성하는 물리적 근간이다. 반면 경제와 문화의 발전으로 이어지는 노동의 분배는 사회적 근간을 이룬다. 결국 도시는 다른 지역과의 관계와 경제적 구조, 제도적 과정, 사회를 보여주는 장소이며, 모두를 하나로 묶어주는 상징이다. 도시는 예술의 탈을 쓴 예술이며, 극장을 만들어내는 극장이다.[11]

극장이라는 표현은 도시 내 다양한 집단 사이의 이해 충돌과 갈등을 조절하고 해결하는 과정에서 비롯되었다. 쓰레기와 배설물을 처리하는 것은 곧 복잡한 사회 구조와 상충되는 이해관계를 풀어나가는 것이었다. 이를 위해서는 오래된 관습을 따르면서도 새로운 균형점을 찾아야 했다.[12] 계급과 관행은 효율적인 환경 관리를 방해했고, 도시의 위생 문제를 해결하는 만능 처리법은 어디에도 없었다. 환경 관리는 그 누구도 알지 못하는 공익을 위한 것이 결코 아니었고, 그러므로 모두의 이익에 부합하지도 않았다. 환경 관리는 오히려 이를 수용하지 못했던 개인, 혹은 자영업자들의 활동을 제한했다. 또한 환경 관리는 지속적인 노력과 노동력이 필요했기에 이를 꾸준히 집행하기도 어려웠다. 제대로 된 해결책을 찾기는 그만큼 까다로웠다.

지형과 기후

지형과 기후는 '건설된 환경'을 구성하는 동시에 쓰레기의 역사를 형성한 주요 요인이다. 19세기 이후 건축 기술이 발전하면서 도시를 건설하는 데 자연 조건의 제약을 크게 받지 않게 되었고, 또한 쓰레기 수거 인프라가 발전하면서 이러한 사실은 오늘날 쉽게 잊히고는 한다. 오늘날 케냐 나이로비와 노르웨이 트롬쇠의 쓰레기 수거 방식은 크게 다르지 않다. 하지만 근대 이전에는 그렇지 않았다. 이 당시 쓰레기 수거 시스템은 매우 기초적인 수준이었고, 쓰레기 처리는 기본적으로 개인 차원에서 이루어졌다.

지형과 기후는 근대 이전 도시에서 발생하는 쓰레기의 **종류**에도 영향을 미쳤다. 일부 문헌에서 도시별 쓰레기와 배설물 양의 추정치를 찾아볼 수 있다. J. 시어도어 페냐J. Theodore Peña는 고대 로마 사람들이 1년 동안 약 190kg의 쓰레기(배설물을 제외한 수치)를 생산했다고 추정했다. 오늘날 이탈리아인이 한 달 동안 생산하는 쓰레기의 양과 비슷한 수준이다.[13] 15세기 크라쿠프에 거주하던 2만 명의 시민은 1년에 약 11만m³의 쓰레기를 버렸다. 이 중 실제로 버려진 것은 10%뿐이었고, 나머지 90%는 비료로 활용되었다. 당시 5인 가정이 1m³의 오물통을 쓰레기로 채우는 데는 약 7년이 소요되었다.[14] 동물이 만드는 배설물은 여기에 포함되지 않았다. 중세와 근대 초기만 하더라도 도시 안에서 동물을 키우는 것은 흔한 일이었다. 다 자란 소 한 마리는 매일 약 27~35kg, 말은 약 20~40kg의 배설물을 만들었다.[15] 이러한 추정치를 해석할 때는—오늘날 통계를 볼 때도 마찬가지이지만—각별히 주의를 기울여야 한다. 확실한 것은 전근대 도시에서 배출되는 쓰레기는 대부분 인간과 동물의 배설물이었고, 오늘날 쓰레기통에 던져지는 종류의 물건들은 거의 버려지지 않았다는 사실이다.

하수와 배설물, 고형 쓰레기를 분리해서 버리게 된 것은 기술과 인프라—특히 하수도 시스템—가 발전한 19세기 이후였다. 근대 초기 이탈리아 볼로냐와 피렌체에는 **젖은** 쓰레기와 **마른** 쓰레기를 버리는 통이 따로 있었다.[16] 배설물을 재활용하기 위해서는 먼저 다른 쓰레기와 분리해야 했다. 하지만 사람들은 대개 음식물 쓰레기와 **뼈**, 부서진 물건이나 배설물을 아무렇게나 섞어 버렸다. 당시 도시의 위생 규정에 쓰인 용어들은 오늘날 기준으로 잘 봐줘야 뒤죽박죽인 수준이었는데,[17] 19세기 후반에 들어서야 깔끔하게 정의되었다.[18] 그 전까지 쓰레기는 끈적하고 축축했으며, 종종 주방 하수와 함께 버려졌다.

전근대에 쓰레기를 도시 밖으로 내보내는 방법에는 크게 두 가지가 있었다. 첫 번째는 쓰레기를 물에 떠내려 보내는 것이었고, 두 번째는 오물통이나 변소에 모아났다가 실어서 내보내는 것이었다.[19]

쓰레기가 대체로 축축했기 때문에 태우는 것은 거의 불가능했다. 쓰레기를 흘려보내기 위해서는 도시 지형이 뒷받침되어야 했다. 경사가 있거나, 도시가 산 위에 있는 것은 큰 장점이었다.[20] 산이 많은 로마는 덕분에 비교적 수월하게 쓰레기를 처리할 수 있었다. 로마는 기원전 6세기에 건설된 개방형 하수관 클로아카 맥시마Cloaca Maxima를 통해 하수와 쓰레기를 테베레강으로 떠내려 보냈다.[21] 콘스탄티노플은 긴 역사 동안 쓰레기 문제로 크게 골머리를 앓지 않았는데, 도시 주변에 경사가 있었고, 물살이 거센 보스포루스 해협과 마르마라해에 쓰레기를 버릴 수 있었기 때문이다.[22] 산세가 험한 도시가 쓰레기 문제와 씨름하게 된 것은 19세기 후반에 들어서였다. 이 시기에는 반대로 지형 때문에 운송 수단을 활용하기 힘들었다.[23]

인도 첸나이나 미국 동해안 지역처럼 비교적 최근에 생겨난 도시에는 쓰레기를 버릴 때 활용할 만한 경사로가 전무했다.[24] 비료로 만들어 농업에 활용하는 방식으로 쓰레기를 전부 해치울 수 없다면, 수레나 다른 운송 수단을 이용해 도시 밖으로 옮겨버리는 수밖에 없었다. 문제는 그 방법이었다. 도시의 규모가 클수록 쓰레기를 수거하는 과정은 복잡해졌다. 현대 도시가 예전처럼 쓰레기를 농촌에서 처리할 수 없는 것도 이 때문이다. 19세기 후반 들어 도시는 팽창했고, 인구수도 지나치게 늘어났다. 이렇게 되면 더 이상 예전과 같은 교환 관계가 성립할 수 없다.[25]

도시 주변에 위치한 강, 바다, 호수의 존재 여부도 쓰레기 처리법을 결정짓는 주요한 지형 요소였다. 물살이 강해 잘 막히지 않는 강은 쓰레기를 처리하기에 적합한 장소였다. 쓰레기가 침전되는 강 하류는 오늘날 고고학자들이 몰려드는 연구 장소가 되었다. 선택지가 다양한—도시에 강이 여러 개인—경우에는 물살이 센 곳을 선호했다. 쓰레기를 수로에 버리는 것은—과거 중국에서는 흔한 일이었지만—일반적으로 금지되었다. 수로가 막히면 다시 뚫어야 하기 때문이었다.[26] 바다는 조수 때문에 쓰레기를 버리기에 적합하지 않았다. 썰물에 쓸려나간 쓰레기는 종종 밀물에 다시 돌아왔다. 실제로 19세기에 암스테르담이나 니스, 런던, 리버풀은 쓰레기를 바다에 쏟아버려 문제를 해결하려고 했지만, 밀물에 다시 밀려오거나 어부가 던진 그물에 걸리는 등 결과는 좋지 않았다.[27] 19세기 후반 미국 뉴저지 해변에서는 수영을 즐기던 사람들이 쓰레기가 바다 위에서 거대한 섬을 이룬 광경을 목격했다. 이웃 도시 뉴욕이 샌디훅 해변에서 32km쯤 떨어진 곳에 쓰레기를 투기했기 때문이었다.[28]

바다와 마찬가지로, 호수에 위치한 도시들도 물에 쓰레기를 처리하는 데 큰 어려움을 겪었다. 호수에는 쓰레기를 쓸어버리는 물살이 없다. 호수는 식수원이기도 했기 때문에, 지나치게 오염시켜서도 안 됐다. 사람들은 호숫가에서 최대한 멀리 떨어진 곳에 쓰레기를 쏟아 버렸다. 시카고는 바로 앞에 있는 미시간호를 거대 **쓰레기 매립지**로 사용해왔는데,[29] 그 대가로 19세기 후반 내내 식수 문제로 골머리를 앓아야 했다.

지형 말고 기후도 중요했다. 기온이 높으면 유기물로 이루어진 쓰레기는 훨씬 빨리 부패한다. 그러면 악취도 심해질 뿐만 아니라, 앞서 언급했다시피 질병의 매개체가 되는 동물들도 꼬인다. 이 때문에 오늘날 아프리카나 아랍 국가들이 쓰레기를 처리하는 방식은 러시아나 스칸디나비아 국가들과는 다르다. 강수 빈도나 태풍 같은 천재지변도 쓰레기 처리에 영향을 미친다. 비가 많이 내리면 길과 도로는 진흙탕이 되고, 쓰레기도 쓸려 내려간다. 이는 아프리카 국가의 쓰레기 처리 문제를 한층 복잡하게 만든다. 우기가 되면 얕게 묻혀 있던 쓰레기가 떠내려오기 때문이다. 장마나 우기가 없는 지역은 이러한 문제를 고려할 필요가 없다.[30] 하지만 강우는 종종 쓰레기를 떠내려 보내는 데 도움이 되기도 하며, 이를 위해 인공 하천이나 운하를 건설하는 사례도 있다.[31]

기후 조건은 쓰레기 조성에도 영향을 미친다. 추운 지방에서 버려지는 쓰레기는 재의 비율이 높다. 난방을 더 많이 하기 때문이다. 반면 근대 초기 오스만 제국에 벽난로가 있는 건물은 톱카퍼 궁전 한 곳뿐이었다.[32] 또한 추운 지역에서는 기본적으로 썩은 과일이나 채소가 버려지는 일이 드물다.[33] 계절도 중요하다. 겨울에는 쓰레기가 자주 얼지만, 해빙기에는 그렇지 않다.[34]

해자와 성벽

문명 초기의 도시에도 방어를 위한 성벽이 존재했다. 벽은 기본적으로 외부와 내부의 적에 맞서는 안전 장치였다. 하지만 성벽의 견고함은 그 이상의 효과가 있었다. 성벽은 외부와 구분 짓는 경계이자, 보여주기 식으로나마 정치와 입법의 독립성을 나타내는 상징이었다. 성벽은 운송을 통제하고 세금을 징수하는 데 활용되었다. 로마에서는 성소를 벽으로 둘러싸서 신성을 강조했다. 중국의 성벽은 풍수지리에 따라 바둑판 모양으로 나뉜 사각형 공간을 둘러쌌다.

모든 도시가 성벽을 갖춘 것은 아니었다. 고대 이집트에는 성벽이 필요하지 않았다. 자연 환경은 도시를 지키는 요새였고, 위협이 되는 적수도 한동안 존재하지 않았다. 이집트의 도시가 성벽을 쌓은 것은 10세기에 파티마 왕조가 들어선 이후였다. 사방이 바다로 둘러싸인 베네치아도 성벽을 쌓을 이유가 없었다. 잉글랜드의 도시에도 대개 성벽이 없었는데, 성벽이 자치권을 주장하고 권력에 도전하는 상징으로 여겨졌고, 이는 도시의 안보를 위협할 수 있었기 때문이었다. 로마의 권력이 정점을 찍었던 아우구스투스 황제 통치 시기에 볼로냐 등 여러 도시는 해자 이외에는 방어 시설을 갖추지 않았다. 로마도 점차 개방된 형태로 발전해나갔다.[35] 오스만 제국에 속한 도시에도 일반적으로 성벽이 없었고, 찾아볼 수 있는 것은 유물이 된 요새의 흔적뿐이었다.[36]

해자는 성벽에 비해 경계로서 상징성과 특징이 약했지만, 기능은 크게 다르지 않았다. 성벽과 비교했을 때 해자의 가장 큰 특징은 무언가를 던져 버릴 수 있다는 점이었다. 도시가 포위되었을 때 해자는 동물과 사람의 사체로 가득 찼지만, 평화로운 시기에도—보통은 금지되었지만—쓰레기로 가득했다.[37] 해자는 특히 동물 사체를 처리할 때 유용했다. 물론 이는 도시 환경을 오염시켰고, 해자도 수로와 마찬가지로 정기적으로 뚫어주어야만 했다. 특히 해자와 수로는 군사 시설이었고, 정기적으로 보수해야 했다. 빈은 1683년에 튀르키예의 포위에 대비해 도나우강의 수로를 다시 파내야 했다. 사람들이 쓰레기를 너무 많이 버린 탓에 재정비가 필요했기 때문이다.[38] 항구의 쓰레기도 종종 치워줘야 했다. 한자 동맹에 속한 도시 중 대부분은 이미 14세기에 갑판에서 항구로 쓰레기를 내던지는 행위를 금지했다.[39] 해자와 수로를 살펴보면 물살의 존재가 얼마나 중요한지 알 수 있다. 해자의 물은 약간 출렁일 뿐 거의 고여 있어서, 쓰레기를 떠내려 보낼 만큼 물살이 세지 않았다. 누군가 동물 사체를 해자에 던져 버리면, 사체는 썩으면서 악취를 풍겼고 물을 오염시켰다. 촘촘한 수로망을 갖추고 있어 작은 베네치아라고 묘사된 중국의 도시들은 그렇기 때문에 수질 관리에 만전을 기해야만 했다.[40] 수로에 쓰레기를 무단 투기하면 처벌한다는 규정이 있었지만 늘 지켜지는 것은 아니었고, 결국 누군가는 수로를 정기적으로 뚫어주어야 했다.[41]

쓰레기 처리에서 해자와 수로가 지닌 의미는 분명했다. 하지만 성벽도 중요했다. 성벽은 외부인을 막아줄 뿐만 아니라, 도시를 외부와 분리해주는 장치이기도 했다. 성벽의 존재는 도시 환경을 물리적으로 구성했다. 성벽 주변에는 그림자가 졌고, 두껍고 높은 벽은 기분 나쁜 습기를 내뿜었다.[42] 덕분에 도시 외곽에서 사는 것은 쾌적하지 않았고, 이는—오늘날 말하는—구역화Zoning로 이어졌다. 그렇게 도시 외곽에는 하층민과 불명예스러운 직업에 종사하는 사람들의 거주지나 일터가 자리 잡았다.[43]

성벽은 구조적으로 높은 도시 밀도를 야기했다. 한정된 공간 안에서 인구수가 증가하면 건물은 높아지고, 길은 좁아지며, 농업과 축산업은 밀려난다. 공간은 중요하다. 인구 밀도가 낮은 도시는 채소나 곡식을 심고 동물을 사육할 수 있는 자리가 있다. 이는 도시 내에서 발생하는 쓰레기를 재활용할 수 있는 방법이 더 많다는 것을 의미한다. 하지만 사람 수가 많아지면 이것은 불가능하다. 쓰레기를 수거하기도 힘들어질뿐더러, 도시 내에서 재활용할 수 있는 방법 또한 사라진다. 흑사병 사례에서 보다시피, 인구 밀도가 높으면 질병 또한 쉽게 전파된다.

　이러한 인과 관계는 다양한 예시를 통해 살펴볼 수 있다. 당나라의 대도시는 길이 넓었고, 도시가 큰 구획으로 나뉘어 있었다. 8세기 장안長安의 주요 거리에 쓰레기를 투기하는 것이 금지되었다는 사실을 감안해도,[44] 이러한 도시에서는 쓰레기 문제가 심각하지 않았다. 하지만 12세기 송나라 시대에는 인구가 증가하고 상업이 활발해지면서 도시는 환경 관리에 더 많은 노력을 기울여야 했다. 아우구스투스 황제 통치기 로마에는 약 100만 명의 시민이 거주했으며, 이 시기 로마는 장안과 더불어 세계에서 가장 큰 고대 도시였다. 하지만 중세 성기High Middle Ages에 도시 인구가 3만 명으로 감소하자 아우렐리아누스 방벽 내부 도심 지역에서는 농경이 활발하게 이루어졌다. 말뚝으로 경계를 나눴던 보스턴 같은 도시에 사는 시민들은 18세기까지 시민이자 농부였으며, 도시의 성격이 변한 것은 산업 혁명이 일어난 이후였다.

　성벽 때문에 도시 공간의 밀집도가 지나치게 높아지면, 성벽 외부에 교외 공간을 두어 문제를 해결할 수 있다. 교외는 도시에 필요한 기능을 일부 수행했다. 인구 압력을 낮추는 밸브 역할을 했을 뿐만 아니라 지저분한 사업체의 터전이 되었다. 역사학자 페르낭 브로델Fernand Braudel의 말을 빌려 표현하자면, "교외에는 빈민, 수공업자, 선원들이 자리를 잡았다. 시끄럽고, 악취를 풍기는 사업체와 싸구려 선

술집, 여관, 우체국, 우편을 나르는 말들을 둘 마구간, 일꾼들의 대기 장소가 이곳에 들어섰다. … 교외로 간다는 것은 한 단계 아래로 떨어진다는 의미였다."[45] 교외에서는 상업이 활발하게 이루어졌고, 경제의 중심지가 되는 일도 적지 않았다. 13세기 중국의 쑤저우가 대표적이다.[46] 하지만 교외에는 보호막이 없었고, 교외 거주자들은 늘 불안에 시달렸다. 군사적 위협이 닥친 시기에는 도시를 포위한 군인들이 쉽게 방어벽을 칠 수 없도록 거주자들이 주기적으로 땅을 다져야만 했다.

근교에서는 흥미로운 일이 벌어졌다. 고고학자 앨리슨 L. C. 에머슨Allison L. C. Emmerson은 아우구스투스 황제 통치기의 로마 제국 내 도시와 교외 간의 관계를 연구했다. 도시의 안전이 보장된 시기에는 도시 교외가 도시의 쓰레기 처리를 도맡았다. 오스티아와 볼로냐, 폼페이—쓰레기를 성벽 밖에 버려 달라는 낙서가 발견되었다—에서는 도시의 쓰레기를 성벽과 교외 사이로 운반해 분류하고 판매했다. 쓰레기의 '양'이 많다면, 재활용할 수 있는 물건을 건져내는 것은 충분히 가치 있는 노동이었을 것이다.[47]

비교적 다른 지역에 열려 있던 전근대 도시는 이런 식으로 쓰레기를 처리했다. 도시 밖으로 옮긴 쓰레기는 주로 성벽이나 교외 지역 근방에 쌓아두었다. 합리적인 일이었다. 덕분에 도시 공간은 쓰레기에서 해방되었고, 쌓아놓은 쓰레기는 더 나은 품질의 퇴비가 될 때까지 묵혀둘 수 있었다. 매립지에 묻는 것보다는 아직 사용할 수 있는 물건을 골라내기도 더 수월했다. 교외는 저장고이자 판매 장소가 될 공간을 제공했고, 쓰레기를 분류하고 처리해 생계를 유지하는 사람들이 이곳에 모여들었다. 교외에는—브로델의 말처럼—쓰레기에서 무언가를 창조해낼 수 있는 사람들과 사업체가 존재했다.

다른 장점도 있었다. 교외에 쓰레기를 쌓아두는 처리 방식은 퇴비가 된 쓰레기를 밭에 이용하기 위해 오물통을 비우러 돌아다니는 것보다 쉬웠고, 운송 경로도 더 짧았다.[48] 쓰레기는 주로 사람들의 눈에 띄지 않는 곳에 쌓여 있었다. 냄새와 오염을 신경 쓰지 않았다고 알려진 전근대 사람들도 꼭 그렇지만은 않았던 것이다. 근대 초기에 오스만 제국의 도시를 방문한 여행자들은 도시 주변부에 쌓인 거대한 쓰레기 더미를 두고 불평을 하기도 했다. 이곳에는 시선을 차단해주는 벽이 없어 누구나 쓰레기 더미를 볼 수 있었다.[49]

이러한 쓰레기 처리 방식은 간단하고 실용적이었지만, 여기에는 장애물도 있었다. 도시가 너무 거대해지고 생산되는 쓰레기의 양이 크게 증가하자 로마는 한계에 부딪혔다. 몬테 테스타치오에서 발견된 유물에서 알 수 있듯, 도시는 상당 부분의 재화를 무역으로 공급받았다.[50] 에머슨은 이러한 방식이 작동하기 위해서는 도시가 외부에 열려 있어야 한다고 말한다. 군사적 위협은 여기에 악영향을 끼쳤다. 프랑스의 환경역사가 앙드레 기예름André Guillerme은 14세기 이후 중부 유럽 도시들의 변화 양상을 연구했다. 환경과 인구 밀도, 군사적 충돌의 증가는 도시 변화에서 중요한 요소였다. 프랑스에서는 1337년에 백년 전쟁이 발발하면서 이러한 현상이 처음으로 눈에 띄었고, 1659년 피레네 조약이 체결되면서 사라졌다. 이 기간 동안 수많은 도시가 성벽을 높였고, 해자의 깊이와 넓이를 늘렸다. 적의 방어를 어렵게 만들기 위해 수많은 교외 지역을 파괴한 것은 물론이다.

기예름의 말처럼, 군사적 긴장감이 점차 도시를 조여오면서 도시 환경은 변화했다. 도시는 문을 굳게 걸어 잠갔고, 생활권은 좁아졌다. 이는 환경 관리를 어렵게 만드는 요인이었다. 더러운 중세 도시라는 이미지는 중세 후기에 군사 충돌이 잦아지면서 생겨났다. 개방된 도시는 전근대에도 효과적으로 환경을 관리할 수 있었지만, 두꺼운 벽과 해자 뒤에 숨은 폐쇄된 도시는 그렇지 못했다. 쓰레기를 효과적으로 처리할 수 없게 되자 도시는 역병의 온상이 되었다. 이는 14세기 중반의 인구수에도 큰 영향을 미쳤다.

이러한 이론이 과장되었다고 느껴질지도 모르겠다. 19세기 이후의 도시 위생 담론은 전근대 도시의 지저분함을 강조했다. 하지만 외교 관계로 어려움을 겪던 시기에도 시민들은 도시를 깨끗하게 유지하기 위해 노력했다. '좋은 **치안**을 위한 도시 연대Das städtische Regiment der Guten Polizey'는 도시를 청결하게 만들겠다는 이념 아래 다양한 노력을 기울였다.⁵¹ 당시에는 도축장처럼 오염이 발생하는 사업체가 도시 중심부에 위치하기도 했는데, 업체를 도시 주변부로 옮기는 것도 그런 노력 중 하나였다.⁵² 하지만 기예름의 연구에 따르면, 개방적인 도시 관계는 쓰레기의 소비나 상업화에 큰 영향을 미쳤다. 성벽, 교외의 유무, 해자, 강 등 건축적 요소 또한 도시의 쓰레기 처리량을 결정지었다.

집, 도로, 정원
도시의 높은 인구 밀도는 다층 건물의 건설로 이어졌다. 여기에서 발생한 쓰레기 문제는 단층 건물에서 생겨나는 문제와는 다른 양상을 보였다. 여러 세대가 화장실을 공동으로 사용하게 되자 바닥에 구멍을 뚫어놓는 정도로는 충분하지 않았다. 요강 속 내용물을 창문 밖으로 던져 버리는 관행이 생겨난 것은 이 때문이었을 것이다. 도시 안에서 농사를 짓는 것은 19세기에—혹은 그 이후에도—일반적이었지만, 인구가 도시에 밀집하면서 크게 제한되었다. 17세기 말 에든버러에는 이미 14층짜리 다세대 주택이 있었다.[53] 근대 초기 사람들은 일본의 도시가 유난히 깔끔하다고 묘사했는데, 당시 일본 건축물이 대개 단층이었던 것도 한 몫 했을 것이다.[54]

전근대 도시는 대체로 도로가 포장되지 않았다. 몇몇—늘 그런 것은 아니었다—큰 길만이 예외였다. 12세기 이후 송나라는 경제 호황을 계기로 도로를 점차 포장해나갔다.[55] 14세기 이후에는 유럽 도시들도 길을 포장하기 시작했다.[56] 도로가 포장되자 운송이 수월해졌다. 포장이 잘된 경우에는 비가 많이 내려도 길이 진흙탕이 되어 망가지는 일이 없었다. 하지만 도로 포장은 비싸고 품이 많이 들었다. 모든 도시가 이런 비용을 부담할 수 있었던 것은 아니다.[57] 피렌체가 1339년에 모든 거리를 포장한 첫 번째 도시가 된 것은 그만큼 재력이 뒷받침되었기 때문이다.[58] 14세기 이후에는 프랑스 도시에서도 포장도로를 찾아볼 수 있었지만, 파리는 1822년 이후에야 전체 도로를 포장하기 시작했다. 상트페테르부르크나 모스크바는 19세기 말까지도 도로의 상당 부분이 비포장이었다.[59]

비포장도로 위 쓰레기는 포장된 길과는 다른 방식으로 변화한다. 비포장도로에서 쓰레기는 쉽게 문드러지고, 땅에 녹아든다. 길 위에 버려진 고형 쓰레기는 당장은 자리를 차지하더라도,[60] 언젠가는 땅에 스며들거나 집 근처로 굴러가서 누군가에 의해 처리되었다. 하지만 도로가 포장되면 깔끔함에 대한 조건 자체가 까다로워진다. 아마 필리프 2세가 재위하던 1184년에 파리 거리를 포장한 것도 이 때문이었을 것이다.[61] 어쨌거나, 포장은 길의 성격을 바꿔놓았다. 돼지는 더 이상 땅을 팔 수 없었고, 쓰레기도 훨씬 쉽게 눈에 띄었다. 오줌이 잘 스며들지 않아 도로 포장의 품질에도 악영향을 끼쳤다.[62] 도시의 건설 구조가 변하고 전통적인 쓰레기 처리 방식에도 제한이 생기면서 새로운 문제로 이어졌다.

대개 유동 인구나 상점이 많은 도시 중심부의 도로가 먼저 포장되었고, 그러면서 도로 포장의 장단점이 부가되었다. 포장도로를 청결하게 유지하는 것은 더 어려운 과제였지만, 부유한 시민들은 포장도로를 선호했고, 도로가 포장된 구역은 차차 그렇지 않은 구역과 차별화되었다. 가축이 돌아다녀서도 안 됐고, 지저분한 사업체가 발을 들여서도 안 됐다. 이 구역은 도시의 얼굴이었다.[63] 전근대 국가가 세워지면서 이러한 추세는 뚜렷해졌다. 고귀한 분들이 도시를 찾을 때 그들에게 좋은 모습을 보여줘야 했기 때문이다. 가축과 쓰레기가 돌아다니는 더러운 길목은 도시의 인상을 망칠뿐더러, 높은 분들에게 모욕으로 받아들여질 게 분명했다.[64]

지저분한 사업체와 사육장을 도시 중심에서 밀어내는 경향은 근대 초기까지, 특히 기독교와 이슬람 문화권에서 두드러졌다. 비슷한 현상으로—시기상 한참 전이지만—중국 쑤저우에서도 염색소 같은 사업체가 13세기에 성벽 밖 교외로 밀려났다.[65] 유럽 도시는 오히려 변화가 더딘 편이었다. 도심은 점차 교회와 귀족들 차지가 되었고, 도살장이나 제혁장, 염색소처럼 지저분한 사업체는 도시의 가장자리로 옮겨갔다. 이렇듯 사회적 불평등은 도시 구조에 그대로 반영되었다.

도시 내 밭의 유무는 쓰레기 처리에 가장 중요한 요소였다. 잉글랜드 노리치에는 근대 초기까지 대개 채소나 허브를 키우는 작은 정원이 집에 딸려 있었다.[66] 같은 시기, 인구 밀도가 높았던 이탈리아 도시에서는 흔치 않은 일이었다. 대신 이런 도시는 밭에 둘러싸여 있었다. 이슬람교 국가의 도시에는 하수도가 도시 주변의 밭으로 곧장 이어져 배설물을 비료로 쓰기 편리했다.[67] 중요한 것은 공간의 유무였다. 도시가 건물로 빽빽하고 인구 밀도가 높을수록, 도시 안에서 쓰레기를 처리하기가 어려워졌다.

전근대 유럽 도시의 위생 수준은 비참했다. 반면 세계 반대편에는 이보다 나은 도시가 많았다. 테노치티틀란이나 장안처럼 위생에 대한 기준 자체가 높았던 전근대 아시아 도시들은 도로도 더 넓었고, 땅도 충분히 넓었으며, 가축의 수도 적고 심지어는 공중화장실도 있었다.[68] 유럽이 이렇게 뒤처졌던 것은 단순히 땅이 좁아서라기보다는, 군사적 위협에 지속적으로 노출되었던 도시의 요건 때문이다. 가축과 함께 사는 생활 방식도 큰 영향을 미쳤다. 동아시아나 중앙아메리카의 초기 대도시에서는 찾아볼 수 없는 모습이었다.[69] 이에 대해서는 다음 장에서 좀 더 자세하게 다루도록 하겠다.

쓰레기 수거

전근대에는 쓰레기 처리가 온전히 개인의 몫이었다. 길을 깨끗하게 유지하거나 쓰레기를 운반한 대가로 돈을 받는 사람은 존재하지 않았다. 쓰레기를 처리하기 위해서는 시민이 직접 나서야 했고, 그렇기 때문에 사실상 쓰레기 처리 방식을 결정짓는 자연 지형과 기후가 중요할 수밖에 없었다. 수로 투기나 매립, 가축을 통한 처리, 교외로의 운송 같은 방법은 꽤 오랫동안 나쁘지 않게 작동했다. 도로의 청결 상태에 불만을 느끼는 사람도 많지 않았다. 고대 로마나 중세 시대 카이로 같은 대도시에도 도시에서 운영하는 쓰레기 수거 시스템은 없었다.[70]

인구 밀도가 높을수록, 쓰레기를 농사에서 비료로 쓰거나 가축을 통해 처리하기가 더 어렵게 되었다. 이렇게 직접 처리하기 어렵고,

함부르크를 묘사한 1610년의 한 판화[72]

구덩이나 흐르는 물에 버리는 방식도 한계에 다다르면 주로 오물통을 대안으로 활용했다. 오물통은 20세기까지도 도시의 쓰레기를 임시로 보관하는 데 사용되었다. 깊게 판 구덩이를 이용하는 경우도 있었지만, 쓰레기와 배설물을 넣을 수 있는 일종의 용기를 설치하기도 했다.[71] 고대 로마에서 오물통을 사용한 이들은 뒷마당이나 정원에서 쓰레기를 처리할 수 있는 일부 특권층뿐이었다. 하지만 중세와 근대 초기를 지나면서 이러한 중간 매립지가 일반적인 처리 방법으로 자리를 잡았다. 스위스에서는 집 뒤를 지나가는 좁은 통로 형태의 구덩이인 에그레벤Ehgräben에 오물을 버렸다.[73]

오물통은 편리했지만, 문제가 있었다. 통에서 심한 악취가 났고, 쥐와 해충이 들끓었다.[74] 집 근처나 지하에 오물통을 둔 경우에는 건물의 뼈대가 손상될 수 있었다. 이러한 문제를 완화하기 위해 중세 후기부터는 오물통을 목재나 석재로 만들었지만, 이조차도 완전한 해결책은 아니었다. 오물통을 비울 때는 굉장한 장면이 연출되었다. 특히 여름에 오물통을 열면 깜짝 놀랄 만큼 많은 벌레와 쥐가 튀어나왔다. 결국 16세기에 독일 아우크스부르크는 오물통을 겨울에만 비울 수 있다는 법령을 제정했다.[75] 많은 도시가 오물통에 대한 규정을 만들었는데, 네덜란드 도르드레흐트는 16세기에 오물통을 설치할 때 집 뒤에 얼마만큼의 간격을 두어야 한다거나, 목재나 석재여야 한다는 등의 다양한 규정을 만들었다. 17세기 이후에는 하수도가 오물통을 점차 대체하기 시작했는데,[76] 땅 속 깊이 설치된 오물통은 한 번 비우는 데만 며칠이 걸렸으며, 위험하기까지 했기 때문이다.[77]

쓰레기는 수레에 실려 도시 밖으로 옮겨지기도 했는데, 시간이 많이 드는 일이었다.[78] 쓰레기는 주로 성벽 밖이나—성벽이 없는 경우에는—도시 가장자리로 운송되었다. 처리 일정은 가변적이었다. 오물통이 비워지는 주기도 불규칙했고, 어떨 때는 터지기 직전까지 꽉 채워지기도 했다. 오물은 주로 농부들이 옮겼다. 보통 친척 중에 누군가는 농사를 짓기 마련이어서, 처리해줄 사람을 찾기는 어렵지 않았을 것이다.[79]

오물통을 둘 자리가 없거나, 더 밀어 넣을 수 없을 만큼 꽉 차면 어떻게 했을까? 전근대 도시는 늘 화재 위험에 시달렸기 때문에 성벽 안에서는 보통—집 안의 화덕을 사용하는 게 아니라면—쓰레기를 태우는 행위가 금지되었다.[80] 길에 내버리는 것이 최후의 선택지일 때도 많았지만, 여기에도 주의가 필요했다. 여행기나 견문록에는 시민들이 쓰레기나 배설물을 아무렇지도 않게 창문 밖으로 내던졌다는 서술이 많은데, 리오나 스켈턴Leona Skelton은 이런 일이 일반적이지는 않았을 것이라고 설명한다. 이렇게 글로 남겼다는 것은 그런 일이 일반적이지 않은 충격적인 사건이었다는 의미이다. 게다가 다른 사람의 더러운 이야기는 독자들의 흥미를 끌기에도 좋았다.[81] 쓰레기를 길에 버렸다고 해도 처리의 책임이 사라지는 것은 아니었다. 대부분 도시에서 집주인은 집 앞의 길을 깔끔하게 유지할 의무가 있었다. 중세 후기부터는 대부분의 유럽 도시에 쓰레기 수거일이 지정되기 시작했다. 1401년 도르드레흐트의 규정집에 따르면, 하녀는 매주 토요일에 주인집 앞의 길을 쓸고 닦을 의무가 있었다.[82]

도시 안에서 쓰레기를 활용할 수 없다면, 도시 밖으로 내보내야 했다. 물론 도시에 쓰레기를 적재하는 장소가 있었다는 문헌도 종종 찾아볼 수 있다. 14세기 노리치에는 성벽 안에 일종의 중간 적재 장소가 있었다. 16세기 볼로냐에서는 건물을 철거한 자리에 쓰레기를 처리하곤 했다.[83] 쇠퇴하는 도시에서 쉽게 찾아볼 수 있는 처리 방법이었다. 인구는 줄고 땅은 남아돌아 쓰레기를 쌓아놓기 충분했다. 도시 경관을 신경 쓸 이유도 없었다.[84] 특히 1507년 대화재 이후 볼로냐에서는 수많은 폐허가 임시 매립지로 쓰였다.[85]

쓰레기를 농부에게 넘길 수 없는 경우에는 도시 성벽 너머에 매립했다. 16세기 아우크스부르크에는 몇십 개나 되는 쓰레기장이 있었다. 여기에서는 쓰레기를 쉽게 분류할 수 있도록 성벽 앞에 쌓아놓거나, 눈에 띄지 않게 숨겨놓는 등 다양한 노력의 흔적을 찾아볼 수 있다. 1558년 프랑스의 도시 몽펠리에에서는 자크 드코샤크Jacques de Cauchac라는 이가 탑을 임대했다. 이 탑은 아마 성벽의 일부였을 것으로 추정되는데, 외벽에 묻은 쓰레기를 돼지들이 파먹었기 때문에 **돼지의 탑**Tour de Cochons이라고도 불렸다.[86] 17세기 피렌체에서는 쓰레기를 두 개의 성문 사이 벽에 묻었다.[87] 파리는 쓰레기를 도시 밖 교외에 쌓아두었고,[88] 나폴리에는 재활용하거나 고칠 수 없는 물건을 쌓아두는 쓰레기장이 있었다.[89]

쓰레기 처리를 개인에게 맡기는 방식은 전근대에 널리 퍼져 있었고, 어느 정도는 잘 굴러갔다. 반면 도시의 위생 상태는 안정적이지 못했다. 어떤 시기에는 괜찮았지만, 어떤 시기에는 영 아니었다. 역사학자 위르겐 슐룸봄Jürgen Schlumbohm은 '적용되지 않는 법률'에 관한 글에서 전근대의 법률 집행 문제를 꼬집었다.[90] 규정이 정말로 적용될지, 어기면 정말로 제지를 당할지 여부는 지역 상황과 생활 속 문제에 따라 달라졌다. 제대로 된 전문가가 고심해 만든 법령도 아니었다. 학식 있는 통치자는 시민과 공동체의 삶의 질을 향상하려고 노력했지만, 결국에는 구멍도 많고 산발적인 헛된 시도에 가까웠다.[91]

　도시를 깔끔하게 유지하기 위해 쓰레기와 배설물을 수거하고 운반하는 체계를 만들려는 시도는 계속되었다. 대청소도 이 중 하나였다. 좁은 골목과 다층 건물로 이루어진 카이로는 이미 중세 시대에 심각한 쓰레기 문제를 앓았고, 13세기부터는 정기적으로 대청소 기간을 두었다.[92] 특정 사람들에게 쓰레기 처리를 장기 위임하는 방안도 있었다. 지난 장에서 보았다시피, 모헨조다로는 이미 쓰레기 수거 시스템을 일정 부분 갖추고 있었다. 중국에는 이미 기원전 2세기에 배설물을 체계적으로 수거해 농업 비료로 사용했다는 기록이 있다.[93] 당나라 장안에는 쓰레기와 배설물을 수거해 부를 축적한 집안이 있다는 기록도 남아 있다.[94]

　프랑스와 이탈리아의 일부 도시도 이미 중세 시대부터 정기 수거일이 있었다.[95] 13세기 몽펠리에에서는 1년마다 시민 중에서 도시 청결 책임자를 뽑았다. 캉브레, 콩피에뉴, 발랑시엔도 15세기 중반부터는 정기적으로 쓰레기를 수거했다. 아미앵 시민들은 수레에 싣기 좋도록 쓰레기를 잘 쌓아놔야 했다.[96] 런던은 14세기 중반에 구획에 따라 체계적으로 쓰레기를 청소했다. 아마 잉글랜드에서 이러한 시스템을 도입한 최초의 도시였을 것이다.[97] 1352년부터 노리치에서는 60세 미만이고 신체적으로 결함이 없다면 누구나 의무적으로 배설물과 쓰레기를 도로에서 치우고, 수월하게 청소할 수 있도록 집 앞 도로를 포장해야 했다.[98] 잉글랜드 도시들은 쓰레기를 몰래 수로에 투기

하거나 집 앞 쓰레기를 치우지 않는 행위를 정기적으로 단속했다.[99]

다른 곳에도 비슷한 규정이 있었다. 독일의 상업 도시들은 쓰레기, 배설물, 가축, 시체에서 풍기는 악취를 제거하기 위해 수많은 규정을 마련했다.[100] 부유한 도시에 속했던 뉘른베르크는 1599년에 길 위 쓰레기 청소를 담당하는 대형 부처와 장관직을 만들었다.[101] 1490년에는 도르드레흐트 시민 규정집에 빌럼 판로벤Willem van Loven이라는 인물이 등장했다. 그는 항구를 깨끗이 유지하는 대가로 약간의 보수를 지급받았다.[102] 1592년 폴란드 크라쿠프에서는 스타니슬라프 베그지네크Stanislaw Wegrzynek라는 인물이 도로를 청소하는 직책을 맡았으며 보수로 80즐로티를 받았다.[103] 1600년대부터 네덜란드 레이던은 쓰레기 수거 업무를 업체에 위탁했다.[104] 라틴 아메리카에 건설된 식민 도시도 마찬가지였다. 에콰도르 과야킬에서는 1538년부터 쓰레기를 길에 버리는 행위가 금지되었고, 1636년부터는 집 주변을 깨끗하게 관리하지 못한 가구에 6페소의 벌금을 부과했다.[105]

쓰레기 수거 체계를 어떻게 잡고 유지하는가 하는 문제에는 인구 밀도가 큰 영향을 미쳤다.[106] 특히 건물이 **빽빽**하게 들어선 에든버러 같은 도시에는 이미 1684년부터 30명으로 구성된 **오물 처리반**Muckmen이 있었다. 반면 인구 밀도가 훨씬 낮았던 뉴욕은 청소 담당자가 2명에 불과했다. 밀집된 공동 생활 덕분에 도시 경제는 부흥했지만, 이는 동시에 청결에 대한 욕구와 이를 책임질 누군가를 임명하려는 충동으로 이어졌다. 반면 저물어가는 도시는 더러웠다. 공공시설에 투자하기에는 돈이 부족했고, 위반 사항을 감시하기도 힘들었다. 쇠락한 도시는 어느 시점에 거대한 재활용 센터로 변했고, 사람들은 필요한 것을 그때그때 주워 갔다.[107]

　　18세기 후반에 세계적인 도시화 열풍이 불기 전까지, 쓰레기 수거의 역사는 지역별로 다양했던 것으로 보인다. 도시에서 조직된 쓰레기 수거는 점진적으로 발전하지 못하다가 19세기 말에야 완전히 자리를 잡았다. 물론 17세기와 18세기 나폴리나 파리 같은 대도시에는 선진적 쓰레기 수거 시스템이 있었다.[108] 하지만 이들 도시는 갑작스러운 인구 증가에 따르는 문제를 해결한 몇 안 되는 도시였기에 다른 도시의 상황에 일반화하기는 어렵다. 뒷장에서 좀 더 자세히 다루겠지만, 쓰레기 수거와 재활용 사이의 밀접한 관계는 상황을 더 복잡하게 만들었다. 17세기와 18세기 마르세유에서는 **에스쿠비에** Escoubiers가 쓰레기를 청소하고 도시 밖으로 옮기는 업무를 담당했지만, 경제적으로 가치 있는 쓰레기에만 집중해 오히려 도시 위생을 악화시키는 결과를 불러오기도 했다.[109]

3장
유용하고 불결한 도시의 가축들

✝

친절한 돼지야, 너는 시인에게 영감을 불어넣고, 도토리에 열광하고,
모든 것을 먹어 치우고, 기독교도를 살찌우는구나.
─알로이스 블루마우어Aloys Blumauer1

가축의 쓰임새

전근대 사람이라고 더러움이나 오염된 물, 악취에서 비롯되는 불편에
면역이 된 것은 아니다. 이들이 도로를 포장하고, 매립지를 만들고,
수질을 보호하기 위해 노력한 것만 봐도 알 수 있다. 흑사병이 유행할
때는 도시 환경에 특히 예민하게 대응하기도 했다. 이러한 환경이 조
성되는 데 가장 큰 영향을 미친 것은 가축으로, 적어도 유럽 도시에서
는 동물과 인간이 오랜 시간 함께 살아왔다. 동물의 존재, 배설물, 소
음, 냄새는 일상의 일부였다.2 베르사유처럼 화려한 도시에서도 소를
─이들이 냄새를 풍기는 것은 당연했다─쉽게 찾아볼 수 있었다.3 가
축은 쓰레기 처리와 해결을 도맡았다. 전근대 쓰레기의 역사는 가축
을 빼고는 이야기할 수 없을 정도이다.

유럽 도시에서는 주로 소, 돼지, 개, 염소, 닭 같은 동물을 키웠다. 물론 지역에 따라 차이는 있었다. 많은 국가에서 가축은 보편적이지 않았다. 특히 중국 도시는 유럽만큼 동물을 많이 기르지 않았다.[4] 일본에서도 돼지를 사육하는 일은 드물었고, 3세기부터는 육류 섭취량도 감소했다.[5] 심지어 7세기 후반에는 말, 소, 닭을 섭취하는 행위가 금지되었으며,[6] 동물성 단백질은 대체로 야생동물이나 물고기에서 얻었다. 당연한 말이지만 도시에서 키워지는 가축과는 거리가 멀었다.[7] 아즈텍 도시 내에서 사육이 허가된 가축은 개와 칠면조뿐이었으며, 이곳에 소, 말, 돼지, 양 같은 동물이 전해진 것은 15세기 이후 **콜럼버스 교환**Columbian Exchange, 다시 말해 '구'세계와 '신'세계 사이에 식물, 동물, 세균 교환이 이루어진 이후였다.[8]

사육되는 동물은 가축화 여부뿐만 아니라 이주하는 사람들에 의해 결정되었다. 많은 식물과 동물은 언젠가 외부에서 유입된 개체였다. 인간이 가는 곳에는 대개 쥐가 함께했다. 실제로 쥐는 가장 빨리 세계에 퍼진 종으로, 이미 18세기에—미국 중서부 등 몇몇 지역을 제외하고—세계 곳곳에 자리를 잡았다.[9] 반면 15세기 이후 에스파냐와 포르투갈은 의도적으로 말, 소, 돼지를 미 대륙에 들여왔다. 이 시기를 기점으로 지역에 따라 어떤 가축을 기르느냐의 차이는 점차 사라졌다. 일본에서는 1860년대 말 메이지 유신 이후에나 육류 섭취가 증가했지만,[10] 큰 관점에서는 세계적 흐름을 따랐다.

다른 중요한 요인도 있었다. 유대교와 이슬람교에서는 돼지를 금기시했다. 불교는 일본 같은 몇몇 국가에서 육류 섭취 감소에 영향을 미쳤다. 어떤 동물들은 기후나 도시 환경에 적응하지 못했다. 농업의 방향도 중요했다. 곡식과 쌀농사를 중요하게 여기는 풍토는 소를 사육할 수 있는 땅을 앗아갔다.[11] 중국이 대표적이다. 페르낭 브로델은 쌀을 '제왕적 작물'이라고 칭하기도 했다. 쌀은 지력이 낮은 땅에서 최대의 생산성을 뽑아낼 수 있는 식물이었다.[12] 쌀농사는 노동 집약적이었고, 이 때문에 농부들은 대규모로 소를 키울 시간도, 땅도 부족했다. 하지만 쌀은 양쯔강 삼각주에 거주하는 수많은 인구를 먹여 살릴 수 있는 유일한 방안이었다. 이는 전근대 사회에서 특히 중요한 문제였다. 똑같은 땅에 농사를 지으면 가축을 키울 때보다 약 10배에서 20배 더 많은 사람을 먹일 수 있었다. 중세 유럽 사람들은 육류를 많이 섭취했지만, 이는 상당히 예외적인 경우였다.[13]

수많은 동물이 초기 역사 시대에 기축화되었지만, 중국에서는 몇 세기 동안 비교적 가축을 찾아보기 힘들었다.[14] 돼지는 예외였다. 돼지는 주로 시골에서 키웠지만, 중국에서 찾아볼 수 있던 몇 안 되는 도축용 가축이었다.[15] 이미 고대 중국에도 쓰레기를 처리하기 위해 집 근처에서 돼지를 키우는 데 대한 규정이 있었다.[16] 시장에서 돼지를 공개적으로 도살했다는 기록도 있는데, 정확히 어느 도시에서였는지는 명확하지 않다.[17] 돼지는 특히 큰 의미가 있었던 것으로 보인다. 집을 나타내는 한자家에는 돼지를 의미하는 글자豕가 포함되어 있다. 발음에서도 이러한 기원이 드러난다.[18]

가축을 전혀 키우지 않거나 많이 키우지 않는 도시에 산다는 것은 오염이 덜하다는 뜻이었다. 배설물이 공공장소에 널브러져 있지 않기 때문이다. 이는 근대 초기에 일본을 방문한 유럽 여행자들이 도시의 깔끔함을 칭찬할 수밖에 없던 이유이기도 했다.[19] 하지만 가축이 적다는 것은 이러한 나라들이 유럽에 비해 비료를 얻기 힘들었다는 의미이기도 하다. 비료는 전근대 사회에서 중요할 수밖에 없었다. 동물의 배설물은 질소 함유량이 높고—다른 물질들과는 다르게—오래 숙성하지 않아도 땅을 비옥하게 만들 수 있었다.[20] 비록 로마의 박물학자 플리니우스나 19세기의 수많은 학자들은 정반대의 주장을 펼쳤지만,[21] 실제로 동물 배설물은 인간의 것보다도 효과가 훨씬 뛰어났다.

유럽 도시는 동물 배설물을 공급하는 주요 장소였다. 중세 말기부터 19세기까지 농업이 곡물 생산 위주로 바뀌면서 시골에서 축산의 비중이 낮아졌기 때문이다.[22] 오늘날 화학 비료를 이용하는 집약적 농업에서는 파종 대 수확의 비율이 1대 50 정도이다. 즉, 씨앗 하나에서 곡물 50알을 얻는다. 하지만 대부분 지역에서는 고대부터 19세기까지 파종 대 수확 비율이 1대 4에서 1대 6 정도에 지나지 않았다.[23] 파종을 위해 낟알을 소모하고, 지주에게 세금을 바쳐야 한다는 점을 고려하면 전근대 사회에서 지력을 높이는 것이 얼마나 중요했는지 짐작할 수 있을 것이다.[24]

앞서도 말했듯, 중국에서는 기원전 2세기 도시에서 인간의 배설물을 수집했다는 기록이 있다. 반면 일본에서는 비료로 사용하기 위해 배설물을 수거했다는 기록이 12세기가 되어서야 처음으로 등장한다.[25] 하지만 두 나라 모두 배설물을 집약적으로 수거하기 시작한 것은 이른바 **이모작**이 활성화된 16세기에 들어서였다.[26] 쌀은 여무는 데 120일에서 140일 정도가 걸렸기 때문에 근처 땅에는 보통 다른 채소를 같이 심었다. 채소를 키우려면 땅에 영양분을 별도로 공급해야 했다. 쌀은 물이 차 있는 논에서 자랐다. 물이 찬 논은 이미 충분히 비옥했고, 지력이 고갈될까 봐 크게 걱정할 필요가 없었다.[27]

이러한 환경에서 대변과 소변을 판매하는 사업이 번창하기 시작했다. 에도(도쿄)는 17세기 후반에 이미 100만 명이 거주하는 세계적인 대도시였다. 이곳에서는 배설물을 수거·가공·운송하는 사업이 활발하게 이루어졌다.[28] 18세기 이탈리아의 여행가 제멜리 카레리Gemelli Careri는 중국에서 농부들이 쓰레기와 배설물, 길가의 진흙을 사기 위해 도시를 찾았다고 기록했다. 농부들은 이를 구매하기 위해 채소나 식초, 현금을 지불했다.[29] 일본에서는 주로 지푸라기나 간 생선을 비료로 사용했지만, 근대 초기부터는 차차 인간 배설물을 수거하기 시작했다. 대변뿐만 아니라 소변도 포함되었다. 수공업자들이 작업에 소변을 활용했기 때문이다.[30] 공중화장실은 배설물을 얻기 좋은 시설이었다. 사람들의 배설물을 다루는 것은 그 자체로 사업이 되었다. 중국 도시에서는 1980년대까지도 인분을 수거하는 모습을 볼 수 있었다.[31]

이러한 관행은 중국과 일본에 있었던 농업 상업화의 초기 단계를 보여준다. 이는 종종 **대분기**Great Divergence(근대에 동서양의 경제적 격차가 벌어지게 된 분기점을 말한다.─옮긴이)에 대한 논의에서도 이야기된다. 18세기 후반에 영국이 어떻게 발달한 아시아 문명을 제치고 산업화를 처음으로 이뤄낼 수 있었을까?[32] 중국에 발전된 농업 기술이 있었던 것은 사실이지만, 영국은 운 좋게도 석탄이 풍부했고, 그 석탄을 쉽게 채굴할 수 있었으며, 다른 원재료도 식민지에서 쉽게 공급받을 수 있었다.[33]

이것만으로는 전근대 농업의 복잡성을 완전히 파악하기 쉽지 않지만, 수요와 공급을 따져보면 도움이 될 것이다. 이미 언급했듯, 일본과 중국에는 가축 배설물만으로는 충분한 양의 비료를 공급할 수 없었다. 그래서 인간 배설물 수요가 높을 수밖에 없었다. 가축을 많이 키우지 않던 다른 도시도 별반 다르지 않았다. 15세기 아즈텍의 수도였던 테노치티틀란은 배설물 수거를 위해 공공 화장실을 도입했고, 이렇게 모은 배설물은 카누에 실어 치남파섬으로 운반해 곡식과 채소를 키우는 데 활용했다. 도시의 틀라텔롤코 시장에는 배설물을 판매하는 자리가 따로 있었다.[34]

비료가 충분하지 않긴 했지만, 사람의 배설물을 완전히 **상업화**할 수는 없었다. 18세기 후반 플랑드르 같은 도시에서는 집약적이고 시장 중심적인 농업이 이루어졌고, 이를 위해 쓰레기와 배설물을 사업화하려는 시도가 이루어졌다. 하지만 높은 운송 비용 탓에 실패로 돌아갔다.[35] 동아시아에서는 조금 달랐다. 특히 일본에서는 배설물 사업이 활발하게 이루어졌는데, 수로나 물길로 배설물을 비교적 수월하게 운반할 수 있었기 때문이다.[36] 중국 역사학자 융쉐Yong Xue는 18세기와 19세기 장닝에서의 기록을 토대로 배설물 수거 사업의 성공 여부가 물길을 통한 운반이 가능한지에 달려 있다고 언급했다. 중국 농업이 시장 중심적으로 발달된 뒤에는 도시에 수거 가능한 배설물에 대한 수요가 있었고, 농부들도 돈을 지불할 용의가 있었다. 경제적으로 여유가 있던 양쯔강 삼각주 내부에서도 이런 수요는 도시마다 달랐다.[37] 이 밖에도 배설물 사업을 어렵게 만드는 요인으로는 배설물 주인이 이것을 빨리 내다버릴 수밖에 없다는 점도 있었다.[38]

다양한 문화권을 살펴보면 알 수 있듯, 도시 내에서 가축을 사육하는 것에는 장단점이 있었다. 동양과 서양의 도시 문명에는 분명한 차이가 있었다. 가축은 소음과 오염을 유발하지만, 유럽 도시에서—지역마다 차이는 있었지만—비교적 가축을 많이 둔 데는 그만한 이유가 있었다. 가축은 유용했다. 따라오는 단점을 상쇄할 수 있을 만한 장점이 있었다. 가축 사육의 유용성은 동물의 종마다 조금씩 차이가 있었는데, 짤막하게 정리하자면 이렇다. 소는 다용도로 쓸 수 있었다. 고기뿐만 아니라 우유와 가죽도 내어줬고, 닭과 돼지와는 달리 무언가를 끄는 데도 활용할 수 있었다. 소는 태어나서 다 자랄 때까지 시간이 오래 걸렸지만, 여러 가지 도움을 주었기 때문에 보통은 늙어서 쓸모를 다한 다음에야 도축되었다. 얻을 수 있는 고기의 양이 저고 맛이 없는 것은 어쩔 수 없었다. 닭도 마찬가지였다. 닭은 주로 계란을 낳을 수 없게 된 다음에야 도축되었다. 당시 닭고기는 토끼고기만큼이나 낮은 취급을 당했다.[39] 20세기 중반에야 **가금류 혁명**Poultry Revolution이 일어나면서 가금류 섭취 비율이 증가했다.[40]

돼지는 무언가를 끄는 재주는 없었지만, 고기와 가죽을 주었다. 돼지는 빨리 자랐고, 비교적 어릴 때, 때로는 한 살이 겨우 넘은 시점에 도축되었다. 그래도 개체수를 유지하는 데는 지장이 없었다. 맛이 좋은 것은 물론이었다. 돼지는 초식과 반추를 하는 소와는 달리 먹이를 가리지 않았다. 중세 시대 잉글랜드나 네덜란드에서는 돼지가 시체를 파먹지 못하도록 묘지 주변에 담을 쌓을 정도였다.[41] 특히 돼지는 쓰레기를 먹을 수 있었다. 쓰레기에 존재하는 박테리아는 사람에게는 위험할 수 있지만, 돼지에게 먹이면 귀한 동물성 단백질로 바

뛸 수 있었다. 애초에 야생 돼지가 가축화된 것도 인간의 정착지에 있는 찌꺼기를 먹기 위해 제 발로 찾아왔기 때문이다.[42] 쓰레기를 처리할 수 있다는 것만으로도 돼지 사육은 의미가 있었다. 동물성 단백질은 보통 식물성 단백질보다 생산이 까다롭다. 하지만 이렇게 하면 비교적 저렴한 비용으로 고기를 만들어낼 수 있었다. 그렇지 않으면 돼지 사육은 보통 손해나는 장사였다.[43] 도시에서 닭을 키우는 것도 마찬가지였다. 닭은 도시에서 밀려난 마지막 가축이었다. 20세기까지만 해도 도시 내에서 양계장을 찾기는 어렵지 않았다.[44]

　동물의 고기, 가죽, 지방, 내장은 도시의 수공업자들에게 소중한 재료였다. 정육점뿐만 아니라 양초 제작자들에게도 마찬가지였다. 동물성 기름과 지방은 연료이자 조명이었고, 비누나 접착제를 만드는 데에도 쓸 수 있었다.[45] 소변은 제혁장에서 가죽을 손질할 때 필요했다. 동물들은 겨울에도 우리 안에 온기를 전달했다. 침실은 보통 우리 옆에 있었고, 하인들은 우리 안에서 잠을 자기도 했다.

　동물은 이렇게 다양하게 활용할 수 있었고, 19세기까지만 해도 가축이 야기하는 문제를 상쇄하기에 충분했다. 사실 가축은 늘 골칫거리였다. 지저분했고, 소음을 냈으며, 악취가 났다.[46] 게다가 이들은 통행을 방해했고, 먹이를 필요로 했으며 질병 전파의 매개체—전근대의 사람들이 과학적으로 증명할 방법은 없지만, 경험으로 짐작했듯—였다. 흑사병이 유행하던 시기에는 가축을 키우는 것이 제한되기도 했다. 19세기 도시 위생 담론에서 도심의 가축은 공중위생을 위협하는 요소이자, 낮은 문명 수준을 보여주는 증거로 받아들여졌다. 하지만 이는 한참 뒤에나 일어난 일이다. 전근대의 가축은 일상을 살아가기 위해 꼭 필요한 동지였다.

쓰레기를 '먹어 치우다'

전근대 도시의 쓰레기 처리자였던 돼지는 다른 동물에 비해 특히 장단점이 두드러졌다. 돼지는 (유럽) 도시 풍경의 일부였다. 이들은 쓸모가 있었고, 똑똑했고, 기본적으로 사람에게 우호적이었다.[47] 하지만 시끄러웠고, 좀처럼 가만히 있지 않았으며, 배설물을 만들었다. 먹이를 찾기 위해 무덤을 파헤치기도 했다. 통행에도 방해가 되어서, 인구가 밀집된 도시에서는 이미 중세 시대부터 돼지 사육을 제한하려 했다.

오늘날에는 돼지를 대형 우리에서 공장식으로 사육한다. 시골을 돌아다니거나 운송용 트럭을 만나는 게 아니면 돼지와 마주칠 일도 없다. 하지만 전근대에는 이러한 공장식 사육이 불가능했다. 돼지는 운송 수단으로 쓸 수 없었고, 먹일 것이 충분한 환경일 때나 키울 만한 가치가 있었다. 돼지 사육에도 지역별 차이가 있었다. 중국에서는 이미 먼 과거부터 시골에 작은 우리를 두고 음식물 쓰레기나 약간의 쌀을 먹이면서 돼지를 키웠다.[48] 반면 유럽 중부에서는 돼지를 숲에 방목했고, 돼지는 그곳에서 도토리나 다른 야생 열매를 먹으면서 자랐다.[49] 북미의 초기 정착민들도 비슷한 방식으로 돼지를 키웠다. 일이 잘 풀린다면, 봄에 풀어놓은 돼지는 여름이 끝날 때쯤 통통해져서 돌아왔다. 쓸 수 있는 땅과 숲이 충분히 넓다면 이런 식으로 손쉽게 고기를 얻을 수 있었다.[50]

이런 사육 방식을 방해한 것은 크게 두 가지였다. 하나는 전쟁이었다. 실제로 돼지의 수는 전쟁으로 인해 크게 감소했다. 독일에서는 30년 전쟁(1618~1648년)이 돼지의 개체수를 크게 줄인 원인이었다. 19세기까지도 이전의 개체수를 회복하지 못할 정도였다. 전근대 국가의 탄생도 영향을 미쳤다. 숲에 소유권이 생기자 사람들은 울타리를 박았고, 귀족들은 사냥을 했다. 당연히 숲에 돼지를 방목하기가 힘들어졌다. 또한 언젠가부터 돼지는 부를 가늠하는 척도가 되었다. 운송 수단으로도 쓸 수 없고, 우유를 얻을 수도 없으니 미래의 고기를 위해 동물을 키우는 것은 곧 그만큼 여유가 있다는 의미였다.[51]

반면 도시에서는 계속 돼지를 키울 수 있었다. 도시에 워낙 쓰레기가 많이 발생하는 덕분이었다. 집에서 음식물 쓰레기가 생기는 것은 물론이고, 사업체나 시장도 쓰레기를 많이 만들기는 매한가지였다. 이미 중세에도 동물을 아무렇게나 풀어놓으면 안 된다는 **상식**이 있었다. 꿀꿀거리며 음식을 찾아 돌아다니는 돼지는 늘 통행을 방해했다. 프랑스 왕 필리프의 이야기를 보면 이해하기 쉽다. 필리프가 말을 타고 파리 교외를 지나는 길에 말이 돼지에 걸려 넘어지면서 그대로 왕을 덮쳤다. 그렇게 필리프는 압사했다. 미셸 파스투로Michel Pastoureau는 이 사건이 푸른색과 백합 문장을 프랑스 왕실의 상징으로 도입한 계기가 되었을 것이라 생각한다. 돼지가 일으킨 사고로 왕이 죽고 난 후에 왕가의 순수성을 다시 강조할 필요가 있었을 것이다. 멋진 이론이지만—본인도 인정했듯—안타깝게도 증명할 방법은 없다.[52]

돼지가 아무렇게나 돌아다니는 것은 보기 좋지 않았다. 이는 도시 내 돼지 사육을 제한하거나 완전히 금지하려는 시도로 이어졌다.[53]

공공장소—우물 같은 곳—를 배회하는 돼지는 통제의 대상이었다.[54] 도르드레흐트는 1446년과 1449년에 돼지 사육이 가능한 장소를 우리나 뒷마당의 헛간으로 제한했다.[55] 수많은 민원의 결과였다. 15세기와 16세기 볼로냐는 도시 규정의 많은 부분을 돼지 사육 제한에 할애했다.[56] 독일 도시도 별반 다르지 않았다. 돼지에 관한 제한 규정은 현존하는 최초의 법전에서도 찾아볼 수 있다. 성벽 밖에 사는 돼지만이 조항의 예외였다. 하지만 이러한 조치는 보통 장기간 시행되지 않았다.[57] 1355년 부유한 도시 프랑크푸르트의 제빵사는 무기를 들 수도 있었고, 돼지도 8마리까지 키울 수 있었다. 도시 위원회의 구성원은 최대 12마리의 돼지를 사육할 수 있었다. 사육할 수 있는 돼지의 수는 주로 길드의 영향력에 달려 있었다. 15세기의 부유한 도시들은 품위를 지키기 위해 공공장소에 돼지 배설물이 떨어지는 일을 방지하려고 애썼다.[58] 국가가 세워진 뒤로는 특히 중요했다. 윗분들에게 기꺼이 내보일 수 있을 만한 공적 공간에는 당연히 동물이 있어서는 안 되었다.

근대 초기 이후 유럽 도시에는 변화의 바람이 불었다. 돼지들에게 가혹한 변화였다. 돼지는 점차 도심에서 밀려났다. 도로가 포장되면서 땅을 파헤치기는 점점 힘들어졌다. 19세기까지만 해도 돼지는 도시에서 쉽게 찾아볼 수 있었다. 다만 주거 공간이 도시 변두리로 밀려났고, 같은 우리에 사는 개체가 늘어났고, 일반 가정에서 점차 사라졌을 뿐이다. 특이하게도 사람들은 이후에도 돼지에게 먹이로 쓰레기를 던져주었다. 이제 더는 돼지가 도시 쓰레기를 처리하는 청소부가 아니었는데도 말이다.

쓰레기를 치우고 거리를 깨끗하게 유지해주는 동물은 돼지만이 아니었다. 일본에서는 까마귀가 죽음을 상징하는 불길한 새가 아닌, 도시 공간을 깔끔하게 유지하는 환영받는 동물이었다.[59] 하지만 쓰레기 처리 담당으로서 돼지의 진정한 라이벌이었던 동물은 바로 개였다. 특히 돼지를 사육하지 않는 이슬람 국가에서 이러한 현상이 두드러졌다. 이스탄불에서는 20세기 초반까지도 떠돌이 개가 쓰레기 처리에 주요한 역할을 했다.[60] 하지만 도시의 개는 돼지와는 조금 다른 취급을 받았다. 전염병이 돌면 시 차원에서 떠돌이 개를 포획해 죽였다. 15세기 중반 도르드레흐트에서는 개 사육을 강력하게 제한했고, 수많은 개를 잡아 매장했다.[61] 흑사병이 유행하던 1630년대에는 이탈리아 북부에서 개의 목에 포상금이 걸렸고, 피렌체에서만 300마리가 넘는 개가 죽임을 당했다. 인간의 첫 번째 **친구**이자, 첫 가축, 사냥의 동반자에게는 너무 가혹한 처분이었다.[62]

이러한 일은 어쩌면 인간과 개의 관계가 유난히 돈독했기 때문에 벌어진 것일지도 모른다. 개는 사람과 짐승 사이의 중개자였기 때문에—개에게 사람 이름을 붙이는 것을 보면 알 수 있다.—사람들은 개가 질병을 퍼뜨리거나 매개한다고 여겼다.[63] 이상하게 들릴 수 있겠지만, 당시 상황을 참작해야 한다. 도시에 사는 개 중에는 들개도 많았다. 무리를 지어 다니는 들개는 돼지보다도 사람에게 우호적이지 않았다.[64] 개고기를 먹는 것은 심각한 비상 상황에서나 일어나는 일이었다. 개는 때로 두려움을 조장했다. 특히 정육점 근처를 돌아다니는 개는 악명이 높았다. 이러한 개는 돼지보다도 길들이거나 통제하기 힘들었다. 개는 장애물을 뛰어넘을 수도 있었기 때문에 때로는 집

안으로 들어오기도 했다.[65] 개도 돼지와 비슷한 나쁜 버릇이 있었다. 1630년대 흑사병이 유행하던 시기에 피렌체에서는 자꾸만 시체를 파헤치는 개들 때문에 묘지 주변에 울타리를 쳐야 했다.[66]

흑사병 유행 시기나 근대 초기에 박해를 받은 동물은 개뿐만이 아니었다. 극한의 상황에서는 평범한 일도 의미심장하게 느껴질 수밖에 없었다. 사람들은 돌아다니는 돼지나 지저분한 마당, 축축한 지하실을 곧잘 죽음과 연관 지었다.[67] 흑사병의 원인을 확실히 알 수 없는 상황을 타개하려면 가능한 모든 수단을 동원해야 했다. 이 시기에는 동물을 공공장소에서 아예 제거하려는 시도도 있었다.[68] 1720년대에 마르세유에 흑사병이 퍼지기 시작하자, 유럽 전역에서 돼지 사육을 제한하는 법령이 만들어졌다.[69]

역사를 전체적으로 훑다 보면, 언제까지 가축이 도시 내에서 사육되었는지를 알 수 있다. 도시가 완전히 아스팔트로 포장된 것은 2차 세계 대전 이후였다. 두 세계 대전 사이에는 도시 내 가축의 수가 증가했다. 경제 위기가 계속되자, 인간에게 가축은 약간의 기댈 곳이자 '뒷마당의 복지'(미하엘 프린츠Michael Prinz)였다.[70] 오늘날에도 아시아나 아프리카의 일부 도시에서 가축을 쉽게 찾아볼 수 있다. 물론 이런 곳에서도 가축이 도시 밖으로 밀려나고, 가축 수가 감소하는 경향이 관찰된다.[71] 동물은 이렇게 점점 도시 가장자리로 밀려나다 언젠가는 완전히 사라질 것이다.

도축

도시 내의 가축은 결국 자연적으로 죽는 게 아니면 죽임을 당하기 마련이다. 일부 지역에는 성벽 밖에서만 도축할 수 있다는 법이 존재했지만,[72] 언제까지고 지켜지지는 않았다. 도살 장소를 정하고 도살 후 남은 잔해를 처리하는 것은 전근대 도시가 늘 안고 가야 하는 문제였고, 성벽 밖에서만 도축할 수 있다는 규정은 비효율적인 방안이었다. 쓸모없다는 이유로 길이나 물가에 던져진 동물 사체도 마찬가지였다. 아무렇게나 해체된 동물 사체는 이미 고대 로마에서도 큰 방해물이었고, 자꾸만 다른 동물들을 끌어오는 골칫거리였다.[73] 마르티알리스 Martialis는 거지의 끔찍한 죽음을 다룬 풍자시에서 대도시 거리 위의 삶을 이야기했다. 거지는 죽기 전 마지막 힘을 모아 개에게 맞섰지만, 결국 그의 시체는 개의 먹이가 되었다.[74]

동물 사체는 문젯거리였다. 특히 길 위에서 병사한 동물이 그랬다. 17세기와 18세기 부에노스아이레스에는 거리 미관을 유지하기 위해 최대한 빨리 동물 사체를 치워야 한다는 규정이 있었다. 이런 문제를 완전히 방지할 방법은 없었다.[75] 사실 당연한 것이, 길 위에 쓰러진 대형 동물의 사체는 치우는 것도 쉽지 않았다. 가장 손쉬운 방법은 물에 던져 버리는 것이었다. 이 때문에 식수가 오염되는 일이 잦았다. 수도나 수로에 있는 동물 사체는 전근대 도시가 처리해야 했던 주요 문제 중 하나였다.

단순히 처리하기 힘들다는 사실 하나만으로는 동물 사체가 문제가 되었던 이유를 전부 설명할 수 없다. 사실 전근대 사회에서는 동물을 가공해 생필품을 만들었다. 비누, 끈, 종이를 만드는 데 필요했던 접착제, 낚싯줄 등,[76] 수많은 물품이 동물을 이용해 생산되었다. 돼지기름으로는 비누와 초를,[77] 뼈로는 빗처럼 일상에 필요한 물건들을 만들었다.[78] 말의 털은 체, 붓, 낚시줄, 충전재로 쓸 수 있었다.[79] 파리에서는 적어도 17세기 말부터 동물의 혈액을 설탕 정제나 프로이센 블루 염료 생산에 활용했다.[80] 하지만 이는 동물 사체 문제를 해결하는 완벽한 방안은 아니었다. 동물의 가공은 노동 집약적이었고, 에너지원을 너무 많이 소비했다. 예를 들어 젤라틴을 생산하려면 뼈나 연골, 가죽을 몇 시간씩 끓여야 했는데, 이 시대에는 늘 땔감이 귀했다. 이러한 이유로 젤라틴은 보통 의료용으로 소량만 생산되었다.[81] 모든 동물 사체를 재활용할 수 있었던 것도 아니었다. 특히 병에 걸려 죽은 동물은 활용 방안이 많지 않았다.

또한 동물을 가공하려면 전문성이 필요했다. 정육점을 하기 위해서는 도축 기술과 지식이 있어야 했다. 이 시기 유럽, 중국, 인도의 중견 도시에선 매년 몇천 마리씩 동물이 도살되었다.[82] 오늘날에는 기계를 이용하지만, 예전에는 훨씬 더 복잡한 과정을 거쳐야 했다. 돼지를 잡을 때에도 동물이 격렬하게 저항하지 못하도록 막는 과정에서 소음을 줄이고 되도록 피를 적게 흘리게 하는 데에는 확실히 전문가의 솜씨가 필요했다. 가정에서 도축을 하게 되면 동물 친구의 죽음을 목격하지 않도록 아이들을 멀리 내보내곤 했다.[83]

오늘날에는 밀폐된 공간에서 도축하지만, 전근대에는 그러한 시설이 있을 리가 없었다. 외부에서 죽인 동물을 도시 안으로 들여오는 방법은 늘 민감한 문제였다.[84] 동물을 거리에서 도축해도 되는지 여부도 늘 논란의 여지가 있었다. 로마 제국에서는 근대 초기까지 이 문제에 명확하게 결단을 내리지 못했다. 도시 내 거리에서 도축할 수 있다면 정육업자들은 편하겠지만, 환경을 심하게 오염시킨다는 문제가 있었다. 동물의 피가 길 위에서 강이 되어 흐르는 일은 드물지 않았고, 쓸모없는 자투리는 그대로 길에 버려졌다. 도축 과정에서 생길 수 있는 문제를 두고 모두 의견이 분분했다. 지역마다도 의견이 달랐다. 중세 프랑스 도시의 정육점은 장사가 잘되고 있다고 보여주기 위해 의도적으로 고기 자투리를 가게 앞에 버렸다.[85] 산업 혁명 시기에 연기 나는 굴뚝이 사업의 번영을 보여주는 증표였던 것과 비슷하다. 독일 도시에서는 쓰레기 더미의 크기가 부의 척도로 여겨지기도 했다.[86]

몇몇 예외를 제외하면 도살 후 남은 부산물을 처리하는 것은 주로 도시 내부에서 해결해야 하는 시급한 문제였다. 16세기와 17세기 파리에서 이러한 부산물이 빈민층의 식탁 위에 올랐다는 기록이 여럿 남아 있지만, 일반적인 일은 아니었을 것으로 보인다.[87] 대부분의 사람들은 도축 부산물 처리 규정을 따랐다. 1388년 런던에는 도축 부산물을 템스강 강변에 처리하는 행위에 관한 규정이 있었다.[88] 중세 후기 이후 이탈리아 도시에는 부산물을 길에 투기해서는 안 된다는 법령이 있었다. 페라라라는 도시는 14세기에 수로 주변에 위치한 정육점에 오물통 설치를 의무화하는 법령을 여러 차례 공표하기도 했다.[89]

정육점이 도시 환경을 심하게 오염시켰기 때문에 이를 한 공간에 몰아넣으려는 시도도 있었다. 중세 후반 이후 이탈리아 도시들은 시내에 공용 도축장을 설치했다. 이렇게 하면 악취와 부산물을 처리하기 비교적 쉽다는 장점이 있었고, 19세기까지 많은 곳에서 이런 시도를 따랐다. 이후 공용 도축장은 점차 도시 변두리로 밀려났다. 이러한 시설은 필수적이고 위생적이었지만, 반대하는 쪽도 마땅한 이유가 있었다. 정육업자들이 늘 쓰는 도구는 위험한 무기였고, 이들은 도시의 상류층에 반기를 들었다. 1384년 뤼베크에서 일어난 푸줏간 반란Knochenhaueraufstand이 대표적이다. 14세기 시에나에서는 정육점 길드를 위협으로 받아들였고, 이들이 쉽게 뭉치지 못하도록 일부러 도시 곳곳에 분산시켰다.[90]

도시 쓰레기 문제의 중심지였던 시장에서도 도축 부산물은 피할 수 없었다.[91] 최초로 알려진 도시의 법률은 시장의 쓰레기 처리를 규제하는 법안이었고, 최초로 공공 쓰레기통이 설치된 곳도 시장이었다. 1461년 네덜란드 도시 레이던의 수산물 시장은 특히 악취로 유명했는데, 여기에 쓰레기통(아마 굴러다니던 아무 통이었을 것이다)을 설치해 동물들이 달려들기 전에 쓰레기를 버릴 수 있도록 만들었다.[92] 시장이 파한 뒤에는 쓰레기 처리를 위해 돼지를 풀기도 했지만, 이런 방식에는 분명 문제가 있었다. 1414년 잉글랜드 도체스터의 토지 대장 Domesday Book은 시장에서 발생한 쓰레기를 일주일 안에 처리해야 한다고 명시했다.[93] 시장은 분명 오염의 온상이었지만, 무턱대고 이를 금지하거나 규제할 수는 없었다.

도시 내 사육과 도살, 부산물 처리는 결국 갈등을 해결하고 통제하는 일이었다. 다양한 조치와 법률을 만들어도 결국에는 도시 내의 다양한 요소들과 맞아떨어지지 않으면 기능할 수 없었다. 당국은 경제적 요소와 도시 위생 사이에서 끊임없이 저울질해야 했고, 중요한 것은 서로가 어느 정도 감내할 수 있는 선을 찾는지였다. 놀라운 점은 이러한 갈등 해결 방식이 전근대 사회에서 대부분 통했다는 사실이다. 어쨌거나 오염은 늘 일정한 선 안에서 관리되었고, 이로 인해 피해를 보는 사람의 수도 모른 체할 수 있는 정도로 유지되었으며, 이해 당사자들끼리는 개인적인 친분도 있었다. 이는 19세기에 도시가 팽창하고 산업화되면서 새로운 국면을 맞는다.

땅 위의 동물과 땅 밑의 동물

지금까지는 모두 가축으로서 정원이나 뒷마당, 작은 사육장에서 키울 수 있었던 말, 소, 당나귀, 염소, 돼지, 닭 같은 동물을 다루었다. 하지만 가축 이외에 인간이 키우지도, 활용하지도 않았지만 도시에 터전을 잡은 동물들도 있었다. 쥐, 생쥐, 담비, 다양한 종류의 바퀴벌레(바퀴벌레는 도시에 가장 특화된 곤충이다), 파리, 모기가 여기에 속한다. 이미 말했듯이, 이들은 우리와 공생한다. 적어도 한쪽은 이익을 얻는다는 뜻이다. 대부분의 사람들은 쥐나 곤충을 가능하면 떨궈내고 싶어 하지만, 우리의 능력은 거기까지 닿지 않는다. 오히려 도시는 이들에게 더 나은 환경을 제공한다. 이러한 동물이 지하를 배회하지 않는 도시는 상상할 수 없는 정도이다.

도시에서 볼 수 있는 쥐는 크게 두 종이다. 하나는 검은색 곰쥐이고, 다른 하나는 종종 집쥐 혹은 떠돌이쥐라고도 불리는 갈색 시궁쥐이다. 시궁쥐가 곰쥐보다 크며, 둘은 사이가 딱히 좋지 않다. 하지만 이들은 끈질기게 살아남고, 번식력이 엄청나게 뛰어나다는 공통점이 있다. 오늘날에도 쥐의 개체수를 줄이기 위한 시도가 이어지지만, 결국 항상 실패로 마무리된다. 여기에서 중요한 점은 이들이 먹을 것이 있느냐인데, 도시 쓰레기는 쥐들의 주요 식량이자 때로는 유일한 먹이이다. 오늘날에도 쓰레기의 양과 처리 방식은 도시 내 생존 가능한 쥐의 개체수를 결정한다.[94]

쥐는 대개 드넓은 도시의 수도관을 장악하고 있다. 지하를 완전히 장악한 것은 아닐지도 모르지만, 이들은 바퀴벌레나 파리처럼 늘 인간을 따라다녔다. 과거에는 쥐의 수가 오늘날처럼 많지 않았다. 현대 대도시에서는 가정, 사업체, 레스토랑에서 나오는 쓰레기가 쥐를 충분히 먹여 살릴 수 있다. 하지만 과거에는 주로 쥐가 항구나 시장 같은 특정한 구역에 몰려 있었다. 물론 사람들은 쥐를 잡기 위해 이곳저곳에 쥐덫을 놓았다. 고대 이집트에서도 쥐나 생쥐를 잡기 위해 기계 장치를 도입했는데, 성능은 그다지 좋지 못했다.[95] 이보다 효과가 나은 방법으로는 자연이 만들어놓은 포식자인 고양이와 개를 풀어놓는 것이 있었다. 고양이나 개는 이미 오래전부터 쥐 사냥꾼으로서 역할을 증명해왔다. 이러한 관점으로 보았을 때, 흑사병 유행기에 개와 고양이를 사냥하고 몰살시킨 것은 상당한 악수였다.[96]

쓰레기는 직간접적으로 파리나 바퀴벌레 같은 곤충들을 꾀어냈다. 쓰레기 더미 형태로 보관된 쓰레기는 유충과 구더기를 키워내기에 적합했다. 전근대 도시들은 다양한 해충들에 적절한 환경을 제공했다. 생쥐나 쥐 같은 동물들은 벼룩이나 이의 숙주이기도 했다. 사람들은 시골 도시 할 것 없이 이러한 기생충에 시달렸다. 특히 빈민층은 몸 위를 뛰어다니는 벼룩과 늘 싸워야 했고, 상류층도 여기에서 완전히 자유롭지는 않았다.[97] 이, 모기, 바퀴벌레는 결국 전염병을 의미했다. 사람들은 집 안을 청소하며 해충 문제가 해결되길 바랐지만 대개는 헛수고였다. 곤충들은 언제든 바닥 틈이나 벽의 균열 속에 숨을 수 있었다.[98]

도시 내 해충의 진짜 문제점은 이들이 질병의 매개체라는 것이다. 습한 온대 기후에 사는 말라리아모기는 말라리아를 옮긴다. 말라리아는 아프리카, 인도, 중국의 도시에 널리 퍼져 있었고, 아메리카 대륙이나 이탈리아에서도 찾아볼 수 있었다.[99] 소동물이나 벼룩 같은 기생충은 흑사병을 옮겼고, 또한 장티푸스와 발진티푸스를 전파한다는 사실은 오늘날 누구나 아는 상식이다. 앨런 맥팔레인Alan Macfarlane은 여기에서 한 발짝 더 나아가 근대 초기 일본의 가파른 인구 증가와 목조 주택으로 된 도시의 상관관계를 설명하는 이론을 내놓았다. 당시 일본 도시에는 화재가 잦았는데, 덕분에 전염병을 옮기는 해충의 수를 효과적으로 감소시킬 수 있었다.[100]

중세 시대와 근대 초기 사람들은 흑사병이 특히 여름에 크게 유행한다는 사실을 경험으로 알고 있었지만, 이를 재채기나 벼룩 유충과 연관 짓지는 못했다.[101] 배설물과 쓰레기에는 쥐나 생쥐, 파리가 잘 꼬이고, 이들이 여기서 번식한다는 사실도 어렵지 않게 알 수 있었다. 그런데도 사람들은 이들을 잠을 방해하거나 먹을 것을 훔쳐가는 말썽꾼이라고만 여길 뿐, 질병을 일으키고 유행병을 전파한다는 사실은 눈치 채지 못했다. 곤충과 전염병의 연관성은 19세기 후반 유럽이 식민지를 확장하는 시기에 들어서야 집중적으로 연구되었는데, 이는 전혀 우연이 아니었다.[102]

19세기 후반에 시작되어 1890년대에 정점을 찍은 세 번째 흑사병 대유행 시기에는 쥐의 개체수를 줄이는 운동의 기틀이 마련되었다.[103] 1900년대 즈음에는 처음으로 쥐에 사는 벼룩을 매개로 흑사병이 전파된다는 사실이 밝혀졌고, 체계적으로 쥐와 해충을 집에서 몰아내기 시작했다.[104] 1906년 샌프란시스코에 대지진이 발생한 직후에도 쥐 방제 운동 덕분에 흑사병이 유행하는 일 없이 지나갈 수 있었다.[105] 1880년대에는 세균학이 발전하면서 곤충과 소동물을 매개로 질병이 전파되는 메커니즘이 밝혀졌고, 이를 토대로 효과적인 질병 예방법이 개발되었다.[106]

4장
부족함의 가르침: 전근대의 재활용

✝
당신이 준 진흙으로 나는 황금을 만든다.
—샤를 보들레르Charles Baudelaire1

모든 것이 부족한 시대의 재활용

도시는 쓰레기를 버리기만 하는 것이 아니었다. 사람들은 무언가를 버리기 전에 어떻게든 다시 사용하려고 애썼다. 유목을 한 경우가 아니라면 모든 전근대 도시는 모든 것을 어느 정도 재사용했다. 이미 언급한 중국과 일본의 공용 화장실 사례처럼 여기에는 지역마다 정도의 차이가 있었지만, 기본적으로 전근대 사회는 아직 쓸 수 있는 원자재를 내다 버릴 만큼 풍족하지 않았다. 이 시대에는 물건과 원자재를 가능한 한 다시 사용하고 활용해야 한다는 강한—그리고 명백한—압력이 있었다. 수전 스트레서의 말로 옮겨보자면, "이 시기 모든 사람은 **브리콜라주**bricolage('손재주'라는 뜻으로, 인류학자 클로드 레비스트로스가 원시 부족 사회에서 산출된 물건들로 변통을 하며 물건의 가치를 재창조한 행위를 가리키며 처음 사용한 용어—옮긴이) 전문가였다."[2]

초기 역사를 연구하는 역사가 라인홀트 라이트Reinhold Reith는 간단한 법칙을 들어 이를 설명한다. 물건이 재활용될지 여부는 자본과 노동 비용의 상대성에 달려 있다. 노동력이 풍부하고 저렴하지만, 금속, 유리를 비롯해 재활용할 수 있는 다른 원자재나 물건들이 귀하고 비싸다면 재활용을 해야 한다는 강한 압력이 생긴다.[3] 이는 전근대 사회에는 늘 있는 일이었다. 재활용은 사회 불평등과도 관련이 있었다. 유럽 도시에 사는 사람 중 절반 이상은 가난했다. 일정한 거주지가 없는 사람도 많았고, 일상은 곧 생존을 건 싸움이었다. 중고 자재는 쉽게 재활용할 수 있는 형태로 여기저기에 널려 있었다. 유리는 다시 녹여서 쓸 수 있었고, 옷감으로는 종이를 만들 수 있었다. 금속은 귀하고 비쌌지만 다시 사용하기도 쉬웠다. 재활용이 광범위하게 벌어진 것은 이를 추구하는 윤리나 정책 때문이 아니었다. 재활용은 어쩔 수 없는 일이었다.

고대에도 재사용은 일반적인 일이었다.[4] 구리와 유리 조각이 실린 난파선은 로마 제국 시기에도 재활용을 위한 장거리 무역이 있었음을 보여준다.[5] 멸망해가는 도시는 예외 없이 거대 재활용 센터로 변했다. 오스티아가 대표적이다. 오스티아는 로마 서쪽에 위치한 활기 넘치는 항구 도시였지만, 3세기를 기점으로 점차 저물기 시작했고, 늦어도 5세기에는 완전히 몰락했다. 사람들은—볼로냐에서 그랬던 것처럼—쓰레기를 성벽 밖이 아닌 주인 없는 집터에 내던졌고, 건축 자재 같은 물건을 쌓아두기도 했다. 19세기 여행자들은 고대 유적을 보면서 낭만적인 장면들을 떠올렸지만, 사실 이 유적은 재활용 쓰

레기 더미의 흔적이었다.[6]

원자재 유물에서도 재활용의 흔적을 찾아볼 수 있다. 망원경 같은 과학 기구는 종종 중고 부품으로 만들어졌다.[7] 중세 시대와 근대 초기의 난파선을 살펴보면 배는 세계 이곳저곳에서 온—주로 다른 배에서 떼어낸—나무판자로 만들어졌다. 이는 바다를 넘나드는 무역 관계가 있었음을 보여준다.[8] 근대 초기에는 책을 엮을 때 폐지를 사용했는데, 이 폐지를 통해 종교 개혁 시기에 어떤 글이 사장되었는지를 추측할 수 있다.[9] 바닥이 깨진 암포라 항아리는 배수관으로 쓰이기도 했다.[10] 원재료를 재활용하는 일도 흔했다. 사람들은 재료를 가공해 새로운 물건을 만들었다. 대표적인 것이 자투리 천을 이용한 종이 생산이었다. 뼈, 유리, 금속도 원래 모습으로 재사용하는 대신 갈고, 가열하고, 녹여서 가공하곤 했다.

전근대 사회에서 재활용은 어디에서나 흔히 볼 수 있는 당연한 일이었지만, 엄밀히 따지면 제로 웨이스트는 아니었다. 물론 오늘날에 비하면 제로 웨이스트에 훨씬 가깝기는 하지만, 일부 물품은 재사용되는 일 없이 버려졌다. 만약 정말로 모든 것을 재활용했다면 모스크바부터 부에노스아이레스까지 수많은 도시에서 동물 사체 처리에 대한 규정이 그렇게까지 많고 상세하지 않았을 것이고, 쓰레기나 배설물 문제도 훨씬 적었을 것이다. 사람들은 거의 모든 물건을 재사용하려고 했지만, 여기에도 방해물이 있었다. 특히 운송과 연료가 그랬다.

물건과 원자재를 운송하는 것은 쉽지 않았다. 특히 나라를 건널 때는 더 까다롭고, 위험하고, 비용도 많이 들었다. 애초에 비싸거나 자리를 많이 차지하지 않는 물건이 아니면 굳이 이를 감수할 이유가 없었다. 거리가 가깝다고 꼭 편한 것은 아니었다. 농부 한 명이 오물통을 비우려면 적게는 꼬박 하루가 걸렸고, 그보다 더 많이 걸리는 일도 부지기수였다. 일단 수레를 끌고 도시에 가서, 오물통을 비우고, 무거워진 수레를 끌고 돌아오는 것은 당연히 쉬운 일이 아니었다. 자투리 천을 모으는 것도 대개 그 지역을 벗어나지 않았다. 제지 공장은 보통 한 도시에 하나 정도였다. 잉글랜드에는 종이의 수요가 커서 30~40마일(대략 48~64km) 내에 공장이 여럿 있기도 했지만, 수요가 적은 곳에는 제지 공장도 없었고 당연히 천을 모으는 사람도 없었다.[11]

연료도 문제였다. 앞서 말했듯, 동물은 거의 모든 부분을 활용할 수 있지만, 어떤 부분은 재활용하는 데 엄청난 양의 연료가 필요했다. 전근대 사회는 거의 항상 연료—대개는 땔감이었다—부족에 시달렸다. 나무를 베고 줍는 것도 일이었지만, 에너지 효율이 낮은 것, 즉 빨리 타버리는 것도 문제였다.[12] 그런 탓에 동물을 활용하는 데도 한계가 있었고, 그냥 땅에 묻거나 물에 던져 버리는 것이 최선일 때도 있었다.

이러한 방해 요인은 19세기에 들어 새로운 운송 수단—철도와 증기 기관차—과 화석 연료의 사용이 증가하면서 자취를 감췄다. 하지만 물건을 완전히 재활용하는 데는 결국 한계가 있었고, 그렇기 때문에 물건을 수리하고 **재사용**하는 것이 매우 중요할 수밖에 없었다. 사람들은 냄비, 가재도구, 연장을 계속해서 개조하거나 수리했고, 이미 중세 시대에 이를 전문으로 하는 가게도 등장했다. 앞서 말한 암포라 항아리처럼 망가진 물건을 다른 용도로 사용하기도 했다. 냄비가 비싸고 수요가 많으면 고쳐서 사용하는 것이 일반적이지만, 반대로 수요가 적으면 녹여서 다른 물건을 만드는 데에 활용했다. 산업화 이후에는—몇몇 틈새시장을 제외하면—**재사용**(재활용이 아니다!)의 빈도가 점차 낮아졌다. 대량 생산된 제품은 점점 저렴해졌고, 새 물건은 소비자의 구미를 당기기 마련이었다.

전근대 시대의 재활용 상황을 이해하려면 그 당시의 경제를 살펴보아야 한다. 역사학자들은 종종 지나치게 추상적인 접근법을 이용하여 비난을 받곤 하는데, 여기에서 말하고 싶은 것은 늘 부족에 시달리던 세상과, 사람들이 실제로 할 수 있었던 것 사이의 관계이다. 재활용은 주로 당장 살아남고자 하는 가난한 하층민의 손에서 이루어졌다.[13] 미국 역사학자 제임스 L. 허프먼James L. Huffmann은 메이지 유신 후기 일본의 최하계층이었던 빈민의 예시를 들어 이를 설명했다. 가난한 사람들은 도시에서 살아남기 위해 무엇이든 해내야 했다. 너무 광범위해서 직업적 통계로 나타낼 수도 없을 정도였다.[14] 당장 살아남기 위해 필요한 것을 손에 넣으려면 늘 창의적인 방법을 짜내야 했다. 이는 주로 소유의 문제였다. "가난한 사람들에게는 결국 모든 것이 돈이었다. 사람들은 애쓰고, 얻어내고, 사라지는 것을 바라보고, 부족함 속에서 고통 받으며 더 많은 것을 꿈꿨다."[15]

여기에 **윤리**가 존재하지 않았다는 의미는 아니다. 물론 경제적 환원주의는 통하지 않았다. 전근대에는—리처드 와인스Richard Wines 가 멋지게 표현했다시피—**재활용 우선 사고**Recycling-Mentality가 깔려 있었고, 이미 인용한 수전 스트레서의 표현을 빌리자면 이는 **물건 관리**의 일종이었다. 고장 난 물건은 수리해서 써야 한다는 인식과 새로운 활용법을 찾아내려는 노력 덕분에 물건은 계속해서 다시 사용될 수 있었다.[16] 부가 **제한**된 사회에서는 이런 노력이 발전할 수밖에 없었다. 땅에서 나는 산물로는 늘 부족했고, 이를 늘릴 마땅한 방법도 없었다. 재활용은 필수였고, 활용법은 일상 속 경험을 통해 계속해서 전해 내려왔다.

　　이러한 사회적 경향은 오랜 시간 이어졌다. 물건의 성질 자체가 변한 뒤에도 마찬가지였다. 2차 세계 대전으로 모든 것이 잿더미로 변한 세상을 경험한 사람들은 극도로 절약하는 습관을 몇십 년 후에도 버리지 못했다. 1990년대 초에는 러시아 해안 지역에 거주하는 사람들만이 쓰레기를 바다에 내던지는 대신 어딘가에 보관했다가 다시 사용한다고 기록되기도 했다.[17] 소련에서는 물건을 재활용하는 사회적 분위기가 있었던 것 같다. 이는 뒷장에서 더 자세히 얘기하려 한다. 반대의 사례도 있다. 동독에서는 2차 원자재 수거 서비스를 제공한 SERO^VEB Kombinat Sekundär–Rohstofferfassung라는 회사를 중심으로 재활용이 활발하게 이루어졌지만, 베를린 장벽이 무너지고 몇 달 만에 일인당 쓰레기 배출량이 서독과 비슷한 수준으로 폭증했다. 오늘날 러시아 해안가 지역 거주민도 더 이상 쓰레기를 모아두지 않는다고 알려져 있다.

모든 계층의 재활용

전근대의 재활용은 곧 가난을 의미했다. 겨우겨우 살아가는 도시 하층민에게 재사용은 생존 가능성을 열어주었다. 오늘날에는 경제적 불평등이 사회 문제로 대두되지만, 빈곤층의 비율은 전근대 사회에서 훨씬 높았다. 독일 도시 인구의 절반은 말 그대로 먹고살기 위해 몸부림쳐야 할 만큼 절대 빈곤에 시달렸다.[18] 물건을 개조하고, 수리하고, 다시 사용하는 것은 필요가 만들어낸 빈곤층의 일상이었다.

놀랍게도 부유층도 넓은 의미의 '재활용'에 참여했다. 귀족들이 입던 값비싼 옷이 대표적이었다. 17세기와 18세기 절대 왕정 시기 귀족들은 사교 행사에 참여하느라 늘 바빴다. 빈이나 베르사유 궁전에서는 반짝이는 금사의 수요가 높았다. 하지만 많은 귀족들이 항상 비싼 돈을 주고 산 새 옷을 하루에 몇 번씩이나 갈아입을 수 있을 만큼 부유하지는 않았다. 18세기 귀족 부인 사이에는 소일거리로 옷에서 금실을 뽑아내 작은 주머니에 모으는 **실 풀기**Parfilage가 유행했다.[19] 프랑스에서 생산되는 값비싼 사치품은 종종 외교 선물로 활용되었다. 귀족들 사이에서는 중고 거래가 활발했고, 이렇게 번 돈으로 외상값을 갚거나 새로 유행하는 물건을 구매했다.[20]

검소하게 살면서 축적한 부는 시민에게는 미덕이었지만, 뽐내는 것이 삶의 낙이었던 귀족에게는 아니었다. 전근대의 재활용 행태를 자세히 살펴보면 귀족들의 과소비가 두드러지기 마련이다. 귀족으로서 위상을 높이려면 언제나 새로운 보석이나 귀중품을 마련해야 했다. 그들이 이런 사치품을 살 자금을 마련할 수 있었던 건 중고 물품에 대한 수요가 있었기 때문이다. 귀족들의 과소비는 평민들에게도 지나치게 우아한 궁정 문화와 상관없이 소비문화의 일부가 될 수 있는 가능성을 제공했다. 이렇게 사람들은 값비싼 물건에도 비교적 쉽게 접근할 수 있게 되었고, 특히 프랑스나 영국에서 특수한 소비문화

가 형성되는 데도 기여했다.[21]

상류층의 **중고** 거래를 보여주는 아주 흥미로운 예시 중 하나는 중고 가구나 그림을 판매하는 시장이다. 16세기 네덜란드에서는 작품의 크기가 작아지면서 그림에 대한 접근법이 바뀌었다. 그림은 귀족들만이 향유할 수 있는 사치품에서 평민들도 접근할 수 있는 중고 소비재가 되었다.[22] 18세기 프랑스에는 귀족들이 쓰던 가구나 예술 작품을 판매하는 매장이 있었다. 이러한 매장은 주로 상점과 전당포 사이의 애매한 성격을 띠었다.[23] 비슷한 시기 런던과 프랑스에서는 경매장이 등장하면서 고가구나 예술 작품, 서적, 유물과 관련된 사업이 성장했다.[24]

귀족과 평민의 과소비는 사회 계층에도 영향을 미쳤다. 평민들에게는 제값을 치르고 은 식기나 유화 그림을 구매할 돈이 없었다. 하지만 주최자가 자신의 부유함을 자랑하기 위해 화려한 만찬을 열 때, 평민들이 이를 슬쩍하기란 크게 어렵지 않았다. 만찬이 끝나면 엄청난 양의 음식이 남았고, 빈민들은 이렇게 남은 음식을 모두 먹고 마셨다.[25] 고대 로마에서는 귀족들의 식탁에서 남은 음식물을 스포툴라에Sportulae라는 바구니에 담아 손님에게 제공했다. 19세기 이탈리아에서도 파니에리Panieri라고 알려진 비슷한 관습이 있었다. 만찬 뒤의 만찬을 의미하는 말이었다.[26]

귀족들의 과소비와는 별개로 쓰다 버린 물건을 주워 쓰는 것은 사람들에게 일상이었다. 근대 초기 베네치아에는 중고 물품을 판매하는 직업인 **스트라차롤리**Strazzaroli의 길드가 존재했고, 이들에게는 전당포 경매에서 먼저 입찰할 수 있는 권리도 주어졌다.[27] 게오르크 슈퇴거Georg Stöger는 17세기와 18세기 빈과 잘츠부르크에서 중고 주방 도구나 옷을 파는 시장이 정기적으로 열린 기록이 있다고 이야기한다. 사람들이 물건을 수리해서 쓰는 것은 당연한 일이었다.[28] 재활용 물품을 대규모로 수거하기도 했다. 17세기 프랑스 예수회는 교인들에게 필요하지 않은 가구를 학교나 교회에 기증해줄 것을 요청했다. 기증받은 물건들은 큰 수레로 실어 갔다.[29]

중고 의류 사업은 특히 활발했다. 옷은 비교적 싼 값으로 사회적 자아를 표출할 수 있는 몇 안 되는 일상 속 물건이었다. 특히 식민지에서는 지위나 신상을 새롭게 정의하기 수월했다.[30] 덕분에 루이지애나에는 이미 17세기에 중고 시장이 자리를 잡았고, 이후 이 지역은 화려한 프랑스식 옷을 입는 사람들로 유명해졌다.[31] 프랑스 역사가 로랑스 퐁텐Laurence Fontaine은 19세기 파리의 사회 계층 내 **재활용 경제**Recycling Economy를 들어 중고 물품이 거래되고 이동하는 구조를 설명했다. 벼룩시장에서는 가끔 굉장히 고급스러운 중고 드레스를 팔기도 했는데, 이렇게 팔린 드레스는 종종 몇 주 뒤에 다시 판매대 위에 올랐다. 이러한 옷을 사는 건 물론 생존에 필요한 기본 욕구를 해결하기 위해서가 아니었다. 중고 의류 거래는 지갑 사정이 좋지 못해도 유행을 따르려는 욕구를 보여주었다. 옷을 포함한 이런저런 물건을 전당포에 맡기면 약간의 돈을 벌 수도 있었는데, 이는 가난한 사람들을 위한 일종의 소액 대출이었다. 그 덕분에 사람들은 갑자기 돈이 필요한 시기를 무사히 견뎌낼 수 있었고, 중고 거래는 자아를 표출할 수 있는 가능성을 열어주었다.[32]

17세기와 18세기 런던에도 고도로 발달된 형태의 중고 의류 시장이 있었다.[33] 1797년 발표된 대도시 하층민에 관한 연구에서 영국의 프레더릭 이든Frederick Eden은 노동 계층이 중고 시장에서 옷을 공급받는다고 서술했다.

> 대도시의 노동 계층은 새 옷을 사는 일이 거의 없었다. 누군가가 입었던 외투나 조끼는 5실링이면 살 수 있었다. 여자들은 대부분 직접 옷을 만들지 않았고, 아이들의 옷을 줄일 때에만 바늘을 손에 쥐었다.[34]

옷감의 가격이 너무 비싸서 이런 현상이 벌어지긴 했지만, 의류 중고 거래는 다른 장점도 있었다. 옷을 직접 만드는 것은 수선하는 것보다 훨씬 많은 시간과 노력이 들었다. 빈곤층 여성은 여기에 할애할 시간이 부족했다. **중고 의류**는 일을 훨씬 덜어주는 선택지였다. 이는 어쩌면 계몽주의 시대에 널리 퍼진 자수나 재봉에 대한 이미지 때문일지도 몰랐다. 부르주아 계급 여성들은 자기만의 재봉 작업실을 갖추고 있었고, 이러한 계몽적이고 실용적인 취미—나 다른 것들—에 몰두할 여유가 있었을 것이다.[35]

이러한 사례는 소비의 역사에서 종종 외면되었던 측면을 보여준다. 중고 시장은 17세기 이후 영국과 프랑스 도시에서 새로운 방식의 소비를 탄생시켰고, 중산층이나 하층민에게도 이러한 문화에 동참할 수 있는 가능성을 제공해주었다. 이는 인간의 기본적인 욕구를 충족하고 부족한 물자를 충당하는 것 이상이었다. 중고 시장은 가난한 사람들에게 소비의 세상을 보여주었고, 도시의 소비문화를 지방으로 퍼뜨리는 계기가 되었다. 수전 스트레서의 연구에 따르면 미국의 시

골 사람들은 주로 행상인의 방문을 계기로 중고 물품을 접했다.[36]

이는 전근대 중고 시장의 중요성뿐만 아니라 재사용과 사회적 불평등 사이의 연관 관계를 우리에게 알려준다. 귀족들의 과소비는 결국 계급 사이의 경계를 지우고 누구든 새로운 정체성을 누릴 수 있게 만들었다. 프랑스 혁명 직전 유행했던, 계급을 넘나드는 **크로스 드 레싱**Cross Dressing은 국민적 놀이에 가까웠다. 수공업자들은 귀족처럼 옷을 입었고, 평민 여성도 잘만 꾸미면 귀족 행세를 할 수 있었다. 적어도 디테일에 문제가 없다면 가능했다.[37] 1789년 프랑스 혁명 이후 이러한 추세는 계속해서 퍼져갔고, 이후 앙시앵 레짐Ancien Régimes을 벗겨내는 데도 도움이 되었다.[38] 2차 세계 대전 이후에는 소비가 삶을 획일화한다는 비판이 쏟아졌다. 하지만 전근대를 돌아보면 알 수 있듯, 중고 거래는 하층민들이 엄격한 선이 존재하는 사회 구조를 잠시나마 벗어날 수 있는 탈출구였다.

이 주제는 아직 충분히 연구되지 않았지만, 세계적인 현상을 살펴보기에는 무리가 없을 것이다. 전당포는 근대 초기 유럽뿐만 아니라—약간의 차이는 있겠지만—인도나 중국에도 널리 퍼져 있었다. 중국 사찰에서는 유럽 도시의 전당포처럼 물건을 담보로 돈을 빌려주기도 했다.[39] 물론 많은 사람은 이렇게 빌린 돈을 갚지 못했고, 덕분에 중고 거래는 더욱 더 활발해졌다.[40] 퐁텐의 말처럼 이 분야는 연구된 것이 거의 없지만, 살펴볼 것이 많다. 사람들이 어떻게 중고 물건을 처리했고, 중고품이 사회적 정체성을 형성하는 데 어떻게 활용되었으며, 전당포가 계층의 이동과 침투에 어떤 역할을 했는지는 아직 더 많은 연구가 필요하다.[41]

모으고 활용하기

물건을 굳이 다시 사용하지 않더라도 재활용할 수 있는 방법은 많았다. 천 쪼가리는 고전적이면서도 잘 알려진 예시이다. 재활용은 단순히 물건을 다시 활용하는 것에서 그치지 않았다. 근대 초기 나폴리에서는 재활용에 수많은 직업이 얽혀 있었다. 중고 물품 판매상은 통틀어 **반카루차리**Bancaruzzari라고 불렸지만, 그 안에는 다양한 직업들이 속해 있었다. **카필로**Capillo는 머리카락이나 털을 가발 제조상에게 팔았고, **케네라로**Ceneraro는 빨래를 할 때 필요한 재를 팔았다. **라트레나레**Latrenare는 도랑에서 진흙을 모아 거름으로 팔았으며, 변소를 청소하는 **루타마리**Lutammari나 쓸 만한 물건을 주우러 다니던 **무솔리나레**Mussolinare도 있었다. 중간상도 물론 존재했다. 이렇게나 다채로운 사람들이 쓰레기를 통해 도시에서 삶을 일궜다.[42]

직물은 어떤 상태이건 상관없이 수거해서 가공했다. 중고 의류 시장에서도 찾아볼 수 있었지만 직물은 특히 종이를 생산하는 데 요긴하게 쓰였다. 종이는 기원전 2세기 중국에서 처음 발명되었지만 7세기에 들어서야 페르시아에 흘러 들어왔고, 이탈리아에 전해진 것은 13세기나 되어서였다. 19세기 후반까지 종이는 천 조각을 갈고 찢고 채 위에 떠서 물을 빼고 누르고 풀로 붙이고 다듬는 정교한 수작업을 거쳐 생산되었다.[43] 이는 복잡하지만 수익이 좋은 산업이었고, 안타깝게도 원재료가 없어서 생산이 중단되는 일이 허다했다. 종이는 늘 수요가 있었다. 전쟁 중에도 천 쪼가리를 모으는 사람이 있을 정도였다.[44]

직물은 단순한 물질이 아니다. 대개 중고 직물은 종이가 되기 전 이미 여러 차례 재활용되었다. 하지만 이미 넝마가 된 천도 원료에 따라 활용법은 천차만별이었다. 18세기 런던에서는 리넨, 즉 식물성 섬유로 된 천 쪼가리를 종이 생산에 이용했다. 반면 면은 걸레로 활용했다.[45] 폐지는 새로 종이를 만드는 데 쓰거나 상상할 수 있는 모든 방식으로 활용했다. 영국에서는 특히 종이 소비량이 많았는데, 아마 포장에 종이가 많이 쓰인 것—피시앤칩스를 포장할 때도 썼다—과도 관련이 있을 것이다.[46]

천을 수거하는 데는 크게 두 가지 방법이 있었다. 첫 번째는 천을 구한다고 소리치면서 돌아다니거나 집 문을 두드리는 것이었다. 천을 얻으려면 얼마간 돈을 지불해야 했다.[47] 쓰레기 더미를 뒤지는 방법도 있었지만 이렇게 얻은 섬유는 상태가 좋지 않을 가능성이 높았다. 천을 모은 다음에는 중간상에게 팔았고, 중간상은 제지소에 천을 납품했다. 근대로 넘어오면서는 대도시에 고정된 판매소가 생겨났고, 일부 도시—런던이나 파리—에는 중고 의류나 직물을 받는 환전소도 있었다.[48]

종이를 꼭 천으로만 만들어야 하는 것은 아니었다. 중국에서는 이미 8세기 초부터 마 외의 다른 식물을 종이 생산에 활용했다. 여기에는 주로 오디나무나 대나무 껍질이 쓰였는데, 대나무 껍질은 주로 혼합해서 사용했으며, 종이로 만드는 데도 품이 더 많이 들었다.[49] 17세기에는 남부에 이미 원자재가 충분했기 때문에 종이 재활용은 주로 북부에서만 이루어졌다. 이들은 이렇게 재활용된 재생지를 '새로 태어난 종이'라는 의미로 환혼지還魂紙라고 불렀다.[50] 중국 도시에서도 초기 역사 시기부터 낡은 섬유를 열심히 수거했다.[51] 브로델에 따르면, 17세기 중국 도시의 사람들은 청소부가 지나가기 전에 길에서 비단이나 면, 마, 종이조각 따위를 주워서 깨끗하게 씻은 뒤 중간상에게 팔았다.[53]

천 쪼가리 이외에 고철도 빼놓을 수 없다. 철은 비쌌고, 늘 부족했으며, 거의 손실 없이 쉽게 재활용할 수 있었다. 재활용을 하지 않을 수 없는 물질이었다. 앞서 말했듯, 고고학자들이 무덤이 아닌 장소에서 금속 유물을 발견하는 일은 흔치 않다. 사람들은 이미 초기 역사시기에 새로운 방식으로 활용하기 위해 금속을 녹이고 모양을 다듬는 법을 알고 있었다. 금속은 거의 온전하게 재활용되었다. 오스만 제국 술탄은 정해둔 기간이 지나면 외국 사신에게 받은 값비싼 금속 예술품을 녹여서 썼다. 서양 통치자들도 크게 다르지 않았을 것이다.[54]

「넝마 거래」 (작자 미상, 1870년)[52]

재활용 방식은 금속 종류에 따라 달랐다. 납은 녹는점이 낮아 모닥불로도 충분히 녹일 수 있었고, 재활용도 쉬웠다. 이미 근대 초기에 납 가공과 관련한 시장도 존재했다. 주로 식기로 사용되던 주석도 마찬가지였다.[55] 책과 마찬가지로 금속 또한 종교 개혁의 영향을 크게 받았다. 1530년대에는 영국 수도원에 해산령이 떨어지면서 납, 황동, 주석 시장이 요동쳤다. 수많은 성수 그릇과 식기, 장신구가 녹여졌고, 공급은 크게 늘었으며, 가격은 바닥으로 떨어졌다.[56] 재활용하기 쉽지만 공급이 부족한 비철 금속은 재활용률은 높았지만,[57] 철은 그렇지 않았다. 철은 주로 수리해서 쓸 수 있고, 내구성이 강한 물건을 만드는 데 쓰였다.[58]

광산의 존재도 금속 재활용에 영향을 미쳤다. 솔 게레로Saul Guerrero는 라틴 아메리카의 광산에서 얻은 은광석 조각을 녹이고 혼합하는 과정에서 납이나 수은 같은 부산물이 생겨난다는 사실을 발견했다. 부산물은 은의 순도를 높이는 것을 포함해 다양한 방식으로 재활용할 수 있었다. 금속을 얻는 데는 큰 에너지가 필요했지만—멕시코의 산루이스포토시는 연료를 얻기 위해 전체 삼림을 남벌했다—제련 과정은 점차 발전했고, 그러면서 인간과 환경에 미치는 영향도 고려되기 시작했다.[59]

고철은 쉽게 재활용이 가능하고 늘 수요가 컸기 때문에 오래전부터 국제적인 고철 무역이 이뤄졌다. 팔레스타인에는 이미 기원전 120~기원전 70년에 고철을 전문으로 판매하는 상인이 있었다.[60] 지중해에서 발견된 네 척의 로마 선박에는 냄비나 동상 등 구리로 만들어진 물건과 유리 조각이 실려 있었다. 3~5세기의 것으로 추정되는 이 물건들은 재활용을 위해 운송 중이었던 것으로 보인다.[61] 특히 유리는 당시 높은 값에 팔렸고, 대개는 부유층에서 소비했다.[62]

아프리카에서는 특히 유럽과 아랍에서 온 금속을 녹여 새로운 용도로 재탄생시켰다. 주로 구리나 주석, 납, 은, 철 같은 금속이었다. 수입한 유물은 거의 원래 용도대로 쓰이지 않았고, 거의 늘 새롭게 개조되었다. 오늘날 유럽에서 반환할 것인지를 두고 정치적으로 논란이 많은 베냉의 청동 장식판도 이렇게 재활용된 물건이다. 서아프리카에는 이미 근대 초기에 고철 시장이 있었고, 수많은 상인이 금속을 사고팔기 위해 이곳으로 모여들었다.[63]

섬유나 금속, 유리는 전근대에 주요하게 재활용된 물건들이다. 하지만 재활용의 범위는 이보다 더 넓었고, 건축 자재부터 동물의 내장까지 거의 대부분의 물질이 재활용되었다. 가룸Garum은 흥미로운 예시에 속한다. 이는 청어를 자를 때 나오는 액체로, 청어유로 가공할 수 있다. 팔스테르보Falsterbo 같은 북해와 발트해 지역 시장에는 허가를 받은 가룸 매장이 16세기까지 존재했다. 보통 이런 매장은 시장에서 좀 떨어진 곳에 있었는데, 냄새가 참을 수 없을 만큼 지독했기 때문이다.[64]

쓰레기 관계망

전근대—에만 한정된 건 아니지만—의 재활용 실태를 들여다보려면 시장을 대상으로 하는 국소 지명 연구Mikrotoponymien도 살펴보면 좋다. 이는 과거 주민이나 상권과 연관 지어 도로명이나 골목, 장소의 이름에 대한 유래를 밝혀내는 학문이다.[65] 결국 지명은 그 장소의 사회 관계망이나 특수성을 나타낸다.[66] 전근대 재활용에서도 이러한 관계망이 관찰된다. 수집가는 골동품의 가치와 활용법에 관한 전문 지식이 필요했다. 그뿐만 아니라 이렇게 모은 물건에 적절한 값을 쳐줄 중간상도 알아야 했다.[67] 이는 이 분야에 완전히 발을 담그고 있지 않은 사람에게는 큰 약점으로 작용했다.[68] 모든 거래는 특정한 시간과 장소에서만 이루어졌고, 익명성은 거의 보장되지 않았다. 물론 장소의 조건과 사회적 관계와도 관련이 있었다.

당연한 일이었다. 단순하고 명료한 골동품 시장은 존재하지 않았고, 그럴 수도 없었다. 수거된 자재 자체가 단순하고 명료하지 않기 때문이었다. 천 쪼가리라고 모두 다 같은 천이 아니었다. 뼈나 금속도 마찬가지였다. 고물상은 이런 물건들을 생활에 필요한 물품으로 바꾸는 전문 지식을 갖추고 있었다. 판매자가 중고 물품을 팔기 위해서는 관련된 지식이나 연결책, 새로운 사업의 기회를 열어주고 물건을 털어내줄 거칠지만 효율적인 수법이 필요했다.

처음으로 당면한 문제는 팔 만한 물건이 있는 장소였다. 쓰레기는 도시 밖으로 내보내진 후에 교외에 쌓여 분류되고 판매되었다. 이런 처리 방식은 곧 전근대 쓰레기 처리법의 특징인 실용성과 편리함을 드러낸다. 도시 안에서는 쓰레기 때문에 생기는 불편함이 줄었고, 성벽 밖의 재활용 센터에서는 쓰레기를 손쉽게 분류하고 가공하고 분배할 수 있었다. 하지만 이는 도시가 비교적 개방적일 때만 가능했고, 침입자들의 위협에 겁을 먹고 교외를 버리고 두꺼운 성벽 뒤로 숨은 시기에는 이용할 수 없었다.

이뿐만 아니라 개방된 재활용 센터에서는 경쟁자를 배척하기가 어려웠다. 천 쪼가리 같은 물건은 직접 눈으로 보고 수거하는 것이 중요했고, 어떤 물건이 좋은 값에 팔릴지도 알아야 했다. 그렇지 않으면 물건을 너무 많이 쌓아두거나 쓸데없는 물건을 모으게 될 수밖에 없었다. 오늘날에도 수많은 곳에서 비슷한 문제를 찾아볼 수 있다. 수거상들은 나름의 계산을 통해 쓰레기에서 쓸 만한 물건을 적당한 정도로만 끄집어내고 나머지는 그 자리에 둔다. 적절한 값을 쳐주고 사기를 치지 않을 중간상과 개인적인 친분을 쌓는 일도 없어서는 안 될 요소이다.

사업은 까다로웠다. 살아남기 위해서는 기회를 놓치지 않고 적재적소에 써먹을 수 있는 특화된 지식과 적절한 인맥이 필요했다.[69] 자기 구역을 사수하는 것도 중요했다. 파리에서 시포니에Chiffonnier라고 불리던 넝마장수들은 갈고리를 가지고 다녔다. 갈고리는 쓰레기를 뒤질 때에도 유용했지만, 경쟁자가 끼어들 때 목에 들이대기 좋은 무기이기도 했다. 경제적으로 힘든 시기에, 특히 너 나 할 것 없이 이러한 사업에 발을 들이려 할 때 필요했다. 천 조각 거래에도 암묵적으로 담당 구역이 존재했고, 규모 있는 사업체는 길드를 갖추고 경쟁자를 막았고, 제지소도 특정 구역의 중간상하고만 거래했다.[70] 중고품 수집은—중고 물품 거래와는 달리—길드에 가입할 수 없는 유대인도 사업체를 운영할 수 있었다. 이렇게 치열한 시장에서 폭력은 종종 갈등을 해결하는 최선의 해결책이었다.

이러한 사업체는 중간상과의 친분, 특수한 지식뿐만 아니라 도시의 건설 환경과도 큰 관련이 있었다. 사업은 특수한 분야, 특정한 장소로 한정되었고, 특정한 지식을 필요로 했으며, 이 모든 것을 갖추지 못하면 거래는 성사될 수 없었다. 거래는 특정한 장소와 시간에만 이루어졌고, 다른 곳으로 떠나면 이 모든 것을 바닥부터 다시 쌓아 올려야만 했다. 오늘날의 '암시장'과 비슷하다. 미국 사회학자 수디르 벤카테시Sudhir Venkatesh는 시카고의 공영 주택 단지인 로버트테일러홈스Robert-Taylor-Homes를 예시로 들며 마약 시장을 통제할 수 있는 방안을 이야기했다. 마약 거래를 없애는 유일한 방법은 이들의 정착지를 찢어놓는 것이다. 이러한 시장은 도시 내 긴밀한 네트워크를 통해 생겨나기 때문에 다른 곳에서는 새로 시작하기 쉽지 않다.[71] 물론 여기에는 재활용 시장에 19세기 미국 산업 혁명 이후에나 표준화된 물질이 등장했다는 점도 고려해야 한다. 전근대의 재활용은 이 단계에는 다다르지 못했다.

5장
외전: 청결과 불결 다음, '위생'의 탄생

문화 코드로서의 위생

지금까지 건설된 환경과, 도시와 외부 사이의 관계, 물건이나 원자재의 존재 여부, 농업에 따른 차이나 상업화된 일상 등 상황과 필요에 중점을 두고 쓰레기 처리 방법을 설명했다. 하지만 여기에서 다루지 못한 부분이 있다. 바로 불결함, 악취, 건강에 대해 상류층과 평민들이 가진 기대와 그 기대를 적용한 쓰레기 처리 방식이다. 문화에 따른 위생 관념의 차이가 쓰레기 처리 방식에도 영향을 미쳤을까?

이를 알아보기 위해서는 위생hygiene이라는 단어의 의미를 먼저 명확하게 파악해야 한다. 위생의 어원인 히기에이아Hygieia는 어원학적으로 '건강을 유지하기 위한 방법'을 의미한다. 인간 병리학, 즉 체액에 관한 학문은 19세기까지 유럽 의학의 기초를 이루었고, 점차 건강을 유지하고 회복하는 데 필요한 것으로 통합되었다.[1] 식습관은 물론 중요한 요인이었다. 중세와——중세 말기에 잠깐 단절되기는 했지만——근대 초기에도 청결은 건강을 위한 수단으로 여겨졌다.[2] 1960년대에 환경에 대한 어휘가 정립되기 전까지 위생이라는 단어에는 두 가지 의미가 있었다. 하나는 (신체적) 청결이었고, 다른 하나는 건강을 유지하고 회복하는 방법이었다.[3]

여기에서 이미 문제점을 찾아볼 수 있다. 신체의 청결은 공공장소(와 집)의 청결과는 다르다. 하지만 실제로는 이 두 개념은 오랜 시간 하나의 문제로 다루어졌다. 위생 표준 또한 큰 변화를 겪었다. 오늘날의 기준으로 볼 때 1960년대 이전의 사람은 모두 불결했다.[4] 표준적인 위생에 악영향을 미치는 사회적 제제 방식 또한 변화했고, 위생과 관련된 다른 요소들 또한 마찬가지였다. 18세기 후반까지는 평민들 사이에서 위생과 도덕이 같은 것으로 여겨졌는데, 물론 말도 안 되는 사고였다. 사람이 발을 잘 씻는다고 어떻게 착한 사람일 수 있겠는가?

사회적 관행으로서의 위생은——인류학자 그레고리 베이트슨 Gregory Bateson이 말했듯——차별과 차이를 만들었다. 사람들은 위생 관념을 통해 사회에 자신을 내비쳤다. 이해받을 수 있는 정도이거나, 적절하거나, 이상하거나, 흥미롭거나, 미친 것 같거나, 귀감이 되는 등 사람들이 위생 관념을 받아들이는 방법은 다양했다. 상류층만이 위생 관념을 자신의 사회적 위치를 표현하는 데 활용했다면 효과는 한정적이었을 것이다. 계층이 존재하는 사회에서 상류층에 속하는 사람은 소수였기 때문에, 상류층에만 한정 지으면 대부분의 사람들은 표준적인 위생 관념을 따르지 않을 수밖에 없었다.[5] 위생 관념이 종교와 얽혀 있는 경우는 예외였다. 여기에는 위생 관념을 따라야 한다는 압력이 더 크게 작용했다.

위생 관념은 상류층에게만 적용되는 것에서 벗어나 점차 사회에 녹아들며 일종의 경쟁을 유발했다. 18세기 후반 위생 관념은 문화적 코드로서 많은 것을 만들어냈지만, 이 중 완전히 새로운 것은 없었다. 문화 코드로 자리 잡은 뒤에는 위생 관념은 점차 날개를 펴기 시작했다. 깔끔함에 지나친 것은 없었다. 1960년대에는 이 또한 한계에 부딪혔는데, 주로 일상적으로 수행하기에 너무 복잡하거나, 피로감을 불러오거나, 여기에 저항하는 하위문화를 따르는 등의 이유 때문이었다.

다른 부분도 살펴볼 필요가 있다. 위생 표준을 현실에 온전히 반영하기란 쉽지 않았다. 청결에 대한 이상은 건설된 환경과 자주 충돌했다. 일본처럼 가축이 없이 도시에 사는 사람들과, 유럽처럼 가축과 함께 살아가는 사람들 사이에 어떻게 차이가 없을 수 있겠는가? 수공업자나 시장에서 일하는 사람들이 어떻게 늘 깨끗할 수 있겠는가? 위생이 표준으로 자리 잡기 위해서는 청결할 수 있는 환경과 이에 대한 보상이 선행되어야 했다. 사회적 교차 없이는 건설 양식이나 인프라의 변화는 이루어질 수 없었다. 상류층 숙녀 사이에서 온통 진흙탕인 파리 도로는 악명이 높았다. 전근대에 위생 상태가 좋지 않았던 것은 단순히 위생 표준이 구체적이지 않았기 때문만은 아니다. 일상의 상황과 맞아떨어지지 않으면 위생 표준을 따르기는 어려웠다. 그렇기 때문에 이를 따르려는 분위기가 생겨나고 상황과 현실이 변화된 것은 놀라운 일이 아닐 수 없다.

종교와 위생

청결과 불결에 대한 생각은 현대에 들어 생겨난 발명품이 아니다. 어느 시대나 문화권에도 이러한 관념이 존재했으며, 수많은 문헌 자료가 이를 증명한다. 예전부터 사람들은 더러운 것을 재미있게 여겼다.[6] 고대 그리스에서는 신체와 의복의 청결이 폴리스 내의 신분 차이를 드러냈다.[7] 위생에 관한 글은 그 시대에 이미 건물로 빽빽하고 사람들이 밀집된 대도시의 기록에서 주로 찾아볼 수 있는데, 대부분이 불평이었다. 고대 로마의 더러움은 몇 세기에 걸쳐 비난을 샀고, 어떤 글은 실제 그 도시에 거주하던 작가가 직접 쓴 것이기도 했다.[8] 유베날리스는 도시를 돼지우리에 비유했고, 길에서 배설물을 밟기 십상이라고 불평하기도 했다.[9]

　인류학 기반의 범용적인 위생 표준이 있었다거나 당시 사람들이 변소에서 나는 냄새를 사향 향기로 받아들였다는 것이 아니다.[10] 청결과 불결에 대한 관념은 어느 사회에나 있었다. 특히 종교의 영향이 강한 문화권에는 아주 오래전부터 신체 위생에 대한 엄격한 규칙이 있었다. 불교에서는 신체의 청결이 단순한 교리가 아닌 영혼의 청결을 의미했다.[11] 이슬람 문화권에서는 이미 오래전부터 위생 기준이 높았고, 여러 여행기에도 그 기록이 남아 있다.[12] 10세기에 러시아의 볼가강을 방문한 이슬람 탐험가 이븐 파들란Ibn Fadlan은 러시아인이 "나무처럼 거대하"지만 신이 창조한 가장 더러운 피조물이 분명하다고 서술했다. 여행기에 따르면 이들은 일을 마친 뒤, 밥을 먹은 뒤, 심지어는 성교를 하고 나서도 씻지 않았다고 한다.[13] 십자군 전쟁 시기 성지에서는 기독교인과 무슬림을 냄새로 구분했다.[14]

　과거에도 쓰레기는 화젯거리였다. 13세기 모로코 탐험가 알아브다리Al-Abdari는 카이로 주민들이 쓰레기나 다름없다고 불평했다.[15] 알레포 출신의 작가이자 『알라딘과 요술램프』의 작가 한나 디야브Hanna Diyab는 1707년에 마르세유를 방문했다가 공중화장실이 없다는 사실에 충격을 받았다. 그는 볼일을 보려고 급하게 도시 밖으로 나온 경험을 이렇게 이야기했다.

> 나는 놀라움에 차 알레포 출신 한 남자에게 요강의 비밀에 대해 물었다. … 그는 이렇게 대답했다. "여기에는 공중화장실이 없습니다. 바다에 인접한 도시이다 보니 구덩이를 파기가 힘들거든요. 자연의 부름이 들리면 사람들은 자기 방에서 일을 처리합니다. 정확히는 직접 보셨다시피 요강에요. 밤이 되면 사람들은 요강 속 내용물을 길바닥에 버립니다. 아침 일찍 수거꾼이 와서 이걸 가져가고요. 도시의 모든 도로는 중앙의 하수도로 이어져 있습니다. 사람들은 하수도에 흐르는 물로 집 문 앞을 청소하고요."[16]

　반대로 유럽인들은 종종 이슬람의 위생 관념을 이해하지 못했다. 16세기 독일 아우크스부르크의 대상인 집안인 푸거Fugger가에서 보낸 사절단은 이스탄불 사람들이 걸핏하면 씻는다고 비웃었다.[17] 하지만 일반적으로는 이러한 부분이 경외심을 불러왔다. 1553년 프랑스 박물학자 피에르 블롱Pierre Belon은 오스만 제국 도시의 도로가 놀라우리만큼 깨끗하다고 표현했고, 1660년 한 탐험가는 구덩이와 마당에 쓰레기나 배설물을 처리하는 페르시아 도시의 청결함에 주목했다. 물론 17세기 이후에는—적어도 유럽인들에게는—이러한 인식이 흐려지게 되었다.[18]

위생과 종교 사이의 연관성은 16세기 후반 유럽 내 종교 분쟁에서 찾아볼 수 있다. 신체와 도시의 청결은 가톨릭과 개신교 사이의 문명 수준 차이를 보여주는 핵심 요인이자 논쟁의 주제였다. 스위스 역사가 페터 헤르셔Peter Hersche는 스위스에서는 종교의 경계가 곧 위생의 경계라고 말했다.[19] 집을 청결하게 유지하려고 애썼던 네덜란드인은 과반수 이상이 칼뱅주의자였고, 베르너 좀바르트Werner Sombart는 위생 상태가 자본주의의 '정신'을 나타낸다고 이야기했다.[20] 이는 근대 초기 개신교권의 문화로도 볼 수 있다. 16세기 후반 이후 네덜란드 문화사의 **황금기**를 연구한 사이먼 샤마Simon Schama는 당시 주택과 거리를 청결하게 유지하는 관행을 합스부르크–에스파냐 왕가의 위협에 맞서 내부의 단결을 다지기 위한 시민들의 행동으로 해석했다. 이는 청결함을 요구하는 엄격한 칼뱅주의적 규율에 따라 점차 강화되었다.[21]

18세기 이후의 여행기에서는 개신교와 가톨릭 도시 간의 차이가 드러난다. 스코틀랜드의 정찰단(이자 개신교인)이었던 케임스 경 Lord Kames은 마드리드를 방문한 경험을 글로 남겼다. 그곳은 온통 더러웠으며, "따뜻한 날씨 때문에 외국인이라면 누구나 놀랄 수밖에 없는 지독한 악취를 풍겼다."[22] 괴테는 자신의 책 『이탈리아 기행』에서 과거에는 청결함으로 유명했던 이탈리아 도시의 더러움에 얽힌 흥미로운 일화를 이야기했다. 정점을 보여준 곳은 바로 팔레르모였는데, 이곳의 한 수공업자는 그에게 이렇게 말했다. "도로는 청소하지 않는 편이 낫습니다. 그래야 열악한 도로 포장이 드러나지 않을 테니까요."[23] 19세기 영국인들은 가톨릭 중심의 아일랜드를 더럽고, '진창에 특별한 애착이 있는' 나라로 여겼다.[24]

청결 관념에서는 남과 차별화하려는 욕구가 돋보인다. 7세기 이슬람은 **새로운** 종교로 인정받은 이후 아랍 지역의 경쟁 구도 문화와 자신을 구분 짓고자 했다. 마찬가지로 개신교는 낡은 종교와 문화적인 선을 긋고 싶어 했다. 이러한 경향은 18세기 후반부터 희미해지기 시작했고, 19세기부터는 이슬람 국가의 청결함을 높이 사는 통념이 거의 남지 않았다. 서양 탐험가들은 아시아나 아랍 국가 내 도로의 불결함을 불평해 자신들의 문화적 우월성을 강조했다. 무슬림이 점유한 기독교의 성지인 예루살렘에서도 이러한 생각을 엿볼 수 있다.[25]

더러운 도시, 청결한 도시

자신이 사는 곳을 맹렬하게 비난하는 일도 흔히 찾아볼 수 있다. 19세기에는 많은 지역이 유럽에서 가장 더러운 도시라는 이름을 걸고 치열하게 다퉜다. 그중 마르세유와 리스본은 거의 늘 상위권을 차지했다.[26] 물론 자화자찬도 많았다. 1404년 레오나르도 브루니Leonardo Bruni는 『피렌체 찬가Laudatio Florentinae』에서 피렌체의 도로가 특히 깔끔하고 공기가 맑다고 찬양했으며, 이 점이 피렌체의 시민성을 보여준다고 이야기했다.[27] 피렌체의 교과서에는 이미 13세기부터 시민들이 친절하고, 부지런하며, 손과 얼굴을 자주 씻는다고 쓰여 있었다.[28] 영국 의사 윌리엄 허버든William Heberden은 고향인 런던이 1666년 대화재를 이겨내고 "재에서 다시 태어나는 불사조처럼 강대함과 아름다움을 통해" 다시 일어났다고 썼다.[29]

청결이나 불결에 관한 도시의 인식을 어떻게 설명할 수 있을까? 종교뿐만 아니라 관습의 영향도 있을 수 있다. **흑사병**은 1348년과 1349년 사이에 유럽 인구의 삼분의 일을 꺾은 이후에도 잊을 만하면 다시 나타났다. 전염병이 다시 돌 때마다 개를 사냥하거나, 사람을 격리하거나, 집을 훈연하고 옷가지와 침구를 태우는 등 이런저런 조치도 되살아났다.

하지만 흑사병 하나만으로 도시 위생을 개선하기 위한 당시의 시도를 전부 설명할 수는 없다. 역사학자 가이 겔트너Guy Geltner가 중세 말기 이탈리아 도시의 사례를 들어 설명했듯, 공중위생을 개선하려는 조치는 흑사병 이전에도 일부 존재했고, 오히려 14세기 후반에 도시 인프라가 악화되면서 적용시키지 못한 경우가 있었다.[30] 흑사병을 겪으며 공중위생에 관심을 가지게 된 것은 놀라운 일이 아니었다. 사람들은 이미 경험을 바탕으로 병자와 주변인을 격리하는 등의 조치를 취했다. 13세기 후반 스트라스부르나 아우크스부르크에서는 '옮는ansteckend'이라는 단어가 많이 쓰였다.[31] 물론 모든 조치가 효과가 있는 것은 아니었다. 특히 1665년 런던에서 흑사병을 막기 위해 쓰레기 구덩이를 파헤치거나, 1760년대 마드리드에서 질병을 막아줄 것이라는 믿음으로 오물을 길가에 쏟아버린 경우가 그랬다.[32]

이러한 세태를 이해하려면 외부 요소가 전근대의 공공위생에 영향을 미쳤다는 사실을 고려해야 한다. 도로 포장, 수로 설치, 그리고 도로의 청결 유지를 위한 외부 인력 고용은 모두 돈이 많이 드는 일이었다. 시민의 부유함은 공공위생을 개선하는 핵심이었다. 이러한 요소는 부유한 (상업) 도시가 주로 청결로 유명했던 이유이기도 했다. 독일에서는 뉘른베르크나 브레슬라우, 쾰른, 쓰레기 처리를 위해 순환 배수관을 도입한 아우크스부르크가 이러한 도시였다.[33] 이탈리아나 네덜란드에서도 마찬가지였다. 꼭 도로 대부분이 포장되고, 정기적으로 배설물이나 쓰레기 수거를 위한 비용을 지불해야만 가능한 일은 아니었다. 도시를 둘러싼 원형 공원은 도시 내 퇴비를 처리하기에 유용했다. 물과 수로가 많은 네덜란드의 도시는 덕분에 수월하게 쓰레기를 수거하고 처리할 수 있었다.

위생 상태를 개선하기 위해서는 실용성이 중요했지만, 실용성이 늘 위생 개선으로 이어지는 것은 아니었다. 조금 더 파고 들어가 보면, 상업에 따른 필요성과 경제적 부는 위생과도 연관이 있다. 독일 중세역사가 프랑크 렉스로트Frank Rexroth는 런던에서는 14세기 후반에 이미 도로 위생 관리와 도살 찌꺼기 처리에 주의를 기울였다고 말한다. 상품 무게를 재고, 길이를 측정하고, 순도를 보장하기 위해서는 주변 환경을 적절하게 통제할 수 있어야 했다. 청결은 이를 위한 확실한 수단이었다.[34]

공중위생을 설명하는 두 가지 가설이 있다. 앞서 언급했듯이, 사이먼 샤마는 네덜란드 개신교도들이 이러한 문화를 통해 국가 형성에 영향을 미쳤다고 말했다. 반면 바스 판바벌Bas van Bavel과 오스카

헬데르블롬Oscar Gelderblom은 네덜란드에서는 버터와 치즈 생산에 따라 공중위생이 향상되었다고 주장한다. 위생 향상은 생산품의 품질 개선으로 이어졌다. 네덜란드는 이미 16세기 후반에 상업화된 사회 중 하나였으며, 외국에도 상품을 수출했다. 버터와 치즈는 이들의 **주력 사업**이었다. 16세기 당시 네덜란드 가정 중 절반은 어떤 방식으로든 낙농업에 종사했을 것으로 추측된다.[35] 비슷한 예시로는 일본의 누에 사육이 있다. 누에 사육도 마찬가지로 위생이 중요했다.[36] 프랭크 플랫Frank Platt 또한 19세기 양조장이 도시 환경 통제 방안을 연구하는 일종의 실험실이었다고 주장했다.[37]

　네덜란드의 예시가 특히 흥미로운 이유는 이들이 상업과 수공업을 발전시키는 과정에서 위생이 규범이자 신기술로서 문화에 스며들었고, 사람들도 공중위생을 문화적 코드로 받아들였기 때문이다. 내부 결집을 다지고 국가를 형성하는 일과 낙농업 이론은 상충하지 않으며, 그보다는 시민들의 칼뱅주의적 행동과 사회 내 필요 사이의 **연관성**으로 보는 편이 합리적이다. 이들은 표준화된 공중위생을 도덕으로 이해하고, 상업적 성공으로 연결시켰다. 이런 결과는 공중위생의 유용함을 증명했고, 청결한 개신교도들과 지저분한 가톨릭 신도들을 구분 짓는 등 하나의 상징으로서 사회 안에서 다양하게 사용되었다.[38]

　이는 18세기 후반에 나타날 거대한 변화의 전조일 뿐이었다. 이미 전근대에도 위생 경제가 존재했다—중세에는 그보다 좀 더 나았고, 중세 후기에는 좀 악화되었지만—는 사실은 위생 표준의 발달을 설명하는 널리 알려진 해석 중 하나이다. 사회적 표준은 18세기 후반 부르주아적 위생 담론으로 변화를 맞이했다. 계몽주의는 새로운 자연관에 타당성을 부여했다. 이후 눈과 코가 뜨이며 오염이나 악취에 대한 민감성이 발달했고, 사람들은 이를 위험과 연관 짓게 되었다.[39] 위생 관념은 더 세분화되었고, 도덕적 행동과 연결되었다. 잘 씻는 사람은 좋은 사람일 확률이 높았다.

실제로 이 부분에서 큰 변화가 일어났다. 전근대 도시는 도시 환경을 관리하기 위해 위생 조치를 취했다. 이미 많은 곳에서 민감한 상품의 품질 관리나 도시 위생과 건강 사이의 관계를 인식했다.[40] 도시의 청결함은 부와 문명의 수준을 보여주는 척도였고, 시민에게 **자부심**이 되었다. 프랑스 역사학자 알랭 코르뱅Alain Corbin이 파리의 부르주아에게서 발달했다고 이야기한 악취나 오염에 대한 예민함은 이런 사회적 맥락에서는 아마 이해하기도 힘들고 이상하게 여겨졌을 것이다.

분화를 만드는 논리

18세기 이후 사회 표준이 된 위생이 상승 논리를 타고 날개를 펼칠 수 있었던 것은—점점 더 세분화되고 가장 미묘한 차이까지 짚어내는—사회 구조의 근본적인 변화 때문이었다. 계급 사회의 해체, 그리고 새로운 사회 계층으로서 부르주아의 부상은 신분의 차이를 하늘의 뜻이 아닌 계층 도덕의 결과로 받아들이는 문화적 코드와 일맥상통했다. 부르주아의 문화 코드는 오염과 악취를 없애 질병을 예방하고, 나태와 부패를 제거하기 위해 강화되어야만 했다.[41] 문화 코드가 이전의 도시를 지배했던 사회 질서에 얽매이지 않게 되자 이를 막는 걸림돌은 사라졌다. 이러한 표준은 충분히 유연해서 새로운 동맹을 찾고 19세기의 통합 이념에 적용될 수 있었다.

과거의 위생 관념은 언제라도 무너져 내릴 수 있었다. 여행자들은 꼭 도덕적 판단을 위해서가 아니더라도 자신이 목격한 특이한 관습을 곧잘 기록하곤 했는데 여러 여행기에서 과거의 위생 관념이 반영된 관습을 찾아볼 수 있다. 위생 담론에 도덕이 끼어들자 상승 논리는 강화되었다. 깨끗한 것은 더 나은 것이었다. 안 씻고 쓰레기를 치우지도 않고, 길에 오줌을 싸는 사람들은 부정적으로 여겨졌다. 위생은 곧 영향력을 얻었다. 하지만 전근대 위생 담론에는 전반적인 도시 상황을 변화시키고 특정 사회 계층을 치켜세우려는 의지나 명분이 부족했다.

현대의 위생 담론은 과거에는 크게 연결되지 않았던 다양한 분야를 하나로 묶는 데 성공했다. 신체 청결이나 도로와 집의 깨끗함이 위생 문제의 **한 가지** 측면으로 거론되기 시작했다. 신체와 공중위생이 긴밀한 관계를 맺게 되면서 오염과 악취에 대한 묘사도 증가했다. 18세기 후반 중국 상인들이 풍기는 냄새는 이탈리아 도시의 도로에서 나는 것만큼이나 심하다고 여겨졌다. 19세기에는 사람에게 더럽다는 표현을 쓰는 경우가 증가했다. 위생은 국가주의와도 연결되었고, 도덕과 문명의 수준을 판단하는 잣대가 되었다.

이는 특히 다양한 지역에서 온 사람들이 모인 장소에서 눈에 띄었다. 서유럽 관찰자들은 러시아인을 더럽다고 여겼다. 이곳에는—1843년 한 관찰자가 서술했듯—식탁에서 냅킨을 옆 손님에게 넘겨주는 관습이 있었기 때문이다.[42] 러시아인은 쓰레기를 길에 버리는 중국인을 더럽다고 생각했다.[43] 이러한 생각은 식민지에서 특히 두드러졌다. 특히 19세기에는 혐오의 기준이 눈에 띄게 변화했다. 인도 카스트 제도에서 이야기하는 신체 접촉과 오염에 견줄 만한 강렬한 감정이 발달했다.[44] 더럽다고 비난받는 문화 내에서, 위생은 새로운 사회 계층의 분화를 정당화하는 근거로 사용되기도 했다.[45] 이에 대해서는 뒤에서 좀 더 자세히 이야기하겠다.

위생은 결국 건강을 위한 것이었다. 19세기에는 불결이 일으키는 위험에 대한 지식이 쌓이기 시작했다. 19세기 후반부에 세균학이 생겨나면서 도시 위생은 활력을 얻었고, 이 학문은 추진력을 얻으며 과학의 한 분야로 발전해갔다. 이는 역설적이게도 위생이 도덕적 가치 판단에서 자유로워진 계기가 되기도 했다. 개인의 더러움에 대한 비난은 신체 건강을 걱정한다는 가면을 쓰게 되었다. 사람들이 불결함에 점차 예민해지기 시작하면서 심미적 인식 또한 변화했다. 루소는『고백록』에서 파리가 문학 작품 속에서 장엄하고 아름답게 묘사되지만, 이러한 인식은 도시에 들어와 더러움과 악취를 경험하고 나면 순식간에 뒤바뀌기 마련이라고 이야기했다.[46] 영국의 위생학자 에드윈 채드윅Edwin Chadwick은 나폴리 같은 이탈리아의 아름다운 도시를 가장 위험한 장소로 평가하면서 이러한 평을 극단적으로 강조했다.[47]

위생 담론은 계몽주의와 이성주의, 시민적 예절을 건강하고, 청결하고, 좋은 것으로 인식하는 역사 철학으로 이어졌다. 전근대 도시가 더럽다는 인식이 생겨난 것도 바로 이때였다.[48] 위생 담론에서 중요한 것은 이것이 그저 담론에 불과했다는 사실이다. 18세기 후반까지만 해도 현실의 조건은 위생 표준을 따라가지 못했고, 이 점은 빠른 시일 내에 개선되지도 않았다. 도시가 청결해진 것은 한참 뒤의 일이다. 이런 지연이 생겨난 것은 산업화와 도시의 성장이 많은 부분에서 새로운 난관을 만들어냈기 때문이다.

결국 위생은 이 규범이 사회에 잘 녹아들 수 있느냐의 문제였다. 계층화된 전근대 사회에서는 위생이 계급과 연결될 수밖에 없었다. 위생은 높으신 분들의 문제였고, 다른 사람들은 딱히 체감할 수 없는 문제였다. 물론 종교나 시민 문화는 어느 정도 일반화된 관념을 형성했다. 하지만 위생 규범이 제대로 작동하기 시작한 것은 18세기 후반에 들어서였다. 이후 위생 규범은 점차 까다로워졌고, 규범을 뒷받침할 수 있는 지식도 점차 발전했으며, 공중 보건에 대한 사람들의 목소리도 커졌다. 이를 막아서는 것은 시대와 사회적 역학뿐이었다.

2부
산업 시대

회색빛 도시의 시작

6장
산업 혁명: 세계의 재구성

✝
지치고 가난한 이들을,
자유를 갈망하는 당신의 웅크린 군중을,
북적이는 해변을 가득 채운 가련한 쓰레기를 내게 보내주소서.
세파에 시달리는 저 집 없는 이들을 내게 보내주소서.
황금 문 옆에서 나 등불을 들었나이다.
— 엠마 라자루스Emma Lazarus의 「새로운 거상The New Colossus」[1]

세상의 변화

역사적 변화와 다가오는 새로운 시대에 대한 희망으로 부풀었던 1900년대에는 당시 세상을 100여 년 전과 비교하는 작업이 유행했다.[2] 분석 결과는 놀라웠다. 유명한 경제학자 베르너 좀바르트는 자신의 책 『19세기 독일 경제』에서 이를 다음처럼 인상 깊게 표현했다. 형편없는 도로 위 진창에 빠져 시간을 허비하던 마차 여행의 고단함은 편안한 기차 여행이 발명되며 사라졌다. 1800년대에는 마차를 타고 프랑크푸르트에서 슈투트가르트로 이동하는 데 40시간이 넘게 걸렸지만, 기차로는 세 시간이면 충분했다. 과거의 도시는 작았고, 제멋대로였으며, 땅은 풀로 뒤덮여 있었다. 1900년대를 뒤흔든 100만 시민의 도시이자 독일 제국의 정치와 문화적 중심이었던 베를린도

1800년대에는 인구 20만 명이 채 되지 않는 그저 그런 도시에 불과했다.[3]

거대 도시에 대한 희망이라는 모티브는 1914년 발발한 1차 세계 대전과 함께 끝났다고 여겨지는 19세기를 조롱하고, '세상의 변화'(위르겐 오스터함멜Jürgen Osterhammel)를 보여주는 척도였다. 이 변화는 유럽뿐 아니라 전 세계를 강타했다. 몇 세기 동안 느리게 성장하던 (그마저도 역행할 때가 있었다) 세계 인구는 약 17억 명으로 증가했다.[4] 10~20% 사이를 유지하던 도시화 비율은 두 배가 되었다. 산업화는 여태까지 전례 없던 성장을 일궜다. 기차와 증기 기관, 전보 등 새로운 운송 및 통신 수단은 국제 네트워크를 형성했다. 제국주의는 세계의 지배 구조를 근본적으로 바꾸어놓았다.

이러한 변화는 전반적이고, 동시에 **불규칙**했다. 역사적으로 유례없는 정치적, 경제적 권력의 탄생이었다. 전근대에도 가난과 부, 권력과 무력의 차이가 존재했지만, 이는 주변 국가나 지역 **내**에서만 두드러졌다. 베네치아나 송나라, 네덜란드가 이른바 '황금기'를 누리던 시대에도 이들의 경제적, 군사적 영향력은 19세기 말 영국이 전 세계에 끼쳤던 영향력에 비하면 미미했다.

권력의 차이는 제국주의의 발전으로 이어졌다. 19세기 후반에는 세계의 많은 부분과 아프리카 대륙 전체가 외국의 지배를 받았지만, 열강의 식민 지배를 비난하는 국가는 많지 않았다. 특히 대영 제국은 **제국**을 확장하기 위해 끊임없이 노력했고, 1차 세계 대전 직후에—짧은 기간이었지만—지구의 4분의 1을 정복하면서 힘의 정점을 찍었다. 이후 프랑스, 네덜란드, 벨기에, 독일, 러시아가, 1890년대 이후에는 미국과 일본까지 식민 권력에 손을 뻗었다. 단순히 권력 확장을 위해서만이 아니었다. 식민지는 권력의 부산물이었고, 문명 경쟁의 순위를 매기기 위한 아레나였다.

경제적 격차는 점차 커져갔다. 선두를 다투는 나라는 소수였고, 다른 나라들은 더디게 발전을 이루거나 지체되었다. 18세기 마지막 사반세기에는 대분기라고 불리는 발전의 시기를 맞았다. 경제 부흥은 19세기를 거치며 영국에서 시작되어 벨기에, 프랑스, 독일, 미국 순으로 이어졌다. 반면 이 시기 중국이나 인도의 일인당 국민 총생산은 정체되거나 심지어는 약간 감소하기도 했다.[5] 경제학자 존 메이너드 케인스John Maynard Keynes가 이야기한 대로, 이러한 1914년 이전의 '인류 경제 발전의 특수 삽화extraordinary episode'는 몇몇 구가에 상상할 수 없을 만큼의 번영을 가져왔다.[6] 이 시기에는 새로운 운송 수단과

연도	1700	1820	1870	1913
영국	1250	1706	3190	4921
프랑스	910	1135	1876	3485
독일	910	1077	1893	3648
인도	550	533	533	673
중국	600	600	530	552

1700년에서 2000년 사이 일인당 국민 총생산 변화
(단위: 기어리-카미스 달러Geary-Khamis Dollar)[7]

통신 수단이 발명되었고, 다른 나라들은 종전의 상태를 겨우 유지하는 동안 유럽 국가의 힘은 전 세계로 뻗어나갔다. 여기에서 시작된―잘못된―인과 관계는 오늘날에도 크게 달라지지 않았다.

1960년대까지만 해도 역사학자들은 산업 혁명을 국제 관계와 이에 따른 사회 변화를 가져온 원인으로 꼽았다. 미국 경제학자 월트 W. 로스토Walt W. Rostow는 1780년에서 1802년 사이에 이륙 단계 Take-off Phase를 거치며 몇몇 국가들의 경제가 발전했고, 산업 사회가 형성되었다고 이야기한다.[8] 19세기의 근본적 변화를 이끈 모든 요인―인구와 도시의 성장, 새로운 사회 계층의 형성과 식민주의―은 이에 따른 직간접적 결과라고 여겨졌다.[9]

하지만 오늘날 학자들의 관점은 다르다. 최근에는 각 국가가 근대성을 획득하기 위해 선택한 다양한 방식과 서로 다른 문화적 조건의 중요성만을 지적하지 않는다. 일반적으로 19세기의 거대 역사를 논할 때 경제 역학은 종속적인 요인으로 여겨진다. 경제 역학이 18세기 후반 이후 세계를 궁극적으로 재편한 몇 가지 발전 역학의 한 가지일 뿐이라는 것이 그 핵심 주장이다. 경제사 연구 그 자체가 이러한 평가에 기여했다. 산업화 시기 영국의 경제 발전 속도에 대한 깊이 있는 연구에서, 18세기 말까지는 폭발적인 성장이 이루어지지 않았음이 밝혀졌다. 오히려 1830년대의 급격한 경제 성장 전까지는 다소 점진적인 발전이 이어졌다. 양적 경제사에서는 산업화라는 특성을 어느 정도 배제한다.[10]

19세기 산업화가 일부 국가에만 국한되었다는 주장도 있다. 영국에서 시작된 산업화는 점차 벨기에, 프랑스, 영국, 미국으로 퍼져나갔다. 19세기 후반에는 러시아나 일본 같은 나라도 이 혁명에 뛰어들었다. 하지만 이런 지역에서도 산업화라고 부를 만한 발전은 상업 밀집 지역이나 특정 산업 분야로 제한되었다. 역사 발전에서 산업화의 영향을 강조하는 것은 당시 세계적으로 산업화 수준이 낮았다는 사실을 무시하는 것이 아닐까? 식민주의의 발달 같은 다른 요소가 더 큰 영향을 미쳤다고 말할 수는 없는 것일까?[11]

이 주장에도 맹점은 있다. 이러한 의견에는 산업화에 대한 편협한 이해가 깔려 있으며, 산업화가 역사 발전에서 얼마나 많은 부분에 영향을 미쳤는지를 쉽게 간과한다. 실제로 처음에는 기계 기반의 에너지 집약적 생산 방식이 좁은 분야—직방, 철강, 도기 같은 소비재—에만 적용되었다. 즉, 수공예를 기반으로 한 상업적 생산 방식은 전과 같이 유지되었다. 하지만 얼마 지나지 않아 사람들은 에너지 집약적 생산 방식으로 많은 양의 상품을 저렴한 가격에 생산할 수 있다는 사실을 깨달았고, 다른 분야에 적용할 수 있는 방법 또한 찾아냈다. 랭커셔, 버밍엄을 포함해 여러 지역에 뿌리를 내린 혁신은 장기적인 관점에서 볼 때 세상을 재구성한 것이나 다름없었다. 산업화가 자리를 잡은 분야만이 변한 것은 아니었다. 산업 생산 기술은 엄밀히 말해 산업 생산으로 묘사할 수 없는 영역에서도 크게 발전했다. 최근 몇 년의 연구가 이를 지적한다. 산업화는 혁신이라는 특정한 문화가 발전하며 차차 경제 전체에 크게 영향을 끼쳤다.[12]

산업화를 단순한 모방의 결과로만 보는 것은 잘못된 접근 방식이다. 예를 들면 몇십 년간 자체적으로 산업화된 직방 기술을 발명하지 못했거나, 철도를 짓지도, 철을 생산하지 못했던 국가들이 산업화와 이로 인해 심화되고 확장된 무역 관계를 통해 산업 혁명을 이루었다는 결론이 대표적이다.[13] 공장에서 면사와 면직물을 저렴한 가격에 생산하고 수출할 수 있었던 영국의 산업 기술은 물론 다른 국가의 직물 경제를 어려움에 빠뜨렸다. 하지만 이러한 압박에 맞서기 위해 꼭 방직 공장을 지을 필요는 없었다. 영국은 꽤 오랫동안 이러한 생산 기술을 독점했고, 다른 국가들은 다른 상품이나 노동 집약적 방식으로 가공되는 원재료를 생산하는 방향으로 문제를 피해 갔다.[14]

산업화가 통합적인 역사 발전으로 이어진 것은 생산 방식의 변화로 공급이 확대되면서 소비에도 혁명이 일어났기 때문이다. 평민들의 소비를 비판하는 목소리는 이미 18세기 후반에도 존재했다. 이미 그 시기에도 대량 생산이 평민들에게 더 많은 재화를 쥐여주었고, 그렇게 새로운 상품이 등장한다고 여겨졌다.[15] 하지만 사람들은 이러한 목소리에 별로 귀를 기울이지 않았다. 소비 방식이 변화하자 재화를 생산하는 장소인 도시의 중요도도 높아졌다. 비누, 양초, 장신구, 옷, 전분은 보통 도시에서 생산되었으며, 판매도 대개 도시 내에서 이루어졌다.[16] 새로운 생산 방식이 형성된 것이다. 산업화는 공업뿐만 아니라 화학에도 혁명을 가져왔고, 생산에 쓰이는 원재료는 보통 도시에서 찾아볼 수 있었다.

산업화는 1만여 년 전 시작된 정착 생활의 뒤를 잇는 인류사의 두 번째 혁명이었다.[17] 사람들은 산업화 이후 세상을 자기 손으로 뒤바꿀 수 있다는 것을 알게 되었다. 경제와 무역은 새로운 지평을 열어주었다. 세계적인 경쟁이 시작되면서 모든 요소를 고려하고 결과를 예측하는 것은 불가능해졌다. 국경을 개방하고, 전쟁을 일으키고, 도시를 형성하고, 인프라를 건설하는 기술은 분명 산업과 큰 관련이 있었다. 사회는 이러한 변화에 적응해나갔다. **현대성, 역동, 상호 관찰, 모방**은 19세기를 관통하는 키워드이고, 산업화는 그 일부이다. 세계는 산업화를 거치며 긴밀히 얽혀들었고, 많은 곳에서 유사한 문제—와 해결책—를 만들어냈다.

도시화

도시화는 19세기를 형성한 주요한 변화 중 하나이다. 도시화는 늘 선형적으로 이루어진 것도, 모든 지역에서 균일하게 나타난 것도 아니었지만, 세계 전반에 일어난 현상임은 부정할 수 없다. 1800년대에는 인구의 약 10% 사람들만이 도시에 거주했지만, 1차 세계 대전이 발발한 시기에는 약 25%로 증가했다. 특히 미국에서 이러한 변화가 두드러졌으며, 1900년대에는 도시화 비율이 50%를 돌파했다.[18]

런던, 파리, 뉴욕 같은 대도시는 물론이고, 다른 지역도 놀라운 성장 속도를 보였다. 모스크바 인구는 1870년대에서 1910년대 사이에 60만에서 160만으로 증가했다. 부에노스아이레스의 인구는 1833년에 6만 명에 불과했지만, 1914년에는 160만 명을 돌파했다. 베를린은 이미 1900년대에 250만 명이 거주하는 도시였다.[19] 대도시에만 국한된 변화가 아니었다. 칠레 산티아고는 1800년대까지만 해도 2만 명이 거주하는 중소도시였지만, 1920년대는 인구가 50만 명으로 증가했다. 1850년대까지만 해도 인구가 2만 명이 채 되지 않는 조용한 마을이었던 예루살렘은 1차 세계 대전 당시 7만 명이 거주하는 도시가 되었다. 중국은 이러한 세계적 흐름을 역행하는 몇 안 되는 예외였다. 19세기 중국의 인구 성장세는 더뎠으며, 도시의 인구수는 크게 변하지 않거나 심지어—베이징과 상하이 같은 경우에는—감소하기도 했다.[20]

도시가 성장하는 주요 원인으로는 전반적인 인구의 증가를 꼽을 수 있다. 이러한 추세는 18세기 후반 이후 세계적인 현상이 되었다. 경제 변화는 분명 중요한 요인이었지만 이것만으로는 모든 것을 설명할 수 없었다.[21] 의학과 분만 기술의 발전, 감자 같은 새로운 식물 종과 재배법의 도입 또한 여기에 기여했다.[22] 인구가 증가하자 도시화가 촉진되었다. 더 이상 시골에서는 살아갈 수 없게 되었고, 한 나라 안에서 인구가 대규모로 이동했다. 도시는 점점 더 많은 사람을 흡수했다.

어떻게 이런 일이 가능했을까? 상업이 크게 발전하면서 도시에서 살기가 한결 수월해졌다. 1850년대 라인강 지류는 헬베크를 중심으로 하는 몇 개의 마을로 이루어진 그저 그런 농업 지역이었다. 하지만 탄광과 제철이 발달하면서 1914년도에 뒤스부르크와 도르트문트의 인구는 500만 명을 넘어섰다. 시카고는 19세기 중반 이후 제재소와 축산업, 농업을 바탕으로 해 인구 수백만의 대도시로 성장했다. 1900년대에 세계에서 가장 큰 도시였던 런던은 베를린과 마찬가지로 상업과 산업의 중심지였다. 런던의 자리를 호시탐탐 노리던 뉴욕이나 도쿄도 마찬가지였다.[23]

산업화와 도시화는 서로 긴밀하게 연결되어 있었지만, 도시는 상업과 산업의 두드러진 발전 없이도 성장할 수 있었다. 콜카타 같은 일부 도시는 식민 지배와 관련된 네트워크로 인해 성장했다.[24] 하지만 대개는 **농촌의 밀어내기**Rural-Push와 **도시의 당김**Urban-Pull **효과**가 결정적인 역할을 했다. 더 이상 농촌에서 살 수 없게 된 사람들은 어쩔 수 없이 도시로 이주해 왔다. 미국으로의 이민이 제한되었던 인도에서는 상업이 발달하지 않고도 도시가 성장했다. 이러한 곳에서는 사람들이 어느 정도 농업적 생활 방식을 유지한 채 도시와 시골을 오가며 살아갔다.

인구 밀집은 그 자체만으로 도시 공간에서 생존하기 위한 조건을 충족시켰다. 중고 물품 판매나 소규모 상업은 시장에서 큰 비중을 차지했고, 이는 상업의 발달로 이어졌다. 누군가는 도시를 경영해야 했고, 일자리를 창출해야 했다.[25] 상류층은 노동자를 고용했으며, 여러 도시에서 이렇게 고용된 사람들의 수는 놀라울 만큼 많았다. 이렇게 **도시 서비스 지구**Urban Service Sector가 형성되면서 많은 사람들은 가난을 겪을지언정 도시 안에서 생존할 수 있게 되었다. 도시는 늘 새로운 형태의 중산층과 사회적 분화를 필요로 했다.

도시가 성장하면서 공간에도 변화가 생겼다. 시작은 개방이었다. 17세기 프랑스에서는 국가가 형성되고 제국이 힘을 키워가면서 도시의 성벽이 무너졌다. 독일에서도 1789년에서 1815년 사이에 비슷한 일이 발생했다. 성벽은 도시 확장과 교통로 건설에 방해가 되었고, 무너뜨린 성벽은 건설 재료로 쓸 수 있었다. 역설적이게도 성벽은 그 군사적 목적 때문에 파괴되었다. 성벽이 무너진 지역은 나폴레옹 군대의 공격을 받을 가능성이 낮았다.[26] 반대로 로마나 예루살렘, 인도의 아마다바드 같은 도시에는 여전히 성벽이 남아 있었다.[27] 이러

한 도시들은 밀도를 높여가며 성장했고, 기차역 같은 편의 시설은 대개 성벽 밖에 건설되었다.[28]

성벽이 사라지자 도시의 밀도를 결정짓는 요인도 사라졌다. 앤서니 월Anthony Wohl이 런던을 예로 들어 이야기한 것처럼, 이것이 반드시 개발 속도의 저하로 이어진 것은 아니었다. "도시 인구가 증가하면서 이탈리아 도시에서 그러하듯 작은 자투리땅까지도 광장, 골목, 뒷마당, 건물로 활용되었다."[29] 구조의 밀도를 결정지은 요인은 가난이었다. 도심에 사람들이 밀집할수록, 거주 비용을 낮추는 것이 중요했다. 자동차나 자전거가 없는 세상에서 사람들이 일터에 제때 도착하려면 상업─산업 구역 또한 충분히 밀집되어야 했다. 더 이상 농업에 종사하지 않게 된 사람들은 비교적 저렴한 다세대 주택에 모여 살았다.

도시의 성장은 대개 외부로 향했다. 도시의 농업은 바깥쪽으로 확장되다가 2차 세계 대전 때 광범위한 교외화 이후 감소했다. 땅이 충분히 넓고 저렴한 멜버른에는 정원이 딸린 단층 주택이 대부분이었다. 이러한 주택 양식은 오스트레일리아의 여름을 견디기 위한 방안이기도 했다.[30] 18세기 말 모스크바는 도심이 확장되면서 파리의 두 배에 이르는 크기를 자랑했다. 하지만 모스크바에 거주하는 인구수는 파리의 3분에 1에 지나지 않았다.[31] 이 웅장한 **백색 도시**는 대부분 단층 건물로 이루어져 있었다. 반면 외곽은 나무로 지어진 집과 비포장도로가 있는 가난한 농촌 지역이었다. 이곳은 허름하고, 뒤떨어졌으며, '등유나 포장도로, 경찰이 없는' 구역으로 여겨졌다.[32]

급격하게 팽창하는 도시 공간은 구조적 한계에 도전하고, 경계를 점차 지워나가거나—신도시의 경우에는—아예 경계를 만들지 않았다. 하나의 도심을 중심으로 형성된 사회 공간이었던 도시는 점차 다극화되었다. 부유한 사람들은 차차 도심을 벗어났다. 가게와 산업체가 일으키는 오염이 삶의 질을 낮췄기 때문이다. 대표적인 예가 영국 웨스트엔드로, 산업체에서 발생하는 스모그를 강한 바람이 날려주는 지역적 특징 덕분에 부촌이 자리 잡게 되었다. 점차 특정 지역에 대한 선호가 생겨났고, 도심에는 스모그에 뒤덮인 산업체 같은 시설이 남았다. 산업 도시는 산업체와 교통 시설, 거주 구역이 뒤섞인 채로 개발되기도 했다.[33]

　도시는 계속해서 확장되었고, 더 많은 공간을 집어삼켰으며, 외부와의 관계를 넓혀갔다. 사빈 바를레는 1880년대 도시가 주변 지역과 맺는 관계에 대해 이야기하면서, 도시가 주변에 주는 것보다 더 많은 것을 가져갔고, 교환 관계는 일방적으로 변했으며, 원자재의 '탈도시화'가 발생했다고 말한다.[34] 도시와 외부 지역 사이의 관계는 계속해서 변화했다. 역사학자 윌리엄 크로넌William Cronon의 연구에 따르면 시카고는 19세기 후반부에 대도시로 성장하면서 주변 지역과의 관계를 완전히 바꾸었다.[35] 물론 모든 도시가 이렇게 극단적인 관계 변화를 겪은 것은 아니었다. 하지만 도시와 주변 지역의 교환 관계에 직접적으로 영향을 받는 도시 환경이 전반적으로 악화되었다는 점에는 의심의 여지가 없다.

도시 개혁

모든 도시는 저마다 개성이 있고, 독자적인 역사가 있다. 하지만 세계화가 진행되면서 도시 구조에 일정한 경향이 생겨났다. 몇몇 대도시는 이를 선도하는 역할을 했다. 도시의 발전 과정이 유사한 이유는 도시에 비슷한 문제가 발생하기 때문이다. 빠르게 증가하는 인구, 구조적 고밀도화, 환경 오염, 사회 문제와 행정과 관리의 부재는 19세기에 도시를 개혁할 필요성으로 이어졌다.[36] 도시 계획은 도시를 관리하고, 통치를 원활하게 만들고, 시민들의 생활의 질과 사회적 삶의 질을 향상시키고, 환경 관리의 기반을 닦기 위한 효과적인 해결책이었다.[37]

대도시에서는 권력의 이동, 관리의 용이성, 경제 발전의 격차 완화와 같은 과제를 해결하기 위해 도시 개혁에 들어갔다. 19세기의 도시 개혁은 이미 오랜 기간 유지된 도시 구조에 칼을 빼 드는 급진적인 방식이었다. 역사적으로 전례가 없는 일은 아니었다. 중국 같은 지역에는 과거에도 계획도시가 있었다. 하지만 이러한 계획도시는 보통 이미 도시가 만들어질 때부터 구상되었거나, 대화재 같은 재해로 인해 신개발이 가능했던 지역이다. 이마저도 19세기의 도시 확장과 재구성에 비하면 규모가 작았다.

그렇다면 어디에 주안점을 두어야 했을까? 파리와 런던은 19세기에 전 세계에 맹위를 떨치던 도시로, 결국 구조적 한계를 넘어서지는 못했지만 도시 근대화를 이루어낸 본보기로 여겨졌다.[38] 런던은 이전부터 다른 유럽 대도시에 비해 실용적이고 기능적인 도시였다. 흑사병과 대화재라는 불운이 겹쳐 이미 1665년과 1666년 사이에 재건설이 이루어졌기 때문이다. 이때 기존 도로가 확장되었고, 토지 사이 경계를 직선화했으며, 주요 도로도 건설되었다.[39] 1850년대에는 하수를 도시 뒤편의 템스강으로 운반하는 광범위한 지하 하수도가 건설되었다.

반대로 파리는 오랫동안 성벽 안에서 성장했다. 파리는 분명 통치의 중심지였지만, 밀집된 구조와 거리, 하층민들의 조직 때문에 정작 도시 자체는 19세기까지 통치가 불가능한 지역으로 여겨졌다. 이는 1850년대 조르주외젠 오스만 남작Georges-Eugène Haussmann이 지휘한 도시 재건축으로 인해 변환점을 맞았다. 이 과정에서 도로와 길이 정리되었을 뿐만 아니라, 도시의 많은 부분이 헐리고 새롭게 건설되었다. 일부 연구진은 혁명에 트라우마가 생긴 프랑스 지배 계층이 국민에게 두려움을 느껴 이러한 일을 시행했다고 주장한다.[40] 하지만 이렇게까지 급진적으로 도시를 재건축하고 오랜 시간 전해 내려온 도시 문화를 지속적으로 성장시킨 사례는 파리를 제외하면 찾아보기 힘들다.

런던과 파리는 주요 공공시설—기차역, 청사, 박물관—과 인프라 전반—도로와 하수도—을 갖춘 모범 사례로서 세계적인 선두 주자가 되었다. 이 두 도시는 19세기에 가장 강력했던 나라들의 수도였으며, 급격한 인구 증가를 경험한 곳이기도 했다. 유럽인들은 미국으로 이주했지만, 프랑스인은 파리로 이주했다는 말이 있을 정도였다. 인구 증가는 심각한 사회 문제를 일으키고 도시 환경을 망쳤다. 문제를 해결하기 위해서는 재정 자원이 동원되어야 했다. 다른 많은 국가도 도시를 성장시키고, 개발하고, 구성하고 통치하는 데 비슷한 문제를 겪었다. 세계화가 진행되면서 대도시는 국가의 문명과 권력을 보여주는 증표가 되었다. 도시 개혁은 문명 경쟁의 일부였다.[41] 급수나 하수 처리, 도로, 운송 수단—특히 쓰레기 수거 시스템을 도입하고 관리하는—그리고 도시의 청결은 도시의 수준을 나타내는 지표였다.

그리고 이 때문에 세계적인 도시 근대화 붐이 일었다. 수에즈 운하가 건설되며 다마스쿠스는 주요 무역 경로에서 벗어나게 되었지만, 1870년대부터 근대화를 진행하며 도로를 확장·포장하고, 급수 시스템을 개선하고, 일부 구역을 새롭게 개발했다.[42] 이집트는 경제 발전 속도가 느렸지만, 카이로는 이미 19세기 후반부터 서양을 모방한 도시 개혁을 시행하며 주요 시설을 건설했다. 일본에서도 메이지 유신 시기에 비슷한 현상이 관찰되었다.[43]

도시는 결국 커지는—그리고 증가하는—경제적, 군사적 힘의 격차를, 더 나아가 문화 수준과 진보와 후진성을 보여주는 증거로 여겨졌다. 애초에 도시가 문명의 차이와 격차를 보여주는 기준처럼 여겨지지 않았다면 이렇게 큰 변화가 일어나지도 않았을 것이다. 근대화된 도시는 더 좋은 것이었고, 전통을 고수하는 지역은 경제적으로 낙후되고 군사적으로 열등하다는 평가를 받았다. 19세기에 이러한 시선은 곧 굴욕이었다.

도시 개혁이 늘 실현된 것은 아니었다. 개혁안은 도시의 사회적, 구조적 측면을 고려했을 때 지나치게 야심 차거나 부적절한 경우가 많았다. 특히 개혁 과정에서 소유권, 이주, 재정 측면에서 어떤 분쟁이 벌어질지 쉽게 예상할 수 없는 밀집된 도심에서 이러한 문제가 두드러졌다.[44] 영국은 식민지의 도시인 첸나이, 콜카타, 뭄바이의 도심을 개혁하려고 감히 시도조차 할 수 없었다. 물론 가장 중요한 것은 재정이었다. 도시 재건축에는 많은 돈이 필요했다. 부유한 도시인 파리마저도 오스만 남작이 이끈 도시 개혁의 여파로 세계 대전 중에 재정적 어려움을 겪어야 했다.[45] 1880년대 카이로의 근대화는 도시 재정에 심각한 타격을 주었고, 이후 영국과 프랑스의 식민 정책에 휘둘리는 계기가 되었다.[46] 도시 개혁은 깊이 숙고해 결정해야 하는 문제였지만, 늘 그런 것은 아니었다. 덕분에 1차 세계 대전까지—혹은 그 이후로도—세계 각국의 도시들은 재정 문제에 시달려야 했다. 도시의 세율은 낮았고, 대형 인프라를 건설하기 위한 자금 조달은 힘들거나 아예 불가능했다.

유럽 지배층을 형성한 부르주아들은 자칫하면 세금 인상으로 이어질 수 있는, 재정 부담이 큰 도시 개혁 프로젝트에 반대했다.[47] 프랑스 제3 공화국 시기에는 도시 위생 개선 프로젝트를 기획한 자치 정부가 퇴출되는 일이 많았다.[48] 인도에서도 상황은 크게 다르지 않았다. 1884년 **자치 정부**의 힘이 강화되자 도시의—특히 본인들에게 적용되는—세율을 낮게 유지하려는 지주들이 지도부를 장악했다. 1차 세계 대전은 전쟁에 참여하지 않은 국가의 세율 상승에도 영향을 미쳤고, 이는 결국 무역 시장의 확장으로 이어졌다. 자금을 마련하기 위한 다양한 대안이 도입되기도 했다. 콜카타 같은 인구가 많은 도시에서는 인프라 건설 비용을 조달하기 위해 복권을 도입했다.[49] 자본 시장에는 채권이 발행되었는데, 이는 소규모 도시의 독립성에 악영향을 미치기도 했다. 채권의 변동 금리는 런던 같은 대도시에서도 큰 영향력을 미쳤다.[50]

이는 가난한 국가의 자본과 자원이 카이로나 이스탄불 같은 대

도시에 왜 집중되었는지를 설명하는 이유 중 **하나**에 불과하다. 러시아의 모스크바와 상트페테르부르크에는 인상적인 건축물만 있는 것이 아니었다. 이곳은 스탈린 통치 말기인 1950년대 초반에 하수도망을 갖춘 유일한 러시아 도시였다. 다른 지역에서는 대개 구덩이나 옥외 화장실, 개방형 수도를 이용했다.[51] 도시 개혁은 오랫동안 대도시를 중심으로 단행되었고, 그마저도 도심과 주요 몇몇 구역으로 제한되었다.[52] 예를 들어 1890년대부터 상파울루나 리우데자네이루 같은 도시에 근대화가 진행되면서 도심에는 큰 도로가 닦이기 시작했지만, 빈민 구역에는 눈에 띄는 변화가 없었다.[53] 오히려 빈민 구역은 무자비한 재개발을 감당하지 못했다. 하수 처리나 쓰레기 수거 인프라는 리우데자네이루와 상파울루가 성장하는 속도에 비하면 현저히 뒤떨어졌다.[54]

전 세계적으로 도시 개혁은 대개 도시 공간을 일률적으로 만들었고 사회적 불평등을 해소한다는 목표에도 도달하지 못했다. 늘 특정 구역에서만 인프라가 발전하고 도시 위생이 개선되었고, 나머지 지역은 그렇지 않았다. 빈민 구역의 위생 상황은 늘 악명이 높았다. 시카고는 **작은 지옥**Little Hell이라 불렸고, 1840년대 쓰레기가 널브러진 맨체스터의 일부 지역은 프리드리히 엥겔스에게 충격을 안겨주었다.[55] 깨끗한 도시로 유명한 일본도 다르지 않았다. 마쓰바라 이와고로松原岩五郎는 1890년대 도쿄의 시나미초를 이렇게 묘사했다.

> 거리에는 구정물이 고여 있고, 쥐의 사체가 햇볕 아래에서 썩어간다. … 낡은 나막신이 쌓여 있고, 썩은 쌀과 물고기는 아무렇게나 버려져 있다.

지붕은 부서진 깔개 조각으로 때워졌다. 이곳은 마치 총성과 포탄이 난무하는 요새 같은 모양새다. … 이곳은 지상의 마지막 피난처인 양 꽉꽉 들어차 있다. 비참함으로 가득해, 안락하기는커녕 삶을 견뎌낼 수 있게 만들어주는 것은 아무것도 없다. 이곳에 발을 들인 사람들은 … 더 이상 희망을 품지 않는다.[56]

19세기 도시는 대개 그 모든 노력에도 전근대에서 파생된 위기를 벗어날 돌파구를 찾지 못했다. 위생 인프라를 도입하는 것은 너무 시간이 오래 걸렸고, 도시 개혁은 계획 단계에 머무를 뿐, 일부 구역에서만 진행되거나 언젠간 실행하겠다는 공허한 약속으로 끝났다. 19세기에 도시의 삶은 **도시적 불이익**Urban Penalty을 안고 사는 것이었고, 도시 위생을 선도하던 영국마저도 여전히 높은 아동 사망률과 싸워야 했다.[57] 도시는 증가하는 인구를 감당하지 못했고, 전통적인 빈민 관리 정책은 한계에 부딪혔다. 1900년대가 지나서야 서유럽, 미국, 일본의 도시만이 시골보다 건강한 장소가 되었다.[58]

이데올로기와 과학으로서의 도시 위생

도시 개혁은 새로운 과학적 기틀을 마련했다. 급격한 도시 성장에는 대개 피할 수 없는 수많은 문제들이 따랐다. 아무렇게나 지어진 밀집된 주거 구역이나 질병이며 매춘과 함께하는 하층민의 생활은 도시 환경의 걸림돌로 이어졌다. 맨체스터나 시카고 같은 **충격의 도시**Shock Cities에서 진행된 산업화가 대표적이다. 이 밖에도 첸나이나 뭄바이 같은 인도 도시들도 19세기 초 급격한 성장으로 인해 여태까지 해왔던 조치로는 도시 환경을 관리할 수 없게 되었다.

도시의 성장으로 촉발된 대표적인 문제가 바로 콜레라였다. 페스트나 천연두 같은 감염 질환은 오래전부터 인간과 함께해왔다. 하지만 콜레라는 달랐다. 콜레라는 오랜 기간 인도 지역에서만 찾아볼 수 있었고, 심각한 전염병 문제로 발전하는 경우는 거의 없었다. 비슷한—설사와 구토를 동반하는—질병은 물론 유럽에도 있었다.[59] 하지만 1817년 벵골에서 시작된 콜레라 유행은 곧 인도의 다른 도시로 퍼져나갔고, 심각한 증상과 높은 치사율을 보였다.[60] 1820년대에는 중국에서도 콜레라 전염이 발생했다.[61] 1830년대에는 아시아의 콜레라가 동유럽을 시작으로 서유럽과 미국의 도시로 전파되었다. 빈은 1831년 처음 발병했고, 1년 뒤에는 뉴욕에서도 발생했다. 얼마 지나지 않아 콜레라는 세계적인 문제가 되었다.

콜레라 유행의 정점은 1830년대였지만, 이후에도 병은 사라지지 않았다. 1860년대에 콜레라는 서유럽 대부분과 미국 지역에서 자취를 감췄지만, 위생 상황이 좋지 않았던 1884년 나폴리에서는 수천 명이 사망했다. 이는 이탈리아 도시들이 긴급하게 도시 위생 현황을 개혁하는 계기가 되었다.[62] 도시 위생이 나쁘지 않았던 함부르크에서도 1892년 독일 내 마지막 콜레라 대유행기에 8000명이 사망했다.[63] 유럽은 빙산의 일각이었다. 중국, 인도, 러시아의 도시에서는 계속 콜레라 유행이 반복되었고, 19세기 후반까지도 사망률은 증가 추세를 보였다. 20세기, 특히 세계 대전 기간까지 콜레라는 계속해서 다시 유행했으며, 중국은 1960년대 초까지만 해도 콜레라 대유행에

맞서 싸워야 했다.[64]

　콜레라 유행은 도시 위생과 구조에 대한 압박으로 이어졌다. 도시를 깨끗하게 유지하고, 동물들을 쫓아내고, 쓰레기 처리 시스템을 개선하는 것이 중요했다. 이는 도시의 현황을 재고하는 계기가 되기도 했다. 콜레라는 지금껏 알려지지 않은 '새로운' 무언가였고—결핵 같은 질병과는 다르게—사상자가 금방 발생한다는 사실은 공포를 유발했다. 콜레라는 황열병과 달리 세계적으로 확산되었고, 이는 의학이나 도시 위생에 대한 국제적인 지식 교류로 이어졌다.[65] 또한 콜레라는 계층을 가렸다. 유행병이 돌면 부유한 계층은 발병 지역을 벗어날 수 있었는데, 이는 흑사병이나 천연두 같은 질병에 효과적인 해결책은 아니었다. 실제로 귀족과 하층민이 천연두 사망률은 크게 다르지 않았다.[66] 반면 콜레라는—이로 전염되는 장티푸스와 마찬가지로—밀집된 도시 구역에서 함께 살아가는 빈민층에서 쉽게 찾아볼 수 있었다.[67] 도시 내에서 빈민가를 둘러싼 논쟁이 격렬해졌다. 콜레라 발병에는 분명 사회적 원인이 존재했고, 이를 과학적으로 규명할 필요가 있었다.

　질병 발생과 생활 환경의 연관성은 도시 위생 개선에서 과학적 발전을 가져왔다. 관련 지식을 교류하고 쌓으며 전염병에 영향을 미치는 요소를 파악하고, 발병을 통제하는 방법을 찾아낼 수 있었다. 19세기의 도시 위생 전문가들은 학술 네트워크로 서로 연결되어 있었다. 1900년대에는 도시 위생을 집중적으로 다루는 저널이 영국에 13개, 독일에 11개, 이탈리아에 6개, 벨기에에 5개, 러시아에 4개가 있었다.[68] 1850년대부터는 국제 콘퍼런스가 개최되면서 도시 위생에 관한 지식과 기술의 발전에 속도가 붙었다.[69] 도시 위생 전문가들 사이에 국제적인 공동체가 형성되었다. 두 번의 세계 대전 직후에도 독일 전문가들이 잠시나마 이 공동체의 중심에 서기도 했다.[70] 국제 콜레라 회의는—현재 진행형인 식민 정책과는 별개로—도시 위생이 세계적으로 확장되는 데 기여했다.

도시 위생에 대한 과학의 발전은 역사적 대발견이자 인식의 대전환이었다. 영국 의사 존 스노John Snow는 1854년 오염된 식수 때문에 콜레라가 발생한다는 이론을 내놓았다. 프랑스 화학자 루이 파스퇴르Louis Pasteur는 위생 분야에 중요한 여러 발견을 했으며, 독일 의사 로베르트 코흐Robert Koch는 새로운 검출 기술을 발명해 1870년대에 박테리아로 인해 발생하는 감염병에 대한 이해를 넓혔다. 그는 대위기의 시대에 자신의 이론을 입증했다. 1892년 함부르크의 콜레라 대유행기를 거치며 독일에서는 미아즈마Miasma 이론에서 세균학으로 빠르게 인식이 전환되었다. [71] 미아즈마 이론은 토양에서 발생하는 증기가 질병을 일으킨다는 가설이다. 하지만 세균학은 병원체가 질병을 전파하고, 물 또한 매개체가 될 수 있다고 주장했다. 미국 매사추세츠 출신 세균학자 윌리엄 세지윅William Sedgwick은 1900년 즈음 이런 글을 쓰기도 했다. "1880년대 이전에는 아무것도 알지 못했지만, 위대한 10년을 거친 1890년대 이후에는 모든 것을 알게 되었다."[72] 세균학은 과학적인 도시 위생의 시작을 알린 변곡점이었다.

하지만 세균학으로의 전환만으로는 도시 위생의 변화를 전부 설명할 수 없다. 세균학은 19세기 말에나 생겨났지만, 도시 위생은 이 시기에 이미 과학의 한 분야로 자리매김했다.[73] 정확히 무엇이 어떻게, 언제, 어떤 이유로 이런 변화를 일으켰는지 규명하기는 쉽지 않다. 도시 위생을 개선하기 위한 수많은 시설은 미아즈마 이론을 기반으로 계획되고 건설되었다. 뮌헨의 위생학자 카를 페텐코퍼Carl Pettenkofer는 1892년에 세균학에 반박하겠다고 콜레라균으로 오염된 물을 마시면서 틀린 이론에 집착하는 완고한 과학자의 표본이 되었다. 그와 그의 제자들은 '반쪽짜리 이론과 무의미한 데이터를 결합'해서 도시 위생 개선 방안을 제시하기도 했다.[74] 하지만 그는 뮌헨의 상하수도를 포함해 여러 인프라 건설 프로젝트를 계획하고 건설한 책임자이기도 했다.[75]

미아즈마 이론은 과학의 범주를 벗어났지만, 분명 도시 위생 개선을 기본 목표로 삼았다. 이들이 제시한 주장에는 상하수도 건설뿐만 아니라 묘지와 도축장을 도시 외곽으로 옮기는 방안도 포함되었다. 중세 시대부터 이어져온 위생 조치도 여전히 활용되었는데, 이러한 조치는 주로 미아즈마 이론이 아닌 질병의 전파 과정에 대한 실증적 경험을 기반으로 했다. 예를 들어 15세기 프랑스 시민들은 이미 길에 쓰레기를 묻는 것이 전염병 전파에 영향을 미친다고 의심했다.[76] 미아즈마 이론은 오랜 역사가 있는 믿음이 아니라, 계몽주의 시대에 다듬어지고 발전한 가설이었다. 이는 쓱쓱거리고, 쉭쉭거리고, 윙윙거리는 소음과 악취로 가득한 19세기 도시에 잘 맞는 것처럼 보였다. 미아즈마 이론은 증기와 바람, 열기와 추위, 태양과 그림자처럼 도시와 자연의 상호 작용을 설명하는 교리에 가까웠다.[77] 이는 좋은 에너지를 받아들이고, 나쁜 에너지는 희석해 내보내는 도시의 건설적 구조를 만드는 데 영감을 주었다. 탄탄한 지반, 공기가 고이지 않고 순환되게 만드는 넓은 도로 같은 인프라 건설은 미아즈마 이론을 따랐음에도 실제로 도시 위생을 개선하는 데 도움이 되었다. 특정 질병이 발생하는 이유를 완벽하게 설명할 수 있는 법칙은 없다는 주장 또한 꽤나 그럴듯하게 들렸다. 언뜻 전혀 연관 없어 보이는 지역에서 발병하는 콜레라는 단순히 해당 지역만의 특징에 따라 뚜렷한 외부의 영향 없이 전파되는 것처럼 보였다.[78]

19세기 중반에는 미아즈마와 감염 이론(접촉론Contagionism)의 융합이 관찰되었다. 이탈리아 해부학자 필리포 파치니Filippo Pacini는 1854년에 콜레라균을 식별하는 데 성공했으며, 프랑스 엔지니어 외젠 벨그랑Eugène Belgrand은 1877년에 물과 하수를 통해 질병에 감염될 가능성을 지적했다.[79] 영국의 식민지에서 활동하던 제임스 크리스티James Christie는 1870년대에 아프리카와 인도에서의 경험을 바탕으로 콜레라가 물을 통해 전파된다고 주장했다.[80] 코흐와 파스퇴르가 결핵균을 발견하기 이전에도 도시 위생 담론에서는 사람 간 접촉으로 질병에 감염될 가능성이 논의되었다. 즉, 도시 위생이 과학의 범주에 들어간 것은 세균학 덕분이 아니었다. 이는 위생 문제와 급성장한 도시에서의 높은 사망률을 설명하기 위한 오랜 노력의 결과이지, 갑자기 인식이 변화했기 때문이라고 보기는 힘들다.

세균학은 개인의 신체로 초점을 옮겼다. 이는—도시 위생을 개선하는 조치보다 더 강력한—질병 관리의 시작점이었다.[81] 위생의 범위는 부정적인 의미로 점점 넓어졌다. 사람들은 이제 눈에 보이지 않는 차이를 찾아냈다. 1903년 미국의 한 의사는 몇 년 전까지 미국의 식민지였던 필리핀 주민들을 가리켜 "원주민들은 손을 깨끗하게 씻지 않으며, 몸을 매일 씻지만 … 현미경으로 보았을 때 절대 청결하다고 말할 수 없다."라고 서술했다.[82] 현미경으로 살피면 청결 기준점을 통과하는 것은 더 어려워질 수밖에 없었고, 결국에는 검사자의 판단이 크게 작용했다. 그렇게 서양인의 청결하고 금욕적인 신체는 질병을 옮기는 촌사람들이나 식민지의 국민들과 크게 대비되었다.[83] 1870년대 이후 식민지에 대한 논의에는 늘 흑인들이 백인들에게 질병을 옮긴다는 주장이 제기되었다.[84]

위생은 점차 개인의 책임이 되었다. 세균학은 18세기 사회 내에서 형성되기 시작한 개인 위생과 도시 위생 사이의 연관성을 설명하는 새로운 기반이 되었다.[85] 정부 당국과 과학자들은 살균 처리를 해 공공장소에서 질병 전파를 막을 수 있다는 사실을 깨달았다. 사실 살균이라는 개념은 오래전부터 있었으며, 특히 흑사병 유행기에—훈연하거나 식초를 사용하는 방법으로—활용되었다. 하지만 이 개념은 이제 과학이라는 새로운 기반을 얻었다. 세균학은 도시 위생학자들이 하층민에게 품었던 편견을 강화하는 듯했다. 세균학은 20세기까지도 인종 차별과 우생학을 지지하는 근거로 쓰였다. 19세기 후반에는 수은이나 염소, 황산으로 만든 소독제가 주로 쓰였는데, 당연히 건강에 좋지는 않았다.[86]

도시 위생 측면에서 세균학이 가져온 실질적 변화는 위생 관념이 신체로 옮겨 갔다는 점이다. 세균학은 오감으로는 찾아낼 수 없는 것들을 토론 주제로 올렸다. 파스퇴르를 지지했던 독일 병리학자 앙리 불리Henry Bouley가 1880년대에 말한 것처럼, "냄새나는 모든 것이 위험한 것은 아니며, 모든 위험한 것이 악취를 풍기는 것도 아니다."[87] 악취는 위협적인 게 아니었다. 중요한 것은 악취의 원인이었다. 하지만 결과적으로 크게 달라진 것은 없었다. 박테리아나 다른 병원체를 오감으로 찾아낼 수는 없었지만, 매개체는 주로 쓰레기나 쥐, 해충 같은 위험 물질이었다. 냄새나 연기가 나지 **않는 것**이 위험할 수 있다는 생각은 2차 세계 대전 이후의 환경 담론에서야 주로 논의되었다.

미아즈마 이론에서 세균학으로의 전환은 점차 생활을 바꿔놓았지만, 극적인 보건 정책의 변화로 이어지지는 않았다. 하지만 이 덕분에 과학자들과 전문가, 도시 위생 책임자들은 자신이 무슨 일을 해야 하는지 알게 되었고, 도시 위생을 과학으로 만들 수 있었다. 도시 위생이 추구하는 목표는 인프라 기술의 진보와 정돈된 도시 환경이었다. 이는 1960년대에 들어 위기를 맞게 되었다.

7장
쓰레기통의 탄생

†
산업화된 도시가 해낸 최고의 공헌은
자신이 만들어낸 진창을 처리하는 방법이었을 것이다.
—루이스 멈퍼드Lewis Mumford1

인프라의 시작

18세기 후반부터 급격히 성장한 도시들은 환경 오염과 싸워야 했다. 특히 산업화로 심각하게 오염된 지역에서는 문제가 심각해진 나머지 갈등 당사자들을 중재하고 개별 피해를 해결하는 전통적인 방법으로는 분쟁을 해결할 수 없게 되었다. 도시들은 물리적으로 지나치게 확장되었고, 수많은 사람이 점점 더 오염되는 환경 속에서 고통 받았다. 소음, 악취, 쓰레기, 배설물을 처리하는 데는 새로운 해결 방안이 필요했다.2

동물은 여전히 오염의 주요 원인이었다. 사람들은 놀라울 만큼 인내심을 발휘했지만, 이마저도 2차 세계 대전 이후에는 바닥나기 시작했다. 특히 말이 문제였다. 이 시기는 울리히 라울프Ulrich Raulff

가 2차 세계 대전까지의 인간과 말의 관계를 문화사 관점에서 살핀 한 저서에서 이야기한 것처럼 "말의 마지막 세기"이자, 도시 내에서 수많은 동물이 살아가던 시대의 끝자락이었다.[3] 이곳에서 말은 운송 수단이자 동력 공급원이었다.[4] 대형 마구간은 대도시의 주요 시설 중 하나였고, 부에노스아이레스에는 1880년대에 2700여 개의 마구간이 있었다.[5] 마구간에서는 대형 화재가 심심치 않게 일어났다. 1887년 뉴욕 대화재 때는 1000마리 이상의 말이 사망했는데, 사체는 허드슨강에 그대로 버려졌다.[6]

말은 없어서는 안 되는 동물이었지만, 동시에 골칫거리이기도 했다. 이들이 도로에 남기는 배설물의 양은 어마어마했다. 다 자란 말은 하루에 20~40kg에 달하는 배설물을 만들었다. 당시 파리 시내의 마차 대기 장소가 특히 지저분한 곳으로 여겨진 것은 놀라운 일이 아니다.[7] 또한 말을 주요 운송 수단으로 활용하는 도시는 주기적으로 파리 떼와 싸워야 했다.[8] 그러다가 뉴욕에서는 1912년에 자동차 수가 말의 수를 넘어섰고, 1920년대에는 말이 점차 도시 밖으로 밀려났다. 런던에서는 1950년대부터 말이 대형 도로를 오가는 것이 금지되었다. 자동차가 널리 퍼지고, 관련 시설이 마련되기 시작하면서 적어도 1960년대부터는 도시에 말이 설 자리가 남지 않게 되었다.

말만이 도시에 사는 유일한 동물은 아니었다. 캐서린 맥뉴어 Catherine McNeur와 토머스 앨머러스윌리엄스Thomas Almeroth-Williams 의 사례 연구에 따르면 19세기 초까지만 해도 뉴욕과 런던은 어느 정도 **농업 도시**의 성격을 띠었다.[9] 말을 제외해도 도시에서는 몇 십만 마리의 돼지가 사육되고 있었다. 동물은 맨해튼 거리 풍경의 일부였다. 특히 이민자들은 돼지 사육을 금지하는 시 당국에 크게 반발했다. 도시 행정부는 1858년 **돼지전쟁**을 치르며 사육장을 도시 변두리로 밀어내는 데 성공했다. 런던은 비교적 이른 시기에 이러한 과정을 거쳤고, 이미 1830년대부터는 시 외곽에서만 돼지를 찾아볼 수 있었다. 대도시 양조장이나 진 증류소는 제조 과정에서 나오는 부산물—소위 말하는 **지게미**—을 처리하기 위해 주로 돼지를 사육했다. 푸에블라 같은 멕시코 도시에서는 1920년대까지 대규모 개방형 돼지우리 Zahurdas를 쉽게 찾아볼 수 있었다.[10]

찌꺼기를 동물에게 먹이는 관행은 한동안 유지되었다. "평범한 중국 농부들에게 돼지는 쓰레기나 자원을 먹고 비료를 만드는 기계 또는 변환기니 미친가지였다. 이렇게 만들어진 비료는 수확량을 늘리는 데 필수적이었다." 미국 농업경제학자 얼 B. 쇼Earl B. Shaw는 1930년대 중국의 농업에 대한 글에서 이렇게 적었다.[11] 이는 1940년대 미국에서도 일반적인 일이었다. 하지만 선모충 감염 우려와 고기 품질에 미치는 악영향 때문에 이러한 관행은 점차 사라지기 시작했으며, 이후 1955년 돼지 열병이 유행하면서 전면적으로 금지되었다.[12] 하지만 카이로를 포함한 다른 지역에서는 이러한 관행이 오늘날에도 이어지고 있으며, 돼지는 여전히 쓰레기 처리에 혁혁한 공을 세우고 있다.[13]

동물은 일상적인 생존 전략에도 중요했다. 빽빽한 빈민가—리우데자네이루에서 샌프란시스코까지—에 사는 사람들은 개, 고양이, 토끼, 닭 같은 소동물과 함께 살았다.[14] 경제학자 알프레트 존레텔Alfred Sohn-Rethel은 1920년대 나폴리 지역 동물 사육에 관해 서술한 바 있다. 그의 말에 따르면, 건물 4층이나 5층에서 소가 사육되기도 했으며, 동물들이 예배에 함께하기도 했다. 명망 있는 대학에서도 교직원들이 학내 휴지통 근처에서 닭을 키웠다.[15] 동물들을 도시에서 몰아내기는 쉽지 않았다. 1906년 샌프란시스코 대지진 이후 시 당국은 도시 위생을 개선하기 위해 다양한 조치를 취했다. 여기에는 도로를 포장하고, 하수도망 설치 외에도 사육장을 도시 외곽으로 밀어내는 조치도 포함되었다. 도심의 **방사장**chicken yards이 폐쇄되면서, **낙농장**dairy과 **양계장**chicken farms이 도시에 고기를 공급하게 되었다.[16]

다른 오염 문제도 가축 시장의 팽창과 연관이 있었다. 런던의 스미스필드 시장은 엄청난 양의 동물 배설물과 도살 찌꺼기, 기타 쓰레기를 만들어내 당국의 경계 대상이었다. 18세기 후반부터는 공무원들이 정기 감찰을 늘리기 시작했지만, 그 밖의 별다른 대안은 없었다. 시장은 1855년에야 도시 변두리로 밀려나게 되었다.[17] 급격하게 팽창하는 미국 동해안의 대도시에서는 상황이 다르게 흘러갔다. 19세기 후반부터 고기는 점차 도시 외부에서 공급되는 **상품**이 되었다. 하지만 시카고나 신시내티 같은 미국 돼지 산업의 중심지이자 **축산 도시**Porkopolis에서 동물과 동물 운송은 일상적인 풍경이었다. 도살 찌꺼기 문제는 오랜 시간 해결되지 않다가 1830년대 도시 외곽에 도살장이 설치되면서 마침내 종결되었다.[18]

문제의 또 다른 원인으로는 산업체가 있었다. 모든 곳에서 그랬던 것은 아니겠지만 토마 르루Thomas Le Roux의 말에 따르면, 1780년대 파리에 존재하는 오염 물질은 중수重水가 거의 유일했다. 하지만 50년 뒤, 화학 산업의 규모가 몇 배로 커지면서 스모그나 폐기물이 일으키는 오염도 그만큼 심각해졌다. 개별 사례에 따른 피해를 관리하는 것은—프란츠요세프 브뤼게마이어Franz-Josef Brüggemeier가 이미 루르 지역에 대해 이야기했듯—더 이상 의미가 없었다.[19] 지도층은 주로 사업체 편이었다. 혁명 이전 프랑스에서는 상상할 수 없는 일이었다. 도시의 상업과 산업은 공기 오염과 수질 오염을 일으켰을 뿐만 아니라 톱밥부터 화학 물질까지 다양한 폐기물을 배출했다. 산업화가 진행되면서 문제는 점점 심각해졌다. 지역 공장이 환경 오염을 일으킨다는 게 확실했지만 뉴욕시는 19세기 후반까지 마땅한 해결책을 찾지 못했다.[20]

기존의 방식으로 환경 오염 분쟁을 해결할 수 없으면 어떻게 해야 할까? 한동안은 사람들이 환경에 적응하길 바라며 문제를 지켜볼 수밖에 없었다. 완전히 말도 안 되는 이야기는 아니었다. 1960년대 루르 지역에서는 바깥에 빨래를 널면 두 시간이면 회색이 되었다. 그럼에도—혹은 그랬기 때문에—이 지역에서는 화학 폐기물이나 화력 발전소 건설에 반대하는 목소리가 크지 않았다. 반면 심각하게 오염된 환경에서 살아가는 법을 학습할 일이 없었던 시골 지역의 주민들은 이러한 시설을 거세게 반대했다. 대응이 필요한 문제는 악취 방지나 쓰레기 처리뿐만이 아니었다. 도시 위생과 콜레라, 장티푸스 같은 감염성 질환으로 인한 사망률의 연관성을 해결하는 데에도 긴급한 대책이 필요했다. 이는 주로 배설물과 쓰레기 처리, 그리고 쓰레기 운송을 위한 인프라의 건설로 이어졌다.[21]

결국 배설물 처리는 하수도망의 건설을 의미했다. 파리나 런던 같은 도시에는 이미 오랜 시간에 걸쳐 건설된 일부 개방형 하수도 시스템이 있었다. 하수도망은 1840년 이후 점차 확장되고 건설되었다.[22] 함부르크에서는 이미 1842년 대화재 이후 지하 하수도를 건설하기 시작했다. 다른 지역에서도 하수도 건설을 위한 자금 마련을 촉발하는 대형 사건이 있었다. 오랫동안 도시 위생의 본보기였던 런던의 하수도망은 1858년 지독한 악취로 시민들을 괴롭혔던 **대악취** Big Sink 사건에 대한 대응으로 1860년대부터 건설되었다. 프랑스는 1850년대 **오스만 남작의 근대화 개혁**에 따라 하수도 시스템을 건설했지만, 원래 목적은 빗물 배수로 제한되어 있었다. 이후 1890년대에 'tout-à-l'égout(모두 하수도로)'라는 구호와 함께 배수로로 하수와 배설물을 흘려보내는 방안이 논의되고, 시행되었다. 미국에서는 1860년대에 첫 하수도 공사가 이루어졌지만 대부분의 대도시에 본격적인 건설이 시작된 것은 1880년대 이후였다.[23]

주요 건설 프로젝트를 살피다 보면 하수도 시스템이 얼마나 복잡한지를 간과하기 쉽다.[24] 대도시에서—산업화된 국가에서조차—표준적인 위생 수준에 도달하고 아동 감염 질환의 발병률을 어느 정도 낮추기까지는 몇십 년이 소요되었다. 이러한 프로젝트는 주로 도시 특정 지역의 문제를 우선 해결하는 방식으로 진행되었으며, 도시 전체에서 한 번에 시행된 적은 없었다.[25] 주로 쓰인 임시 해결책은 뚜껑이 있는 통에 배설물을 모으고, 수집하고, 비우는 것이었다. 이러한 처리 체계는 다양한 국가에서 찾아볼 수 있었지만, 굉장히 노동 집약적이라는 문제가 있었다. 1900년대에 남아프리카 공화국 요하네스버그의 인구는 10만 명이 채 되지 않았지만 오물통을 수거하고 비우는 일에 종사하는 사람은 2000여 명에 달했다.[26]

쓰레기 처리 인프라는 산업화된 국가의 부유한 대도시에서 시작해 다른 대도시에도 건설되었고, 중소도시에는 이후에 적용되었다.[27] 하지만 어느 정도 인프라가 확장되고 난 후에는 도시 위생 수준이 향상되면서, 이것이 현대 도시임을 증명하는 증거로 여겨졌다. 인프라 시설 부족에 핑계를 대기는 점점 힘들어졌다. 1880년대 후반 오스트레일리아의 도시 멜버른은 하수도 시설을 갖추지 못했다는 이유로 '스멜버른Smelbourne'이라는 멸칭을 얻었다. 한 영국인은 "아름다운 도시에서 밤마다 오물통을 운반하는 수레가 길을 돌아다니거나 오물통 수거인이 고급 호텔 층계를 돌아다니며 끔찍한 냄새를 풍기는 것보다 더 창피한 일은 없을 것이다."라고 말하기도 했다.[28] 인프라가 없다는 것은 이제 악취만의 문제가 아니었다. 1880년대 멜버른은 높은 장티푸스 발병률과 싸우고 있었다. 이후 1892년에 하수도 건설이 본격적으로 시작되었지만, 주민들은 세율 상승을 근거로 이를 격렬히 반대했다.[29] 1920년대 초 폴란드의 산업 도시 우치는 하수도 시설이 없다는 점에서 시민들이 도시를 수치스럽게 여겼다. 하지만 이곳도 세금 인상에 대한 반대를 뚫은 뒤에야 하수도를 건설할 수 있었다.[30]

하수도는 문제의 해결책이었지만 동시에 새로운 문제를 가져오기도 했다. 템스강 같은 큰 강이 주변에 있다 하더라도 런던 정도 되는 대도시의 쓰레기를 처리하기에는 역부족이었다. 템스강은 이미 1820년대부터 수질이 심각하게 악화되기 시작했으며, 1880년대에는 역사학자 크리스토퍼 햄린Christopher Hamlin의 말마따나 "산소가 부족한 거대 하수장"이 되었다.[31] 대개는—과거와는 달리—상수와 하수가 나뉘었지만, 하수도는 어부처럼 강에서 생계를 유지하는 사람들의 삶의 기반을 앗아갔다. 뉴욕은 1차 세계 대전 이후 허드슨강에 아무렇게나 배출된 배설물 탓에 세계적으로 유명한 하수 도시가 되었다. 이는 야생동물의 생태계에 악영향을 미쳤고, 1890년대에는 집단폐사로 이어지기도 했다. 맨해튼 주변에 자생하던 굴도 이 시기에 자취를 감췄다.[32] 이는 예외적인 상황이 아니었다. 하수도가 건설되면서 수질 오염이나 환경의 생물학적 수용력의 중요성이 커지기 시작했다. 문제를 해결할 수 있는 기술은 불완전하거나 너무 늦게 적용되었다. 정화 시설이 건설되기 시작한 것은 2차 세계 대전 이후였다.[33]

인프라 건설은 도시 공간을 바꾸었다. 도시는 한결 깨끗해졌지만, 동시에 배타적으로 변했다. 하수도, 상수도, 터널을 포함한 운반로 같은 일부 도시 인프라 시설은 지하로 옮겨졌다. 1820년대 이전에는 찾아볼 수 없는 일이었다.[34] 그 때문에 쓰레기로 생계를 유지하는 사람들도 동시에 어두운 지하로 밀려나게 되었다. 찰스 디킨스는 소설 『우리 공통의 친구』에서 이를 생생히 묘사했다.[35] 하지만 앞서도 언급했듯, 이 모든 일은 점진적으로 발생했다. 하수도가 건설되는 데는 몇 년에서 몇십 년이 걸렸고, 빈민촌에는—건설이 된다면—가장 마지막으로 설치되었다.

구덩이와의 작별

새로운 인프라 시설은 간과하기 쉬운 효과를 가져왔다. '고형' 가정 쓰레기와 배설물에 명백한 차등을 두게 된 것이다. 지난 몇백 년간 이러한 쓰레기는 길이나 구덩이 안에서 아무렇게나 섞였고, 모래와 쓰레기, 하수, 인간과 동물의 배설물이 뒤섞인 '1차 도시 물질matière première urbaine', 즉 진창을 형성했다.[36] 하지만 이제는 아니었다. 가정에서 나온 고형 쓰레기는 하수도에 버려지는 대신, 다른 방식으로 재활용될 수 있는 **일반 쓰레기**로 분류되었다. 이렇게 쓰레기가 구분되고 양이 적어지면서 처리 또한 용이해졌다.[37] 한편 나머지 유기물 찌꺼기는 그냥 쓰레기로 버려졌다. 이러한 가정 쓰레기 중 대부분은 배설물과 섞이지 않으면 비료가 될 수 없었다. 19세기 마지막 사반세기가 되어서야 분리수거와 처리를 거친 뒤에 쓸데없는 것으로 판명된 잔여물로, 오늘날 우리에게 익숙한 **가정 쓰레기**라는 개념이 자리를 잡았다.[38]

이러한 일반 쓰레기는 특히 산업화된 국가에서 많이 나왔다. 실질 임금이 올라가고 소비 선택지가 늘어난 결과였다. 물론 이뿐만은 아니었다. 공중위생 전문가들의 연구에 따르면, 미국의 도시 주민은 1905년에 430kg에 달하는 혼합 쓰레기를 배출한 반면, 영국은 225kg, 독일은 120kg의 쓰레기를 배출했다.[39] 쓰레기 통계가 지닌 시스템의 문제에 대해서는 3부에서 좀 더 자세히 다루겠지만, 일단은 이러한 숫자를 해석할 때 주의를 기울여야 한다는 점만 알아두자. 당시 영국과 미국의 일인당 경제 생산량이 비슷했기 때문에, 이러한 차이가 있었다면 그 원인을 깊이 생각해볼 만하다. 현대적 소비 행태—백화점과 통신 판매의 등장—로 인해 발생하는 포장지는 미국의 쓰레기 생산량을 설명할 수 있을지도 모른다.[40] 실제로 1920년대 후반을 분석한 연구는 미국에서 배출되는 쓰레기에서 포장지가 유난히

높은 비율을 차지했다고 지적한다.[41]

쓰레기의 양이 증가하면서 구덩이는 배설물이 채워져 있지 않아도 도시 위생을 위협하는 골칫거리가 되었다. 건물이 빽빽하게 들어서면서 구덩이를 팔 자리는 점차 줄어들었다. 파리의 일부 건물은 지하에 구덩이를 두었지만, 그러면 건물 뼈대가 상한다는 문제가 있었다. 19세기 도시는 더 이상 구덩이를 이용할 수 없었다. 주거 수요가 늘어나면서 건물 층수가 높아졌다. 실제로 다세대 주택은—베를린을 보면 알 수 있듯—주거 문제를 해결하기에 괜찮은 방안이었다. 빈 땅이 사라지면서 도시 내 소규모 농업은 설 곳을 잃었다. 사람들은 계속해서 쓰레기를 만들었지만, 도시 내에서는 더 처리할 수가 없었다.

문제를 해결하려면 공간이 필요했다. 모스크바처럼 도시가 커지지만 외곽 지역에 단층 주택이 주를 이루고 건물 밀도가 낮은 곳은 쓰레기 처리 문제가 심각하지 않았다. 멜버른은 외곽에 파놓은 구덩이를 비울 필요조차 없었다. 그냥 묻어놓고 다른 곳을 파도 문제가 없었기 때문이다.[42] 하지만 건물로 가득한 도심에서는 쓰레기를 처리하기가 점점 힘들어졌다. 19세기 후반 이후로 유럽인 관찰자들은 아랍과 아시아의 많은 도시를 더럽다고 인식하고 거리의 쓰레기 더미에 경멸을 드러냈지만, 유럽 도시들도 위생 조건을 통제한 지 얼마 되지 않았다. 어쨌든 이런 상황은 동시에 도시의 급격한 성장이 그간 도시를 운영하고 유지시킨 전통적인 순환 구조에 얼마나 큰 부담을 지웠는지를 보여준다. 쓰레기는 너무 많았고, 처리장까지 가는 길은 너무 멀어졌으며, 남은 땅은 너무 적었다.

도시가 구덩이와 도랑과 작별한 것이 정확히 언제인지는 명확하지 않다. 나폴리에는 19세기 중반까지 500여 개의 포치 네리Pozzi neri(검은 분수)가 있었다. 이마저도 과거에 비하면 크게 줄어든 것이었다.[43] 맨해튼에는 1849년에 약 3만여 개의 구덩이와 도랑이 있었는데, 1차 세계 대전 직전 즈음에는 대부분 사라졌다.[44] 네덜란드의 사례 연구에서도 쓰레기 구덩이가 확실히 줄었다는 것을 알 수 있다. 네덜란드의 구덩이는 하수도가 배설물과 하수 처리를 대신하게 되면서 점차 사라졌고, 1차 세계 대전이 발발할 즈음에는 도시에서 거의 찾아볼 수 없었다.[45] 다른 지역에서는 이 단계까지 오는 데 훨씬 오랜 시간이 걸렸다. 오늘날에도 세계 인구 중 3분의 1은 하수도 시설에 접근할 수 없다. 구덩이는 아직 역사 속 유물이 아니다.[46]

하수도 외에도 쓰레기 수거 시스템의 확장 또한 구덩이가 없어지는 데 기여했다. 이전 장에서 언급했다시피, 쓰레기 수거 시스템은 이미 중세 시대에 발명되었지만, 19세기 초까지만 해도 규모가 작았다. 쓰레기 수거는 많은 장소에서 여전히 개인의 몫이었고, 도시 내에 옷감 자투리를 수거하는 사람은 수천 명에 달했다. 하지만 19세기가 되자 도시는 쓰레기와 배설물을 운반하는 시스템을 확장하기 시작했다. 멕시코 푸에블라에서는 19세기에 열두 마리의 당나귀가 끄는 수레를 이용해 쓰레기를 수거했다. 이를 조직하는 것은 시 당국의 몫이었고, 이렇게 얻은 옷감 자투리는 민간 회사에 판매했다.[47] 에콰도르 과야킬에서는 1825년부터 당나귀 수레를 이용한 쓰레기 수거 시스템이 시작되어 점차 확대되었다.[48] 많은 지역에는 개인이 운영하는 쓰레기 수거 서비스가 있었으며, 주로 업주가 고객을 직접 유치하는 방식이었다. 1880년대까지 운영되었던 나폴리의 **스파차투라이**

Spazzaturai(청소부)가 대표적이다.[49] 1832년 마르세유는 쓰레기 수거를 민간 기업에 위탁했다.[50]

말—과 당나귀—의 수가 많아지면서 도시 내 운송 가능 총량도 증가했다. 쓰레기 수거 면에서 큰 이점이었다. 수레가 이 용도만으로 사용되는 일은 잘 없었고, 쓰레기 운송은 주로 일반 운송을 하는 중에 빈 수레를 운행하는 일을 방지해주는 업무였다. 이렇게 돈을 받고 쓰레기를 시 외곽의 적재 장소로 운반해주는 특수 서비스가 생겨났다.[51] 특히 미국 동해안의 여러 대도시에서 이러한 발전이 두드러졌다. 이러한 서비스는 근대 쓰레기 배출 방식에서 크게 도약한 것이지만, 중대한 구조적 결함이 있었다. 운송 회사는 보유 자본이 적었고, 전문가를 보유한 경우도 많지 않았다. 여태까지 이어 내려오던 **스캐빙징**Scavenging(활용 가능한 물건을 미리 골라내는 일)의 한계는 명확했다. 민간 자본으로 운영되는 수거 회사의 직원들은 쓰레기에서 자재를 빼돌려 판매한다는 의혹을 곧잘 받았다. 시는 업체에 스캐빙징에 대한 문제를 제기했고 이는 19세기 초 미국에서 쓰레기 위기로 이어져 처리되지 못한 쓰레기 더미가 도로 위에 쌓이는 사태를 불러왔다. 결국 당국은 1810년에 업체에 배설물과 기타 쓰레기를 싣는 마차를 분리해서 운영할 것을 명령해 문제를 해결했다.[52]

민간 기업의 쓰레기 수거 시스템으로는 문제를 충분히 해결할 수 없기에, 결국 19세기 중반부터 도시는 쓰레기 수거 시스템을 직접 운영하고 관리하게 되었다. 시카고에서는 이미 1850년대에 공공 수거 시스템이 민간 기업에서 운영하던 옷감 자투리 수거 업무를 대체했다. 하지만 아직 완전히 자리를 잡은 것은 아니었다. 공공 시스템과 민간 회사, 소규모 개인 수거인이 다 같이 쓰레기 처리에 뛰어드는 일도 적지 않았다. 시카고는 공공 처리 시스템이 시행되고 몇 년 지나지 않아 다시 민간 회사를 고용했다. 그 모든 단점에도 불구하고 민간 서비스가 업무를 더 잘 수행했기 때문이다. 뉴욕에서는 1895년까지 쓰레기 수거 시스템 민영화와 공영화가 반복됐다.[53]

늦어도 1880년대 이후로는 공영화가 대세였고, 쓰레기 수거는 도시 자치 정부의 몫이 되었다. 독일에서는 1873년 프랑크푸르트를 시작으로 1880년 만하임, 1886년 함부르크, 1889년에는 도르트문트가 이를 도입했다. 베를린에서는 1920년대 후반까지 민간 주주들이 '베를린 쓰레기 수거 주식회사Berliner Müllabfuhr–Aktiengesellschaft' 의 주식 과반수를 보유하고 있었지만 결국 쓰레기 수거를 공영화했다. 이 외에도 파리에서는 1883년, 로마는 1886년, 나폴리는 1892년, 부에노스아이레스는 1895년, 오슬로는 1897년, 마르세유는 1914년에 공영 시스템을 도입했다.[54] 이스탄불에서는 1880년대 이후 쓰레기 수거 시스템이 운영되는 지역의 범위가 늘어났고, 관련 인프라 시설 또한 갖추게 되었다.[55] 테헤란은 1914년에 도로, 시장, 상점가의 청결함을 관리하기 위한 **위생 규정**을 발표하며 시스템을 공영화했다. 이 규정에는 건물 소유주가 뚜껑이 있는 표준 철제 쓰레기통을 구비해야 한다는 의무도 포함되었다. 이 외에도 쓰레기통을 비우는 시간을 새벽으로 규정하고, 쓰레기를 길에 버리는 행위를 처벌하는 조항도 만들어졌다. 쓰레기 수거는 담당 팀을 통해 이루어졌고, 손수레가 다닐 수 없는 골목에서는 주민이 직접 도로변에 쓰레기를 내놓아야 했다.[56]

이러한 공영화 물결은 도시 환경에 대한 시민들의 불만을 해소하기 위해서였다. **개혁 시대**Progressive Era(1890~1920년대)의 미국은 공영화를 중심으로 한 도시 개혁을 주요 과제로 삼았다. 여성 시민 단체들은 '지방 자치 단체의 집안일Municipal Housekeepings'이라는 구호를 내세우며 도시 위생 수준의 향상을 요구했다.[57] 이 시기 독일에서는 도시 위생이 종교적인 성격을 띠었는데, 이는 산업화와 도시 팽창 때문에 발생하는 부작용에 굴복하지 않고, 문제 해결에 힘쓰는 계몽주의적 정치 개혁을 보여주는 상징이었다.

이러한 개혁 추구형 이데올로기는 정부가 민간 회사나 자율 규제보다 쓰레기 문제를 더 잘 해결할 수 있을 것이라는 믿음에 기반을 두었다. 이러한 믿음은 1840년대 급수와 하수 처리 문제를 해결하는 과정에서 이미 확인되었다.[58] 사람들은 도시 정부가 도시 위생의 위기를 더 잘 극복할 것이라 믿었다. 시 정부는 전문성이 있는 지도부를 갖추었고, 쓰레기 수거 인프라에 투자할 수 있는 재정도 있었다. 그뿐만 아니라 시 정부는 이득을 극대화하는 방향이 아닌 위생적인 환경을 마련하고 감염 질환을 통제하는 것을 목표로 삼았다. 시골 출신의 전직 **스캐빈저**scavenger들이 운영하는 민간 기업과는 달리 시 정부는 이 문제에 공학적이고 기술적인 방식으로 접근했다. 민간 회사는 이러한 '과학적' 접근 방식을 따라잡을 수 없었다.

도시 위생 전문가들은 네트워크를 통해 전문성을 키워나갔다. 새로운 혁신 기술은 삽화나 사진과 함께 「공공 청소Public Cleansing」 「도시 위생Städtehygiene」 「위생과 도시 기술La Technique Sanitaire et Municipale」 같은 위생 분야 저널에 실렸다. 1850년대부터는 도시 위생에 대한 지식과 기술을 교환하는 국제회의가 개최되었다.[59] 도시공학자들은 1960년대까지 도시 위생의 혁신과 확장에 공헌했다. 이들은 유럽의 쓰레기 수거 시스템을 근대화된 사회의 표준으로 삼았으며, 이는 특히 두 차례의 세계 대전 사이에 세계적인 영향력을 발휘했다.

시스템의 공영화는 나라마다 차이가 있었다. 미국은 특히 이 부분에 소극적이었다. 도시의 상황을 급속한 도시 팽창과 경제 성장에 맞춰 발빠르게 개선하는 것은 쉬운 일이 아니었다. 쓰레기 수거는 오랫동안 민간 기업의 몫으로 남아 있었다. 이는 비용과 도시 위생 표준에 관한 문제이기 때문이기도 했지만, 샌프란시스코 같은 도시에서는 뇌물 공세나 시 정부의 부패가 공영화를 막기도 했다.[60] 주요 유권자였던 특정 이민자 그룹─아일랜드인이나 이탈리아인─이 쓰레기 수거업을 독점한 경우도 마찬가지였다. 민간 쓰레기 회사는 고객과 직접 계약을 맺었고, 시민들은 종종 이 비용을 아끼기 위해 쓰레기를 처리할 수 있는 다른 방안을 모색하기도 했다.[61] 여성 시민 단체 연합 '지방 자치 단체의 집안일'은 이러한 행태를 그냥 보아 넘기지 않고 공영화를 강력하게 주장했다. 하지만 1차 세계 대전 당시 공공 쓰레기 수거 시스템을 갖춘 미국 도시는 50%에 지나지 않았으며, 1930년대부터는 점차 공영화되기 시작했지만 대부분의 유럽 국가만큼 제대로 자리를 잡지는 못했다.[62]

이는 공공장소의 청결이나 감염 질환 예방을 넘어 감정적인 문제로 다루어졌다. 도시 위생은 문명 수준을 나타내는 지표였다. 1927년 정치인 구스타프 슈트레제만Gustav Stresemann은 독일을 도시 위생의 선구자라고 칭했는데, 이 표현에는 도시 개혁이라는 목표를 달성한 데 대한 자랑스러움이 담겨 있었다.[63] 미국의 위생공학자 조지 E. 워링George E. Waring은 자국의 쓰레기 수거 시스템을 내세워 권력 경제를 과시하는 무기로 삼았다. 그는 도시 위생 책임자로서 1895년부터 1898년까지 단 3년 재임했지만, 군인까지 동원하며 뉴욕의 쓰레기 수거 시스템을 근본적으로 개선했다. 그때까지 쓰레기 수거 시스템은 민주당을 위한 후원 체계일 뿐이었는데, 워링은 쓰레기통을 유기물 쓰레기, 재, 기타 쓰레기 세 가지로 나누어 분류하고 수거하는 시스템을 새롭게 도입했다. 청소부들은 화이트 윙스White Wings라 불렸고 하얀 유니폼을 지급받았다. 워링은 1년에 한 번 대규모 퍼레이드를 개최했는데, 말과 3000여 명에 달하는 군인과 청소부들이 여기에 참여했다.[64] 퍼레이드는 이후 다른 많은 도시에서도 개최되었다.

워링은 1898년에 황열병으로 사망했지만, 짧은 임기에도 쓰레기 수거 시스템의 새로운 가능성을 연 인물로 평가받는다.[66] 그는 도시 위생을 담당하는 책임자들에게 공개적으로 박수갈채를 보낼 수 있는 효율적인 길을 찾았다. 이는 쓰레기 처리를 **전쟁**에 비견한 대표적인 예시이다. 오늘날까지도 전 세계에서 '배수로 속에서 묵묵히 일하는 전사들'이라는 표현으로 살아남아 담당자를 독려하고 관련 부서가 도시 청결 유지를 위해 시민들을 동원할 때에도 쓰이고 있다.[67]

개별 수거 용기와 조직화된 수거 서비스를 바탕으로 하는 쓰레기 수거 시스템은 1차 세계 대전 이전부터 시작되어 오늘날에도 대다수 지역에서 이용되고 있다. 다른 대안은 없는 걸까? 19세기 중국

화이트 윙스의 퍼레이드(뉴욕, 1913년)[65]

에서는 도시 내 배설물 수거를 위해 도시 외곽에 거대한 도랑을 건설했다. 도랑은 시골로 운송하기 전 쓰레기와 배설물을 임시로 담아두는 데 쓰였다. 19세기 말 쑤저우 등 대도시에는 1000여 명에 달하는 사람들이 전업 혹은 부업으로 쓰레기와 배설물 수거업에 종사했다.[68] 특히 도시 외곽의 거대 도랑은 쓰레기 수거와 하수 처리가 혼합된 폐기물 처리 시설로, 이는 도시의 전통적인 대사metabolism가 근대화되고 개선되었음을 의미했다.

중국에서는 실제로 1960년대 후반에 이르러서야 배설물과 기타 쓰레기를 구별하지 않고 수거하는 관행이 사라지기 시작했다.[69] 19세기에는 당국 내부에서도 이러한 관행이 한계에 다다랐음을 보고

하는 기록이 늘었다. 1815년 난징의 한 공무원은 도시에 안 막힌 도랑이 없고, 쓰레기가 개방된 수로에 버려지면서 악취가 진동한다고 보고했다.[70] 서양인들은 중국의 도시를 매우 더럽다고 평가했는데, 이는 그들이 일본 도시에는 찬사를 아끼지 않은 점과 대비된다.[71] 하지만 도쿄에서도 1차 세계 대전 이후 배설물을 수거하는 전통적인 방식이 한계에 부딪히면서 점차 공공 기관의 손으로 넘어가게 되었다.[72]

19세기 후반부터는 쓰레기 수거 시스템을 향상하려는 다양한 노력이 펼쳐졌다. 이 중 일부는 1860년대 개선된 쓰레기 수거 시스템을 도입했던 상하이 공공조계Shanghai International Settlement에서처럼 식민주의적 맥락을 띠었다.[73] 중국 역사학자 유신종Yu Xinzhong은 오래된 배설물 수거 시스템을 새로운 위생 표준에 맞추기 위한 통합된 조치에 대해 이야기한다.[74] 하지만 장기적으로는 새로운 형식의 쓰레기 수거를 제안하는 실질적인 대안은 나타나지 않았다.

쓰레기통의 작은 역사

새로운 쓰레기 수거 시스템을 도입하기 위해 가장 필요한 장비는 바로 쓰레기통이었다. 오래전부터도 실내에서 임시로 쓰레기를 담아놓는 용기를 사용했다. 대개는—많은 곳에서 오래전부터 그러했듯—바구니였다.[75] 마르세유에서는 쓰레기 수거원인 에부에르éboueur가 19세기 초부터 에스파르토 풀로 만든 자루를 사용해 쓰레기를 수거하고 운반했다.[76]

통—로마나 피렌체, 제노바에서—이나 부대자루도 널리 쓰였다.[77] 쓰레기통의 선조였던 또 다른 물건으로는 많은 도시에서 도랑과 하수구가 건설되기 전 임시 해결책으로 쓰였던 배변 통이 있다.[78] 중국에서는 쑤저우 등 일부 도시에서 나무로 만들어진 쓰레기통을 시범 설치하기도 했다.[79] 우시와 상하이에서는 1900년대에 콘크리트로 된 쓰레기통을 도시 곳곳에 비치했다.[80] 현대 쓰레기통의 직계 조상은 철판을 동그랗게 말아서 만든 재 배출용 통이었다. 이는 특히 부유한 집의 벽난로나 오븐에서 나오는 뜨거운 재를 버리기 위해 사용되었다. 형태는 대개 아래 삽화에서 볼 수 있는 나폴레옹을 **버리는** 통 모양이 일반적이었다.

쓰레기통의 표준화는 1870년대부터 시작되었다. 주로 철판을

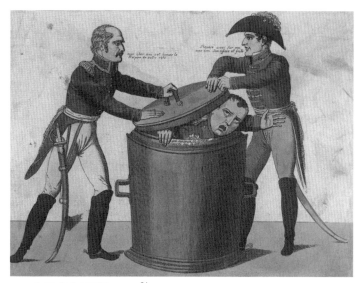

'버려지는' 나폴레옹(1815년)[81]

동그랗게 말아서 만들었고, 프랑스, 독일, 잉글랜드, 미국에서도 비슷한 모델이 개발되었다. 우연의 일치가 아니었다. 사람들이 주로 석탄을 이용했기 때문에, 뜨거운 재가 많이 배출될 수밖에 없었다. 재를 원활하게 처리하기 위해 심도 깊은 논의가 이루어졌고, 도시의 발전에 발맞추기 위해서는 새로운 수거 시스템을 실험할 필요가 있었다.[82]

쉽지 않은 일이었다. 쓰레기통을 만드는 데 대단한 기술이 필요한 것은 아니었지만, 쉽게 수거할 수 있고, 시민들이 사용하기 용이한 디자인을 고안하는 것은 간단하지 않았다. 쓰레기통은 뜨거운 재를 담아낼 수 있어야 했으며, 청소부들이 '들 수' 있어야 했고, 통을 비울 때 너무 많은 재를 날려서도 안 됐다. 특히 마지막 조건은 오랜 기간 가정 쓰레기 수거 시스템에서 발생한 주요한 문제이기도 했다. 잉글

다양한 쓰레기통(1928년)[83]

랜드나 독일 같은 나라에서는 난방이나 요리를 위해 주로 석탄으로 불을 피웠기 때문에 많은 양의 재가 발생했다. 겨울에 배출되는 가정 쓰레기 중 재가 차지하는 비율은 3분의 2에 달했다. 그 전까지는 뚜껑이 없는 수레가 사용되었기 때문에, 쓰레기통을 비운 뒤 수레가 지나가는 길은 재로 자욱했다.

표준 쓰레기통은 튼튼해야 했을 뿐만 아니라 대량 생산에 적합해야 했다. 사각형 혹은 원형, 뚜껑이 있고 없는 등 다양한 종류의 쓰레기통이 시험적으로 생산되었다. 하지만 고도의 표준화는 이 시기에 아직 이루어지지 않았고 2차 세계 대전 이후에나 적용되었다. 베를린에서는—특히 다세대 주택에서 발생하는 쓰레기를 처리하기 위해—160리터들이의 커다란 쓰레기통이 사용되었다. 이 쓰레기통은 가득 차면 무게가 200kg에 육박했으며, 운반에는 적어도 두 명 이상의 노동자가 필요했다. 이러한 **시스템**은 도시 위생의 관점에서는 훌륭했지만, 일을 감당하기 힘든 수준의 육체 노동으로 만들어놓았다. 110리터들이 쓰레기통의 무게는 재의 비율이 높으면 85kg까지 나갔다. 두 명의 노동자가 특수 손잡이나 벨트를 이용해야지만 이를 운반할 수 있었고, 때로는 지하실에 있는 쓰레기통을 지상으로 들고 올라오는 업무도 추가되었다.

다른 도시 위생 분야와 마찬가지로 파리는 처음으로 쓰레기통을 도입한 선구 도시였다. 1883년 당시 시장이던 외젠 푸벨Eugène Poubelle은—그의 성은 이후 프랑스에서 쓰레기통을 가리키는 단어가 되었다—시에서 주기적으로 관리하는, 뚜껑이 있는 표준 쓰레기통을 도입했다. 파리의 시스템은 리옹을 따른 것이었다. 이곳에서는 이미

쓰레기 수거(스톡홀름, 1941년)[84]

1870년대에 이러한 시스템을 시범 운영했으며, 1878년에 리옹시가 도입한 쓰레기통은 이후 파리에서 시스템을 창설할 때 참고했다. 리옹은 1883~1884년에 막대한 자본과 인력을 투입해 그간 사용했던 용기를 규격화된 쓰레기통으로 교체하여 이목을 끌었다. 규격화된 쓰레기통이 이후 넝마장수들의 거센 저항을 불러일으키자 1884년부터는 세 개의 쓰레기통을 이용한 분리수거 시스템이 도입되었다.

뚜껑이 있는 쓰레기통은 명확한 장점이 있었다. 튼튼하고, 열기를 잘 견디며, 수거할 때 위생적일 뿐만 아니라 쥐나 해충이 들어가는 것을 막을 수도 있었다. 하지만 뚜껑은 쓰레기를 헤집는 것을 어렵게 만들기도 했다. 넝마장수들이 쓰레기에서 쓸 만한 자재를 골라내려면 쓰레기통을 쏟아야 했는데, 물론 이는 도시 위생에 악영향을 끼쳤다. 쓰레기통에 뚜껑이 생기면서 넝마장수들이 넝마를 모으기가 힘들어졌고, 이들은 폭력 시위로 시 당국에 저항했으며, 이러한 저항은 종종 성공하기도 했다. 결국 세 개로 분류된 쓰레기통이 도입되자 시는 도시 위생을 유지하면서 사회 평화도 지킬 수 있었다.[85]

　파리의 쓰레기통 시스템은 곧 다른 도시에서도 채택되었다. 런던 시민들이 처음 이 시스템에 적응하는 데 다소 시간이 걸렸지만, 시 당국은 1880년대에 결국 뚜껑이 있는 쓰레기통을 도입했다.[86] 일본 도시는 1920년대에 금속 쓰레기통이 차차 설치되었다. 바르샤바에서는 1927년에 도시 청결부가 신설되었으며, 쓰레기 운송용 자동차와 표준화된 쓰레기통을 도입해 도시 위생 수준을 향상시켰다.[87] 마드리드에는 1928년부터 특정 구역 내에서 뚜껑이 있는 철제 쓰레기통이 의무화되었다. 여기에는 도로 청결 유지 의무도 따랐으며, 넝마 상인인 **트라페로**Traperos의 활동 시간 또한 제한되었다. 동물 사육 또한 강력하게 규제되었다.[88] 로마는 1927년부터 가정 내에 규격화된 30리터 크기의 금속 쓰레기통을 사용하도록 했다.[89] 두 세계 대전 시기에는 많은 식민지에 금속 쓰레기통이 도입되었다. 이러한 시스템은 도시 위생을 효과적으로 향상할 수 있는 수단으로 여겨졌다. 인도네시아의 도시 수라바야에서는 1922년부터 쓰레기통 사용이 의무화되었고, 영국은 1930년대 텔아비브에 뚜껑과 발판이 있는 금속 쓰레기통을 도입했다.[90]

1차 세계 대전 이전 몇십 년간은 공공 쓰레기 수거 시스템이 많은 곳에 도입되었고, 두 전쟁 사이에는 다방면에서 쓰레기 수거 시스템의 근대화가 이루어졌다. 다양한 분야에서 혁신이 일어난 덕분이기도 했다. 쓰레기통도 그렇지만, 모터를 탑재한 특수 수거 차량도 1차 세계 대전 이전에는 거의 활용되지 않았다. 쓰레기통의 기능 또한 향상되었고, 쓰레기통과 수거 차량, 쓰레기 처리를 하나로 묶는 통합 수거 시스템도 생겨났다.[91]

독일 기업들은 기술 발전으로 여기에 큰 도움을 주었다. 석탄은 오븐 안에서 거의 완전하게 연소되어 입자가 아주 작은 재를 남겼다. 청소부들이 재를 수거 차량에 부으면 온 사방에 재가 날렸다. 해결 방법은 간단하고 실용적이었다. 쓰레기통 뚜껑에 고리를 달아서 차량에 연결시킨 채로 재를 옮기는 것이었다. 슈미트 멜머Schmidt und Melmer 사는 1925년에 이에 대한 특허를 신청하면서 쓰레기통의 디자인에 큰 변화를 가져왔다. 이 해결책은 간단했을 뿐만 아니라, 쓰레기통과 수거 차량을 하나의 단위로 묶는 개념을 공고히 다졌다. 독일의 **도시 사회주의**는 이러한 혁신에 기여하며 많은 곳에서 도시 위생의 본보기가 되었다.[92]

도시 자치는 변화를 가져온 여러 이유 중 하나였다. 1차 세계 대전 이전에는 도시 행정을 위한 예산이 비교적 적었다. 세율은 낮았고, 도시 개혁을 위한 큰 프로젝트를 벌이기에는 돈이 없었다.[93] 그러다 1918년 이후에 경제에 큰 변화가 생겼다. 세제적으로 세율을 올리는 추세가 나타나며 세수가 확보되었고, 도시가 할 수 있는 일의 범위도 넓어졌으며, 그렇게 해야 할 의무도 생겼다. 시민의 민주주의 성향이 강해지면서 도시가 인프라 건설을 미루기 위한 핑계를 대는 일도 힘들어졌다. 중소 도시나 지방 도시도 마찬가지였다. 이후 1차 세계 대전이 발발하면서 도시 인프라의 근대화가 가속화되었다.

쓰레기 수거의 공영화를 요구하는 목소리는 1차 세계 대전 이후에 점점 커져갔다. 이탈리아의 파시즘은 이를 목표로 삼기도 했다. 민족주의자들에게 공중위생의 확장은 곧 정치 세력의 확장을 의미했다. "파시즘 통치하의 이탈리아 도시는 과거와는 비교도 할 수 없을 만큼 깨끗해졌다."라는 영국 유명 경제학자의 평론만큼 무솔리니를 행복하게 만든 게 있었을까?[94] 동시에 전형적인 **대도시 편향**Metropolitan Bias, 즉 도시 근대화를 위한 자원이 대도시와 수도에 몰리는 현상 또한 발생했다.[95]

도시 근대화가 부분적으로 진행되었다거나, 시 외곽이 이러한 혜택을 받지 못했다는 사실을 이야기하다 보면 중요한 부분을 간과하기 쉽다. 위생적인 도시는 그 자체로 권력이었다. 위생 혁신은 전문 저널 등 다양한 매체에서 논의되고 대중화되었다. 그렇게 근대화된 도시 위생의 기준이 마련되었고, 다른 도시들은—감당할 수 있다는 가정 아래—이러한 기준을 목표로 삼았다. 노력하지 않으면 조롱받기 십상이었다. 시민들은 더러운 도로에 대해 분노를 표하는 편지를 행정부에 보냈다. 대도시에는 근대화의 효과가 확연하게 드러났다.[96]

이러한 변화는 경제적으로 발달한 선진국에만 국한된 것이 아니었다. 말 수레를 이용하는 전통적인 수거 시스템은 거의 대부분의 지역에서 구식이라고 경멸받았다. 라틴 아메리카의 대도시들은 쓰레기 수거 지역을 확대했고, 쓰레기통과 수거 차량의 수를 늘렸다. 멕시코의 도시는 1920년대부터 바닥에 고정한 금속 쓰레기통을 도입하며, 시민들이 찾기 쉽도록 가로등 바로 아래에 쓰레기통을 배치했다.[97] 페루의 수도 리마는 쓰레기 수거 시스템을 근대화하기 위해 1927년에 도르트문트 위생청 책임자였던 게오르크 라드비히Georg Ladwig를 고용했다. 쓰레기 수거 시스템을 향상시키기 위한 부에노스아이레스 행정부의 노력은 양차 세계 대전 사이에 두드러졌다.[98]

현대적인 쓰레기 수거 시스템은 어느 정도는 급격한 산업화와 인구 성장, 도시 밀집화가 합작한 결과였다. 여기에서 파생된 **모범 경영**Best Practice은 거대한 세계적 영향력을 얻었다. 이는 기능적인 도시라는 이상에서 빼놓을 수 없는 요인이었으며, 그 덕분에 전 세계는 근대화에 대한 의지를 불태울 수 있었다. 쓰레기통은 이러한 변화의 핵심이었다.

적재와 소각

쓰레기를 수거한 후에는 어떻게 처리했을까? 처리 방법에도 변화가 필요했다. 파리는 이미 18세기 후반에 쓰레기 적치를 위한 쓰레기장을 마련했다. 과거에는 주로 도시 밖에 있던 시설이다.[99] 쓰레기 수거는 기본적인 도시 위생 시스템의 일부로, 도시 공간에서 쓰레기를 몰아내는 것이 목적이었다. 사람과 접촉하는 것이 아니라면 쓰레기는 문제가 되지 않았다. 하지만 도시가 폭발적으로 팽창하면서 쓰레기장과 도시 사이의 거리를 가늠하기가 어려워졌다. 과거에는 쓰레기장이 도시와 안전한 거리를 두고 있었지만, 이내 도시 내에 위치하게 되었다. 1849년 뉴욕 지사가 지적했듯, "도시가 너무 빠르게 성장하는 나머지 '성벽 밖'이라고 부를 만한 부분이 남지 않게 되었다. 그렇다고 우리 집 문 앞의 쓰레기를 이웃에게 던질 수는 없는 노릇"이었다.[100] 쓰레기를 말이나 당나귀가 끄는 수레로 수거하는 한 운송 시간은 짧을 수밖에 없었으며, 쓰레기장도 도시 곳곳에 위치해야만 했다. 거리가 문제가 된다고 해서 단순히 쓰레기장의 수를 늘리는 것은 적절한 해결책이 아니었다. 그렇게 되면 더 많은 사람이 오염에 노출될 수밖에 없었다.

쓰레기 수거에서 고려해야 할 조건이 바뀌자 문제 해결에도 새로운 방안을 모색해야만 했다. 과거에는 쓰레기장을 도시 밖으로 내모는 것이 전부였지만, 이제는 여러 대안이 검토되었다. 그중 하나가 도시 쓰레기를 매립해서 간척하는 방안이었다. 쓰레기에서 포장지와 플라스틱이 차지하는 비율이 심각하게 높아지기 전에는, 아무리 고려해야 할 것이 많더라도 쓰레기는 결국 분해되기 마련이었다. 쓰레기를 구덩이에 채우는 것은 간단했을 뿐만 아니라, 오래전부터 일반적으로 행해졌던 관행이기도 했다. 습지대와 물웅덩이가 많았던 뉴욕은 이 방식으로 손쉽게 쓰레기를 처리할 수 있었다. 인도 델리는 19세기 초에 쓸모없어진 수로와 해자에 쓰레기를 처리했으며, 다른 곳에서도 비슷한 방식을 썼다.[101]

특히 해안은 쓰레기 처리에 적합했다. 보스턴 항구의 해안선은 쓰레기로 형성되었다.[102] 시카고는 19세기 후반에 미시간호에 쓰레기를 처리했으며, 1870년대에는 벽을 세워 도시와 호수 사이에 쓰레기 처리용 저수지를 만들었다.[103] 시카고는 사실상 급격한 도시 팽창기

에 배출한 엄청난 양의 쓰레기 위에 건설된 것이나 다름없었다.[104] 해변이나 호수 변에 위치한 아시아의 도시들도 마찬가지였다. 홍콩은 주로 주룽 해변에 쓰레기를 처리했으며, 이는 지금의 해안선을 형성한 주된 요인이었다.[105] 도쿄는 1960년대까지 쓰레기를 처리하는 주요 방안으로 간척을 활용했으며, 도쿄만에 있는 **꿈의 섬** 유메노시마夢の島는 과거에 쓰레기 매립지였다.[106]

하지만 구덩이나 도랑은 언젠간 채워지기 마련이었고, 모든 도시가 물가에 위치한 것도 아니었다. 보스턴은 1930년대에 쓰레기를 매립하기 위해 만에 **스펙터클아일랜드**Spectacle Island를 건설했다.[107] 하지만 많은 도시는 대개 도시 주변에 쓰레기를 쌓아두었다. 가장 쉬운 해결책은 역시 커다란 구덩이였다. 쓰레기를 쉽게 쏟아 부을 수 있는 모퉁이가 있으면 금상첨화였다. 채석장이 쓰레기 처리에 자주 이용된 이유였다. 1800년대 멕시코의 도시는 동서남북에 쓰레기장을 두었다.[108] 카이로는 1880년대에 새로운 쓰레기장을 건설하는 방안을 검토하기도 했다.[109] 1890년대에는 현대 대규모 매립지의 직계 조상이라 할 만한 방책, 즉 매립지 통합 시도가 관찰된다. 중심 적재 장소로서 **쓰레기 산**을 만들어 쓰레기를 쌓아두는 방안이었다. 가장 큰 문제는 산의 직경을 늘리지 않으면서 쓰레기를 산 위로 가져가는 것이었다. 이를 위해 처음으로 기계를 이용한 설비가 개발되었다. 다른 문제로는 배설물이 포함되지 않은 건조한 쓰레기가 쉽게 날아갈 수 있다는 것이었다.[110]

가장 중요한 것은 쓰레기를 도시에서 없애는 것이었다. 하지만 도시가 쓰레기장과 너무 가깝거나, 다른 대안을 적용할 수 없는 경우

엔 어떻게 했을까? 쓰레기는 쓰레기장에서 아무 문제 없이 썩지 않았다. 엄청난 악취를 풍겼고, 도시 전체가 고통 받기도 했다.[111] 쥐나 해충이 꼬이면서 전염병도 유행했다. 쓰레기장 주변에는 화학 화상과 식수 오염에 대한 보고가 끊이지 않았다. 그 뒤로 가정용 화학 물질과 포장지가 일반화되면서 쓰레기장은 화재에 취약한 장소로 변했다. 쓰레기장이 일으키는 환경 오염은 이미 예전부터 쉽게 넘어갈 수 있는 문제가 아니었다.

쓰레기장은 도시에서 얼마나 떨어져 있어야 할까? 부에노스아이레스나 파리에서는 1865년부터 쓰레기장이 적어도 가까운 미래에 도시에 명백하게 위협이 되지 않을 만큼의 거리를 두고 위치해야 했다.[112] 하지만 이렇게 되면 쓰레기 운반이 또 문제였다. 중간 역을 두고 기차에 실어 쓰레기를 운반하는 것은 이 문제를 해결하는 한 가지 방안이었다.[113] 이는 쓰레기 처리가 수거와 얼마나 긴밀히 연관되어 있는지를 명확히 보여준다. 쓰레기를 쓰레기장이나 기차역까지 실어오려면 적절한 수거 시스템이 먼저 갖춰져야 했고, 이 모든 것은 중앙 수거 시스템 없이는 불가능했다. 철도 회사는 특히 이 사업에 큰 관심을 보였다. 도시에서 출발하는 화물 기차가 주로 텅 빈 채로 운행되기 때문이었다.[114]

다른 대안으로는 처리 방식을 바꾸는 것이었다. 영국에서는 1900년대부터 **통제된 투기**Controlled Tipping에 대한 논의가 이루어졌다. 이는 쓰레기를 어느 정도 쓰레기장에 쌓아둔 뒤 흙으로 덮어 누르는 방법으로, 미국에서는 **위생 매립**Sanitary Landfill이라는 이름으로 알려졌다.[115] 이 방법은 악취를 방지했고 특히 파리가 옮기는 전염병을 효과적으로 예방했다. 미국에서는 이미 1910년대에 위생 매립을 처음으로 시도했지만,[116] 실질적으로 활용된 것은 2차 세계 대전 이후였다. 전후 시기의 수많은 전문가들은 이러한 방법이 위생 문제를 해결해줄 것이라고 생각하지 않았다.[117] 1939년 엔지니어 윌리엄 케리 William Carey가 뉴욕에서 쓰레기 **매립법**을 전파하던 시기만 해도—이는 1948년 미국의 대규모 매립지인 프레시킬스Fresh Kills에 적용되었다—이러한 접근 방식은 사람들에게 낯설게 여겨졌다.[118]

위생 매립은 오늘날에도 활용된다. 통제 구조를 갖춘 쓰레기 처리장은 쓰레기 수거와 분류로 생계를 유지하는 사람들을 위협한다. 처리장 주변을 두른 울타리부터가 시작이다. 울타리는 가벼운 쓰레기가 날아가는 것을 막아주지만, 동시에 드나듦을 통제하고, 넝마장수들의 접근을 막는다. 쓰레기장은 고물 수거를 어렵게 만들 뿐만 아니라—얼마나 무거운 것들이 쌓여 있느냐에 따라—실제로 생명을 위협할 수도 있다. 파리에서는 쓰레기통이 도입된 후 사고가 여러 번 발생했다. 도시 위생을 개선하기 위한 조치는 쓰레기를 재사용할 수 있는 길을 막았다.

1870년대 이후에는 새로운 쓰레기 처리법이 나타났다. 바로 소각이었다. 전근대에 발생한 쓰레기는 대개 축축하고 찐득한 경향이 있었기 때문에 소각이 거의 불가능했다. 가끔 정원이나 밭에서 쓰레기를 태우기는 했지만 시스템으로 자리 잡은 것은 아니었고, 1870년대 영국에서 시행된 소각 처리 방식과는 전혀 달랐다. 영국은 쓰레기를 소각하기 위한 특수 시설을 설치했다. 배설물이 분리되고, 가정에서 불을 쓰는 일이 많아졌으며, 석탄이 연료로 사용되면서 쓰레기가 건조해지고 재의 함량이 높아진 덕분에 가능한 일이었다.

실제로 쓰레기 소각은 영국이 만들어낸 기술이며 다른 곳에서는—아마 미국을 제외하면—영국만큼 많이 활용되지는 않았다. 첫 번째 쓰레기 소각 시설은 1874년 노팅엄에 건설되었으며, 이후 수많은 시설이 뒤를 이었다. 이는 당시에 최첨단 기술로 여겨졌다.[119] 1차 세계 대전 이전에 이미 영국은 200개가 넘는 **소각로**를 보유하고 있었다.[120] 미국은 1885년 거버너스섬에 처음으로 소각 시설을 건설한 후, 다른 작은 도시로 확산되었다.[121] 1890년대 이후에는 점점 더 많은 도시가 소각장을 건설했다. 쓰레기를 재가 될 때까지 태우는 것은 위생적인 조치로 여겨졌다. 이는 1896년 함부르크에 독일의 첫 소각 시설이 긴설된 이유이기도 했다. 1892년 콜레리 대유행 이후 시골 지역은 도시의 쓰레기를 가져오는 것을 거부했다. 세균학에서 비롯된 두려움은 쓰레기 처리의 어려움으로 이어졌다.[122]

이는 소각이라는 쓰레기 처리의 장점 중 하나에 불과했다. 소각 시설은 가까운 곳에 건설되었고, 수거지에서 멀리까지 쓰레기를 끌고 갈 필요가 없었다.[123] 쓰레기 수거에 차량이 도입되는 데 오랜 시간이 걸렸고, 대개는 팀 단위의 노동력이 필요했다는 것을 감안하면 무시할 수 없는 장점이었다. 소각은 재활용 기술로 여겨지기도 했다. 이미 1890년대에는 영국에 '쓰레기에서 에너지로Waste-to-Energy'라는 개념이 널리 퍼져 있었다. 소각을 하며 전기와, 난방을 위한 에너지원을 얻는 방식이었다.[124] 이미 쓰레기를 농업에 활용하기 힘들어진 상황에서 이 개념은 쓰레기를 재사용할 새로운 방안을 찾자는 목소리에 대한 응답이었다. 소각해서 얻은 재는 도로 건설용 자재로 활용할 수

있었고 비료나 향수의 베이스로 사용하는 방법도 연구되었다.[125]

곧 세계 곳곳에 소각 시설이 들어섰다.[126] 샌프란시스코는 1906년 대지진 후 전염병 유행을 방지하기 위해 새로운 소각로를 건설했다.[127] 1908년 공공채권기구Public Bond Initiative는 이를 위해 100만 달러를 모았다.[128] 취리히는 1904년에 첫 소각장을 개시했다.[129] 미국은 1933년 뉴딜 정책을 시행하는 동안 공공사업진흥청 Public Works Administration의 투자를 받아 몇 개의 소각 시설을 건설했다.[130] 과야킬은 1907년에 쓰레기 처리를 위해 소각장 두 개를 건설했지만 오래 운영하지는 못했다.[131] 소비에트 연방의 주요 도시였던 상트페테르부르크는 쓰레기가 네바강에 배출되는 것을 막기 위해 1920년대 중반 바실렙스키섬과 도심에 각각 소각 시설을 설치했다.[132] 제노바는 1933년부터 소규모 소각 시설을 갖추었으며, 마르세유는 1937년에 처음으로 이를 도입했다.[133]

도쿄 동쪽에 위치한 도시인 후카가와에는 1920년대에 일본 최초이자 최대의 쓰레기 소각 시설이 건설되었다. 이곳은 쓰레기 위에 지어진 지역으로, 주민 대다수가 넝마와 쓰레기 수거로 생계를 유지하는 빈민가였다. 도쿄가 빠르게 팽창하고 쓰레기 처리에 문제를 겪으면서 1932년에는 후카가와에 두 개의 소각 시설이 추가로 건설되었다. 환경은 도저히 감당할 수 없을 만큼 오염되었다. 여성 단체는 이러한 시스템에 반대하는 목소리를 내기 시작했다. **환경 정의** Environmental Justice는 이미 그 시대에도 큰 문제였다.[134]

실제로 쓰레기 소각은 초반에는 **현대적**이고 **위생적**인 도시 기술로 여겨졌지만, 비용 외에 다른 문제가 있었다. 다른 국가들은 영국의 성공 사례를 본받아 기술을 그대로 이식했지만, 정작 영국에서 배출되는 쓰레기에는 완전히 연소되지 않은 석탄의 비율이 높아 소각 시 가연성이 높아진다는 사실을 간과했다. 쓰레기를 태우는 것은 기술적인 문제였다.[135] 이 부분은 2차 세계 대전 이후 종이나 플라스틱처럼 쉽게 불에 타는 쓰레기의 비율이 늘면서 조금은 나아졌다. 또한 초기 소각 시설은 엄청난 양의 연기와 재를 배출했다. 도시는 회색빛이 되었다. 후카가와의 주민들은 늘상 연기를 들이마셔야 했고, 공기에서는 '화장 중인 시체' 냄새가 났다.[136] 소각 시설이 도살장 같은 오염 시설 주변에 배치된 것은 결코 우연이 아니었다.[137]

유럽과 북미의 초기 쓰레기 소각 시설은 그다지 성공을 거두지 못했다. 델리의 한 공무원은 1928년 쓰레기 소각이 "닭 방갈로 치킨 요리만큼이나 오래된 방식이며" 관련 시설에 비용이 너무 많이 들어 실패했다고 보고했다.[138] 시설을 운영하는 데는 상당한 자본이 필요했고 시설 운영자는 당국에 원대한 목표를 약속했지만 이것이 실제로 지켜지는 일은 드물었다.[139] 1920년대 독일 일부 지역은 소각 시설 때문에 파산하기도 했다. 예를 들어, 쾰른은 1928년 훔볼트사가 설립한 쓰레기 소각장 때문에 도시 재정이 심각하게 악화되었다. 부에노스아이레스는 이미 1870년대에 소각을 시작했지만, 공기 오염 때문에 1895년에 시설 문을 닫았다.[140] 샌프란시스코에서는 1913년 이전부터 이용했던 소각장을 닫고 새로 건설했지만, 주민들의 민원이 끊이지 않았다. 시설 운영자는 역시나 프로젝트 계획 단계에서 뱉은 약속을 지키지 못했다.[141]

8장
'우월한 위생'?: 식민주의의 핑계

†

식민주의가 댈 수 있는 유일한 핑곗거리는 의학의 발전뿐이다.
— 루이위베르 리요테Louis-Hubert Lyautey, 1912년[1]

우월함을 주장하다

불안정한 사회와 콜레라의 유행은 도시 위생의 발전으로 이어졌다. 도시 위생은 실증적이고, 새로운 기술을 이용한 혁신이었으며, 과학이었다. 연구 시설과 다수의 전문 저널, 실험 결과의 국제적 교환이 이러한 변화를 증명했다. 도시 위생은 과학을 넘어 도덕의 영역에 도달했다. 길 위에 있는 오염 물질이나 배설물, 쓰레기는 경멸을 일으켰다. 사람들은 공중위생이 문명의 수준을 말해준다고 생각했다. 쉽게 무시할 수 있는 경고나 규정으로는 충분하지 않았다. 공중위생을 전파하는 방식은 완전히 바뀌어야 했다.[2] 넓은 의미의 교육은 가장 효과가 좋았다. 교사가 학생을 가르치듯 도시 위생 전문가들은 자신들이 세운 기준에 부합하지 않는 사람들을 교육했다.

이렇게 깨끗하고, 건강하고, 과학을 통해 계몽된 중산층을 도시 빈민이나 시골 사람과 구분하는 기준선이 그어졌다. 빈민가나 시골 마을에서의 경험을 담은 다소 관음적인 한 보고는 이곳 주민들의 더러움에 대해 도시 사람들의 충격과 조롱을 불러왔다. 1880년대 이후 브르타뉴의 주민들은 무식하고 뒤떨어진 것으로 여겨졌다.[3] 1901년 한 관찰자가 작성한 일에빌렌주의 한 마을에 대한 보고는 사람들에게 공포를 일으켰다. 마을에 있는 세 개의 연못은 오물로 가득했는데, 사람들은 그 물로 빨래를 하고, 유명한 지역 과실주를 만드는 데도 사용했다![4] 이런 보고는 시골 사람들의 도덕성과 지능을 보여주는 증거로 여겨졌다. 이들은 공중위생을 위협하는 악당이었다.[5]

식민주의의 시대에 이러한 분류와 차별은 다른 민족에도 적용되었다. 식민주의는 이런 하등한 민족들에게는 문명을 알려줄 필요가 있다고 주장했다. 한 국가 안에서도 마찬가지였다. 1860년대에 조지프 W. 차일더스Joseph W. Childers는 산업화 시기 충격의 도시로 여겨졌던 맨체스터나 버밍엄은 식민지 출신의 이민자가 많이 거주하는 런던 이스트엔드에 이러한 사회적 오명을 넘겨줘야 한다고 주장했다.[6] 과거 유럽인들이 중국이나 인도 같은 다른 국가에 품었던 동경은 18세기부터 경멸로 바뀌었다.[7] 예루살렘이 대표적이다. 예루살렘은 1917년까지 오스만 제국에 속했는데, 1881년 이 성스러운 도시를 여행한 의사 슈와르츠Schwartz는 예루살렘의 도시 위생이 런던이나 빈, 파리보다 열악하다고 평가했다.

동양은 여기에 해당되지 않는다. 이들에게 위생은 미지의 것이다. 동양

을 여행해본 관광객이라면 지역 관청이 도로의 청결에 얼마나 관심이 없는지 잘 알 것이다. 동물 사체는 길 위에서 썩어가고 해충은 온 도시를 돌아다닌다. 이미 재정이 파탄 난 튀르크인들은 여행 온 왕족들을 환대할 돈은 있지만, 도시를 개선할 돈은 없다. 알라 카림Allah Kerim(알라의 자비를)! 이들의 신마저도 체념과 헛되이 싸우고 있다.[8]

이러한 기록은 공중위생에 대한 인식의 변화만을 보여주는 것이 아니다. 19세기에 국제 교류가 증가하면서 식민주의 국가들은 힘을 얻었다. 경제의 세계화와 정치−군사적 제국주의는 이를 가속화했다. 기술 발달로 물건 운송과 여행이 쉬워졌을 뿐만 아니라, 과거에는 일회성 사건에 불과했던 국가 간 접촉이 지속적인 거래 관계로 발전할 수 있었다. 유럽인들은 단기적으로든 장기적으로든 과거에는 시야에서 벗어나 있던 곳으로 뻗어나갔다. 이는 19세기 후반 위생 기준이 세계적으로 퍼져나가게 된 주요 원인이기도 했다. 일부 국가는 유럽의 발달 모델을 기반으로 삼아 근대화를 추진했다.[9]

공중위생 관념이 확산된 정확한 이유는 단순히 제국주의 시대의 유럽이 쥐었던 권력만으로 설명하기에는 복잡하다. 식민 권력이 큰 역할을 했다는 것은 부정할 수 없고, 그와 함께 도시 내 위생 상태를 개선하기 위해 행정력과 기술이 도입된 것 또한 사실이다. 물론 대개는 성공하지 못했지만 말이다.[10] 하지만 아직 공식적으로 식민지화되지 않은 국가의 엘리트들도 자신이 몸담은 사회와 도시를 후진적이라고 인식하고, 근대화하기 위해 노력했다. 대표적인 예시가 일본이다. 1868년 메이지 유신 이후 일본은 유럽 모델을 따르겠다고 공표했으며, 심지어는—프로이센 왕국을 본보기로 삼은 1889년 개헌이나 건축물 등—의도적으로 모방했다. 19세기 후반 이스탄불의 위생 문제를 심각하게 인식한 오스만 제국도 마찬가지였다. 카이로의 엘리트들도 도시 근대화에 대한 의지를 품었고, 1870년대 도시 개혁을 하며 유럽의 도시 계획과 건물 건설을 참고했다.[11]

주요 원인은 19세기 정치권력이 이동하고 식민지가 증가하며 가시적으로 드러난 양측의 군사적 불균형이었다. 1798년 나폴레옹의 이집트 원정부터 1898년 옴두르만 전투까지 군사적 충돌은 계속되었고 양측의 희생자 수는 기괴할 정도로 불균형했다.[12] 1853년 일본 개항 당시 매슈 페리Matthew Perry가 이끈 미국의 전함은 일본이 기술적, 군사적 후진성을 깨닫기에 충분했다. 경제 규모의 차이는 이러한 인식을 강화시켰고, 거대 권력의 장에서 한자리라도 차지하기 위해서는 경제를 발전시킬 필요가 있었다. 러시아도 마찬가지였다. 러시아는 19세기 말 서구 열강과의 관계가 끊어질 위기에 처했고, 결국 1904~1905년 일본에 군사적 굴욕을 당했다. 근대화라는 이상을 좇은 것은 정치권력을 되찾겠다는 이유도 있지만, 도시의 성장세에 발맞추려는 의도도 있었다. 인구 증가는 산업화된 국가의 대도시에만 해당되는 문제가 아닌 세계적 경향이었다. 이는 거대한 문제로 이어졌다. 주민들을 어떻게 먹여 살릴 것이며, 어디에서 수입원을 찾을 것인가? 식수는 어디에서 공급해야 하고, 쓰레기와 배설물은 어떻게 처리해야 할까? 서구의 도시는 근대화를 향한 개혁 경험을 바탕으로 어느 정도는 여기에 답을 줄 수 있었다. 정치적, 경제적 권력과 발전을 발판으로 어느 정도는—적어도 대도시에서는—기준점에 도달할 수 있을 거라는 약속도 뒤따랐다.

이러한 인식에 문제가 없었다고는 할 수 없다. 오늘날에도 내부 식민화가 진행되고 있는 지역이 있으며 '식민 파트너십Colonial Partnership'은 여전히 문제이다. 디페시 차크라바르티Dipesh Chakrabarty는 위생과 관련해 식민주의적 근대화가 가져온 후유증이 오늘날에도 지속되고 있다고 꼬집었다.[13] 식민주의적 위생 프로젝트는 결국 실패와 부족함의 역사이다. 인프라 건설을 위한 기술은 중립적인 것처럼 보일 수 있지만, 식민지에서는 그렇지 않았다. 식민지에서의 인프라 건설과 활용은 불평등과 인종 차별, 위생 지식을 기반으로 했다. 이를 바탕으로 식민 지배자들은 식민지의 문명을 더럽고 미개하다고 판단했다.[14]

전형적인 논쟁이 여기에서 출발한다. 1912년 프랑스의 식민주의자 루이위베르 리요테는 "식민주의가 댈 수 있는 유일한 핑곗거리는 의학의 발전뿐이다.The only excuse for colonialism is medicine."라고 이야기했다. 문명도, 문화도, 도시 건설도 아닌 질병을 치료하고 예방하기 위한 의학적 지식이 식민주의자가 식민 지배에 댈 수 있는 유일한 변명이라는 것이다.[15] 인프라 건설을 위한 기술은 분명 기능적이었다. 잘만 흘러간다면 많은 사람이 함께 살아갈 수 있도록 도시 공간을 형성하고, 위생을 개선하고, 사망률, 특히 아동 사망률을 낮출 수도 있었다. 전염병—특히 콜레라와 장티푸스—예방에도 큰 도움이 되었다.[16] 기술은 전염병에 맞서 스스로를 지킬 수 없는 하층민들에게 도움의 손길을 내밀었다.[17]

사람들은 지배 권력과 사회적 불평등, 식민주의자들의 건설 양식에 반기를 들었다. 하지만 두 세계 대전 사이에 반식민주의 독립운동가들도 도시 위생에 대해 심도 깊게 논의했다. 중국 국민당원 같은 민족주의자들은 도시 위생을 운동의 명분으로 채택하며 국가 건설에 빼놓을 수 없는 요소라고 이야기했다.[18] 이들과 적대 관계였던 공산주의자들도 마찬가지였는데, 1949년 중화인민공화국 건설 후 이들은 대규모 건강 캠페인을 벌였다. 인도 총리 자와할랄 네루Jawaharlal Nehru에게 위생 인프라는 새롭게 세워진 인도의 상징이자 1947년 영국으로부터의 독립을 기념하는 기념비였다.[19] 반대로 기본적인 위생 기준에 도달하는 데 여러 번 실패했던 러시아 제국은 구질서의 정통성을 잃게 되었다. 실제로 식민 정권의 도시 위생 개선 방안에도 수많은 결함이 있었고, 여기에 신랄한 비난이 이어졌다.[20]

식민주의는 **위생의 근대화**Hygienic Modernity(루스 로가스키Ruth Rogaski)를 불러왔지만, 이는 다양한 이유로 조정되고, 통합되고, 지속되었다. 위생의 근대화는 세계적으로 도시가 성장하면서 커져가는 위생 문제를 해결하기 위해 고안된 방책이었으며, 동시에 변화에 맞추어 새로운 사회적 경계를 긋는 역할을 했다. 또한 국민들을 보살피고, 도시 근대화에 앞장서겠다는 국가의 약속이었다. 역사가 낸시 톰스 Nancy Tomes의 말처럼, 위생은 결국 사람들의 건강을 위한 것이었고, 중립적으로 받아들여졌다.[21] 위생은 다른 것들과는 달랐다. 중립성의 탈을 쓰고 있다는 점은 위생이 다른 식민주의적 이데올로기와는 달리 지금까지 효과적으로 이어져 내려오는 이유일지도 모른다. 여기에서 야심차게 출발한 도시 위생 개혁 프로젝트는 오늘날에도 이어지고 있다.

구도시의 경계

18세기 후반 이후 시골이 인구 증가를 감당하지 못하게 되자 도시로의 대이동이 시작되었다. 복잡한 과정이었다. 전근대 도시는 계속 공간의 제약에 갇혀 있을 수 없었다. 과거에 도시는 주변 지역과 교류하며 관계를 확장해나갔다. 하지만 도시가 팽창하면서 이러한 구조는 유지될 수 없었다. 이슬람 도시들은 도시 정원이 있던 자리에 새로운 거주 구역을 만들어야 했다. 도시 정원은 쓰레기와 폐기물을 재사용하는 데 활용되는 도시 환경 관리의 근간이었지만,[22] 이를 유지하는 것은 더 이상 불가능했다.

이러한 상황에 대응하기 위해 다양한 방안이 제시되었지만, 일부는 도움이 되지 않았고, 때로는 참사를 불러왔다. 19세기 초 시리아의 알레포는 쓰레기 처리 문제를 해결하기 위해 과거에는 대피로로 쓰였던 곳에 쓰레기와 배설물을 쌓기 시작했다. 그러자 도시 전역에 악취가 진동했고, 건축물의 골조도 손상되었다.[23] 하지만 이러한 잘못된 결정은 사실 유럽인들의 생각과는 달리 아프리카와 아시아의 도시 행정부가 쓰레기 문제를 직시했다는 것을 의미한다. 문제의식은 있었지만 적절한 해결책을 찾지 못했을 뿐이다. 이는 도시 위생에 대한 전문 지식이 부족한 탓이기도 했지만, 건축 기술이 뒤떨어졌기 때문이기도 했다. 도시 위생 개선은 복잡한 건설 프로젝트가 뒷받침되어야 했고, 산업화된 생산 환경에서 얻을 수 있는 시멘트나 제철 기술도 필요했다. 그뿐만 아니라 큰 자본력을 등에 업고 있던 영국이나 프랑스와는 달리 오스만 제국 같은 곳은 근대화 프로젝트를 진행하기 위한 자금을 모으는 데 거듭 실패했다. 이러한 도시는 자유 시장 경제라는 판에서 내놓을 수 있는 패가 없었다.

프랑스 역사학자 뱅상 르미르Vincent Lemire는 예루살렘의 급수를 예시로 들어 이를 설명했다. 유럽인들의 주장과는 달리 예루살렘은 도시 건설을 책임졌던 종교 기반의 공익 재단 와크프의 도움이 없었다 하더라도 망하지 않았을 것이다. 가뭄이 들어 물이 부족해지자 오스만 제국의 엘리트들은 급수 상황을 개선하기 위해 다양한 방안을 내놓았다. 그러나 와크프는 빗물을 받기 위해 수로와 저수지를 이용하는 전근대 도시의 해결 방안에 묶여 있었다. 1차 세계 대전 이후 영국에서 온 총독이 거대한 철제 파이프를 설치해 급수 문제를 해결하고 근대화를 이루어내겠다고 했지만, 실제로 이 방안은 영국이 내뱉은 약속과는 거리가 멀었고, 제대로 작동하는 급수 시스템이 적용된 것은 1930년대 후반에 들어서였다.[24]

전통적인 해결책과 도시의 환경 관리 기술은 극명한 대비를 보였고, 이는 식민주의적 자기 인식과 외부 인식에서 잘 드러났다. 영국 탐험가 리처드 버튼Richard Burton은 모로코 도시 탕헤르가 끔찍하다고 이야기했다. "도로는 낙타면 몰라도 마차를 몰기에는 적합하지 않다. 돌로 포장된 골목길은 강바닥 같은 모양새로, 하수구나 쓰레기 구덩이와 다름없다. 새의 깃털이나 음식물 쓰레기부터 쥐와 고양이 시체까지 온갖 종류의 쓰레기가 눈과 코를 괴롭힌다. 때로는 죽은 아기도 길바닥에 널브러져 있다."[25] 이런 기록은 유럽인들의 위생 본능이 더 확실해지고, 후각이 더 예민해졌음을 드러낸다. 프랑스의 식민 회사에서 일하는 남편을 둔 한 여성은 1914년 모로코 라바트에 동물이 아무렇게나 돌아다니고 해충이 많다고 불평했다. 악취를 풍기는 쓰레기 더미가 사방에 즐비했고, 비위생적인 일상은 사람들의 도덕성에 악영향을 미쳤다. 이곳에 사는 유럽인들이 길 위에 요강을 쏟아 버리는 것은 모두 위생 개념에 대한 인식 차이 때문이었다.

이러한 기록은 글쓴이 자신이 느낀 끔찍함을 표현하기 위해 쓰였겠지만, 동시에 양면성으로 가득했다. 이때만 해도 영국도 도시 위생을 개혁한 지 얼마 되지 않은 시기였다. 수많은 유럽이나 미국의 도시들 상황은 과거와 크게 달라지지 않았다. 런던과 파리의 중산층들은 19세기 후반의 위생 상황을 없었던 일처럼 애써 무시했다. 사람들은 이러한 도시가 끔찍하다고만 여기지 않았다. **식민주의의 승자**는 식민지 주민들이 게으르고 어리석다고 여기는 동시에 관능적이라고 느꼈다.[26] 그곳 사람들을 더럽다고 욕하는 글에는 경멸과 끌림이 혼재되어 있었다.

도시 위생과 식민 프로젝트

식민주의자들은 다양한 이유로 도시의 위생을 개선하고자 했다. 특히 중요했던 이유 중 하나는 식민지에 거주하는 유럽인의 높은 사망률이었다. 17세기 동인도회사는 아시아 탐방에 3년이 걸릴 것이라고 예상했지만, 얼마나 많은 사람이 돌아올지는 미처 예측하지 못했다.[27] 특히 군대를 동반한 탐방에는 황열병이나 말라리아의 위험이 따랐다. 풍토병으로 사망하는 군인의 수가 싸우다 죽는 사람의 수보다 많을 정도였다. 18세기 북아메리카에서는 기민함 전략Strategy of Haste을 내세웠다. 질병으로 죽기 전에 공격하는 방법이었다.[28] 인도와 북

아메리카에 큰 영향을 미친 7년 전쟁(1756~1763)은 실용 학문으로서의 군사의학을 발전시켰다. 여기에는 진지 내 쓰레기와 폐수 처리 방식의 개선도 포함되었다.[29] 19세기에는 한발 더 나아갔다. 크림 전쟁(1853~1856) 동안 영국에서는 프랑스와 러시아 군대의 사망률이 훨씬 높았는데도 자국 진지의 위생 상황에 대한 대규모의 논의가 이루어졌다.[30] 1857년 인도 세포이 항쟁 당시 영국 부대의 높은 사망률 때문에 위생 상태 개선에 대한 논쟁이 심화되었다.[31] 1898년 필리핀을 점령한 이후에는 미국에서 군사의학과 군사위생학이 위생 개혁에 큰 역할을 했다.[32]

군사의학은 주로 식민지에서 위생 프로그램이 퍼져나가는 출발점이 되었다. 그곳에 거주하는 유럽인들이 건강하고 안녕하려면 특수한 기후 속에서 그 지역에 창궐하는 질병과 함께 살아갈 수 있어야 했다.[33] 그 방안 중 하나가 분리 정책, 즉 현지인과 유럽인을 공간적으로 떨어뜨려놓는 방법이었다. 이로 인해 19세기 콜카타나 첸나이 같은 도시에는 **백인 거주 지역**과 **흑인 거주 지역**을 분리하는 경계선이 그어졌고, 두 지역은 **방역선**Cordon Sanitaire으로 나뉘었다.[34] 19세기 초반에 분리 정책은 다양한 지역에서 위생 조치로 발전했다. 인도의 백인 거주 지역은 영국 부유층이 거주하는 런던 외곽의 웨스트엔드와 비슷한 모습으로 변화했다.[35] 이러한 조치는 인종차별주의적 경계에 대한 담론으로 이어졌다. 위생 담론의 모순을 감추기란 거의 불가능했다. 분리 거주 지역에서 누군가의 위생 상태를 개선하는 것은 대개 다른 사람들의 상황을 악화시킨다는 것을 의미했다.[36] 쇼비니즘적 식민주의자들조차 이러한 분리 조치를 정당화할 수 있는 전염병이 매우 드물다는 점을 인정할 수밖에 없었다. 게다가 백인 거주 지역 주민들은 도시 반대편에 사는 사람들을 자기 집에서 하인으로 부리고 있었다.[37]

통치 기술로서의 분리 정책은 19세기 후반이 되자 그 한계를 드러냈다. 인도에서는 결국 도시의 위생 조치를 백인 거주 지역 밖으로 확장하는 것 말고는 방법이 없었다. 이러한 관점에서 위생 인프라 시설은 결코 무고한 중립 시설이 아닌 지배력의 과시에 가까웠다. 1857년 세포이 항쟁은 영국의 인도 점령에서 중요한 분기점이었다. 영국은 항쟁 세력을 가까스로 잠재울 수 있었고, 항쟁 이후에는 영국 왕실의 권위를 강화하고 급성장하는 도시 공간을 더 강력하게 통제하기 위해 개혁을 감행해야 했다.[38] 1850년대 오스만 남자의 파리 개혁과 비슷한 맥락이었다. 통제할 수 없는 거대한 도시는 정치적 긴장감이 감도는 반란군의 전초 기지로 여겨졌다.

구체적인 식민 개발 사업을 살피다 보면 한계가 드러나기 마련이었다. 식민 지배자들은 도시의 건설된 환경에서 주도권을 잡는 데 어려움을 겪었다. 주로 한정된 자본이나 현지인들의 반발 때문이었지만, 두 가지가 함께 얽힌 경우도 적지 않았다. 위생 개혁이 그때까지 그 지역에서 쓰레기와 배설물을 처리해온 방식과 지나치게 단절되어서는 안 된다는 주장은 꽤나 설득력이 있었다. 이는 자금을 아끼고, 세금 부담을 낮게 유지하는 데에도 도움이 되었다. 유럽인뿐만 아니라 현지 부유층도 여기에 관심이 있었다. 세금이라는 것이 거의 없던 이집트에 거주하는 유럽인들은 이 세율이 유지되기를 바랐다.[39] 몇 안 되는 지역 유지들 또한 마찬가지로—특히 자신에게 부과되는—세

금이 높아지는 것을 원하지 않았다.[40]

이러한 이유로 인도 도시의 수도관 건설 속도가 더뎠다는 사실은 그리 놀랍지 않다. 콜카타와 첸나이, 델리에는 1870년대부터 개방형 하수관이 건설되기 시작했지만,[41] 1896년 흑사병 발병 사례가 나타나기 전까지 공사는 별 진전이 없었다.[42] 흥미로운 것은 수도 건설 지연이 1860년대 이후 쓰레기 수거 시스템 형성에 긍정적인 영향을 가져왔다는 점이다. 이 지역의 위생 상태는 적은 자본만으로도 개선될 수 있었다. 1868년 콜카타에 공공 쓰레기장이 처음으로 운영되기 시작했고, 적어도 몇몇 도심 구역에서는 정기적인 쓰레기 수거 시스템이 운영되었다.[43] 델리에도 과거 도시 성벽에 쓰레기를 쌓아두던 관행을 대체하기 위해 공공 쓰레기장이 설치되었다.[44] 과거에는 청소부가 길에 버려진 쓰레기를 하수도나 쓰레기통으로 옮겼고, 이를 마차에 실어 운송했지만 이러한 방식은 개선될 필요가 있었다. 세기가 바뀌면서 일부 지역에서는 모터를 탑재한 차량이 쓰레기 수거에 활용되기도 했다.

그러나 이는 결국 식민주의 프로파간다에 지나지 않았다. 모터를 탑재한 쓰레기차를 생산하고 관리하는 데에는 비용이 많이 들었고, 결국에는 마차를 이용한 시스템으로 돌아가야만 했다.[46] 민족학자 비나이 쿠마르 스리바스타바Vinay Kumar Srivastava에 따르면 1950년대까지 델리에서는 쓰레기 운송에 마차가 이용되었으며, **쓰레기집**Garbage House으로 옮겨진 후에 사람들이 쓰레기에서 재활용할 수 있는 물건을 골라냈다.[47]

다양한 어려움이 있었지만, 쓰레기 수거는 그럼에도 중요했다.

뭄바이에서의 쓰레기 수거 '어제와 오늘'(1914년)[45]

1889년 케냐 나이로비를 점령할 당시 식민 지배자들은—무법천지
나 다름없던 초기 단계의 도시를 규제하기 위해—도로 청결과 쓰레
기 수처 및 처리에 특히 신경을 썼다. 이 시스템은 도시가 세계에서
손꼽히는 규모로 커지기 전인 1970년대까지는 전반적으로 잘 작동
했다.[48] 1900년대 이후 마다가스카르에는 프랑스인들이 개방형 수도
관과 우물, 변소 같은 시설을 건설하기 시작했다. 이런 도시 개선 프
로젝트가 통치의 정당성을 뒷받침해서 지배가 한결 쉬워질 것이라는
희망과 함께 말이다.[49]

　식민지를 지배하기 위한 주요 기술로서 도시 개혁 방안이나 위
생 프로젝트가 얼마나 중요했는지도 흥미롭지만, 식민 권력에 대한
접근 방식이나 정당성을 주장하는 방식과 얼마나 유사했는지도 살펴
볼 필요가 있다. 독일인은 특히 자신들이 식민 경쟁의 일원이라고 철

석같이 믿고 있었기 때문에 이러한 주장을 강력하게 펼쳤다. 이렇게 생각하게 된 것은 중국 칭다오 덕분이었다. 이 도시는 20세기로 들어서며 독일의 손에 넘어가면서 '아시아에서 가장 청결한 도시'로 변모한 모범적이고 위생적인 식민지였다.[50] 여기에는 쓰레기와 배설물을 옥외 변소나 도랑에 버리는 대신 통에 모으는 실질적인 조치가 활용되었다. 이는 완전히 새로운 시각적, 청각적 자극으로 이어졌다. 수거 과정은 시끄러웠고, 운송 수단은 도로를 혼잡하게 만들었기 때문이다. 이와 동시에 오염을 제거하고 신체 위생 기준에 도달하게 하기 위해 올바른 행동에 대한 집중적인 교육이 이루어졌다. 이것이 문명의 발전을 위한 과정으로 포장된 것은 물론이다.[51]

1879년 쿠바의 짧은 식민 통치 기간과 그보다 긴 1898년 이후 필리핀의 식민지화에서 미국인들은 각 민족의 특징을 글로 남겼다. 글에서 현지인들은 문명화될 가능성이 있는 어린아이로 묘사되었다. 미국의 국가보건위원회National Board of Health는 1879년 항구 도시 아바나의 위생 현황을 조사하기 위해 연구진을 보냈는데, 보고서는 온갖 불평으로 가득 차 있었다. 포장되지 않은 도로는 쓰레기로 가득했고, 인구 밀도가 너무 높아 공기가 순환되지 않았으며, 배설물 수거 시스템도 없었다. "하수는 집안에 스며들고 찌꺼기는 도시 바닥과 부드럽고 구멍이 많은 산호를 적셨다. 모든 수원은 오염되었고, 도로 옆 도랑은 악취를 풍긴다. 아바나라는 도시가 변소 위에 세워졌다고 말해도 과언이 아니다."[52] 미국인들이 쿠바를 진압한 이후, 말라리아와 황열병과의 싸움에 크게 공헌한 의사 윌리엄 고가스William Gorgas를 중심으로 도시 위생 개선 조치가 대대적으로 이루어졌다. 여기에는 길을 청소하고 소독하고, 쓰레기를 도시 밖으로 옮기고, 동물 사체를 치우고, 아픈 사람을 공공장소에서 밀어내는 일이 포함되었다.[53]

1898년 에스파냐와의 전쟁 이후 식민지가 된 필리핀도 마찬가지였다. 여기에서도 다양한 위생 개선 조치가 이루어졌지만, 주민들이 쓰레기를 집 주변에 버리고 오줌을 싸지르는 등의 행동은 크게 바뀌지 않았다. 미국 공무원은 "현지인들이 사는 건물은 진창, 쓰레기, 배설물, 폐기물 등 온갖 종류의 오염 물질로 가득하다."라고 표현하기도 했다.[54] 주민들은 손으로 식사를 했고, 도심 시장은 행정적 문젯거리였다.[55] 동시에—그리고 중요하게도—미국의 식민 지배자들은 현지에 이미 존재하던 위생 시설을 무시했다. 필리핀에는 이미 정기적인 공공 쓰레기 수거 시스템이 있었다.[56] 미국인들은 기존 시스템을 발전시키는 대신 공공장소를 소독하는 새로운 방안을 택했고, 이는 이후 일반적인 도시 위생 개선 조치로 발전했다.[57]

다른 식민지에서도 비슷한 현상이 관찰되었다. 서구 식민 권력을 그대로 학습한 일본이 대표적이다. 일본은 메이지 유신 당시 서양의 시설과 기술뿐만 아니라 일상 속 관행까지 빠른 속도로 학습하고 적용했다. 육류 소비량의 증가가 대표적이었다. 일본인들은 유럽의 발전이 '붉은 고기의 힘'에서 비롯되었다고 보았다. 심지어는 육류를 많이 섭취한 사람의 배설물이 더 좋은 비료가 된다고 믿기도 했다. 사실 실제로도 맞는 말이었다. 고기가 포함된 식사를 하면 대변 속 질산염의 비율이 훨씬 높아지기 때문이다.[58] 일본이 성공적으로 발전했다고 여겨지면서 일본은 동아시아 근대화의 기준점으로 받아들여질 수 있었고, 일본은 결국 1895년 대만에서, 1905년 한국에서 식민 권력으로 스스로 세우는 계기가 되었다.

두 역사적 사건은 두 나라가 정치적으로 지배당했다는 사실뿐만 아니라 문명화 프로그램이 도입되었다는 것 또한 의미한다. 이렇게 1920년대에는 서울(경성)에 간선 도로가 건설되었고, 기존의 도로 또한 개선되었다. 물론 일부 지역에 한정된 이야기였다.[59] 공중위생을 개선하기 위해 위생 계몽 또한 펼쳐졌다. 반년짜리 **청소**Cleanups를 통해 도로를 닦고 쓰레기 더미를 없애는 조치였다. 쓰레기와 배설물도 주기적으로 수거되었다. 이 조치는 식민 지배자들이 생각하지 못한 부작용을 낳기도 했다. 과거에는 배설물이 비료로 사용되었고 수거 또한 무료로 이루어졌다. 하지만 일본의 식민 지배자들은 1914년부터 쓰레기 수거에 비용을 물리기 시작했다. 현지인들은 식민 당국이 쓰레기를 비료로 농부들에게 팔아 오히려 돈을 버는 데 큰 불만을 느꼈다.[60] 일본은 이러한 저항에 크게 화를 내며 '똥의 도시'라는 멸칭으로 서울을 모욕했다.[61]

전 세계적 캠페인

1920년대부터는 식민주의적 위생 프로그램과 더불어 국제기구가 나서 전 세계의 위생 상태를 개선하고 전염병을 예방하기 위해 국제적 건강 캠페인을 벌였다.[62] 역사학자 랜들 M. 패커드Randall M. Packard 는 이 두 프로그램에 담긴 연속성을 지적한다. 특히 국가 연맹으로 세워진 보건 기구 국제건강연맹League of Nation Health Organization과 미국의 록펠러재단Rockefeller Foundation이 이 연속성에 크게 기여했다.

국제기구는 어떠한 국가도 대표하지 **않았고**, 식민 지배 국가들은 이러한 국제기구가 자신들의 권위에 도전한다고 생각했다.

그렇다고 해도 지배 국가가 식민지 개척 프로젝트로서 도시 위생을 강제했다고 해석하는 데는 무리가 있다. 분명 중국이나 인도에서 시행된 위생 개선 조치는 국가 지배의 당위를 주장하기 위한 전략으로 현지인들을 더럽고 미개하다고 표현하며 문명 수준의 격차를 주장했다. 하지만 이 관점으로만 현상을 바라보면 이들 국가가 제국주의의 압력 속에서도 도시 위생과 근대화라는 이상을 받아들이고 적용했다는 사실을 망각하기 쉽다. 수많은 라틴 아메리카, 아프리카, 아시아 국가들은 이 격동의 사회 문화적 변화기에 사회 계급과 차별을 새롭게 구성하기 위해 근대화라는 이상을 쫓았다. 단순히 군사적, 경제적 권력의 불균형에 대항하기 위해서만은 아니었다.

이런 사실은 역사 해석을 복잡하게 만들기 마련이다. 도시 위생에 대한 교육은 식민지 주민들에게 방어 기제를 불러일으켰다.[63] 자신이 더럽다는 이야기를 듣는 걸 좋아하는 사람은 없었다. 록펠러재단은 1930년대에 이집트에 공중위생 개선 프로그램을 실시하려고 했지만, 몇십 년 동안 영국 식민 지배자들의 우월주의를 견뎌야 했던 현지인들의 반응은 회의적이었다.[64] 위생 개선은 19세기 후반에 이르자 상류층이 이끄는 프로젝트가 되었다. 프로젝트는 유럽의 경제와 문화를 기준으로 삼았고, 이를 따른다는 것은 암묵적으로 조국의 후진성을 인정하는 게 되었다. 이런 프로젝트의 성격은 사실 식민 지배자들을 근대화의 주체로 내세워 그들의 권력과 우월성을 정당화했다.

미국 역사학자 루스 로가스키는 **위생의 근대화**라는 용어로 이러한 사례를 설명했다. 이 용어는 1880년 중국이 유럽 문헌을 번역하는 과정에서 원래 있던 웨이셩衛生, 위생(생명을 지키는)이라는 개념과 혼합되며 발전했다. 맑고 깨끗한 공기, 청결, 햇빛은 새로운 중국의 기반을 이루는 주요 요소가 되었고, 위생은 국가적 운동으로 발전했다. 이 운동으로 도시의 엘리트와 언론인들은 공기, 미아즈마, 오염, 건강, 위생 개념을 받아들이게 되었다.[65] 이는 국가의 힘을 되찾겠다는 약속이자, 격변하는 사회에 새로운 경계를 긋는다는 의미였다. 결국 이는 개인행동에 대한 지침이었고, 식민주의 때문에 겪을 수밖에 없었던 굴욕을 씻기 위한 해결책이었다. 중국으로서는 중요한 문제였다. 중국은 수천 년간 이어진 높은 문화 수준을 자랑하는 국가로, 오랜 시간 세계의 중심을 자처하며 다른 나라를 무시해왔다. 1793년 중국 청나라 황제 건륭제는 조지 3세에게 보내는 편지에서 잉글랜드를 세계 반대편에 위치한 작고 소박한 섬이자 세련된 관습이나 문화와는 거리가 먼 국가로 칭했을 정도였다.[66]

19세기 후반 여러 나라에서 유럽 중심의 관점을 지닌 엘리트들이 국가, 군사, 경제뿐만 아니라 도시에 대한 근본적인 개혁을 열렬히 지지했다. 19세기 후반 카이로, 이스탄불, 테헤란이 근대화된 데에는 유럽인의 존재, 즉 유럽 출신의 상인과 외교관들도 큰 영향을 미쳤다. 꼭 식민지와 관련이 있을 필요는 없었다. 유럽인이 많이 거주하는 도시 구역에는 곧잘 새로운 도시 개발과 위생 개선 조치가 시행되고 근대화되었으며, 이후 다른 도시 지역의 본보기가 되었다. 여기에는 다양한 이유가 있었다. 일단 이런 도시 구역은 대체로 부유한 편이었다. 도시 개발에 비용이 많이 든다는 걸 생각하면 이는 무시할 수 없는 요소였다. 전통적으로 이어져 내려온 도시 구조를 갈아엎는 데 대한 반대도 적었다. 근대화 의지가 없으면 '위에서 아래로' 향하는 정책도 펼칠 수 없었는데, 유럽인이 많은 지역은 이러한 조치가 비교적 수월하게 진행되었다.

대표적인 예시로는 이스탄불의 갈라타에서 유럽인이 많이 거주하던 구역인 베이욜루(오늘날의 카라쾨이)를 꼽을 수 있다. 이곳은 과거 무역 식민지였던 곳으로, 많은 유럽인과 아르메니아인들이 거주했을 뿐만 아니라 유럽 국가들의 대사관이나 무역 회사도 자리하고 있었다. 1858년 당시 갈라타는 독립된 도시 구역이었기 때문에 1860년대에 여러 개혁 조치가 시행될 수 있었다. 도시 개혁을 거치며 도로가 포장되고, 확장되고, 건설되었으며, 쓰레기 구덩이가 주기적으로 비워졌고, 그 주기도 점차 빨라졌다. 더불어 하수 처리 또한 개선되었으며, 제노바의 무역 식민지 시절에 세워진 성벽도 허물어졌다. 물론 도시 개혁이 모든 부분에서 성공한 것은 아니었다. 시 정부가 세수를 지나치게 높게 잡은 탓에, 개혁이 끝나자 이 지역은 빚더미에 앉게 되었다.[67]

하지만 결국 갈라타는 다른 도시 구역에 영감을 주겠다는 목적은 달성했다. 1차 세계 대전 이후 이스탄불의 인구수가 크게 증가하면서, 도시는 고민에 빠졌다. 식수를 충분히 공급할 수 있을까? 15세기에 지어놓은 **검은 수도관**이 하수를 모두 처리할 수 있을까?[68] 대도시에 걸맞게 쓰레기 수거 시스템을 개선해야 하지 않을까? 도시 개혁은 분명 해결책이 될 수 있었다. 1880년대부터 오스만 제국은 고질적인 군사적, 재정적 문제를 안고 있었다. 그 덕분에 공중위생 현황을 개선하기 위해 개혁을 요구하는 엘리트들이 우위에 설 수 있었다.[69] 1885년에는 쓰레기 무단 적재를 금지하고, 쓰레기 처리 개선을 위한 법이 이스탄불에서 통과되었다. 한발 더 나아가 이스탄불 길거리를 점령한 엄청난 수의 들개들도 잡아들였다. 사람들이 개와 광견병 발병률 사이의 연관성에 눈을 뜨면서 들개는 곧 공중위생을 위협하는 문제가 되었다. 1910년, 이렇게 잡힌 들개들은 톱카프에서 우리에 갇혀 있다가, 이후 마르마라해 옥시아섬에 매장되었다.[70] 갇혀 있던 들개의 절박한 울음소리는 시민들의 머릿속에 깊이 새겨졌다.

이러한 사례는 주요 도시가 도시 개혁의 선구자로서 중요할 수밖에 없었던 이유를 보여준다. 아나톨리아를 방문하는 외국인은 적었지만, 이스탄불에는 누구나 갈 수 있었다. 아야 소피아나 시난 모스크 등 도시의 주요 건축물을 모르는 사람은 없었다. 1880년대 이후에는 매력적인 관광지 사진을 담은 엽서가 판매되기 시작했다.[71] 루소 효과는 공간으로 확장되었다. 멋진 모스크 사진을 보고 이스탄불을 방문한 사람들은 개가 쓰레기를 파헤치는 모습이나 비포장도로에서 나는 악취가 달갑지 않았을 것이다. 이스탄불은 오스만 제국을 대표하는 상징이었고, 다른 지역의 본보기였다. 그래서 개혁의 필요성이 유난히 클 수밖에 없었다. 이집트 카이로는 무함마드 알리 파샤의 근대화 프로그램의 일환으로 도시 개혁이 진행되었다. 1840년에는 수도관이 건설되었고, 거리 위생도 개선되었다. 그의 아들 이브라힘은 이후 달구지를 이용한 쓰레기 수거 시스템을 확장하며 쓰레기 처리 시스템을 개선했다.[72]

9장
세상은 돌고 돈다: 산업 시대의 재활용

†

가장 더러운 것들은 가장 유용하며, … 물질적 번영에 꼭 필요한 존재이다.
—E. 로코E. Rocco, 1860년[1]

산업화된 재활용

뷔르템베르크의 백작 페르디난트 그라프 폰 체펠린은 1890년 인생 최대의 굴욕을 맛봤다. 그는 황제가 이끄는 중요한 행사에서 망신을 당한 뒤, 불리한 판결을 받고 군대에서 불명예 제대했다. 그는 이 수치를 씻고자 비행선을 발명해 조국에 새로운 무기를 선사했다. 하지만 여기에는 문제가 있었다. 비행선의 충전재인 수소는 쉽게 불이 붙는다. 그래서 가스주머니는 유연하고, 변형이 없고, 불이 잘 붙지 않는 물질이어야만 했다. 적절한 합성 물질이 발명되기 전까지는 금박공의 가죽Goldschlägerhäutchen이라 불리는 소 장의 한 부분이 활용되었다. 체펠린 비행선 한 대를 만들려면 약 60만 개의 가죽이 필요했다. 결국 러시아 북쪽 지방에서까지 끌어모은 덕분에 당시에 수십 대

의 **체펠린**을 건조해낼 수 있었다.[2]

이 예시는 당시 재활용 시장의 능력이 얼마나 뛰어났는지를 여실히 보여준다. 사람들은 산업화 덕분에 전근대를 아우르던 물자의 부족에서 벗어날 수 있는 출구를 찾았지만, 이것이 재활용의 감소로 이어진 것은 아니었다. 지역의 한계가 사라진 1차 세계 대전 직전에는 오히려 재활용 자재 시장이 호황을 누렸다. 19세기 후반 고물 무역을 살피는 연구는 아직 많지 않지만, 무역이 굉장히 번성했다는 점은 의심의 여지가 없다. 두 번의 세계 대전 또한—자급자족 성향이 두드러지는 방향으로 변화하기는 했지만—재활용 산업이 발전하는 데 크게 기여했다.

이 부분을 설명하려면 4장에서 이야기한 라인홀트 라이트의 **재활용 공식**을 다시 한 번 떠올릴 필요가 있다. 자본의 공급이 비싸고 유연하지 않으면서 노동의 공급이 저렴하고 유연하다면 재활용이 일어날 확률이 높아진다. 즉, 특정 원재료의 수요가 높지만 공급은 증가하지 않고 노동력은 저렴하다면 사람들은 원재료를 재활용할 방법을 찾을 것이다. 이는 전근대 사회가 **제로 웨이스트**에 가까울 수밖에 없었던 주원인이다. 물론 모든 물자를 완벽하게 재활용할 수는 없었다. 재활용 과정은 지나치게 연료가 많이 들었고, 운송에도 제약이 있었기 때문이다.

라이트가 이야기한 재활용의 **경제**는 19세기에도 여전히 유효했다. 사람들이 도시로 몰리면서 노동력 공급이 크게 증가했다. 맨체스터나 런던 같은 산업 도시에서조차 온전히 감당할 수 없을 정도였다.[3] 사람들은 새로운 일자리를 구하기 전까지 단기직을 전전하면서 살아남기 위해 애써야 했다. 이런 상황에서 재활용은—오늘날 많은 지역에서 여전히 그러하듯—사회 안전망이나 다름없었다. 카를 마르크스가 이야기한 **산업예비군**Industriellen Reservearmee의 일원에게 재활용은 아슬아슬하지만 그럼에도 생존을 보장해주는 방법 중 하나였다.

소비재 공급의 범위가 커지고 넓어지는 것은 곧 원재료의 수요 또한 증가한다는 것을 의미했다. 비누나 양초, 다림질에 쓰는 풀과 기름의 생산은 아직 화학 기술로 대체할 수 없었다. 원재료는 도살장에서 얻을 수 있었다. 돼지에게서는—업튼 싱클레어가 그의 명작『정글』에서 시카고를 묘사한 것처럼—"꿀꿀거리는 소리만 빼면" 모든 것을 활용할 수 있었다.[4] 혹은 음식물 쓰레기를 수거하고 가공해서도 이러한 재료를 얻을 수 있었다. 사빈 바를레는 당시 파리에서도 쓰레기 수거와 활용의 범위가 무척 넓었다고 이야기한다.[5] 산업화의 뼈대는 분명 화학이었지만, 이를 움직이는 것은 도시의 유기물이었다.

한편으로는 재활용을 가로막는 장애물도 생겨났다. 쓰레기 수거 시스템과 뚜껑이 있는 쓰레기통이 대표적이다. 이 때문에 쓰레기를 분류하기가 힘들어졌고, 결국에는 모두 매립되었다. 재화 생산에 대안이 생긴 것도 문제였다. 예를 들어 종이 생산에 나무가 쓰이면서 장기적으로 넝마 시장이 축소되었다. 두 세계 대전 사이에는 수많은 재화 생산의 기반이 되는 지방과 기름 같은 물질을 대체하는 화학 물질이 개발되었다.[6] 결국 새로운 재화의 공급가가 낮아지면서 시장에 큰 변화가 생겼고, 산업화된 국가 안에서 중고 물품 수요는 줄어들었다.

이렇듯 산업화 시대에는 재활용과 관련된 발전의 방향이 엇갈렸다. 한편으로는 산업화로 과거에 재활용을 방해하던 수많은 장애물을 뛰어넘을 수 있게 되었다. 특히 운송과 에너지 측면에서 그러했다. 기술과 자재가 발전되면서 재활용 범위 또한 넓어졌다. 화학 산업과 식품 산업은 재활용 수요를 높였고, 덕분에 1914년 이전까지 국제 시장에서 재활용이 가능한 물질들이 활발하게 거래되었다. 다른 한편으로는 재활용을 방해하고, 재활용의 가능성을 의심하는 변화가 생겨났다. 양차 세계 대전이 닥치면서 전쟁에 뛰어든 나라들은 허리띠를 졸라매며 재활용에 애썼지만, 무역로의 큰 부분이 찢겨나가면서 재활용에 어려움을 겪었다.

갈색 황금

재활용에 역행하는 변화의 대표적인 예시는 동물이나 인간의 배설물을 비료로 활용하는 방법이었다. 배설물에 대한 수요는 늘 컸다. 대도시에서는 매일같이 엄청난 양의 말똥이 발생했지만, 이는 충분히 농업에 사용할 수 있었다. 대형 마구간이 있으면 수거도 손쉬웠다.[7] 실제로 19세기 초에는 많은 지역에서 도시와 시골 사이의 교환 관계가 더 끈끈해졌다. 미국 동해안의 대도시들은 1840년대까지 도시 쓰레기를 비료로 사용했다.[8] 네덜란드 학자 얀 라위턴 판잔던Jan Luiten van Zanden은 19세기 초 네덜란드가 그들이 그때까지 꿈꾸던 **재활용 경제**라는 이상향의 발치에도 닿지 못했다고 평가했다. 농부들은 도시에 식량을 공급하고, 쓰레기와 배설물을 가져갔다.[9] 일본에서는 2차 세계 대전 이후에도 **분뇨** 수거가 활발히 이루어졌으며, 중국 일부 지역에서는 1980년대까지 배설물과 소변 수거가 관찰되었다.[10]

이러한 교환 관계는 많은 지역에서 19세기 후반에 위태로워지기 시작했다. 1840년대에 사람들은 이미—특히 독일 화학자 유스투스 폰 리비히Justus von Liebig의 연구 덕분에—어떻게 배설물이 토양을 '풍요롭게 만드는지' 알았지만,[11] 1860년대에는 도시 쓰레기가 낭비되고 있다는 목소리가 커지면서, 효율적인 활용 방안을 심도 깊게 논의했다. 1930년대까지는 재활용을 활성화하기 위해 다방면에서 노력을 기울였고, 신기술을 개발했다. 하지만 이런 기술이 장기적으로 적용되는 경우는 드물었으며, 늦어도 2차 세계 대전 이후에는 저렴한 질소 비료의 도입으로 재활용을 활성화하려는 노력이 막을 내렸다.

이를 좀 더 자세히 살펴보기 위해서는 공간경제학에 관해 알아볼 필요가 있다. 요한 하인리히 폰 튀넨Johann Heinrich von Thünen의 이름을 경제학사에 새긴 이 이론에 따르면, 농업 활동의 종류는 도시와의 거리에 따라 결정된다. 도시와 맞붙은 지역은 자유 경제 구역으로, 낙농업이나, 쉽게 썩어 저장이 어렵고, 빠른 시일 내에 도시의 시장으로 운송해야 하는 과일과 채소 농사가 이뤄진다. 이런 곳에는 휴경지가 없다. "첫째로, 많은 땅을 놀리기에는 땅값이 너무 비싸고, 둘째로, 비료를 최대한 사용하면 휴경지를 운영하는 것 같은 섬세한 노력 없이도 지력과 생산량을 최대한으로 끌어올릴 수 있기 때문이다."[12]

튀넨의 이론은 지나치게 압축된 면이 없지 않지만, 현실과 크게 다르지 않았다. 실제로 이는 지나치게 복잡한 경험론을 무너뜨리는 데 일조했다. 비료나 구덩이 속 쓰레기를 운반하는 것은 품이 많이 들었고, 그래서 도시와 멀리 떨어진 농경지는 이를 활용할 수 없었다. 반면 도시와 가깝고 비료 수요가 높은 곳은 비교적 이를 얻기 쉬웠다.

물론 배설물의 운반 경로가 길더라도 이로 인해 얻을 수 있는 경제적 이득이 크면 예외가 될 수 있었다. 주로 자급자족을 위한 농업보다는 수출에 중점을 둔 경우가 여기에 해당되었다.[13]

미국 동해안이나 영국, 네덜란드와 같이 상업화 경향이 크고, 시장 중심적인 농업이 이루어지는 지역이 대표적이었다.[14] 이 지역들은 덕분에 배설물이나 쓰레기의 농업적 활용을 방해하는 운송 문제 같은 다양한 장애물을 가장 빨리 극복할 수 있었다. 도시가 너무 빠르게 성장하면서 주변 농업이 축소되는 것 또한 문제였다.[15] 밭으로 쓰레기를 운반하려면 점점 더 먼 길을 가야만 했다. 이 외에도 배설물을 땅에 뿌리는 일은 굉장히 노동 집약적이었고, 대규모 농업에서는 경제적인 대안이 아니었다. 이렇게 뿌려진 쓰레기는 공기 중에서 발효되었는데, 이는 비료의 효율에도 영향을 미쳤다.[16] 예외적으로 네덜란드는 수로망을 확장해 물에 실어 쓰레기나 배설물을 운반하는 방식으로 이를 극복할 수 있었다.

배설물과 쓰레기 가공은 운송 문제를 해결하는 방법 중 하나였다. 이미 1790년대 파리에서는 배설물로 만든 가루 비료Poudrette가 발명되었다.[17] 쓰레기를 수거 및 분류해서 가공하고, 건조시켜(이 과정에서 무게가 크게 줄어들었다[18]) 분쇄한 뒤 마지막으로 석회와 혼합한 형태였다. 브레멘이나 킬, 상트페테르부르크, 헬싱키 등 여러 도시의 외곽에는 가루 비료를 생산하는 공장이 세워졌다.[19] 이러한 회사들은 자사 제품이 일반 비료와는 비교도 되지 않을 만큼 효과가 뛰어나다고 광고했지만, 대부분은 과장 광고였다. 가루 비료 공장에는 큰 문제가 있었다. 1889년 파리의 **대악취**—런던의 사례에서 이름을 땄다—

사건은 도시 남서쪽에 위치한 가루 비료 공장들 때문에 발생했다.

1차 세계 대전 이후 많은 국가가 배설물을 더 많이 활용해야 한다고 생각했다. 비료 공장은 이에 대한 절충안이었다.[20] 하지만 이후에는 점차 농촌에서 도시 쓰레기를 활용하지 않는 방향으로 발전해 갔다. 주요 원인은 상업화된 질소 비료의 등장이었다. 1830년대, 바닷새의 배설물이 굳은 덩어리인 구아노로 처음 만들어진 질소 비료는 작물 수확량을 놀라울 만큼 증가시켰고, 이내 세계적인 무역 상품이 되었다. 비료의 주재료인 구아노는 페루 해안 섬에서 쉽게 찾아볼 수 있었는데, 질소가 특히 풍부했다. 페루는 구아노의 주요 채취 장소로, 미국 동해안 도시들은 이미 1850년대부터 이곳에서 수거한 새똥을 비료로 이용했다.[21]

하지만 곧 새똥은 소진되었고, 페루는 세계 최초로 조류 보호 프로그램을 가동해 이것을 보호했다.[22] 그 뒤로는 칠레의 아타카마 사막에서 주로 채취되는 질산 칼륨이 인기를 끌었다. 광물 비료는 새똥보다 효과가 좋았고, 효과를 계산하기도 수월했다. 1차 세계 대전 이후에는 하버-보슈 공법을 통해 질소를 산업적으로 생산할 수 있게 되었다. 이는 번거롭고 연료 집약적인 방법이었지만, 독일이 전쟁에 패배하고 특허를 포기하면서 놀라울 만큼 빠르게 전 세계로 퍼져나갔다.[23] 2차 세계 대전 이후에는 이렇게 생산한 질소 비료를 전 세계에서 활용할 수 있었다. 그러면서 특히 쓰레기를 돈을 받고 팔아왔던 도시 주변 지역에서는 배설물을 이용한 비료가 빠르게 사라졌다. 면이나 담배, 사탕무처럼 주로 수출되는 환금 작물을 키우는 지역은 비료의 수요가 컸다. 이들 식물은 자연스러운 자연의 회복력으로는 도저히 감당할 수 없을 만큼 많은 지력을 필요로 했기 때문이다.

질소 비료는 오랜 시간에 걸쳐 차츰 시장을 넓혀갔고, 배설물을 이용한 비료는 점차 사라졌다.[24] 중국에는 1930년대 이후에 질소 비료가 도입되었다. 질소 비료는 대두 같은 수출용 작물에는 효과가 좋았지만 벼농사에는 큰 이점이 없었기에 농부들은 굳이 광물 비료를 쓰는 모험을 감행할 이유가 없었다.[25] 농부들은 땅을 비옥하게 만들려면 배설물이 꼭 필요하다고 생각했다. 인공 비료가 중국에서 널리 퍼진 것은 1960년대 이후였으며, 1958~1962년의 **대약진 운동**이라는 인재에 대한 뒤처리였다.

2차 세계 대전 이후에도 많은 아시아 도시에서는 배설물을 수거하고 활용하는 전통적인 관행이 유지되었다. 이는 도시의 청결을 위

양쯔강 상류의 비료 판매소(1916년 추정)[26]

해서도 필요한 일이었다. 하지만 경제적으로는 더 이상 득이 되지 않았다. 일본 도시에서는 이러한 시스템이 겨우 유지만 되는 수준이었는데, 이마저도 시 정부가 개입해 수거인에게 보조금을 지급한 덕분이었다.[27] 세균학 지식이 보편화되면서 사람들은 의문을 품기 시작했다. 배설물이 도시를 '감염'시킨다면, 땅에도 그러지 않으리란 보장이 있는가?[28] 1950년대와 1960년대에 쓰레기의 퇴비화를 옹호하던 사람들조차 살균 처리를 해서 세균과 병원체를 차단해야 한다고 주장했다. 실제로 문제가 없는 것도 아니었다. 도시의 하수와 쓰레기가 중금속으로 크게 오염되면서, 쓰레기를 농경지에서 사용할 수 없었다.[29]

상하수도 시스템을 도입한 도시들은 쓰레기 재활용을 거의 포기했다.[31] 이는 심도 깊은 논의로 이어졌다. 메리 더글러스 덕분에 유명해진 표현인 **제자리를 벗어난 물질**Matter out of Place은 1860년대 쓰레기 재활용 확대 방안에 대한 논의에서 비롯되었다. 1909년 뉴욕의 한 과학자는 비료로 쓸 수 있는 쓰레기가 바다에 배출되어 수질이 오염되고 폐사를 야기한다고 이야기했다. "매년 버려지는 200만 톤의 쓰레기를 롱아일랜드 땅에 이용한다면 비료를 크게 절약하고도 지력 소모를 방지할 수 있을 것이다."[32] 크리스토퍼 햄린은 19세기 도시 위생을 토론하는 자리에서 당시 논의의 우위를 점한 공학자와 의사들이 쓰레기 재활용을 막았다고 이야기한다. 화학자들은 이 분야에서 더 전문성이 있는데도 담론의 주변부로 밀려나야만 했다.[33]

배설물을 담은 양동이를 나르는 여인(중국 푸젠성 푸저우, 1871년)[30]

중고와의 기나긴 작별

전근대 사람들은 중고 물품을 구매하고, 수리를 해가면서 오래 사용했다. 런던과 파리에서 중고 물품은 지갑이 얇은 사람들에게도 새로운 소비문화에 동참할 수 있는 길을 열어주었다. 사람들은 중고 구매로 기본적인 소비 욕구를 충족할 수 있었고, 자기 표현의 기회도 얻었다. 하지만 19세기에 들어서자 중고 물품 활용의 성격 또한 변화했다.

슈퇴거와 라이트는 1850년대부터 서유럽에서 **재활용**보다 **재사용**이 두드러지기 시작했다고 이야기한다. 물건을 원래 용도로 활용하는 일은 줄어들었다. 예를 들어 냄비는 계속 냄비로 사용되기보다는 금속으로 팔린 뒤 녹여 새롭게 가공되었다. 재사용 가능한 원자재를 판매하는 시장은 1차 세계 대전 시기에 세계적인 규모로 성장했지만, 중고 물품의 재활용은 꾸준히 감소했다.[34]

이는 중요한 사건이지만, 시점보다는 원인이 좀 더 중요하다. 특히 서유럽을 중심으로 이야기할 때 더욱 그렇다. **재사용**의 증가는 더 많은 재화를 더 저렴하게 공급하는 산업화된 생산이 확장된 결과였다. 사람들은 새로운 물건을 선호했다. 새로운 물건은 외형도 더 깔끔했고, 더 위생적이라고 여겨졌다. 처음에는 공장에서 생산한 물건이 수공업으로 만든 제품보다 품질이 낮았지만, 이러한 단점도 점차 보완되기 시작했다. 대표적인 예시가 바로 의류이다. 이렇게 발전한 직조 산업은 19세기 후반 세계적으로 확장되었고, 오랜 기간 제1산업으로서의 역할에 충실했다.

질 좋은 새로운 물건에 모든 이들이 접근할 수 있었던 것은 아니었다. 수전 스트레서는 미국에서 재화가 소비자에게 도달하는 **방식**이 중요했다고 이야기한다. 중고 물품은 주로 뉴욕 거리를 돌아다니는 행상인들에 의해 판매되었다. 이들은 손수레에 물건을 싣고 돌아다녔고, 주 고객은 주로 엘리스아일랜드를 거쳐 미국에 발을 들인 이민자들이었다. 지방에서는 방문 판매원들이 수레를 끌고 다니며 중고 물품을 판매했다. 하지만 19세기 마지막 30년 즈음부터는 이러한 상인들이 점차 사라지기 시작했고, 카탈로그를 보고 집에서 편하게 주문할 수 있는 새 물건들이 그 자리를 대체했다.[35]

사람들은 중고 물품의 위생을 의심했다. 이미 중세 시대에도 중고 의류가 질병을 전파한다는 의심이 있었다. 이로 인해 특히 유대인

의류 상인들이 어려움을 겪었다.[36] 19세기에는 양상이 조금 달라졌다. 1830년대 유럽에 콜레라가 전파되기 시작했을 때, 사람들은 인도의 미아즈마를 품고 있는 중고 의류가 질병을 전파한다고 믿었다.[37] 결론만 봤을 때는 아주 틀린 말은 아니었다. 1904년 테헤란 내 유대인 거주 구역을 덮친 콜레라 유행은 실제로 콜레라 환자의 옷이 넝마장수에게 판매되면서 시작되었다.[38] 이러한 공포는 세균학 지식을 업고 더욱 거세졌고, 사람들은 새것이나 다름없는 옷을 보고도 병에 감염될까 봐 두려워했다.[39] 상품 생산의 확장, 규모가 커지는 시장과 위생에 대한 걱정은 결국 산업화된 국가가 중고 물품에 이별을 고하는 원인이 되었다. 물론 이러한 변화가 완전히 자리를 잡은 것은 아니었다. 위기 상황에서 중고 물품은 빛을 발했다. 사람들은 필요한 물건을 중고품으로 더 저렴하게 구매하며 기본적인 생활을 유지할 수 있었다.[40] 1929년 대공황 시기 미국에서는 **쓰레기 시장**Junk Market이 큰 활약을 했다. 쓰레기 시장은 어떻게 보면 오늘날 아이들이 용돈을 벌기 위해 여는 벼룩시장과 별반 다르지 않았다. 실제로 이 뒤에는 그 시대의 씁쓸한 가난이 숨어 있었다. 미국은 이미 당시에도 세계에서 가장 경제 규모가 큰 국가였지만, 사회적 안전망은 거의 없었다.[41]

중고 물품 판매를 중개하는 사람은 항상—일부 분야에서는 중개자의 입김이 가장 셌다—전당포였다. 전당포 주인은 평판이 늘 좋지 않았다. 심지어는 훔친 물건을 받아준다는 의혹도 있었다.[43] 하지만 전당포는 오랜 기간 없어서는 안 되는 장소였고, 세계적인 경제 위기에는 심지어 그 중요성이 한층 더 커지기도 했다.[44] 하지만 늦어도 2차 세계 대전 이후에는 몇백 년간 중고 물품 시장의 중심이었던 전

쓰레기 시장
(뉴욕, 1933년)[42]

당포가 거의 사라지게 되었다.[45]

　앞서 말한 것들은 역사의 일부분에 불과하다. 산업화된 국가에서 중고 물품 시장은 설 자리를 잃었지만, 식민지와 거래할 때는 여전히 쓸모가 있었다. 식민 시장에 중고 의류를 수출하는 것은 오랫동안 의류 쓰레기를 처리하는 주요 방법이었다. 19세기 초반 파리의 마르셰 뒤 탕플Marché du Temple에서 판매되던 중고 의류는 거의 자취를 감췄다.[46] 하지만 19세기에 유럽을 떠난 수백만 명의 사람들이 새로운 중고 의류 시장을 열어주었다. 중고 의류는 식민지의 현지인들에게도 판매되었다.[47]

　국제적인 중고 시장의 확장은 1차 세계 대전 이전의 국제 경제 분업화와도 관련이 있다. 소위 말하는 **수입−수출 시스템**이 바로 그것이다. 국제 무역의 큰 부분을 차지하는 소수의 나라들은 생산한 제품을 농산품이나 원자재와 교환했다. 하지만 산업의 밀집으로 물건이 과잉 생산되면서, 잉여 생산품은 중고품으로서 전 세계에 팔려나가게 되었다. 독일 정치가 발터 라테나우Walther Rathenau는 자신의 저서 『다가오는 것들에 관하여Von kommenden Dingen』(1917)에서 독일의 '고급 상품'들이 전 세계에 유통되는 것에 불만을 토로했다.[48] 2차 세계대전 이후에도 가난한 국가에서는 중고 시장이 활발하게 운영되었다. 중국현대사가 프랑크 디쾨터Frank Dikötter는 중국의 산업체에서 생산된 물품들이 세계 전역의 골목 시장과 **중고** 시장에서 유통된다고 말했다.[49]

공장에서 생산된 상품의 거래에는—전근대와 마찬가지로—문화적인 효과가 있었다. 중고 의류는 계층과 지위라는 사회적 역할에서 벗어나는 출발점이 될 수 있었다. 이는 다른 맥락으로 되풀이되었다. 1860년대부터 세네갈 등 아프리카 국가에서 유럽의 유니폼이 큰 사랑을 받았는데, 식민 지배자들을 조롱하기 위해 전복적으로 착용하는 방식으로 인기를 끌었다.[50] 1920년대 아프리카 식민지 주민들의 애환을 생생히 담은 기사로 주목받은 기자 알베르 롱드르Albert Londres에 따르면, 골드코스트에서 영국인 총독이 중고 양복 수입을 금지하기까지 했다. 롱드르는 런던의 남성복 재단사들이 어두운 피부색을 가진 사람들이 자신의 작품을 몸에 걸치는 것을 견딜 수 없어 했다고도 이야기한다.[51]

중고품 거래는 가난한 도시에서 특히 활발했다. 미국인 교사 밀드레드 화이트Mildred White는 1950년대 팔레스타인 라말라를 **넝마와**

누더기의 도시 Rag and Tatter Town라고 묘사했다. 경제적으로 빠르게 변화하던 이 도시의 골목 시장에서는 싸구려 장신구, 의류, 간식 등 다른 곳에서는 찾아볼 수 없는 물건들을 아주 저렴한 가격에 판매했다. 이곳은 희망으로 가득했다.

> 이곳 사람들은 모든 것을 잃어버린 후, 굶주림과 헐벗음, 무자비한 겨울로부터 자신의 가족을 지키기 위해 맨손으로 싸워나가고 있다. 당장 한 해 전만 해도 집이 없던 사람들은 다 같이 바닥에서 부둥켜안고 잘 수 있는 단칸방의 월세를 낼 수 있게 되었고, 비바람으로부터 자신들을 보호할 수 있게 되었다. 작년에 적십자회의 도움으로 아사 위기를 이겨낸 사람들은 자신의 힘으로 야채나 과일을 얻는다. 작년까지만 해도 상상조차 할 수 없던 비누는 텐트나 오두막, 월세 방에서 다시 찾아볼 수 있게 되었다.[52]

이 극적인 기록은 가난을 이야기하면서도, 이곳 사람들이 소규모 가게를 운영하며 그 수입으로 힘든 상황 속에서도 자립을 쟁취했음을 넌지시 드러낸다. 많은 사람들은 여기에서 환상을 보았다. 이는 새로운 형태의 연대감을 형성한 사회 변두리의 공동체이자, 국가의 개입이나 최저 임금, 건강 보험, 연금 시스템 없이도 가격과 기회로 형성된 완벽한 시장, 즉 자본주의적 유토피아의 현신이었다.[53]

하지만 이 환상에 흔들려서는 안 된다. 중고품 시장은 결국 빠듯한 세상에서 살아남기 위한 전략이었고, 물건 수리도 마찬가지였다.[54] 사실 이 밑바탕에는 가난이 깔려 있었다. 이곳은 결국 배리 랫

클리프Barry Ratcliffe의 말처럼 '마지막 피난처'였다.[55] 하지만 이곳 사람들은 절망이 아닌, 살아남고자 하는 투지로 가득 차 있었다.

재사용

산업화된 국가 내에서 중고 시장의 입지는 점차 좁아져만 갔다. 하지만 이와는 별개로 국제 무역 시장이 형성되면서, 세계 곳곳에 다양한 상품이 공급되었다. **재사용**의 중요도가 높아지면서, 물자를 재활용하는 경향 또한 짙어졌다. 1차 세계 대전 직전 뼛가루, 소의 장, 콜타르 같은 재료는 세계적인 무역 상품으로 떠올랐다. 1914년 이전 경제의 세계화는 곧 재활용 경제를 의미했으며, 이는 생산에 필수적인 원재료를 공급했다.

앞에서 이미 자세히 이야기한 넝마 수거는 전통적인 재활용의 대표적인 예시이다. 19세기 초 서유럽에서는 종이 수요가 커지면서 넝마 가격이 상승했다. 당국은 개인 수거인의 활동을 금지했지만, 더 많은 곳에서 수거가 벌어졌다. 바덴에서는 1820년대 넝마 시장 자유화를 둘러싸고 논의가 이루어졌다. 넝마 시장 제한이 자유 무역이라는 개념과 상충했기 때문이다.[56] 19세기 중반 영국에서는 독서가 유행하고 사람들의 문맹률이 낮아지면서 종이가 부족해졌고, 공급 부족을 메꾸기 위해서는 러시아, 이집트, 유럽 지역에서 리넨 넝마를 더 많이 수입해야만 했다. 원자재가 부족해지자 수거 지역이 더 확대되었고, 수거인과 판매상은 공격적으로 경쟁했다.[57]

몇십 년에 걸쳐 대체재를 발명하려는 실험이 이어졌고, 실제로

도 이후 다양한 기술이 개발되면서 종이 부족 사태를 보완할 수 있게 되었다. 잉글랜드는 종이 생산에 기계를 도입했고, 1840년대에는 목재 펄프를 기반으로 종이를 생산할 수 있게 되었다. 화학 물질로 표백하고, 식물성 물질로 접착한 뒤 증기로 빠르게 건조시키는 방식이었다.[58] 목재 펄프는 종이 생산에 적합한 물질이었을 뿐만 아니라, 얻기도 쉬웠고, 가격도 저렴했다. 펄프지는 1860년대부터 넝마를 이용한 종이 생산을 대체해 1900년대부터는 우위에 섰다.[59]

세기가 넘어가던 시기에 기술이 발전하면서 펄프지의 품질이 크게 향상되었다.[60] 하지만 넝마를 이용한 종이 생산이 완전히 사라진 것은 아니었다. 넝마는 여전히 포장지나 고급 지류에 활용되었으며, 1890년대까지도 품질이 좋은 넝마의 가격이 상승하는 사례가 있

뉴욕 맨해튼 '헬스키친'에서의 넝마 분류(1890년)[63]

었다.[61] 이 시기에는 자투리 양모에 새 양모를 섞어 만든 옷감인 혼합 양모Shoddy도 재활용할 수 있게 되었다. 특히 1810년대 이후 기계를 이용해 혼합 양모를 분해할 수 있게 되면서 이는 상당히 매력적인 사업 분야로 발돋움했다. 이렇게 분해된 넝마는 비료가 되어 쉽게 밭에 뿌릴 수 있었다.[62]

고물 경제에서 큰 기둥 중 하나는 고철 시장이었다. 앞서 말했듯, 사람들은 아주 오래전부터 금속을 재사용했다. 하지만 다양한 기술이 발전하고 재련 과정이 산업화되면서 고철의 상품 가치는 더욱 더 높아졌다. 철은 비철 금속에 비해 재사용이 어려웠기 때문에, 과거에는 주로 장기적으로 사용할 수 있는 형태로만 활용되었다. 특히 지멘스-마르탱 공법Siemens-Martin Verfahren이 발명되며 국제적인 고철 시장이 형성되는 데 크게 기여했다. 이는—베세머 공법과 토머스 공법과 더불어—3대 대량 제강법 중 하나로, 이미 1856년에 특허를 취득했지만 1890년대 이후에야 널리 퍼졌고, 두 세계 대전 사이에는 세계적으로 가장 많이 활용되는 철강 공법으로 발전했다. 지멘스-마르탱 공법에서는 석탄이 아닌 전기로를 이용해 열을 공급했으며, 품질이 좋은 강철을 생산하기 위해서는 고철이 필요했다.[64]

강철과 고철의 수요가 크게 늘면서 효율이 뛰어난 재활용 인프라가 탄생했다. 특정 기구—특히 크레인과 절단 토치—가 발명되고 고철 조각의 운송과 가공이 용이해졌으며,[65] 점차 이 분야에 특화된 회사가 설립되었다. 미국에서는 1860년대부터 넝마장수의 수가 줄어들었고, 온갖 종류의 금속을 다루는 고철 장수가 이 자리를 대체했다.[66] 티센Thyssen 같은 거대 기업은 자체적인 고철 처리 분야를 신설했고, 이후 세계적인 수준으로 몸집을 키워나갔다.[67] 19세기 후반에 제련 기술이 한층 발전하면서 다른 금속에도 비슷한 변화가 발생했다. 예를 들어 베를린에 위치한 회사 한스 골드슈미트Hans Goldschmidt 는 1890년대에 캔을 가공해 주석을 회수하는 공법을 개발했다.[68]

금속 재활용 분야에서 활동하는 수공업자들이 완전히 사라진 것은 아니었다. 모로코 불어권 지역의 판자촌은 아랍어로 **금속 도시** 라는 의미로 무둔 사피Mudun Safi라고 불리는데, 건물을 세우는 데 고철을 활용했기 때문에 이러한 이름이 붙여졌다.[69] 양차 세계 대전 사이 아프리카 식민 도시의 주요 상업 분야에는 재단업, 건설업 말고도 상업 쓰레기를 가정용 물건으로 가공하는 판금업이 포함되었다.[70]

고물 처리에 손을 보태는 이들(시에라리온의 프리타운, 1911년)[71]

재활용은 많은 분야에서 실질적인 생산과 큰 연관이 있었고, 경제적이었다. 미국 목화 재배 사업의 씨앗 처리가 대표적이다. 1850년대 중반까지 씨앗은 다른 쓰레기들처럼 버려졌다.[72] 강에 버려지다가 이후 미국 남부에서 큰 환경 문제로 발전했다. 문제를 해결하기 위해 사람들은 씨앗에서 기름을 짜기 시작했고, 껍질을 가공하는 등 활용 방안을 개발했다.[73] 미국 랭커셔의 직조 산업에서는 목화 찌꺼기Cotton Waste 가공이 개별 산업 분야로 발전했으며, 특히 원면 가격이 상승할 때 크게 도움이 되었다.[74] 제철 부산물도 재활용할 수 있었다. 인을 함유한 선철을 강철로 가공하는 토머스 공법은 토머스 인비Thomas Mehl라는 부산물을 생산했는데, 이는 비료로 활용할 수 있었다.[75]

재사용의 놀라운 점은, 재사용을 위한 원료가 국제적인 무역 상품이 되었다는 사실이다. 예를 들어, 뼈나 뼛가루는 수탄, 비료, 동물 사료로뿐만 아니라 다른 상품의 생산에도 널리 활용할 수 있었다.[76] 영국에서는 워털루 전투로 사망한 이들의 몇천 구에 달하는 시체를 공장에서 가공해 비료로 만들었다는 소문이 돌기도 했다. 괴담에 불과했지만, 실제로 영국은 1815년부터 뼈를 가공해왔다. 19세기 초 파리는 말 사체를 재사용하는 방법을 고안했다.[77] 전근대에 심각한 도시 환경 문제에 속했던 동물 사체는 점차 재사용할 수 있는 원재료로 받아들여졌다.

뼛가루는 비료와 식품 산업에서 특히 많이 활용되었으며, 세계적인 무역 상품이었다. 특히 젤라틴 생산의 주요 원재료였다.[78] 가정내 화구에서 발생한 재는 1860년대까지 건축 자재로 널리 활용되었지만, 이후 철도로 돌과 시멘트를 쉽게 공급할 수 있게 되면서 가격이 급락했다.[79] 이때까지만 해도 지방과 기름, 비료를 대체할 수 있는 화학 물질은 많지 않았고, 공장은 도시에서 수거하고 재사용할 수 있는 자재에 의존할 수밖에 없었다. 이는 1차 세계 대전 이전에 재사용 재료를 거래하는 국제적 시장이 형성되고 재활용 경제가 정점에 오른 이유를 설명해준다.

　이러한 추세는 영원하지 않았다. 점차 재사용할 수 있는 재료를 대체할 물질이 개발되었다. 석재와 시멘트는 재를 대체했고, 인공 비료는 배설물과 유기물 쓰레기를, 목재 펄프는 넝마를 대신했다. 1920년대부터는 도살장과 식품 공장에서 생산되는 부산물 또한 화학 물질로 대체되었다. 유기화학과 무기화학이 발전하면서 이전에는 재사용으로만 얻을 수 있던 원재료들이나 여기에 견줄 만한 다른 물질들을 생산할 수 있게 되었다. 산업화와 도시의 성장은 처음에는 재활용이 용이한 환경을 형성해주었지만, 이후 대체품 개발과 생산 과정의 혁신, 위생에 대한 논란이 일면서 재활용에 의구심이 생겼다.

　잉글랜드의 넝마장수인 **더스트맨**Dustmen은 프랑스의 시포니에와 같은 역할로, 사회 변두리에 존재했지만 일을 하며 경제적으로 자립했으며 이러한 자립성을 유지하길 원했다. 작가 브라이언 매이드먼트Brian Maidment는 이들을 빅토리아 시대 부르주아의 지위에 도전한 서민들의 **페니 자본주의**Penny Capitalism의 전형으로 보았다. **더스티 밥**Dusty Bob이라는 넝마장수 캐릭터가 이 시기 연극과 소설에 자주 등장했는데, 싸움을 피하지 않고, 성욕이 넘치는 거친 남자로 주로 그려졌다.[80] 1828년 파리의 경찰 보고서에는 시포니에가 규율을 따르지 않고, 선을 모르며, "야생적인 독립성"을 지녔다는 기록이 남아 있다.[81] 같은 해 시포니에에게 성과 이름, 신체적 특징이 적힌 금속 배지를 착용할 의무가 부과되었다.[82]

1900년대에 이르자 산업화된 국가에서 시포니에나 더스트맨은 설 자리를 잃었다. 작가 스테판 프리우Stephane Frioux는 이미 이 시점에 시포니에가 과거의 유물이 되었다고 보았다.[83] 도시가 상업화되고 새로운 위생 개혁안이 적용되면서 전통적인 쓰레기 처리 방안이 운용될 수 없게 되자 이들은 결국 도시에서 밀려날 수밖에 없었다. 여전히 쓰레기를 가공하는 사업체는 존재했지만, 이전처럼 구역을 맡아 쓰레기를 수거하지는 않았다.[84] 도시 노동 시장의 변화와 불안정한 근로 조건, 위태로운 자립 환경은 도시 내 재활용과 긴밀하게 얽혀 있었다. 여성, 남성, 심지어는 아이까지도 일용직에 종사했다. 고물이나 넝마 수거 배달, 중고품 판매는 대표적인 일용직에 속했다.[85] 1902년 모스크바에는 152명의 넝마 상인이 등록되어 있었는데, 이 중 64명이 여성이었다. 등록된 거리 청소부의 수는 1092명이었고, 811명은 쓰레기 수거업에 종사했다. 하지만 이 공식적인 숫자는 현실을 반영하지 않았다. 중고품과 고물 재사용 시장에 종사하는 사람들은 교육을 받지 못했고, 별다른 일자리를 구하지 못할 때만 쓰레기장에 찾아왔다. 19세기 후반 파리에는 최대 5만 명에 달하는 시포니에가 활동하기도 했다.[86]

상트페테르부르크의 예시는 도시의 가난과 재활용 사이의 연관성을 드러낸다. 19세기 말 네바강 상류의 바실리예프스키섬에는 라브라Lavra와 바스야Vasjas라는 두 빈민가가 있었다. 경험담 속 생생한 증언에 따르면, 이 두 빈민가는 재활용과 크게 연결되어 있었다. 라브라에는 사람들이 **넝마 날개**Lumpenflügel라고 불리는 지역에 넝마를 수거하고 쌓아두었다. 이 장소는 해충과 쥐가 들끓어 큰 위생 문제를 일으키기도 했다. 넝마 날개에는 수많은 여성 노숙자가 살고 있었는데, 이들은 넝마 수거와 재사용 분야에서 주요하게 활동했다. 파리의 시포니에 중 3분의 1도 여성이었다.[87] 바스야는 쓰레기 더미에서 출발한 지역이다. 상트페테르부르크에서 쓰레기 수거인으로 일했던 예고르 바실리예프Egor Vasil'ev는 자신이 번 돈으로 섬의 일부 지역을 구입했다. 그는 그곳에 쓰레기장을 열고 집도 지었다. 1890년대에 이 지역에는 최대 5000명의 사람이 이러한 위태로운 환경에서 살아갔다. 음주와 폭력이 만연했고, 사람들은 쓰레기를 창 밖에 아무렇게나 버렸다.[88]

도쿄나 오사카 같은 일본 도시에서도 재활용과 쓰레기 수거는 소규모 상업, 매춘, 인력거 운행과 더불어 사회에서 중요한 역할을 했다. 넝마 수거는 특히 중요했다.[89] 외부 사람들은 접근할 수 없었지만, 여기에는 쓰레기 수거인들만의 조직이 존재했다. 수거인과 분류인은 분업화되었고, 중간상은 중개료를 받고 재활용 물건을 취급하는 판매상에게 넘겼다.[90] 수거인은 대부분 나이가 어렸고, 과반수는 17세 미만이었다.[91] 미국 내 재활용 산업은 주로 이민자들의 몫이었다. 유대인은 오랜 기간 뉴욕의 고철 시장을 장악했고, 이탈리아인들도 마찬가지였다.[92] 특히 중고 의류 시장은 유대인을 빼고 이야기할 수 없었다.[93]

19세기 마지막 사반세기에는 재사용 물질을 가공하고 거래하는 일이 전문화되었다. 특히 1880년대와 1890년대에는 직간접적으로 도시 쓰레기 재사용으로 돈을 버는 회사의 수가 크게 증가했다. 특히 고철은 큰 이윤을 가져다주었다. 1890년대부터는 사기업들이 다양한 기술을 개발해 재활용에 기여했다. 예를 들어, 베를린 소재의 회사 게르존Gerson은 고체 유기 쓰레기를 가공해 종이 생산에 활용할 수 있는 **쓰레기직물**Müllwolle을 만들었다. 쓰레기를 비료로 만들거나 건설 자재로 활용하는 것은 여전히 주요한 활용 방법이었다.[95]

하수도와 쓰레기 수거 시스템이 도입되며 이 과정에서 벌어진 폐기물에 대한 논의가 이러한 전문화와 변화를 이끌었다. 특히 배설물을 하천에 방류해 생긴 오염이 도시 환경에 대한 논의에 불을 지폈다. 환경 관리에 대한 고민은 효율성의 증대로 이어졌다. 1880년대부터는 많은 산업 분야에서 연료와 원재료 사용의 효율을 높이고 원재료 사용량을 줄이는 데 성공했다.[96] 도시 쓰레기로 이러한 일을 이루어낼 수 없다는 법도 없지 않은가? 사람들은 유토피아를 꿈꿨다. 1920년대 화학 처리를 통해 쓰레기를 효율적인 비료로 만들어 쓰레기 문제를 완전히 해결할 수 있다고 믿었던 폴란드 브로츠와프의 기업가 프란츠 뵈르너Franz Boerner가 대표적이다.[97]

1895년부터 1898년까지, 3년밖에 되지 않는 짧은 임기 동안 뉴욕의 쓰레기 수거 시스템을 새롭게 만들어낸 조지 E. 워링은 샌디훅 바다에 버려지는 쓰레기를 보며 자원 낭비라고 여겼다. 그의 결정에 따라 도시 쓰레기는 브루클린 남쪽 끝에 위치한 배런아일랜드Barren Island로 운반되어 여러 차례 가열과 압착을 거쳐 비료와 같은 물질을 추출해냈다. 추출물은 비누 제조업자나 남부의 면화 농장주들에게 판

파리의 시포니에(1920년경)[94]

매되었다. 이렇게 재사용하기 전에는 사람이 일일이 손으로 쓰레기를 분류해야 했다. 여기서도 버려지는 쓰레기는 전부 소각되었다. 쓰레기 가공 프로젝트가 실패한 이유 또한 흥미롭다. 가공 과정은 지나치게 연료 집약적이었고, 이 과정에서 생산되는 물품의 수요는 낮아졌다. 시설에서 비롯되는 소음은 주변 지역 주민들의 불만을 낳았다. 결국 뉴욕은 1차 세계 대전 즈음부터 다시 쓰레기를 바다에 던져 넣기 시작했다.[98]

이 시설─필라델피아 같은 미국의 다른 도시에도 비슷한 시설이 있었다─은 도시가 쓰레기 처리에 대한 우려에 어떻게 대응했는지를 보여주는 예시 중 하나이다. 1890년대부터는 프랑스와 독일, 영국에 도시의 쓰레기 낭비를 해결하고자 하는 기업들이 우후죽순 생거났다.[99] 베를린과 맞닿은 지역인 샤를로텐부르크에는 세 칸의 쓰레기통에 쓰레기를 분류하는 분리수거 시스템이 도입되었다. 1895년 부다페스트에는 쓰레기 분류 시설이 문을 열었고, 곧 뮌헨 근교의 푸흐하임에도 비슷한 시설이 생겼다. 이러한 시설에서는 대개 가공한 음식물 쓰레기를 처리하기 위해 돼지를 사육했다.[100] 하지만 이러한 시설이 오랫동안 살아남는 일은 드물었고, 푸흐하임의 쓰레기 분류 시설은 보조금에 의지해야 했다.[101]

조국의 부름과 전쟁 재활용

대량 생산 시대 이전의 재활용은 두 차례의 세계 대전을 말하지 않고는 온전히 설명할 수 없다. 특히 두 세계 대전 사이에는 대부분의 참전 국가가 금속 수거 운동을 열고, 관련 회사에 재사용이 가능한 고물을 공급할 것을 요청했다. 국민들에게도 음식물 쓰레기와 다른 재사용 가능한 쓰레기를 분류해서 배출하라는 권고가 내려졌다. 이 책에서는 이러한 관행을 **전쟁 재활용**Kriegsrecycling이라고 부르겠지만, 엄밀히 말하면 정확한 표현은 아니다. 국가가 실제로 쓰레기를 수거한 것은 사실이지만, 그 누구도 버릴 생각이 없던 물건 또한 수거에 동원되었다. 독일 제국에서 녹여 사용한 수천 개의 교회 종탑이 대표적이다. 영국도 2차 세계 대전 당시 수많은 공공장소에 남아 있던 수많은 철창과 난간을 철거했다. 한국에서도 구리로 된 가정용품이 강제로 수거되면서 값싼 도기가 이 자리를 대체했다.[102] 나치 강제 수용소는 끔찍하고 극단적인 사례로, 희생자의 머리카락, 신발, 다른 수많은 소지품들이 강제로 수거되고 분류되었다.

과거에도 군사적 충돌은 '재활용'을 부추겼다. 빅토르 위고는 『레미제라블』에서 워털루 전투가 끝나고 시체가 널린 광경을 생생하게 묘사했다. 남북 전쟁이 일어나는 동안 미국 동해안의 여러 도시에서는 금속 수거 운동이 펼쳐졌다.[103] 하지만 두 세계 대전은 이와는 비교도 할 수 없는 수준이었다. 참전 국가들은 가능한 모든 것을 재사용해 전쟁에 활용하고자 했다. 전쟁으로 국제 무역로가 막히면서 원재료 수급 문제가 발생했고, 교회 종을 녹여 쓰는 것은 문제를 해결하기 위한 수많은 시도 중 하나일 뿐이었다. 특히 1차 세계 대전 당시 독일과 합스부르크 왕가가 그러했듯, 전쟁으로 사실상 무역로가 완전히 차단된 경우에는 이러한 노력이 두드러졌다. 물론 프랑스, 일본, 영국, 미국까지도 절약과 재활용을 통해 전쟁 경제를 개선하려 노력했다.

재활용 경제는 단순히 물자 부족을 메우기 위해 시작된 것이 아니었다. 많은 사람들은 재활용을 전쟁에 대응하는 방법일 뿐 아니라 자원 낭비를 막을 기회로 보았다.[104] 재활용 경제는 동시에 국민, 특히 여성과 아이들이 일상 속에서 국가적인 위기에 기여할 수 있는 방법이기도 했다. 일상 속 낭비와의 전쟁은 사실상 전쟁이 벌어지는 모든 국가에서 이루어졌으며, 이에 대한 동기 또한 어디에서나 비슷했다. 절약하며 세심하게 부엌 경제를 이끄는 아내는 경제와 관련한 모든 분야에서 귀감이자 상징이 되었다. 다른 분야에서는 전쟁이 이렇게까지 큰 영향을 미치지 않았다. 이러한 부분은 수많은 물건이 수거되었음에도 전혀 재사용되지 않았다는 사실을 쉽게 간과하게 만든다.

1차 세계 대전 당시 참전 국가는 수많은 장비로 무장했지만, 몇 년간 지속된 '총력전' 때문에 발생한 문제에는 미처 대비하지 못했다. 특히 연합군의 방어를 뚫지 못하고 무역에서 배제된 독일과 오스트리아–헝가리가 그랬다. 참전 국가는 금속의 수요를 충족해야만 했는데, 여기에는 철과 강철뿐만 아니라 탄환 생산에 필요한 구리와 주석도 포함되었다. 아직 개발된 지 얼마 되지 않은 알루미늄 또한 전쟁 목적으로 널리 활용되었고, 구리는 무기뿐만 아니라 전기선을 만드는 데도 필요했다. 니켈이나 볼프람 같은 비금속 또한 합금에 사용되었다. 독일에서는 특히 1915년 초에 대대적인 수거 운동을 벌여 금속을 동원했다.[105]

금속 수거 이외에도 가정에는 분리수거가 권고되었으며, 특히 음식물 쓰레기는 전쟁 시 경제에 보탬이 되어야만 했다. 독일에서는 이미 1914년 가을에 전국 도시에 쓰레기를 지방이나 기름, 동물 사료로 가공하는 방안이 강권되었다.[106] 1915년 초 전쟁이 곧 끝날 것이라는 기대가 물 건너간 이후, 국가는 식량 안보 상황을 다시 한 번 점검해야 했다. 문제는 특히 동물 사료에 쓰이는 곡식 대부분을 수입해오던 러시아와 무역로가 차단되었을 때 두드러졌다. 결국 1915년 5월 독일은 약 900만 마리의 돼지를 살처분했는데, (이후 교수들의 통계 실수로 이런 결정이 내려졌음을 풍자하는 말로) '교수 학살 Professorenschlachtung'로 불리게 된 이 선택 때문에 국민들은 전쟁 중에 지방과 동물성 단백질 결핍에 시달려야 했다.[107]

이것이 잘못된 선택이었음이 명확해진 뒤, 정부는 돼지 사육을 장려하기 위해 쓰레기 분류 정책을 강화했다. 여기서 음식물 쓰레기와 더불어 종이와 직물도 집중적으로 수거되었다.[108] 금속은 역시나 중요했고, 전쟁 말에는 수거 활동이 극심해져 문손잡이나 금속 접시가 남아 있지 않을 지경이었다. 잉글랜드와 프랑스에서는 금속과 종이, 음식물 쓰레기 수거 운동을 벌이기는 했지만, 독일처럼 너도밤나무 열매, 도토리, 왕풍뎅이—동물 사료로 활용할 수 있었다—까지 수거하지는 않았다.[109] 이 시기에는 그간 이용하지 않던 재료까지도 식탁에 오를 수 있는 것으로 여겨졌으며, 돼지를 숲에 방목하는 사육 방식도—성공하는 일은 드물었지만—다시 시도되었다.[110]

연합군의 방어선은 굳건했다. 전쟁 중 동맹국의 조달 상황은 연합군에 비해 좋지 않았다. 이들이 비록 독일의 무제한 유보트 투입 때문에 무역로를 차단하는 데 실패했지만 말이다. 이 시기, 쓰레기 활용 정책에서 국가마다 약간의 차이도 눈에 띈다. 1917년 미국 농업부 장관은 주부들에게 식사량을 조절해 소중한 음식을 버리거나 '돼지나 닭'에게 사료로 낭비하지 말라고 권고했다.[111] 하지만 '순무의 겨울'로 알려진 1916~1917년 독일 기근 당시에는 누구도 호화스러운 식사를 문제 삼지 않았다.

1차 세계 대전은 국제 무역 관계를 찢어놓았다. 참전 국가들은 모든 경제 활동을 전쟁 승리라는 목표에 맞췄다. 하지만 중고 시장은 침체되지 않았다. 참전 국가의 물품 수요가 증가하면서 고철 시장을 비롯한 여러 중고 시장이 부흥기를 맞았다. 일본의 한 폐지 수거인은 폐지 수요가 크게 증가하자 1차 세계 대전 중에 자기 가게를 열 수 있었다.[112] 많은 지역에서 군사적 충돌은 쓰레기 처리 분야의 전문화로 이어졌으며, 이런 변화는 전후 시기 물가 하락으로 인해 더욱 심화되었다.[113]

1차 세계 대전의 고통스러운 경험과 눈앞에 닥친 상황을 처리할 대응책을 찾느라 분주했던 참전 국가들은 2차 세계 대전이 터졌을 때 맞닥뜨릴 일들을 충분히 짐작할 수 있었다. 1차 세계 대전의 경험에서 얻은 교훈은—정확히 어떻게 해야 할지는 모호하더라도—나치의 방향성이 되어주었다.[114] 적어도 나치는 수백 만 마리의 돼지를 도살하는 실수는 피했고, 자급자족 경제론을 펼쳐 국민들에게 지방과 기름을 충분히 공급해주었다.[115] 하지만 나치 정권은 초반부터 쓰레기를 분류하고 전쟁에 필요한 금속을 동원하는 정책을 시행했다.[116] 이미 1934년부터 겨울 빈민 구호 사업을 전개하며 국가적인 고물 수거 조직을 구축했다. 헤르만 괴링Hermann Göring의 말을 인용하자면, 그는 "최고의 넝마 수거인이자 고물 수거인이다. 나는 모든 것이 필요하고, 모든 것을 기꺼이 받을 것이다!"[117]

　중고품 재사용은 1936년부터 시작된 4개년 계획의 중심이었다. 4개년 계획은 독일 제국이 외국으로부터 경제적으로 독립하는 것을 목표로 했다. 그에 따라 독일 국내에서 강철, 연료, 인공 고무 같은 전략적인 원재료—비록 종종 품질이 의문스럽기는 했지만—를 집중적으로 생산하기 시작했으며, 재료 화학이 크게 발전했다.[118] 하지만 효율적인 쓰레기 수거와 재사용 방안이 뒤따라야 했다. 1937년 8월에는 제국위원회 산하에 수거 운동을 조직하는 고물 재사용 부서가 창설되었으며, 카를 치글러Karl Ziegler가 책임자로 임명되었다. 또한 고물 사업 분야에 대한 광범위한 규제가 마련되면서, 모든 회사에는 의무 수거 지역이 지정되었고, 지역 내 수거가 독점화되었다. 1937년부터는 이른바 '2 분류 시스템'이 도입되며 도시의 3만 5000명 이상의

주민들이 가정 내 음식물 쓰레기를 분리 배출하게 되었다.[119]

독일 국내의 전쟁 재활용은 이미 2차 세계 대전보다 훨씬 이전에 시작되었다. 그 덕분에 독일은 많은 자재를 확보할 수 있었다. 이후 점령지에서도 마찬가지였다.[120] 이 재활용에는—이미 1차 세계 대전에서 그랬듯—구리와 주석을 수집하기 위한 금속 수거 운동도 여러 차례 있었다.[121] 음식물 쓰레기나 폐지, 넝마 수거 또한 중요하게 다루어졌다.[122]

독일의 고물 경제는 효율성과 늘 싸워야 했지만, 외부에서는 이를 전혀 다른 시선으로 보았다. 프랑스는 봉쇄 조치를 무력화하는 독일의 '천재적인 대안'을 두려워했다.[123] 비시 프랑스나 일본에서도—역사가 채드 덴튼Chad Denton이 최근 보여주었다시피—독일의 고물 경제를 모방했다. 일본은 **쓰레기가 없는 나라**로 여겨졌고, 1930년대부터 자급자족 경제를 따랐지만, 이와는 별개로 1939년부터 독일과 유사한 전쟁 재활용 시스템을 도입했다.[124] 비시 프랑스 정권도 1941년부터 독일과 유사한 고물 수거와 재사용 정책을 운영했다. 그러나 많은 관료들은 수거품의 상당량이 독일 제국으로 운송되었다는 사실은 알지 못했다.[125]

이미 1930년대 후반부터 수많은 국가에서 자재 수거를 위한 운동이 증가했고, 이후 독일과 연합한 국가들에서 특히 두드러졌다. 이탈리아는 아비시니아(에티오피아)에서 발생한 군사적 충돌 이후 1935년부터 자급자족 경제를 도입했다. 이는 물론 재활용의 강화를 의미했다. 이곳에서도 수많은 금속 수거 운동이 벌어졌으며, 가정에는 분리수거가 권고되었다. 이는 이후 모든 도시 쓰레기 처리 방식을 재편하는 수준에 이르렀다. 동물 사육은 다시 주목을 끌었고, 일부 사람들은—나폴리에서처럼—도시 안에 텃밭을 일궜다. 시 광장에는 채소밭도 있었다.[126] **도시 농경**은 양차 세계 대전 당시 세계 곳곳에서 찾아볼 수 있는 현상이었다. 영국은 빅토리가든 운동을 펼쳐 도시와 가정 농경을 장려했다.[127] 많은 지역이 세계 대전 동안 심각한 식량 부족에 시달려야 했는데, 도시 농경과 사육은 이를 완화하기 위한 주요 방책이었다.[128]

소비에트 연방은 국가가 산업화를 주도했으며, 1차(1928~1932년)와 2차(1933~1937년) 5개년 계획을 펼쳐 고철, 폐지, 기타 자재를 광범위하게 수거했다. 물론 이데올로기와 밀접하게 얽힌 활동이었다. 예를 들어 불온 서적은 종이 낭비이자 국가 경제를 손상시키는 주범으로 낙인 찍혔다.[129] 비슷한 예시로 독일 제국은 금속 수거 운동을 벌이며 불온 인물의 동상을 우선적으로 녹여 사용했다.[130] 영국과 미국에서도 고물을 모으려는 노력이 다양한 형태로 나타났는데, 자발 참여도는 상이했다. 1942년 미국 야구팀 브루클린 다저스는 5kg 이상의 고철을 가져온 팬들에게 무료 입장권을 배부했는데, 이는 비교적 자발적인 참여 운동 중 하나였다.[131] 영국에서는 처음에는 이러한 운동이 자발적으로 이루어졌으며, 꽤나 성공적이었다.[132] 1939년 11월에는 군수성 산하에 구조 부서Salvage Department를 창설했다. 이곳의 주 업무는 다양한 재활용 활동을 구성하는 것이었다. 독일이 전쟁 초반에 강세를 보이자 이러한 활동의 범위가 확장되었다. 특히 됭케르크에서의 참패와 지속적인 도시 폭격을 당한 이후 금속 수거 운동이 활발해졌으며, 국민들은 폐지와 수천 개에 달하는 냄비, 금속으로 된

폐지 수거(미국 콜로라도, 1942년)[137]

부엌 용품을 내놓았다.[133] 런던에는 골목마다 음식물 쓰레기 수거 용기가 설치되었다.[134]

　다른 지역도 마찬가지로 재활용을 강조했지만 참여의 자율성은 점차 떨어졌다. 원재료를 수입할 자금이 점차 부족해져서, 결국 1942년 3월에는 종이를 버리거나 태우는 행위를 범죄로 규정하는 **자재 낭비에 관한 법안**이 발효되었다.[135] 영국은 종탑을 녹이지는 않았지만, 비금속, 특히 주석을 마련하기 위해 애썼다. 영국은 식민지에서도 금속 수거 운동을 펼쳐야만 했다. 그러다 1944년부터 전쟁에서 승기를 잡기 시작하자 운동에 대한 열의가 점차 시들해졌다.[136]

　전쟁 막바지에는 국가가 직접 재활용에 앞장섰다. 민간 업자들에게는 반가운 일이 아니었다. 민간 업자들은 전쟁보다는 경제적 이득이 중요했기 때문에 1차 세계 대전에서도 크게 어려움을 겪어야 했다.[138] 일본에서는 국가가 민간 재활용 산업을 전쟁 재활용이라는 틀에 맞춰 일종의 국가 운동의 주도자로 만드는 데 성공했다. 반면 '제3제국'은 민간 재활용 업자들을 없애는 방안을 고려했다. 처음에는 정부 주도 시스템을 통해 재활용 산업에 접근한 뒤, 수거 활동의 경쟁자인 민간 기업을 차례대로 제거해나갔다. 중요한 사실은 이러한 고물 업자의 대부분이 유대인이었다는 점이다. 정부는 이들을 체계적으로 시장에서 몰아냈고, 유대인은 정치적 박해의 희생자가 되었다. 나치는 이들을 대신할 의무 수거인을 지정했고, 팔에 매는 띠로 이들을 구분했다.

정부는 특히 여성과 아이들이—공적 캠페인을 펼쳐—고물 수거에 참여하길 바랐다. 1935년 이탈리아의 금속 수거 운동에서는 시민들의 적극적인 참여를 독려하며 특히 여성들에게 결혼반지를 기부할 것을 요구했다.[139] 시민들은 가정 내 절약과 재사용으로 국가의 자급자족에 기여해야 했다. **기쁨을 통한 힘**Kraft durch Freude이라는 나치의 슬로건과 유사한 이탈리아의 **도폴라보로**Dopolavoro는 1914년 다음과 같이 이야기했다.

> 가정 경제는 가정의 관리 상태를 보여주며, 아내, 엄마, 누이의 몫이다. … 이들은 낭비를 피하고 절약할 줄 안다. 이는 결국 자급자족으로, 우리가 쟁취해야만 하는 목표이다.[140]

파시스트 정권에만 국한된 현상은 아니었다. 영국에서는 학생들과 보이스카우트가 폐지 수거에 동원되었다. 이는 애국심 고양 교육 프로그램의 일부이기도 했다.[141]

수거 운동의 성공에 기여한 슬로건은 이러했다. "이는 우리 모두의 일이지만, 특히 여성들의 몫이 크다. 주부들이여, 일어나라."[142] 그나마 예외는 소비에트 연방으로, 이곳에서 여성은 생활과 노동 공동체의 일부로 간주되었다. 소비에트 연방에서 쓰레기 수거와 분류, 재사용은 모두의 몫이었다.[143]

하지만 비숙련자에게 이 모든 일을 떠넘기는 것에는 문제가 있었다. 독일 제국에서 아이들이 수거한 가정 쓰레기는 결론적으로 활용에 적합하지 않았고, 결국 이 업무는 다시 쓰레기 수거인의 손으로 돌아갔다. 수거인들은 2차 세계 대전 중―상당 부분은 강제 노동이었지만―고물 산업에 필수 요소였다.[144] 소비에트 연방은 복잡한 기계나 로켓 설계도까지도 이면지에 그려야 했을 정도로 심각한 종이 부족 문제를 겪었는데도,[145] 결국 1914년에 폐지 수거 운동을 중단했다. '제3제국'이 수거한 음식물 쓰레기는 대개 돼지가 먹기도 전에 이미 썩어버렸다.[146]

3부
대량 소비의 시대

폭발하는 쓰레기

10장
버리기 사회의 탄생

†

쓰레기는 유일하게 증가하는 자원이다.
—1969년, 미국 내무부 차관 홀리스 돌Hollis Dole[1]

쓰레기 재앙

2차 세계 대전 중 독일은 국가가 개입해서 쓰레기의 양을 대폭 줄였다. 쓰레기 수거 시스템은 차량과 노동 인구의 부족으로 겨우 명맥만 유지했다. 사람들은 공습 지역에 쓰레기를 버렸다. 전쟁이 끝나고, 도시 환경부는 쓰레기 양이 전쟁 이전 수준을 회복하기까지 상당한 시간이 소요될 것이라고 예상했다. 하지만 현실은 예상을 뛰어넘었다. 이미 1950년대에 쓰레기 양은 1930년대 수준에 도달했다. 상승세는 꺾이지 않았다. 오히려 가속도가 붙었다. 1960년대에는 완전히 새로운 형태의 문제가 발생했고, 1970년대와 1980년대까지도 쓰레기 양은 계속해서 증가하다가 겨우 정체기에 접어들었다. 이 시점에서 쓰레기 시장은 천지개벽과도 같은 변화를 겪어야 했다.

독일만 이러한 문제를 겪은 것이 아니었다. 2차 세계 대전 이후, 세계에 새로운 쓰레기 시대가 도래했다. 여태까지 수거하고, 처리하고, 재활용해온 모든 것이 시급하게 해결해야 하는 심각한 과제가 되었다. 쓰레기의 양이 크게 증가했을 뿐만 아니라, 구성 요소 또한 변하면서 처리 문제를 해결하려면 완전히 새로운 접근법이 필요했다. 과거에는 도시 공간을 깨끗하게 유지하고, 악취를 해결하고, 전염병을 방지하는 것이 우선이었지만, 이제 쓰레기는 새로운 위험 요소를 드러냈다. 쓰레기로 인한 환경 오염이 큰 문제로 대두되었으며, 쓰레기 생산과 처리 방식에 대한 담론도 근본적으로 바뀌었다. 과학자들의 논의가 이어지면서 쓰레기 관련 지식—양, 구성 요소, 수거의 기술적 문제, 처리의 어려움 등—이 폭발적으로 증가했다. 이 때문에 대량소비와 쓰레기 생산의 상관관계, 여기에서 벌어지는 환경 오염, 문제를 해결하는 과정에 존재하는 다양한 난관에 관한 지식을 포괄적으로 논의하는 **쓰레기 신드롬**이 일어났다.

쓰레기 양이 정확히 얼마나 늘었는지 확실하게 말하기는 쉽지 않다. 학자들은 쓰레기의 양을 측정하기 위해 다방면으로 노력했지만, 명확한 수치를 내놓을 수는 없었다. 쓰레기는 지나치게 많은 장소—수백만 개에 달하는 쓰레기통, 컨테이너, 매립지 등—에 흩어져 있고, '쓰레기'의 범주도 계속해서 변화하기 때문이다. 쓰레기의 분류는 똑같지 않았다. 오히려 쓰레기를 명확하게 분류하려는 노력이 통계의 혼란을 가져오기도 한다. 예를 들어, '가정 쓰레기'와 '가정 쓰레기와 유사한 상업 쓰레기'—식당에서 버려지는 음식물 쓰레기라든가—를 구분하면 의미가 있겠지만, 통계의 관점에서는 문제를 일으킬 수 있다. '가정 쓰레기와 유사한 쓰레기'의 내용물이 그토록 유사하다면, 이를 개인 쓰레기로 분류해야 할까, 업체의 쓰레기로 분류해야 할까? 각국의 쓰레기 정의가 모호하고 상이하다는 사실 또한 통계의 정확도를 떨어뜨린다. 예를 들어, 일본은 모든 처리가 끝나고 재활용되지 않은 것만을 쓰레기로 분류하지만, 대부분의 나라에서는 처리 중인 것을 쓰레기의 양으로 산입해 측정한다.[2] 가정 쓰레기, 산업 쓰레기, 산업체 혹은 '특수' 쓰레기를 분류하는 것은 복잡하고, 정의는 변할 수 있다. 비교적 정교한 수거와 처리 시스템을 갖춘 나라들은 특히 이러한 문제에 취약한데, 쓰레기에 관한 지식과 처리 기술이 바뀌면 쓰레기 분류 방식도 바뀌기 때문이다.[3]

이러한 이유로 그래프나 정확한 수치에 집착하는 것은 크게 의미가 없다. 하지만—굳이 세부 사항을 신경 쓰지 않아도—전반적인 쓰레기 양의 변화는 충분히 살펴볼 수 있다. 2차 세계 대전 이후 경제 부흥을 경험한 서유럽 국가에서는 1950년대 후반부터 가정 쓰레기의 양이 뚜렷하게 증가했다. 특히 1960년대에는 쓰레기의 양이 크게 늘어나서, 일본이나 서독에서는 양이 두 배 가까이 뛰어올랐다. 1970년대까지도 수치는 꾸준히 증가하다가 1980년대가 되어서야 증가 속도가 느려지기 시작했다.[4] 이후의 변화는 지역에 따라 상이했다. 통일 이후 통합이 진행되는 동안 독일의 쓰레기 양은 1980년대 수준에서 정체되었지만, 이탈리아나 프랑스에서는 계속해서 증가했다. 그러다 2000년대 이후 인터넷 쇼핑몰이 증가하면서 증가 속도에 다시 가속도가 붙었고, 이러한 추세는 오늘날까지도 이어진다.

쓰레기 양은 특히 소비 사회가 발달한 서구에서 두드러지게 증

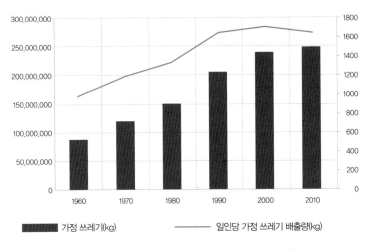

가정 쓰레기(kg)　　　　일인당 가정 쓰레기 배출량(kg)

1960년에서 2010년까지 미국의 연간/일인당 배출 쓰레기 양의 변화[5]

가했다. 하지만 이곳에만 국한된 문제는 아니었다. 동독의 쓰레기 양
은 기타 유럽 국가에 비해 뚜렷하게 적은 편이었지만,[6] 1970년대에
서 1990년대까지 약 4배 증가했다. 사회주의 국가도 환경 오염을 일
으켰는데, 주로 쓰레기보다는 화학 산업에서 발생하는 폐기물이 문
제였다. 이보다 더 큰 문제는 **서구의 쓰레기**였다. 동독과 다른 동유럽
국가들은 1970년대부터 외화를 벌기 위해 쓰레기를 수입했다.

　　1960년대 후반에 이르자 많은 아시아 국가의 쓰레기 더미 또한
급격한 세계화와 함께 빠르게 성장했다. 1960년대부터는 타이완이
나 싱가포르에서도 쓰레기 양이 증가했다. 1990년대부터 중국과 인
도에서 쓰레기 양이 크게 증가했는데, 두 국가의 인구수가 많기 때문
에 변화는 극명할 수밖에 없었다. 오늘날의 쓰레기 양의 변화 추세는

242

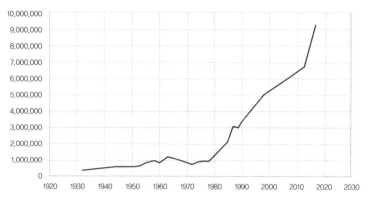

1930년에서 2017년까지 베이징에서 배출된 쓰레기 양의 변화(단위: 톤)[8]

주로 경제가 빠르게 성장하면서 소비 생활의 변화가 보편화되고 있는 아시아 국가들로 인한 것이다.[7]

양적 성장은 문제의 일부일 뿐이다. 쓰레기의 조성 또한 변화했다. 이 지점에서 **부피**와 **무게**를 나누어 생각해야 한다. 쓰레기 부피는 무게보다 몇 배 더 상승했다. 즉, 쓰레기는 평균적으로 훨씬 가벼워졌다. 비교적 무거운 쓰레기인 가정용 화구의 재는 난방이 기름과 가스를 이용하는 방식으로 바뀌며 줄어들었다. 무거운 유기물의 비율도 마찬가지였다.[9] '전통적인' 쓰레기는 이러한 무거운 쓰레기의 비율이 높다는 점이 특징이다. 반면 소비 사회에서는 가벼운 포장재—처음에는 종이, 1960년대 후반부터는 플라스틱—의 비율이 크게 증가했다. 결과적으로 쓰레기 양이 늘어난 것은 쓰레기 중 포장재가 많아진 추세와 연관이 있다.[10] 1960년대부터 1990년대까지 미국 내 가정 쓰레기 중 플라스틱의 무게는 0.5%에서 8.5%로 미미하게 증가했지만, 부

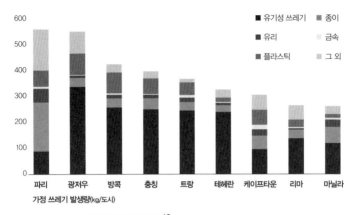

가정 쓰레기 발생량(kg/도시)

2017년 도시별 가정 쓰레기 구성 비율[12]

피는 1990년대에 이미 전체 쓰레기 중 25%를 차지했다.[11]

일인당 쓰레기 생산량은 오늘날에도 지역마다 편차가 크지만, 이러한 차이는 점차 줄어들 것으로 보인다. 물론 좋은 소식은 아니다.[13] 식품 폐기물, 소각 뒤의 잔류물, 건축 및 해체 폐기물 등을 포함하는 **도시 고형 폐기물**Municipal Solid Waste이 유일한 쓰레기가 아니라는 문제 또한 마찬가지이다. 건설 폐기물과 굴착에서 나오는 폐기물이 배출되는 쓰레기 중 가장 큰 부분을 차지하고, 산업 쓰레기는 그 뒤를 잇는다. 화학 산업과 축산업 또한 환경 오염의 큰 요인이다. 1960년대부터 쓰레기경제학은 학문의 한 분야로 자리 잡았지만, 이 학문은 아직 해당 주제를 충분히 포괄적으로 연구하지 못하고 있다. 이미 1990년대에 버려진 자동차 타이어의 양이 세계적으로 20억~30억 개에 달했다.[14] 재사용이 힘든 농업 폐기물—특히 거름—도 쓰레기의 큰 부분을 차지한다. 1970년대부터는 원자력 발전소의 폐기물이 문제가 되고 있다. 쓰레기는 전체 그림을 한눈에 보기 힘든 복잡한 문제이지만, 개인의 소비로 인한 쓰레기는 그나마 쉽게 파악할 수 있다.

규모의 경제

쓰레기 양의 증가라는 세계적인 추세는 환경역사학에서 시대를 구분하는 기준이 되었다. 시작은 1950년대로, 이 시기는 처음으로 자원 소비량이 급격하게 증가하여 이전의 시대와 구분된다. 연료 사용량, 알루미늄 같은 연료 집약적인 원자재 생산, 운송되는 물량이나 해외 여행 등의 급격한 증가도 특징적인 지표이며, 지구의 주요 지표인 바다 산성화나 열대 우림 상실 면적, CO_2나 메탄 배출 인구의 증가 또한 눈여겨볼 만하다. 기후학자 윌 스테펀Will Steffen과 인류세연구위원회 소속 연구진들은 이러한 변화 과정을 그래프로 요약했는데, 쓰레기 양의 변화는 다루지 않았다.[15] 최근에는 이러한 변화를 지칭하는 용어도 생겨났다. 그래프의 곡선 형태에서 따온 **하키 스틱**이라는 표현이다. 분석 결과에 초점을 맞추어 등장한 1950년대 **신드롬**(크리스티안 피스터Christian Pfister)이나 **대가속**Great Acceleration(존 로버트 맥닐John R. McNeill) 같은 용어 또한 흥미롭다. 이러한 용어는 2차 세계 대전 이후 쓰레기의 구성에 질적인 변화가 발생했음을 드러낸다.[16]

실증적인 데이터를 꼼꼼하게 수집하는 것도 좋지만, 제대로 이해하지 못하면 반쪽짜리 설명이 될 뿐이다. 스테펀과 맥닐은 1945년 이후 두 번의 세계 대전이라는 재앙에서 교훈을 얻고 국가마다 경제

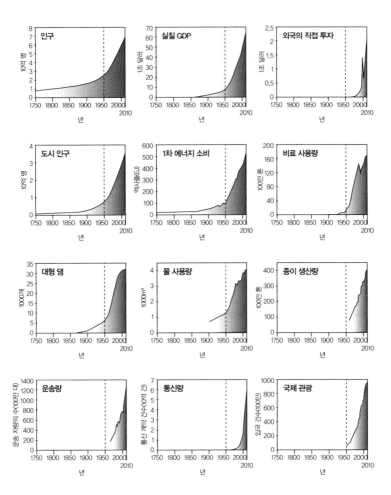

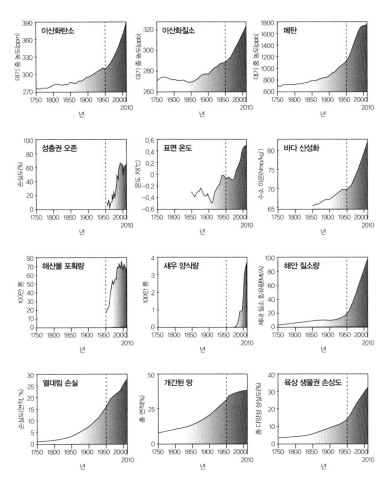

사회경제적 동향(좌)과 지구계의 변수(우)[17]

개방성이 높아졌다는 점을 데이터를 들어 포괄적으로 설명했다. 급속도로 진보한 기술도 이러한 변화에 기여했다.[18] 하지만 기술 진보는 폭발적으로 늘어나는 자원 소비량은 설명하지 못하고 1945년 이후 세계적인 경제 성장의 이유를 이야기할 뿐이다. 경제 성장과 폭발적인 자원 사용량의 증가—그리고 결국 쓰레기의 물질적 변화—가 어떠한 연관이 있는지는 전혀 설명하지 않았다.

이는 예외적인 현상은 아니다. 인류세 연구 대부분은 경제 변화와 환경의 상호작용에 대해 다루기는커녕 주로 부차적인 문제로 여긴다![19] 이 주제를 다룬다 하더라도 온전한 설명이 따라오는 경우는 흔치 않다. 인류세연구위원회는 2020년 출간물에서 이렇게 이야기했다. "인류의 생산성 증가는 인구의 증가로 이어졌고, 인구 증가는 더 많은 연료와 물질의 소비로, 그리고 다시 생산성의 증가로 이어진다."[20] 이는 지나치게 축약된 표현일뿐더러, 옳은 설명으로 보기도 힘들다. 중국이나 인도에서는 오랜 시간 인구 증가가 노동 집약적인—그리고 덜 연료 집약적인—생산 형식으로 이어졌다. 연료 사용량과 생산성 사이의 관계도 단순히 '연료=생산성'이라는 공식으로 나타낼 수는 없다. 생산성 향상이 종종 에너지 효율 상승으로 이어지는 경우도 있기 때문이다.[21] 이 둘 사이에 상관관계가 존재한다면, 분명 세계 자본주의라고 이야기되는 그 요소가 핵심일 것이다.

문제는 해결되지 않았다. 쓰레기 양이 늘어난 원인을 살펴보는 것은 경제 성장과 원자재 소모 사이의 관계를 정확하게 바라보는 데 도움이 될 수 있다. 문헌들은 다양한 원인을 지목하지만, 주요한 요인은 두 가지이다. 첫 번째는 2차 세계 대전 이후 실질 임금이 상승하면서 시작된 **대량 소비**이다. 인과 관계는 명백하다. 1950년대부터 대량 소비나 낭비 같은 용어가 문화 비평에서 중요하게 다루어지기 시작했다. 1960년대 밴스 패커드Vance Packard가 발표한『낭비 창조자The Waste Makers』가 대표적인 예시로, 이 책에는 눈여겨봐야 할 수많은 수치가 등장한다.[22] 1960년대부터 새로운 소비 행태는 점차 종말의 색채를 띠었다. 앨빈 토플러Alvin Toffler는 1970년에 출판된 책『미래의 충격Future Shock』에서 인간이 "단기 수요를 충족하기 위해 근시안적인 방식으로 생산한 수명이 짧은 제품"의 시대를 살면서 점점 더 많은 일회용 제품과 마주치고, 제품들은 빠른 최후를 맞이하기 위해 생산된다고 이야기했다.[23]

하지만 놀랍게도 소비의 양적 증가는 **가정 쓰레기** 양이 늘어난 결정적인 요인이 아니다. 우리가 배출하는 쓰레기는 대부분 일상적으로 사용하는 것들, 즉 식료품과 포장에서 나온 폐기물이다. 식료품은 비교적 **비탄력적인** 가계비이다. 사람은 배가 부르면 더는 먹을 수 없다. 그래서 음식에 추가로 비용을 지출하는 것은 크게 의미가 없다. 실질 임금이 상승하면서 가계 예산에서 식료품이 차지하는 지출 비율은 꾸준히 감소했으며, 여러 지역에서는 그 비율이 10%를 밑돈다.[24] 식료품의 실질 가격 또한 계속 떨어졌다.[25]

이렇게 남는 소득은 자동차, 가전 혹은 주거 등 다른 곳에 사용할 수 있게 되었다.[26] 하지만 이러한 지출은—적어도 활용 측면에서—비교적 쓰레기를 적게 배출한다. 이러한 물품들은 주로 고장이 나도 수리해서 사용하고, 재활용도 용이하다. 예를 들어 자동차는 95% 이상이 재활용된다.[27] 재활용할 수 없는 부분은 물론 문제가 될 수 있지만, 지금 당장은 양적 측면에만 집중하자. 그래서 소비 지출만을 고려한다면, 쓰레기 양의 증가 추세는 경제 성장률 이하로 머물러야 한다. 하지만 특히 1960년대 미국, 프랑스, 이탈리아, 일본 같은 국가에서는 그렇지 않았다.

따라서 중요한 것은 두 번째 요소이다. 이는 특히 소비의 **형태**에 초점을 맞추며, 셀프서비스를 포함하는 새로운 형태의 소매점, 슈퍼마켓을 중심으로 한다. 슈퍼마켓은 1920년대 미국에 도입되었고, 1950년대부터는 점차 유럽으로도 확산되었다.[28] 판매자는 더 이상 직접 물건의 값을 매겨 판매하지 않게 되었고, 상품은 포장되어 선반에 진열되었다. 빅토리아 드 그라지아Victoria de Grazia는 소비의 지역적 특징을 제거하는 슈퍼마켓을 미국식 소비 모델이 적용되는 과정으로 해석했다. 문화적인 문제뿐만 아니라 상품의 낮은 가격 또한 슈퍼마켓이 빠르게 도입되는 데 직접적인 역할을 했다. 고객이 슈퍼마켓으로 빠져나가자 지역의 소규모 상점 같은 대안은 사라질 수밖에 없었다.[29]

슈퍼마켓은 쓰레기의 양적 증가를 이해하는 실질적인 열쇠이다. 슈퍼마켓은 사회역사적 관점에서 구매와 소비 생활을 뒤바꾼 요인으로, 소비자는 판촉 행위가 아닌 포장에 붙은 라벨에서 상품의 정보를 얻는다. 이는 더 빠르고 익명성이 있는 구매로 이어지며, 광고, 제품 커뮤니케이션, 고객 충성도 분야에 새로운 가능성을 열어주었다.[30] 늦어도 1960년대부터는 슈퍼마켓의 규모가 커지고 공급 물품이 다양해졌다. 특히 미국의 **몰**mall이나 프랑스의 슈퍼마켓Supermarchés에서 이러한 변화가 두드러졌다.[31]

우리는 슈퍼마켓이 경제적 이익을 얻는 방식을 쉽게 간과하곤 한다. 슈퍼마켓의 수익은 구매가 아닌 **판매**를 최적화하는 과정에서 발생한다. 더 많은 물건을 적은 직원을 고용해 판매하면 비용이 절감된다. 그러다 보면 대형 공급자가 형성되고, 결국에는 소수의 기업이 식료품의 크고, 탄력적인 수요를 독점해 시장을 지배하게 된다. 과거에는 식료품이 지역 시장에서 생산되고 공급되었다. 대량 생산을 통한 생산량 증대와 그로 인한 비용 절감을 **규모의 경제**Economy of Scale 라고 하는데, 이 전략은 시장에서의 이득보다는 생산 과잉으로 인한 가격 파괴의 위험이 더 크다. 따라서 낮은 가격에 상품을 생산하기 위한 투자는 의미가 없다.[32] 하지만 지역을 초월한 탄력적인—슈퍼마켓을 통해 형성한—수요가 존재한다면, 이야기는 완전히 달라진다.

규모의 경제는 기본적으로 영국의 생산자들이 대량 생산으로 면사의 비용을 낮추어 경쟁자를 효과적으로 제거했던 산업 생산에서 시작되었다.[33] 초기에는 이러한 생산 방식을 적용할 수 있던 물품이 직물, 철, 강철, 도기뿐이었다. 대량 생산을 하기 위해서는 상품 생산과 공급 과정이 경직되고 표준화될 필요가 있었다. 그러다 1945년에 상황이 크게 바뀌었다.[34]

검증된 생산 과정은 점차 많은 상품군으로 확장되었다. 하지만 적절한 운송, 보관, 판매법을 확보하지 않으면 특정 상품, 특히 식료품 시장에는 한계가 생길 수밖에 없었다. 반대로 대형 시장에는 규모의 경제를 도입하려는 의지—그리고 이에 따른 압력—가 있었다. 의류 산업이 대표적이다. 19세기 후반까지만 해도 많은 사람들은 여전히 집에서 직접 옷을 만들었지만, 1960년대에는 의류 산업이 국제적인 규모로 확장했다.[35] 하지만 이보다 더 인상 깊은 분야는 육류 시장이다. 2차 세계 대전 이후 육류 소비는 크게 증가했지만 가격은 반대로 급락했다.[36] 그렇게 된 배경에는 사육과 도살, 가공과 판매를 최적화한 공장식 축산업 기술이 있다. 각 농장마다 가축의 수는 점점 늘어났고, 좁은 우리 안에 더 많은 소와 돼지가 살게 되었다.[37]

닭 같은 소동물은 최적화가 빠르게, 그리고 극단적으로 이루어졌다. 2차 세계 대전 이전까지 사람들은 닭고기를 저급한 재료로 여겼고, 대량 수요는 사실상 형성되지 않았다. 하지만 1950년대 이후 수요가 극적으로 증가했다. 영국의 닭 개체 수는 1950년대 100만 마리에서 1965년에는 1억 5000만 마리로 증가했다.[38] 수많은 닭이 극단적으로 작은 우리에서 키워지며 크기가 작아졌다. 포장해 슈퍼마켓 매대 위에서 팔기 적합한 크기였다. 돼지나 소는 반대로 1960년대 미국에서 도입된 미트박스Meat Boxes(육류 상자)가 필요했다.[39] 육류의 부위를 나누고, 포장하고, 라벨을 붙이는 작업은 전문 기업에 맡겨졌다. 소비자는 고기를 사기 위해 슈퍼마켓에서 더 이상 직원과 이야기를 나눌 필요가 없었다.[40]

육류를 대량 생산하려면 다양한 기술이 발전돼야 했다. 동물을 빨리 성장시키기 위한 사료나, 좁은 사육장 내에서 질병 전파를 방지하기 위해 항생제를 투입하는 식의 **동체 통제** 기술이 여기에 포함된다. 트럭과 빈틈없는 저온 유통 체계를 이용한 탄력적인 운송 시스템, 플라스틱과 셀로판을 이용한 새로운 포장 기술 또한 마찬가지이다. 이러한 기술로 육류 판매는 수월해졌지만, 육류를 직접 가공하던 기술자들은 사라지게 되었다. 육류 생산을 최적화하는 과정에 존재하던

미국의 슈퍼마켓(1957년)[41]

또 하나의 장애물이 사라진 셈이다.[42]

　다른 예시로는 새로운 포장 방식과 다회 용기에서 일회용 용기로의 변화이다. 오랫동안 음료 판매에는―맥주나 와인뿐만 아니라 물이나 주스까지도―유리병이 사용되었다. 유리병 생산에 많은 에너지가 필요했기 때문에 병은 수거해 재활용되어야 했다. 19세기 말에 병 보증금 제도가 도입된 것도 이 때문이었다. 하지만 2차 세계 대전 이후 새로운 포장 방식이 발명되기 시작했다. 알루미늄과 양철로 된 캔과 플라스틱 병이 나타난 것이다. 이는 가볍고, 생산 비용이 저렴하다는 큰 장점이 있었다. 물론 생산 기술이 산업에 도입할 수 있는 수준으로 발전되고, 특히 적절한 마개를 개발하기까지는 꽤 오랜 시간이 걸렸다. 1960년대 후반에 문제가 해결되자 새로운 포장 방식의 장점이 눈에 띄었다. 번거로운 보증금 제도를 없앨 수 있었고, 효율적인 물류 시스템으로 가격을 낮출 수도 있었다.

병 보증금 제도는 병의 흐름을 통제할 수 있고 운송 비용이 너무 높지 않은 지역 시장에서는 실제로 잘 활용되었다. 하지만 대규모 시장에서 규모의 경제의 중요성이 커지면서 병의 무게 또한 중요한 고려 사항이 되었다.[43] 규모의 경제는 특히 대형 생산자들에 의해 실현되었고, 얼마 지나지 않아 음료 시장이 일회용 병을 도입하면서 소수의 대형 기업이 미국과 프랑스의 맥주, 생수 시장을 점령했다.[44]

이 예시는 두 가지를 보여준다. 규모의 경제가 적용되면서 소비재 생산량이 크게 증가했다. 이로 인해 특히 1960년대와 1970년대에 식료품을 비롯한 소비재의 가격이 크게 하락했다. 또한 판매의 최적화라는 목표가 늘 과잉 생산을 부추기는 경향이 있지만, 다른 요소는 이를 한층 더 강화시켰다. 슈퍼마켓은 언제나 온전하고, 탄력적으로 제품을 공급해야 한다는 과제에 직면해 있었다. 이는 실질적인 수요 이상을 생산하려는 충동을 형성했다. 오늘날 경제적으로 발전한 국가에서 식료품 중 50%가 포장을 뜯기도 전에 버려진다.[45] 식료품은 분명 슈퍼마켓이 비용을 지불하고, 기업이 노동력, 기계, 동력을 투입해 생산한 상품이다. 그러나 이렇게 비용을 들여도 수요 이상을 생산하고 버리는 이러한 시스템은 여전히 짭짤한 수익을 가져온다.

규모의 경제를 가능하게 하는 운송 시스템에는 포장 과정이 포함된다. 판매용 포장뿐만 아니라 대량의 전처리 포장도 마찬가지이다. 이는 새로운 것이 아니다. 1880년대부터는 기계로 생산한 종이 가방이 사용되기 시작했고, 1910년에는 알루미늄 포일이 도입되었다. 병 생산이 자동화된 것은 1903년이고, 셀로판은 1913년에 처음 발명되었다. 미국에서는 이미 1880년대에 통조림과 캔을 중심으로 브랜드가 형성되기 시작했다.[46] 포장이—적어도 미국 밖에서는—급격하게 확산된 것은 2차 세계 대전 이후의 일이다. 일본에서는 그 전까지 대개 종이와 대나무를 포장재로 활용했고, 플라스틱 사용량이 증가한 것은 1960년대 이후였다.[47] 새로운 포장재는 최적화 속도를 높였다. 1950년대부터 캘리포니아산 오렌지는 나무 상자가 아닌 종이 상자로 포장했고, 캔과 통조림도 급격하게 늘어났다.[48]

이 시기는 슈퍼마켓과 백화점, 셀프서비스, 금전등록기의 등장 같은 근본적인 변화로 특징 지을 수 있다. 이런 변화에서 쓰레기 양이 늘어나는 이유를 한 문장으로 정리하자면 이렇디. 기술 혁신, 포장과 운송 체계의 변화, 새로운 동력원은 **규모의 경제와 임금 격차를 상품 생산에 활용할 전에 없던 기회**를 열어주었다. 이는 가치 사슬이 발전된 운송 체계와 긴밀히 연결되며 가능해진 일이었다. 포장의 필요성이 증대되고 물류 체계가 발전하며 시작된 경제의 변화는—그래서 시작된 과잉 생산과 마찬가지로—쓰레기의 양이 증가하는 데 결정적인 역할을 했다.

더 '복잡해진' 쓰레기

이러한 변화가 가져온 결과 중 하나가 바로 **실질적 소비**의 증가이다. 사회역사학자 토마스 벨슈코프Thomas Welskopp는 이를 "자본주의 조건 아래에서의 공급에 대한 제도적 규제systemspezifische Regelung"라고 이야기한다. 상품 구매는 지불을 통해 규제되며, 시장은 생산자와 판매자가 만날 일이 없는 형식으로 변화하면서 익명성을 띤다. 기초적인 재화의 공급을 넘어 소비가 삶의 점점 더 많은 부분을 규제하고 조정하면, 벨슈코프의 말처럼 결국 대량 소비로 이어진다.[49] 정확히 이것이 2차 세계 대전 이후 미국과 서유럽에서 발생한 일로, 이후 국제적으로 확장되었다. 소비량의 증가는 소비의 질적 변화와 긴밀하게 얽혀 있다.[50]

자본주의 시스템의 특징인 소비의 규제는 일상에서 급속도로 변화하는 **물질성**materiality과 맞물린다. 재화 생산에 사용되는 물질이 다양해졌고 점점 더 많은 주기율표의 원소들이 활용되었다. 이 중 대부분은 오랜 시간 연구 목적으로만 다루어진 것들이었다.[51] 현대 기술은 점차 모든 것을 빨아들이기 시작했다.[52] 오래도록 유기 물질에서 얻어왔고—**산업적 재활용**에 대한 장에서 다루었듯—도시에서 재사용해온 물질을 대체할 화학 물질이 점차 개발되었다.

플라스틱은 가장 주요하면서도 대표적인 예시이다. 두 세계 대전 사이 가황 고무나 셀룰로스 같은 물질이 발명되면서 고분자 화학을 통해 유연하고 열에 강한 물질을 생산할 수 있게 되었다.[53] 1950년대와 1960년대에는 다양한 특성을 지닌 수많은 종류의 플라스틱이 개발되었다. 그중 일부—인공 섬유나 인조 가죽 등—는 자연에서 얻을 수 있는 물질을 대체하기에 충분했다. 대체 물질의 생산은 포장재와 건설 자재 분야에 드넓은 선택권을 열어주었다. 플라스틱은 2차 세계 대전 이후에 가치 사슬과 소비 형태의 변화뿐만 아니라 삶의 물질적 기반을 완전히 바꾸어놓았다.

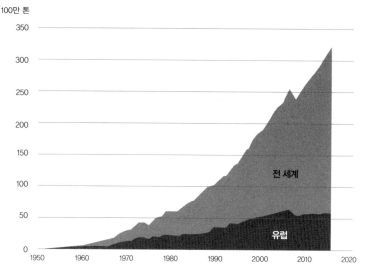

100만 톤

1950년에서 2020년대 전 세계 플라스틱 생산량
(플라스틱유럽 마켓 리서치 그룹PlasticsEurope Market Research Group)[58]

플라스틱은 앞 장에서 이야기한 수많은 발전을 도왔고, 수많은 생산 분야의 혁신을 불러왔다. 가볍고 튼튼해 포장재로 적합했으며, 운송 분야의 효율성 또한 높여주었다. 대표적인 것이 앞서 이야기한 플라스틱 병이다. 1960년대 후반에는 비닐봉투가 슈퍼마켓에 도입되었다.[54] 전자레인지도 마찬가지이다. 전자레인지를 쓰면 조리를 위해 포장을 벗길 필요도 없었다. 1971년 일본 시장에 등장한 **라면**이 대표적이다.[55] 운송의 변화는 다양한 방식으로 사람들의 소비 습관에 직접적인 영향을 미쳤다. 예를 들어, 중국에서는 1990년대부터 식료품 지출 분야 중 외식이 가장 빠르게 성장했다. 여기에는 식당에서 먹는 것뿐만 아니라 엄청난 양의 쓰레기를 배출하는 **포장**도 포함되었다.[56]

이미 1950년대에 새로운 대량 생산 기술이 가정에 도달했다. 냉장고와 포장 기술은 많은 양의 식료품을—보통 자동차를 이용해—구매하고 보관할 수 있게 해주었다. 이는 수요를 잘못 예측하는 원인이 되었고, 쓰레기의 양은 증가했다.[57] 현대의 운송 기술은 실제 소비 행위와 우리의 입안까지 들어왔다. 여기까지의 모든 과정을 전부 최적화할 수 있는 것은 물론이었다.

새로운 물질은 더 많은 것을 소비하는 시대를 열었다. 상품 포장 기술이 발전하자 **신선함**에 대한 수요가 증가했다.[59] 새로운 생산 및 포장 방식은 위생 기준을 높였다.[60] 1945년 이후 신체, 집, 도로에 대한 위생 기준은 역사적으로 전례가 없는 수준으로 변화했다. 1930년대까지만 해도 **깨끗하게** 여겨지던 것들이 1960년대에는 **더러운** 것으로 여겨지기도 했다. 늦어도 1960년대부터는 집과 신체를 청결하게 유지하는 것이 의무가 되었다. 청소용품, 세탁 세제, 샴푸 등[61] 청결을 위한 새로운 제품들도 시장에 속속 등장했다. 비누는 이미 1960년대부터 미국에서 사용량이 급격하게 증가해 이후에는 더 크게 상승했다. 위생 상품을 홍보하는 광고 또한 늘어났다.[62]

미국 사회역사학자 루스 슈워츠 코완Ruth Schwartz Cowan은 청소기나 세탁기 같은 새로운 가전이 보급된 덕분에 1950년대와 1960년대 가정의 위생 기준이 올라갔다고 이야기한다.[63] 가전 기술의 혁신은 주방 문화를 발전시켰다. 1959년 모스크바 세계박람회에서 미국 대통령 리처드 닉슨과 소련 공산당 서기장 니키타 흐루쇼프가 벌인 **부엌 논쟁**도 상대국 노동자들이 가전을 살 수 있느냐 아니냐 하는 설전이었다. 냉전 중 개인의 소비는—2년 전 소련의 스푸트니크 위성

발사로 인한 충격에 대응하는 기제로서—정치적 무기가 되었다. 우주에서 삑삑거리는 위성은 개인의 삶의 질을 올려주지 않았지만, 대형 냉장고는 달랐다. 냉장고 안에는 슈퍼마켓에서 산 물건들을 잔뜩 보관할 수 있었다. 특히 미국에서는 1960년대부터 쇼핑 장소가 사실상 자동차 없이는 갈 수 없는 위치로 옮겨가기 시작했다.[64]

위생은 다양한 방면에서 쓰레기 양이 증가하는 데 한 몫 했다. 위생 용품은 빠르고 깨끗하게 폐기할 수 있었고, 새로운 상품이 등장할수록 처리 문제는 커져갔다. 일회용 기저귀가 대표적이다. 일회용 기저귀는 양차 세계 대전 사이에 처음 발명되었는데 1950년대 미국 기업 프록터 앤 갬블Procter & Gamble이 시장 가치가 있는 제품으로 개발하고 광고를 내보내 대대적으로 홍보하면서 대중화되었다. 기저귀는 위생적이기도 했지만, 집안일을 덜어주었기 때문에 전 세계적인 성공을 거둘 수 있었다. 일회용 기저귀는 안정적이고 유연한 합성 물질로 만들어졌는데, 이러한 장점은 쓰레기 매립지에서 단점이 되었다. 합성 물질은 분해되기까지 엄청나게 오랜 시간이 걸렸다. 이스라엘 등 출산율이 높은 국가는 일회용 기저귀 때문에 쓰레기 처리 문제에 골머리를 앓아야 했다. 재활용하기 복잡하다는 점은 문제를 한층 복잡하게 만들었다.[65]

일회용 기저귀에서 볼 수 있다시피 소비재의 재료 변화는 쓰레기 문제를 바꾸어놓았다. 복잡하게 조합된 합성 물질은 재사용이 힘들고, 쉽게 없어지지도 않는다. 이러한 물질은 분해되는 데 최소 몇십 년이 소요되며, 바다에 떠다니는 플라스틱 병은 100년에서 1000년까지도 분해되지 않는다.[66] 이러한 제품을 생산하는 가치 사슬은 복잡한 합성 물질에 의존한다. 이 때문에 2차 세계 대전 이후 화학 산업과 전기 산업의 중요성이 점차 커져갔다. 기업은 이렇게 점점 더 복잡한 쓰레기를 만들었고, 환경 문제 그 자체로 부상했다.

소비 환경

도시, 즉 사람들이 살고 소비하고 버리는 건설 환경의 변화는 쓰레기 증가에 크게 공헌했다. 19세기는 여러 방면에서 도시의 세기라고 부를 만하지만, 20세기와 21세기에 대도시가 형성된 국면에 비하면 빙산의 일각이었다. 1945년 이후 세계적으로 도시화 비율은 50%를 넘으면서 정점을 찍었다. 이 중 많은 부분이 아시아, 아프리카, 라틴 아메리카에서 이루어졌다. 특히 중국과 인도는 도시화의 혁명을 겪었다. 1901년 인도에 인구가 10만 명이 넘는 도시는 25개에 불과했지만, 2011년에는 500개를 넘어섰다.[67] 대도시인 뭄바이의 인구는 거의 3000만 명에 달한다. 인도네시아 수도 자카르타의 인구도 1900년대 10만 명에서 오늘날 900만으로 크게 증가했다.[68] 중국은 1978년 경제 개방을 계기로 도시화를 겪으면서 세계적으로 유래 없는 규모의 인구 이동을 경험했다. 이 시기에 약 8억 명의 사람들이 거주지를 옮겼다.[69]

이미 19세기에도 경제 발전과 도시 성장은 긴밀하게 얽혀 있었지만 2차 세계 대전 이후에는 이 상관관계가 더욱 중요해졌다. 인도나 중국의 도시화 수준은 도시와 시골 간의 임금 격차로 인해 지난 몇 년간 크게 상승했다.[71] 경제적으로 크게 발달하지 않은 아시아, 라

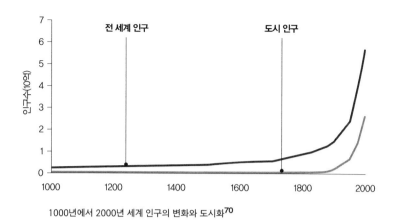

1000년에서 2000년 세계 인구의 변화와 도시화[70]

딘 아메리카, 아프리카 국가의 도시 싱장 또한 눈에 띈다. 나이지리아 라고스는 오늘날 약 1500만 명 인구가 거주하는 곳으로, 아프리카에서 가장 큰 대도시이다. 나이로비 또한 1950년대에는 인구가 20만 명이 채 되지 않았지만, 지금은 1400만 명에 달한다.[72] 도시 집중 현상은 경제 활동 지역의 집중으로 이어졌고, 이로 인해 더 많은 사람이 도시로 몰려들었다. 감염 질환을 효율적으로 방지하는 역량과 인구 증가는 도시 성장의 중요한 전제 조건이 되었다.[73]

이러한 변화는 쓰레기 처리에도 큰 영항을 미쳤다. '자연스러운' 방식으로 쓰레기를 처리하는 것은 더욱 힘들어졌다. 도시는 성장하면서 **소비 방식**을 바꾸었고, 시장이 익명화되며 삶의 방식 또한 달라졌다. 시골과 도시 외곽에서 찾아볼 수 있던 반反 농업적 생활 방식은 자취를 감추었다. 자급자족은 옛말이 되었고, 가축들은 도시 인프라 시설에 자리를 내어주었다.[75]

	경제적으로 더 발전한 지역	경제적으로 덜 발전한 지역	세계
1950~1960	2.46	4.88	3.46
1960~1970	2.04	3.93	2.92
1970~1980	1.33	3.71	2.56
1980~1990	0.94	3.60	2.48

도시 인구의 평균 성장률(%/년)[74]

　도시 구조 또한 변했다. **교외화**의 증가가 대표적이다. 1950년 대까지 영국이나 독일의 도시 외곽은 마당에서 닭을 키우고, 정원에 배설물이 널브러져 있는 시골 마을과 별반 다르지 않았다. 하지만 운송 수단이 발전하면서 도시 외곽은 콘크리트 건물이 들어선 **교외**로 바뀌게 되었다.[76] 교외화는 보통 계획된 프로젝트가 아니었고, 대개 되는 대로 흘러갔다. 일본에서는 **교외가 통제되지 않고 확장**되며 1960년대에 도시 계획과 환경 분야의 문제로 발전했다. 특히 적합한 도로나 하수도 등 인프라 시설을 갖추지 못한 것이 원인이었다.[77]

　2차 세계 대전 이후에는 콘크리트와 아스팔트가 전 세계에서 건설 자재로 쓰이면서 교외화의 확산에 기여했다. 이 시기에 도시 건설에 규모의 경제도 적용할 수 있었다. 이러한 자재 덕분에 도로를 통한 물자의 이동이 용이해졌다. 아스팔트가 깔린 도시는 청결을 유지하기도 쉬웠다. 중국은 도시에 더없이 빠르고 효율적인 건축 방식을 도입했다. 새로운 건설 기술은 인프라 건설 속도를 높였다. 이 덕분에 전후에도 여전히 전통적인 배설물 처리 시스템을 고수하던 도쿄 같은 도시도 비교적 짧은 시간 안에 하수도망을 건설할 수 있었다.[78]

도시의 성장은 **소비 방식**을 변화시켰고, 이는 쓰레기의 증가로 이어졌다. 시간이 지나고 새로운 소비 방식이 다양한 지역에 전해지면서 상황은 악화되었다. 1950년대 미국, 서독, 일본의 시골과 도시에서는 쓰레기 양이 큰 차이를 보였으며, 인도는 오늘날에도 차이가 확연하다. 2차 세계 대전 이후 경제가 급격하게 발전하고 서비스 분야가 확장되면서 이 차이는 많은 나라에서 점차 줄어들기 시작했다. 프레더릭 부엘Frederick Buell은 현대 미국에는 "도시와 시골의 문화를 나누던 요소가 존재하지 않는다."고 평가한다.[79] 서독 도시와 시골의 쓰레기 양은 1980년대부터 사실상 차이를 보이지 않는다.[80] 도시와 시골 쓰레기의 구성 성분이 점차 비슷해지면서 **지역에 따른** 쓰레기의 차이는 사라졌다.

도시의 성장은 모순을 가져왔다. 과거에는 쓰레기가 도시 특유의 현상이었지만, 소비 방식이 변화하면서 이러한 현상은 오늘날 거의 관찰되지 않는다. 릴리 라이Lili Lai가 중국의 언캐니 뉴 빌리지 Uncanny New Village에 대한 연구에서 이야기한 바에 따르면, 1980년 대까지만 해도 비료로 활용하기 위해 소똥을 수거하던 시골 주민들은 인공 비료의 확산과 함께 이러한 일에서 손을 떼었다. 동시에 시골의 쓰레기 처리 문제는 점차 심각해졌는데, 수거나 처리를 위한 인프라 시설이 없었기 때문이다. 집 안은 점점 깨끗해졌지만, 공공장소는 점점 더 "아수라장이 되었다."[81] 비슷한 예시로는 러시아의 **계절성 교외**seasonal suburbanization가 있다. 모스크바 사람들이 여름을 보내는

장소로, 이곳은 쓰레기 처리 시설의 부재로 인해 불법 쓰레기장의 수가 급격하게 증가했다.[82]

11장
대형 쓰레기통과 '남자들의 자부심'

†
쓰레기를 수거하고, 하늘에서 내린 눈을 몇 시간 만에 치우고,
교통이 예측한 대로 움직이고,
에어컨이 나오는 지하철이 정해진 시간에 도착하는 기능적인 도시.
사방에서 파티가 벌어진다.
　― 수케투 메타Suketu Mehta[1]

버리기

1980년대 이후 부유한 서구 국가에서 쓰레기 양의 증가 속도가 정체되거나 느려졌음에도 불구하고, 서구식 소비 방식이 확산되면서 전세계 쓰레기 양이 빠르게 증가했다. 이러한 추세는 장기적인 문제를 불러왔다. 어떻게 해야 환경을 오염시키지 않고 이 많은 쓰레기를 처리할 수 있을까? 일단 중요한 것은 모든 쓰레기를 수거하는 것이었다. 1880년대에 지어진 인프라 시설은 더 이상 충분하지 않았다. 쓰레기통과 수거 차량의 수가 문제가 아니었다. 2차 세계 대전 이후 유럽과 미국에서 경제가 빠르게 성장하고 완전 고용이 일반화되면서, 점점 많은 사람들이 육체적으로 힘들고 인식이 좋지 않은 쓰레기 수거 업무를 피하게 되었다.

2차 세계 대전 이후에는 새로운 수거 방법이 필요했다. 쓰레기의 양은 늘어나는데 수거인의 수는 계속 줄어들었다. 문제는 복잡해졌고, **간단한** 해결책은 거의 통하지 않았다. 이를 해결하기 위해 1950년대부터 시민들이 대형 쓰레기통(컨테이너)를 이용해 직접 쓰레기를 수거하는 방식이 여러 차례 시도되었다. 간단하고 효율적이었을 뿐만 아니라, 때로는 잘 운영되기도 했다. 도쿄에서는 1960년대까지 주민들이 직접 컨테이너 쓰레기 수거 시스템을 운영했고, 카이로의 여러 도시 지역은 오늘날에도 그렇게 한다.[2] 하지만 이러한 몇몇 예외를 제외하면—일본은 이웃을 사회적 단위로 묶는 전통이 있었기에 성공할 수 있었던 것으로 보인다—컨테이너는 주기적으로 재앙을 불러왔다. 컨테이너까지 가는 길은 멀었고, 아무렇게나 내버리기는 쉬웠다. 종종 가정 쓰레기가 아닌 가구 같은 대형 사물을 버려 컨테이너가 막히는 일도 생겼다. 컨테이너의 쓰레기는 눈에 너무 잘 띄었고, 쉽게 불이 붙었다. 그 덕분에 컨테이너는 성난 군중들의 표적이 되거나 폭동에 이용되기도 했다.[3] 이스라엘의 쓰레기 컨테이너는 폭탄 설치 가능성이 있다는 이유로 거대한 안보 위협으로 부상하기도 했다.[4]

겉으로는 단순해 보이지만, 쓰레기 수거 시스템은 복잡한 문제였다. 일단 쓰레기를 효율적으로 수거할 수 있어야 했고, 동시에 많은 사람이 '함께' 업무를 분담하면서도 각자의 역할이 뚜렷하게 구분되어야 했다. 쓰레기통이 아무리 훌륭하다 한들, 사람들이 쓰레기를 창밖으로 던져 버리면 쓸모가 없었다. 이러한 일을 막기 위해서는 쓰레기통이 가까이에 있어야 했고, 지나치게 무거워서는 안 됐다.[5] 시스템이 작동하려면 많은 부분이 맞아떨어져야 했다. 대중이 쓰레기 수거의 중요성을 인지하고 공공장소 청결의 중요성을 **자각**할 수도 있어야 했다. 깨끗한 도시 공간을 유지하는 것이 중요하다는 점을 알고 있는가? 쓰레기가 너무 많아서 '올바르게' 버려도 달라지는 게 없는 것은 아닌가? 시 당국이 쓰레기를 적절하게 처리하리라는 믿음이 있을까? 시스템이 지나치게 강제적이고 불편하지는 않은가?

인류학자 브라이언 라킨Brian Larkin은 인프라 시설의 **수행성**Performativity에 대해 이야기한다. 쓰레기 수거 시스템이 매주 정시에 도착해 쓰레기를 제대로 수거한다면, 다른 행정 시스템과는 달리 사람들에게 규정을 준수하라는 국가적 권위를 전할 수 있다.[6] 이런 시스템은 모순적이게도 사람들이 그 권위를 인정할 때만 제대로 기능할 수 있었다. 쓰레기 수거는 쓰레기통과 수거 차량 그 이상이었다. 수거 시스템은 절차가 복잡했고, 변화는 쓰레기통 디자인에 주기적으로 반영되었다. 가끔은 절차를 올바르게 따르는 데 실패해 쓰레기 수거 시스템이 잘 혹은 전혀 운영되지 않는 경우도 있었다. 수거되지 않은 쓰레기는 그 자리에서 썩고 쓸려나가 대개는 결국 바다에 버려졌다.

쓰레기를 수거하고…

19세기 후반의 도시 위생 개선은 도시가 서로를 모방한 결과였다. 보통은 이 과정에서 서로의 문화를 비교하고, 당국의 것을 과장하는 행동이 이어졌다. 베를린은 세계에서 가장 깨끗한 도시를 자처하며 동시에 마르세유를 세계에서 가장 더러운 도시로 격하했다. 뉴욕 시민들은 더러운 거리를 부끄럽게 여겨 문명화된 도시에서 이름을 빼고 싶어 한 반면, 파시즘은 말 그대로 이탈리아를 청소하겠다고 선언했다. 이는 2차 세계 대전 이후에도 계속되었고, 쓰레기는 경제 수준을 보여주는 척도로 여겨졌다. 1950년대 미국인들은 스웨덴 거리에 맥주와 음료 병이 쌓여 있지 않고 깨끗하다는 점에 경의를 표했다. 물론 몇 년 지나지 않아 소비 사회가 당도하면서 스웨덴 거리에도 빈 병이 쌓이게 되었다.[7]

무단 투기된 쓰레기는 대량 소비의 결과가 처음 가시적으로 드러난 것이었다. 1950년대 후반에서 1960년대를 다루는 미국 드라마 「매드맨Mad Men」에는 상징적인 장면이 나온다. 행복한 가족이 반짝이는 햇볕 아래에서 자연 속 소풍을 즐긴다. 그리고 다 먹은 음식 쓰레기를 그 자리에 버리고 자리를 뜬다. 드라마가 늘 현실을 반영하는 건 아니지만, 이는 당시에 일반적인 행동이었다. 미국은 1953년에 이를 방지하기 위해 **미국을 아름답게**Keep America Beautiful 캠페인을 벌이기도 했다.[8] 중국에도 비슷한 행동 패턴이 있었고, 정부는 악명 높은 사회 신용 체계Social Credit System를 운영해 쓰레기를 제대로 처리한 사람들에게 상점을 주기 시작했다.[9]

하지만 이들 캠페인은 시민들에게 절약 정신을 심어주는 것에는 거의 성공하지 못했다. 사람들은 실제로 그리고 꾸준히, 대량 소비에 참여해야 한다는 불안감에 시달렸다.[10] 경제학자 사이먼 패튼 Simon Patten은 1차 세계 대전 이전 몇 세기에 걸쳐 미국이 물자 부족에 떨어야 했다고 이야기한다. 두 세계 대전과 대공황을 겪은 후에도 미래를 낙관하기는 힘들었다.[11] 절약과 검소함은 전쟁을 겪은 사회의 일상이었고, 전후 재건 시기에도 이를 주장하는 목소리가 높았다. 하지만 1950년대에 이르자 사람들은 절약과 검소함을 잊기 시작했고, 새로운 소비의 가능성에서 즐거움을 느꼈다. 물론 많은 사람이 새로운 소비 세상에서 어떻게 해야 할지 갈피를 잡지 못했다.[12] 그 시대의 잡지에서는 소비에 실패하지 않으려는 시민들의 노력을 관찰할 수 있다.[13]

여러 연구에서 소비 방식은 갑자기 생겨나지 않으며, 어느 정도는 '학습'된다는 사실이 증명되었다. 증언에 따르면, 2차 세계 대전 이후 사람들은 쓰레기통에 많은 것을 내놓는 사람이 쓰레기를 잘 버리는 사람이라고 배웠다.[14] 하지만 쓰레기통은 늘 증가하는 쓰레기 양에 한발 늦게 대응해 변화했다. 머지않아 쓰레기로 완전히 포화 상태가 될 도시가 왜 시민들에게 이전보다 더 많은 쓰레기를 내놓으라고 촉구했는지는 이해하기 힘들다. 결국 쓰레기 버리기를 **가르친** 것은 정치적 메시지가 아닌 증가하는 재화 공급과 재화의 저렴한 가격이었다.[15] 소비는 장려되었다. 문제는 **어떻게** 소비할지였다.[16]

쓰레기 양이 빠르게 증가하면서 도시는 수거와 운송 문제를 해결해야만 했다. 2차 세계 대전 이후 쓰레기 수거 시스템이 점차 많은 지역에 적용되기 시작하면서, 주민들이 자체적으로 구성한 시스템을 대체했다. 하지만 마차를 이용할지 자동차를 이용할지, 쓰레기통은 무엇으로 만들지, 도시의 어느 지역까지 수거 시스템을 적용할지 등 쓰레기 수거 시스템은 지역마다 천차만별로 달랐다. 보통 유럽과 미국에서는 1950년대까지 도심에만 수거 시스템이 적용되었다. 쓰레기 수거 시스템이 도시의 많은 부분을 관할하지 않았기 때문에

마드리드의
트라페라
(1960년대)[17]

1970년대까지 에스파냐 마드리드에서는 **트라페로스**traperos, **트라페**
라trapera라고 불리던 넝마 수거인들이 큰 역할을 했다.

이런 관행은 1960년대와 1970년대를 거치며 달라졌다. 이는 분
명 도시의 변화와 관련이 있다. 2차 세계 대전 이전 서유럽의 도시 외
곽은 시골 마을의 성격을 띠었지만, 이제는 도심과 비슷한 쓰레기 문
제를 겪는 진짜 **교외**가 되었다. 도시 계획은 도심의 밀집도를 낮추
고 도로를 연결하는 것을 주안점으로 삼았다. 콘크리트가 건설 자재
로 널리 활용되면서 집을 짓기도 수월해졌고, 아스팔트가 깔린 넓은
도로가 나면서 처리 차가 각 집에 도달하기도 쉬워졌다.[18] 그래서 쓰

레기를 집 주변에서 처리하기는 힘들어졌다. 음식물 쓰레기를 먹일 닭은 사라졌고, 정원 거름으로 배설물을 쓰는 일도 줄어들었다. 2차 세계 대전 이후 신도시의 구호는 **위생적인 도시**Sanitary City였다.[19] 1950년대 후반 쓰레기 수거는 위기를 맞으며 도시 위생 문제의 정점에 도달했다. 세계 곳곳의 빈민 구역은 여전히 전통적으로 내려온 수거 시스템을 유지했지만, 미국과 서유럽의 많은 국가는 1950년대 후반에 이미 통이 넘칠 지경에 이르렀다. 미국은 특히 심각해 다른 국가들의 반면교사가 되었다. 당시 미국의 일인당 쓰레기 양은 서유럽 국가들에 비해 뚜렷하게 높았으며, 이 추세는 꺾이지 않았다. 1960년대에는 쓰레기 양이 몇 년 혹은 몇십 년 후에 세 배, 네 배, 심지어는 다섯 배가 될 수도 있다는 예측이 나왔는데, 주로 현대 쓰레기와 버림의 대표 국가인 미국을 근거로 한 주장이었다.[20]

쓰레기 양의 증가는 문제의 일부였다. 수거 인프라 시설 또한 최적화될 필요가 있었다. 여기에는 먼저 해결해야 하는 다른 조건들이 있어 문제 해결은 생각보다 쉽지 않았다. 쓰레기통은 쥐나 해충을 막고 가정에서 배출되는 뜨거운 재를 담기 위해 철판으로 만들어졌다. 쓰레기통이 무거운 것은 어쩔 수 없었다. 가득 찬 110리터들이의 쓰레기통은 최대 85kg까지 나갔고, 청소부 혼자서는 들 수 없었다. 때로는 청소부들이 끙끙거리며 지하에서 쓰레기통을 들고 올라와야 했는데, 이 때문에 수거 속도는 느렸고, 청소부들의 몸에도 부담이 되었다. 1920년대 베를린의 청소부는 최대 20년을 버티고 나면 몸이 '만신창이'가 되었다.[21] 청소부 수가 줄어드는 것은 당연했고, 쓰레기 처리는 한결 버거워졌다. 사실상 완전 고용이 이루어진 경제 부흥 시기

에 '힘들고 더러운' 일을 하고 싶어 하는 사람은 거의 없었다.[22]

쓰레기 수거 문제의 해답은 결국 새로운 수거 차량과 중간 하치장, 그리고 새로운 쓰레기통 개발을 포함하는 기술의 발전이었다. 가장 중요한 것은 쓰레기통을 가볍게 만드는 것이었다. 1960년대 피렌체는 아연을 칠한 종이봉투를 쓰레기통으로 썼는데, 수거는 확실히 수월해졌지만 비위생적이라는 비판을 감수해야 했다.[23] 쓰레기 수거 문제는 난방 방식이 변화하며 바뀌기 시작했다. 석유나 가스를 사용하는 난방이 대중화되면서 배출되는 재의 양이 크게 감소했고, 이 덕분에 튼튼한 플라스틱으로 쓰레기통을 만들 수 있게 되었다. 미국과 일본은 1950년대에 처음으로 플라스틱 쓰레기통을 선보였다.[24] 1960년대 중반에는 서유럽이 처음으로 플라스틱 쓰레기통을 사용했다. 새 용기는 가볍고 실용적이었으며, 과거 철판으로 된 용기를 대체하기에 충분했다. 플라스틱 쓰레기통은 사용 가능 기간이 비교적 짧았지만, 훨씬 가볍고 저렴했다.[25] 당국은 시민들에게 수거하기 쉽도록 청소부가 돌아다니기 전 저녁에 쓰레기통을 길가에 내놓을 것을 촉구했다.

1964년 비스바덴에서 일어난 혁신은 놀라운 파장을 낳았다. 주체가 된 기업인 췰러Zöller는 사실 트럭, 정확히는 유압 장치에 특화된 회사로, 쓰레기통을 들어 올린 다음 기계 장치를 이용해 내용물을 수거 차량에 쏟는 기술을 발명했다. 이들이 개발한 쓰레기통은 유압 장치가 있는 트럭의 보급을 확산시켰을 뿐만 아니라 쓰레기 수거 시스템을 최적화했다. 바퀴가 달린 1.1m³들이의 쓰레기통의 이름은 MGB 1.1이었다. 뚜껑을 달아 지나치게 부피가 큰 물건이 들어가는 것을 방

자리를 지키고 있는
MGB 1.1
(아우크스부르크,
1960년대)²⁸

지했다. 회사는 쓰레기통 사업에 뛰어드는 것이 아닌 트럭 판매가 목
적이었기 때문에 특허를 신청하지 않았다. 덕분에 이 컨테이너는 세
계적인 성공을 거둘 수 있었다.[26]

　1970년대 이후 대형 쓰레기통이 이렇게 큰 성공을 거두리라고
는 아무도 예측하지 못했다. 중간 크기의 컨테이너는 1960년대 다
른 지역에서 개발되었다. 스위스 기업 오크스너Ochsner에서 생산한
800리터들이의 컨테이너나 이보다 조금 더 큰 미국의 컨테이너 모
델이 대표적이다. 하지만 MGB 1.1은 적당한 크기와 연결 장치 덕분
에 아파트나 상업체의 표준 쓰레기통으로 자리매김했다. 이탈리아와

프랑스의 도시들도 1970년대부터 점차 이러한 컨테이너를 적용하기 시작했다. 이러한 용기는—다양하게 변형되어—대부분 지역에 도입되었고, 곧 전 세계 거리 풍경의 일부가 되었다.[27]

MGB 1.1은 결국 주변에서 찾아볼 수 있는 다양한 쓰레기통의 하나가 되었다. 이렇게 되기까지의 원인을 살펴보는 것 또한 꽤나 흥미롭다. 1980년대 각 분야에 민영화를 요구하는 목소리가 높아지면서 컨테이너를 표준 쓰레기통으로 도입하려는 시도가 생겨났다. 하지만 1983년 마르세유의 사례에서 볼 수 있듯, 컨테이너는 건물 밀도가 높은 지역에서 활용하기에는 지나치게 컸다. 컨테이너는 여러 세대가 함께 사용해야 했는데, 이웃들은 누가 무엇을 얼마나 버렸는지를 두고 시시각각 다투었다.[29] 서독에서도 이를 도입하려는 움직임이 있었으나, 많은 사람이 새로 매입한 주택에서 '공동체를 원하지 않는다'는 이유로 공용 쓰레기통에 거세게 반대했다.[30] 결국 컨테이너는 주로 아파트나 상가에서만 활용되었고, 작은 크기의 쓰레기통도 계속해서 함께 사용되었다.

쓰레기통의 세 번째 혁신은 늘어난 크기였다. 이전에는 약 100리터들이였던 쓰레기통은 더 커졌고, 둥근 모양 대신 사각형을 채택해 더 많은 쓰레기를 담을 수 있게 되었다. 통에는 두 개의 바퀴가 달려 있어 옮기기도 쉬웠다.[31] 몇몇 회사가 쓰레기통 개발에 앞장섰고, 1970년대 초에는 MGB 240, 윌리빈Wheely Bin 등 다양한 쓰레기통이 미국, 서독, 프랑스, 영국에 도입되었다. 이러한 개발은 기술 발전의 본질을 보여줬다. 쓰레기통을 새롭게 디자인하는 것은—이미 보았다시피— 사회적으로 복잡한 과정이었지만, 기술 자체는 간단했고 모방하기도 쉬웠다. 이런 혁신은 곧장 큰 쓰레기통 그림과 함께 전문 저널에 실리며 빠르게 확산되었다. 때로는 누구의 아이디어인지 생각할 겨를조차 없을 정도였다.[32]

기술 발전이 이루어진 두 번째 분야는 수거 차량이었다. 수거 차량은 현대적인 쓰레기차로 발전했다. 적재 면적은 넓어졌고, 쓰레기통을 쏟아주는 유압식 덤프 장치는 사람이 쓰레기를 손으로 직접 쏟는 일을 덜어주었다. 1960년대에 더 많은 쓰레기를 담기 위해 수거 차량에 압착 장치가 도입되었다. 수거 차량 주차지가 리모델링되면서 차의 유지 보수 비용을 낮추는 데에도 기여했다. 지금껏 도시 청소 사업 예산의 큰 부분을 차지하던 비용이었다.[33]

기술 발전을 지켜보다 보면 머지않아 쓰레기 수거의 완전 자동화도 가능할 것만 같았다. 1960년대 애리조나주 스코츠데일은 다른 지역과 마찬가지로 노동력 부족에 시달렸다. 특히 일을 할 수 없을 정도로 강렬한 여름의 폭염이 문제였다. 이 지역에는 1969년에 **고질라** Godzilla라는 수거 차량이 도입되었다. 이 차량은 쓰레기통을 기계 팔로 잡아 들어 쓰레기를 비울 수 있었다. 하지만 고질라와 후속 모델인 **선 오브 고질라** Son of Godzilla는 도로가 넓고 건물 밀도가 낮은 지역에서만 사용할 수 있었다. 쓰레기 수거의 완전한 자동화는 오늘날까지도 도시 내에서는 거의 찾아볼 수 없다.[34]

이 쓰레기차는 오늘날에도 표준으로 활용되고 있다. 이후 이와 비슷한 혁신이 거의 등장하지 않았다는 것을 생각하면 당시의 혁신이 얼마나 대단했는지 짐작할 수 있을 것이다. 신기술이 적용되며 수억 개에 달하는 쓰레기통과 수거 차량이 전 세계에 도입되었고, 쓰레

선 오브 고질라, 애리조나주 스코츠데일[35]

기와의 전쟁은 평화를 맞은 듯했다. 수거 효율성 또한 놀랍도록 높아졌다. 1960년대에 쓰레기차 한 대를 운행하려면 최대 일곱 명의 인력이 필요했지만, 오늘날에는 두 명 혹은 세 명이 한 조로 움직인다. 일은 여전히 고되지만, 아연을 입힌 철판 쓰레기통과 그 안에 가득 찬 재를 옮기느라 노동자의 몸이 빠르게 망가지던 시대와는 비교할 수가 없다.

혁신은 또 다른 변화를 가져왔다. 쓰레기 수거의 민영화다. 늦어도 1960년대 후반부터는 점점 더 많은 나라가 민영화 움직임을 보였다. 19세기 후반 쓰레기 수거를 공공의 손에 맡겼던 추세를 역행하는 변화였다. 쓰레기 수거는 이익을 추구하기보다는 적합한 도시 위생 수준을 보장하는 데 초점이 맞춰져 있었다. 산업화된 국가 사이에서 드물게 미국은 이미 많은 지역에서 민간 기업이 쓰레기 수거를 담당했다. 뉴욕 같은 대도시는 쓰레기 수거를 시 당국에 위탁했고, 샌프란시스코는 오랫동안 민간 회사인 선셋협동조합Sunset-Cooperative에 맡겼다.[36] 이러한 사업은 종종 이탈리아인이나 이민자만을 고용하는 클로즈드 숍Closed shop(노동조합원만을 고용하는 회사─옮긴이) 형태를 띠었다. 이러한 사업체는 대중문화에서 마피아와 밀접하게 그려지는 경우가 많은데, 항상 클리셰에 불과한 것만은 아니었다.[37]

시 당국이 운영하는 시스템은 1970년대 미국에서만 의구심을 일으킨 것이 아니었다. 앞서 이야기한 혁신도 여기에 보탰다. 1950년대까지만 해도 많은 수의 마을이나 소도시에는 정기적인 쓰레기 수거 시스템이 필요하지 않았다. 시민들이 스스로 조직한 처리 방식으로도 충분했기 때문이다. 하지만 농업이 쇠락하고 슈퍼마켓을 통한 재화의 공급이 증가하자 이들 지역에서도 쓰레기 양이 증가하기 시작했다. 이는 민간 쓰레기 수거 시장이 번창하는 계기가 되었다. 또한 기술 혁신에도 이러한 점이 반영되었다. 윌리빈은 특히 집과 집 사이의 거리가 멀어 쓰레기 수거가 힘들었던 시골 지역을 위해 개발된 쓰레기통이다. 이런 시골 지역에서는 대부분 민간 기업이 수거를 전담했다.[38]

1960년대까지만 해도 민간 쓰레기 처리 사업 분야에는 눈에 띄는 강자가 없었다. 세기 말 미국에서는 이미 3분의 2가 넘는 지역이 민간 기업을 통해 쓰레기를 처리했지만, 담당 업체는 규모가 작았고, 때로는 도시 쓰레기 수거와는 별 관련이 없는 분야에 특화되어 있었다.[39] 하지만 이후 업계는 완전히 탈바꿈했다. 미국의 몇몇 기업은 작은 쓰레기 처리 업체를 인수하면서 점차 몸집을 불려갔다.[40] 특히 1968년 텍사스 휴스턴에 세워진 회사 브라우닝페리스인더스트리Browning Ferries Industries는 소기업을 대거 인수해 사업 영역을 확장하고, 쓰레기 수거와 처리 과정을 최적화하는 새로운 전략을 채택해 쓰레기 업계의 선두 주자가 되었다.[41] 브라우닝페리스인더스트리는 1968년 시카고에 기반을 둔 경쟁 업체 웨이스트매니지먼트Waste Management와 마찬가지로 산업 쓰레기 처리와 재활용 서비스 또한 제공했다. 이 분야는 가장 어려우면서도 가능성으로 가득했다.[42]

웨이스트매니지먼트는 공격적인 인수와 확장을 거쳐 1980년대에 잠시나마 세계에서 가장 큰 쓰레기 기업이 될 수 있었고, 업계의 대명사가 되었다. 이 회사 또한 수많은 경쟁 업체를 인수한 후 쓰레기 처리의 '가치 사슬'을 통합하기 시작했다. 이들은 자체 수거 차량뿐만 아니라 자체 매립지도 운영했다. 저렴한 쓰레기 매립지를 이용하는 전략은 민간 쓰레기 사업의 실제 핵심이었다.[43] 비용 절감과 효율성 증대 정책은 수거 방면에서는 효과가 좋았지만 쓰레기 처리라는 기준에서는 문제가 되었고, 그 탓에 회사의 평판은 몇 년간 내리 하락했다. 환경보호론자들은 처리 회사가 비용 절감만을 고려할 뿐 환경 보호 정책을 준수하지 않는다고 비난했다. 틀린 말은 아니었다. 웨이스트매니지먼트는 오랜 동안 미국 환경 운동가들의 **혐오 대상**이었다.[44]

공공 서비스를 운영하지 않았던 미국은 1950년대까지는 특이한 예외에 불과했지만, 1970년대가 되자 민영화의 선두 주자로 부상했다. 여기에는 수많은 이유가 있었는데, 앞서도 말했지만 1960년대 쓰레기 수거에 최적화를 가져온 기술 혁신, 한 도시에 국한되지 않고 활동 범위를 넓힌 덕분에 가능해진 규모의 경제 덕분이었다.

그래서 민영 쓰레기 업체는 공공 '상비군'보다 저렴한 가격에 서비스를 제공할 수 있었다.[45] 실제로 공공은 점차 혁신 선두자의 지위를 잃어갔다. 1970년대 민영화를 적극적으로 옹호했던 미국의 경제학자 이매뉴얼 사바스Emanuel Savas는 공공 쓰레기 수거 시스템이 민간 사업자에 비해 평균적으로 세 배의 비용이 든다고 주장했다. 비슷한 통계가 독일과 프랑스에서도 발표되었지만, 민간 기업이 보이는 비용 면의 장점은 과장되었다.[46]

1960년대 후빈 쓰레기 수거 시스템은 **다시 민영화**를 겪었다. 일본에서는 이미 1980년대 초에 민간 기업이 쓰레기 수거의 40%를 담당했고, 서독에서는 60%에 달했다.[47] 대기업들은 해외로 지역을 넓혔다. 브라우닝페리스인더스트리와 웨이스트매니지먼트는 이 시기에 이미 국제적인 확장을 시도했고, 2개의 프랑스 회사, 베올리아Veolia와 수에즈Suez가 여기에 성공했다. 베올리아는 1853년 나폴레옹 3세 시기에 상수를 공급하는 수도회사(콩파니제네랄데조Compagnie Générale des Eaux)에서 출발했는데, 1970년대에 수많은 작은 경쟁자들을 인수하면서 활동 범위를 넓혀나갔다. 이 회사는 전 세계, 특히 아프리카에 서비스를 제공했다. 아프리카 도시들은 빠르게 성장하는 과정에서 심각한 쓰레기 문제를 겪었고, 이러한 상황에서 쓰레기 수거를 민간 서비스 제공자에게 위탁하려는 분위기가 형성됐다. 회사는 여기에서 큰 이득을 보았다.[48]

곧 수많은 민간 회사들이 쓰레기 수거 업계에 뛰어들었다. 예를 들어 세네갈 다카르는 1968년 정치 위기를 겪은 후 공공 쓰레기 수거 시스템을 운영할 수 없게 되었다. 도시가 쓰레기에 파묻힐 위기에 처하자 시 당국은 1971년부터 1984년까지 민간 기업인 소아딥 SOADIP에 쓰레기 수거를 위임했다.[49] 1970년대 라고스는 영국 회사인 파웰더프린Powell Duffryn에 쓰레기 수거를 위탁했는데, 이곳은 원래 광산업 분야에서 활동하는 기업이었다. 이후에도 라고스의 쓰레기 수거는 민간과 공공을 오갔다.[50] 많은 국가에서 지역 기반 업체가 계약을 따내기 위해 경쟁한다. 오늘날에도 모로코 대도시의 쓰레기 수거의 70%는 민간이 운영한다.[51] 이제 공공 쓰레기 수거 시스템의 시대는 져버린 것일까? 곧 보게 되겠지만, 벌써 이별을 고하기는 이르다.

…그리고 수거되지 않은 쓰레기

1960년대 후반부터 쓰레기 수거 기술은 비약적으로 발전했다. 오늘날 쓰레기 체계는 기초적인 공중위생 수준을 위협하지 않으면서 훨씬 효율적으로, 훨씬 적은 노동력을 들여 운영된다. 그렇다면 왜 지구의 쓰레기 중 상당량이 수거되지 않는 걸까? 도시에서 수거되는 쓰레기는 심한 경우 전체 쓰레기의 약 10%에 불과하다고 추산된다. 주로 바다 위를 떠돌아다니는 **관리 부실 쓰레기**Mismanaged Waste는 물에 버려지거나 매립지에서 쓸려 나가 결국 사용하지 않는 땅, 도로, 바다로 유입된 쓰레기를 의미한다. 수거되지 않은 쓰레기는 수십 년 전부

터 시급한 환경 문제로 부상했다.[52]

　때로는 쓰레기가 의도적으로 수거되지 않는 경우도 있다. 이는 특히 노동 운동의 효과적인 무기였다. 1911년 9월 인도 도시 아마다바드의 청소부들은 두 달 동안이나 임금을 받지 못해 대규모 시위를 벌였다. 이들은 저항의 의미로 거리와 공중화장실을 며칠 동안 청소하지 않았다. 시 당국은 이 시위를 공중 보건을 위협하는 행위로 간주했고, 시위 주도자를 수감하고 처벌하며 강력하게 대응했다.[53] 1922년 베를린 청소부들은 쓰레기 수거 작업을 몇 달간 중단했다. 도로는 곧 쓰레기 더미로 가득 찼고, 시 당국은 질병 전파를 걱정해야만 했다. 쓰레기 수거가 노동 시위의 도구가 되는 것은 초기에는 예외적일 정도로 드물었지만, 1960년대부터는 훨씬 자주 흔해졌다.[54]

　1960년대 미국에서도 쓰레기를 시위의 무기로 활용하는 초기 시도가 있었다. 1968년 뉴욕 청소부들은 임금 인상을 위한 대규모 시위를 벌였다.[55] 쓰레기는 시민권 운동에서도 중요했다. 흑인 거주 구역은 대체로 가난했고, 쓰레기 수거도 잘 이루어지지 않았다. 이는 결국 **인종 평등**과 **환경 정의**가 혼합된 문제였다. 마틴 루서 킹이 멤피스 청소부 시위를 위한 연대 집회에서 총에 맞았다는 사실도 언급하지 않을 수 없다.[56] 다른 미국의 이민자들도 수거 시스템 부재로 고통을 받았다. 1969년 라틴 아메리카계, 푸에르토리코인, 식민지 시민의 자립과 자결권을 주장하며 시카고에서 시작된 **영 로드**Young Lords 운동 당시 푸에르토리코 출신 이민자들은 할렘 동부의 도로를 막고 쓰레기를 거리에 던지며 불만을 표출했다. 이들이 겪는 위생 문제를 보여주기 위해서였다. 당시 쓰레기 수거 시스템은 **슬럼가**로 낙인 찍힌

구역을 거의 신경 쓰지 않았다.[57]

1970년대부터는 노동자들이 시위를 벌이고 교섭을 하는 데에 쓰레기 수거 파업을 점점 더 적극적으로 이용하기 시작했다. 1970년대 산업화된 서구권 국가는 심각한 인플레이션을 겪었고, 임금 문제로 갈등이 심화되었다. 1973년과 1974년 서독의 공공 서비스 분야는 특히 임금 문제로 노동자들과 큰 분쟁을 겪었다. 청소부들은 몇 주 동안 쓰레기를 수거하지 않았고, 결국 노동조합은 10%가 넘는 임금 인상을 이끌어낼 수 있었다. 1970년대 프랑스에서는 사회적 안전과 정의를 주장하는 시위가 벌어질 때마다 쓰레기가 이용되었다.[58] 쓰레기를 무기로 활용하는 전략은 1978~1979년 영국의 **불만의 겨울**Winter of Discontent에서 정점을 찍었다. 오랜 시간 곪아버린 노동 문제, 절약만을 강요하는 정부와 20%를 넘긴 인플레이션율은 몇 주에 걸쳐 나라를 흔들어놓은 대형 시위로 이어졌다.[59] 큰 광장에 쌓인 쓰레기 사진은 이 시위의 상징이 되었고, 이는 반노조 정책으로 이득을 보았던 마거릿 대처가 수상 선거에서 승리하는 데 단단히 한 몫 했다.[60]

쓰레기 수거 파업은 생활에 큰 걸림돌이 되면서 시민들에게 충격을 주었다. 기술 인프라 시설에 대한 의존도를 강조하는 데 이보다 더 적절한 수단은 없었다. 시 당국은 이러한 도발을 통제할 수 있는 방법을 찾기 위해 늘 애써야 했다. 하지만 광장에서 썩어가는 쓰레기가 끔찍한 악취를 풍기고, 쥐와 해충을 유인한다 하더라도, 쓰레기는 결국 진짜로 위험해지지 않을 때에만 **무기**로 활용될 수 있었다. 해충이 질병을 전파하고 콜레라나 장티푸스 같은 전염병이 유행하면서 쓰레기는 무기로서 기능을 잃었다. 1950년대까지만 해도 이런 행

런던의 레스터 스퀘어(1979년)[61]

동을 벌이는 노동조합은 많지 않았다. 하지만 얼마 지나지 않아 쓰레기는 세계적으로—경제와 마찬가지로—정치 시위의 도구가 되었다. 2000년대 다카르에서는 부패 정치에 맞서 싸우기 위해 대로에 쓰레기를 **투기**하는 전술을 자주 이용했다.[62] 2000년 멕시코 오악사카에서는 쓰레기 수거 시스템이 제대로 작동하지 않는다는 것을 강조하기 위해 쓰레기를 활용했다.[63]

쓰레기 수거의 중단은 많은 사람에게 충격을 안겼는데, 애초에 쓰레기 수거 시스템이 기능하지 않거나 쓰레기가 길에 널브러진 것이 일상인 지역은 상황이 더 심각했다. 거리 미관을 해치고 끔찍한 악취가 나는 것만이 문제가 아니었다. 아무렇게나 쌓인 쓰레기는 잠재

다카르의 디알 디옵Dial Diop 대로(2007년)[64]

적 질병 진원지였다. 쓰레기에서 종종 나오는 산성 물질은 피부와 호흡기 질환을 일으킬 수 있었다. 게다가 쓰레기는 질병을 옮기는 쥐와 해충을 끌어들였다. 부에노스아이레스 같은 도시는 한동안 쥐와의 전쟁을 포기해야 했는데, 도시의 많은 구역에 쓰레기 수거 시스템이 존재하지 않았고, 3m가 넘게 쌓인 쓰레기부터 먼저 해결해야 했기 때문이다.[65]

아시아, 라틴 아메리카, 아프리카의 많은 대도시에는 쓰레기 수거 시스템이 없었다. 물론 수치를 해석할 때는 주의가 필요하다. 하지만 개러스 마이어Gareth Myer의 해석에 따르면, 배출된 가정 쓰레기 중 10%만이 매립지에 적합하게 처리되는 탄자니아의 옛 수도 다르에스살람은 (희망컨대) 몇 안 되는 예외로 볼 수 있다.[66] 추정치에 따르면 가나에서는 연간 예산의 30~50%가 쓰레기 수거에 사용되지만 전체 쓰레기 중 50~80%만 수거된다.[67] 테오파네 아이그베데 Theophane Ayigbédé는 베넹 포르토노보의 쓰레기 수거율 연구에서 비슷한 수치를 제시했지만, 구역별로 차이가 심하다는 점을 문제로 지적했다.[68]

수거 시스템이 적절하게 작동하는 것이 왜 이렇게 힘들까? 첫 번째 답은 2차 세계 대전 이후 도시의 급성장이다. 인프라 시설은 이 속도를 따라잡을 수가 없었다. 인프라를 계획하고 건설하려면 시간이 필요했고, 공공 예산 또한 편성받아야 했다. 보통은 빠른 인구 증가에 따른 변화를 처리하기 위해 필요한 차량이나 설비를 마련하기 위한 예산이 따로 있지만, 많은 도시는 이미 너무 많은 빚을 지고 있어 문제를 겪었다.

시 당국은 전체 주민 수를 파악하는 데에도 어려움을 겪었다. 많은 사람들이 세금을 내거나 기록이 남는 것을 원하지 않았다. 빠르게 성장한 많은 대도시는 대개 내부가 **공식**과 **비공식 도시**로 나뉘었다. 카이로가 대표적이다. 1950년대만 하더라도 카이로 전체는 '공식'적이었다. 하지만 10년이 지나고 카이로가 아프리카 최대 도시로 성장하면서 도시 계획이 부쩍 힘에 부치게 되었다. 위성 도시 조성 계획은 1970년대부터 대개 반려되었다. 결국 도시에는 비공식 주거지와 도시 구획이 생겨났고, 오늘날 1600만 카이로 주민 중 약 절반이 비공식 구획에 살고 있다. 데이비드 심스David Sims가 서술했듯, 이 비공식 도시 구획은 단순한 슬럼이 아니다. 이곳에는 전기와 수도가 연결된 건물들이 지어지기도 했다. 하지만 쓰레기 수거 시스템은 길 입구에 위치한 컨테이너뿐이었고, 컨테이너가 비워지는 주기도 일정하지 않았다. 수거 시스템이 없는 구역의 길은 더 심각했다. 쓰레기는 종종 하수구로 흘러 들어갔다. 카이로처럼 비공식 구획이 많은 도시일수록 쓰레기가 적절하게 수거될 가능성은 더 낮았다.[69]

많은 아프리카 도시는 쓰레기 수거 문제로 수십 년 동안 골머리를 앓았다. 나이로비에서는 1980년대 이후로 문제가 내리 악화되었다.[70] 일부 도시는 구조적 문제로 효율적인 쓰레기 수거에 어려움을 겪고 있다. 라고스에서는 교통 정체 구간이 몇 km에 달하는 경우도 많은데, 이 재앙과도 같은 교통 상황 때문에 수거 차량이 쓰레기장으로 가는 데에만 몇 시간이 소요되기도 한다.[71] 처리 시설을 개선하고 새롭게 건설해도 비슷한 문제를 겪을 수 있다. 2009년 보츠와나 가보로네는 새로운 매립지를 건설했는데, 수거 차량이 새로운 매립지로 가는 데에 걸리는 시간이 종전 30분에서 2시간으로 늘어났다. 소요되는 시간뿐만 아니라 차량 수리 및 유지 비용도 증가했다.[72]

교통 문제는 구역에 따른 수거율 차이에 영향을 미치곤 한다. 샌드라 쿠앵트로Sandra Cointreau가 사례로 든 1980년대 나이지리아의 오니차에는 1980년대 초에 총 일곱 개의 수거 구획이 있었다. 수거 차량과 할당된 청소부의 수는 각 구획의 인구에 비례했다. 하지만 수거율은 도로 상황이 좋지 않고, 교통 체증이 심하고, 주민들이 배출 규정을 잘 따르지 않는 지역에서 특히 낮게 나타났다.[73]

사람들은 서구 국가의 구조 조정 프로그램과 여기에 맞춰 아프리카 정부가 강제적으로 시행한 신자유주의 정책을 수거 문제의 원인으로 꼽곤 한다. 그 밖에도 이익 추구를 주요 목표로 삼는 민간 수거 회사 또한 낮은 수거율의 요인으로 지목된다. 실제로 초국가적 수거 기업은 폐차 직전의 유럽산 중고 쓰레기차를 매입해 사용하는 경우가 많은데, 이 부분은 끊임없이 논란이 되고 있다.[74] 쓰레기통과 수거 차량 수의 부족도 수거를 방해하는 요인이다.[75]

하지만 쓰레기 수거의 구조적 문제는 민영화 하나만으로는 설명할 수 없다. 민영화는 대체로 이미 문제가 발생한 이후에 도입되는 해결책이다. 1970년대 급격한 인구 성장을 겪은 많은 아프리카의 도시들이 민영화를 채택한 이유도 마찬가지이다. 에콰도르의 수도 과야킬은 1990년대 초 쓰레기 수거를 민영화했다. 도시가 너무 빠르게 팽창하고 도시 행정이 그 속도를 따라잡지 못하게 되면서 전체 도시의 20% 구역에서만 쓰레기를 적절하게 처리할 수 있었기 때문이다.[76] 처리 비용도 늘 문제가 되었다.[77] 종종 시 당국은 대금을 제때 치르지 않았고, 아예 지불하지 않을 때도 있었다.[78] 이로 인해 업체는 수거 시스템을 개선하는 데 어려움을 겪어야 했다.[79]

결국 이 뒤에는 더 근본적인 문제가 숨어 있다. 앞부분에서 언급한 인프라 시설의 수행성(브라이언 라킨)을 다시 떠올려보자. 쓰레기 수거는 곧 당국이 공공장소를 통제하는 수단이다. 1970년대 인도네시아 수라바야는 파수칸 쿠닝Pasukan Kuning, 일명 '황색 군대'를 조직했다. 빛나는 노란 유니폼에서 이름을 딴 이 조직은 몇십 년간 지속된 쓰레기 수거 문제에 대응하는 시 당국의 해결책이었다.[80] 다카르에서는 잠시나마 군대가 쓰레기 수거를 담당하기도 했다.[81] 이는 달리 보면 쓰레기 수거 문제가 곧 국가의 위기임을 보여준다. 인프라 시설이 잘 기능하려면 시 당국이 최소한의 힘을 가지고 있어야 했다. 그렇지 않으면 좋은 의미에서 시작한 일이라도 공허한 말에 지나지 않았다. 로마에서는 유적지가 있는 도심 이외의 지역에서 쓰레기통 앞에 아무렇게나 버려진 쓰레기를 쉽게 찾아볼 수 있다.[82] 인프라가 갖춰져 있다면 세분화된 쓰레기 분류가 가능해지지만, 시민의 참여 없이는 큰 효과를 가져올 수 없다. 이렇듯 쓰레기 수거에서 책임 소재를 정확하게 가리기는 어려울뿐더러, 이것만으로는 충분하지 않다. 또한 쓰레기 수거 시스템 운영을 가능하게 하는 사회적 합의는 언제든 깨질 수 있다.

청소부라는 직업

"제 가족들은 이바단에 살지만, 저는 이곳 라고스에서 제 '빌어먹을' 일을 했습니다. 제가 어떻게 생계를 꾸리는지는 가족과 처가에 비밀로 했습니다. 저를 어떻게 생각할지 두려웠거든요. … 제가 어떻게 감히 제 일에 대해 말할 수 있겠습니까. … 아내한테 이야기할 생각만 해도 눈앞이 캄캄했습니다."[83] 이후 수도망 회사의 소유주가 된 라고스의 한 전직 청소부는 가족들에게 자신의 과거 직업을 비밀로 했다는 사실을 털어놓았다. 그의 이야기는 오랜 세월 쓰레기와 배설물 수거직에 따라다닌 사회적 낙인을 보여준다. 인도에서 쓰레기 수거에 종사했던 대부분의 사람들은 **불가촉천민**이었다.[84] 일본에서는 심각한 범죄를 저지른 사람들에게 마을 장로들이 히닌非人이나 에타穢多라는 낙인을 찍었다. 이들은 정해진 구역에만 거주해야 했으며, 시신 매

장, 쓰레기 구덩이 비우기, 쓰레기 수거 등 불결하다고 여겨진 직종에만 종사할 수 있었다.[85]

쓰레기와 관련된 직종을 경멸하는 시선은 어느 나라에나 있었고, 수많은 인식 개선 캠페인도 이를 크게 바꾸지 못했다. 하지만 업을 낭만화할 수는 있었다. 1970년대 좌파 도시사회학은 청소부를 마지막 프롤레타리아로 그려냈다. 부유한 국가에서 노동자의 수는 전반적으로 감소했고, 교외에 주택이 증가하면서 급진화의 가능성은 줄어들었다. 시인들은 청소부를 문학에 녹여냈다. 1968년 프라하의 봄 이후 한동안 청소부로 일했던 체코 작가 이반 클리마가 대표적이다. 지그문트 바우만은 비유로만 등장하는 청소부를 역사 속 잊힌 영웅으로 그려냈다.[86]

쓰레기 수거는 무엇을 의미할까? 쓰레기 수거 업무는 **스캐빈저**와는 다르다. 이는 대개 정규직 노동이자 남자들의 일로 여겨진다.[87] 2007년 다카르 시위 당시 여성들도 쓰레기 수거직에 종사했는데, 사회적인 문제의식을 고취하려는 목적에서였다.[88] 쓰레기 수거직은 보통 평판이 좋지 않은 편인데, 고용주에게는 달갑지 않은 일이었다. 일꾼들이 이 직업을 단기직으로 여기고 더 나은 기회가 오자마자 내팽개친다면 어떻게 마음을 놓을 수 있겠는가? 그러한 의미에서 쓰레기 수거직이 늘상 **전문적인** 것은 아니었다. 거지, 범죄자처럼 선호되지 않는 사람들을 수거 업무에 투입한다는 발상은 이미 18세기부터 있었다.[89] 이는 특히 정치적으로 불안한 시기에 많이 시도되었다. 1900년대 톈진에서는 거지를 쓰레기 수거업과 청소에 강제 동원했다.[90] 뮌헨은 2차 세계 대전 이후 나치로 밝혀진 사람들을 잠시 쓰레기 수거 일에 투입했다.[91] 하지만 쓰레기 수거 시스템이 전문화되면서 청소부가 직업으로 인정받기 시작했고, 이들에게 안정적인 노동환경과 고정된 급여 또한 보장되었다.

이 직종은 종종 이민자들의 몫이었다. 마다가스카르에서는 2차 세계 대전 이후까지도 주로 외국인이 쓰레기 수거직에 종사했다. 현지인들은 이러한 직업이 자신의 명예를 해친다고 여겼다. 다른 서아프리카 국가에서도 상황은 크게 다르지 않았다.[92] 19세기 후반 프랑스에서는 정반대였다. 식민지 출신 이주민들이 도시 위생 수준을 유지할 수 있을 것이라고 믿지 않았던 것이다.[93] 1960년대 유럽에 노동 이민이 증가하면서 이러한 분야에 종사하는 외국인의 수 또한 증가했고, 오늘날에도 이들은 많은 국가의 처리 시스템을 떠받치고 있다.[94]

쓰레기 수거는 역사를 통틀어 가장 힘든 일 중 하나로 꼽힌다. 무거운 쓰레기통을 옮겨야 했을 뿐만 아니라 노동 조건이 좋지 않았고, 질병 발병률 또한 높았기 때문이다. 일은 이른 시간, 때로는 한밤중에 시작되어 대체로 교통 정체 시간대에 이루어졌으며, 교통사고도 잦았다. 1960년대부터 눈에 띄는 유니폼을 입게 된 이유다. 또한 쓰레기 처리는 여린 사람이 할 수 있는 일이 아니었다. 동료들의 행동은 거칠었고, 1960년대까지만 해도 술과 폭력이 자주 따라다녔다.[95] 실제로 1980년대까지는 청소부들에게 작업 중 음주 금지 규칙이 있었다.[96]

힘들고 거친 업무와 낮은 사회적 인식 때문에 많은 사람이 관련 직종에 종사하는 것을 꺼리면서 한 가지 또 다른 까다로운 문제가 생겼다. 바로 급여 문제였다. 1920년대 베를린에서는 청소부 임금이 높아서 국회에서 여러 번 주요 사안으로 다뤄지기까지 했다.[97] 이후에도 급여 문제는 줄곧 논란이 되었다. 급여가 너무 적으면 일할 사람을 찾을 수가 없지만, 너무 많이 주는 것도 합리적이지 않았다. 청소부가 대학 교수보다 더 많이 번다면 사람들이 뭐라고 생각하겠는가? 1980년대와 1990년대 미국을 포함한 서구 국가들은 민영화의 파도를 겪으면서 고용 안정성과 임금이 높아졌다. 여기에는 묘한 부작용도 있었다. 1960년대 만하임의 청소부들은 크리스마스에 팁을 주지 않는 사람들의 집 앞마당에 쓰레기를 던졌다. 도시 위생청은 경고 이상의 조치를 취할 수 없었다. 이들을 대체할 사람을 어떻게 찾을 수 있겠는가?[98]

청소부들의 노동 문화는—사례 연구에서 알 수 있다시피—거친 경향이 있었다. 1900년대 출판된 책의 제목『더러운 일과 남자들의 자존심Dreckarbeit und Männerstolz』그대로이다.[99] 사회학 서적은 이를 '남성성 과잉Hypermasculinity'이라는 용어로 정리했다. 더럽지만 필요한 일을 한다는 자신감을 먹고 자라난 자의식은 테스토스테론으로 가득했다. 1970년대와 1980년대에 관찰 연구를 위해 수거 차량에 같이 탑승했던 사회학자들은 여기에 크게 놀라지 않을 수 없었다. 학자들은 약자들의 사회적 연대를 기대했지만, 실제로 관찰한 것은 남자들의 유머와 추파의 휘파람이었다.[100]

이러한 직장 문화는 수거 업무가 복잡해지고 투입 인원이 줄어들면서 점차 사라졌다. 운전사와 쓰레기를 싣는 사람이 구성원의 전부라면, 팀의 전통은 더 이상 존재할 수가 없다.

12장
밀어내고, 버리고, 처리하고,
묻고, 태우기

†
쓰레기는 갈 곳이 있어야 한다.
— 미국의 한 쓰레기 전문가[1]

경로 의존성

1997년 9월 28일 콜롬비아 수도 보고타의 대형 쓰레기 매립지였던 도냐 후아나Doña Juana에서 침출수와 매립 가스 누출로 대형 폭발이 일어났다. 100만 톤에 달하는 쓰레기가 여기에 휘말려 근처 툰후엘리토강으로 유입되었다. 부상자가 거의 발생하지 않았던 다른 유사 사건과는 달리, 이 폭발 사고는 콜롬비아 역사상 가장 큰 환경 스캔들로 발전했다. 주변 지역에 거주하던 주민 10만 명이 중독, 화상, 호흡기 질환으로 고통 받았다. 재해 처리를 위한 법적 절차는 오늘날까지도 진행 중이다.

이 사례는 여러 측면에서 2차 세계 대전 이후 세계 쓰레기 문제에 생긴 변화를 보여준다. 이전에 문제가 되었던 것은 쓰레기의 **수거**

였다. 서구의 대량 소비문화 탓에 쓰레기 양이 급격하게 증가했고, 당국은 새로운 기술과 구성 모델을 활용해 수거 문제를 해결하려고 노력했다. 하지만 1960년대부터는 쓰레기의 종착지, **라스트 싱크**Last Sink 문제가 수면 위로 올라오기 시작했다. 쓰레기의 구성이 변화하고, 관련 지식이 쌓이기 시작하며 공중위생 측면에서는 알 수 없던 새로운 위험성이 드러난 것이다. 이제는 도시 밖으로 쓰레기를 내버리는 것만으로는 문제를 해결할 수 **없었다.**

늦어도 1960년대부터는 쓰레기의 처리가 세계적인 도전 과제로 떠올랐다. 쓰레기 처리의 위험성에 대한 지식이 빠르게 쌓였고, 많은 지역이 처리 시설 부족으로 골머리를 앓았다. 시민들의 반대 때문에 새로운 매립지나 소각장을 더 짓기는 힘들었다. 특히 소각장은 점차 환경 운동가들의 표적이 되었고, 운동가들은 시설 건설을 방해하는 차원을 넘어 기존 시설 중 일부를 폐쇄하기도 했다.[2] 그럼에도 매립과 소각은 오늘날까지도 주요 쓰레기 처리 방식으로 이용되고 있다. 이에 대한 날카로운 비판과 수많은 반대 운동을 생각하면 그 이유를 살필 필요가 있어 보인다.

실질적인 문제는 대안이 없다는 것이다. 오늘날까지도—재활용을 제외하면—적절한 비용으로 많은 양의 쓰레기를 보관하고 처리할 다른 방법은 거의 발명되지 않았다. 방법을 찾으려는 시도가 없었던 것도 아니다. 현대 쓰레기 처리의 역사는 혁신의 묘지이다. 쓰레기로 건설 자재를 만들거나 하수 처리에 활용하고, 연료로 가공하거나 심지어는 박테리아가 플라스틱을 소화하게 만들려는 등 갖가지 방안이 이미 시도되었다.[3] 하지만 이런 시도는 결국 세 가지 난관에 부딪혀 좌절되었다. 이러한 처리 방식들은 너무 많은 연료가 필요했거나 위험 물질을 방출해서, 매립과 소각을 대신할 친환경 대안으로 생각하기에 무리가 있었다. 실험실에서는 문제없이 작동하다가도 쓰레기 양이 많아지면 적용할 수 없어지는 경우도 많았다.[4] 한동안 쓰레기를 가열해 액화하는 열분해 방식이 처리의 큰 희망으로 떠올랐지만, 결국 배출가스와 기술적 문제로 인해 몇몇 실험실을 제외하면—아직까지는—적용할 수 없었다.[5]

물론 예외도 있다. 바로 **퇴비화**이다. 쓰레기를 잘게 잘라 특수한 용기에서 퇴비화하고 나면 성능이 아주 뛰어나진 않더라도 토양의 질을 향상시킬 수 있는 비료가 된다. 이 기술은 두 차례 세계 대전 사이에 개발되있으며, 1950년대와 1960년대에 많은 나라에서 애용되었다. 이탈리아와 서독에서는 몇몇 테스트 시설이 설치되었고, 이 쓰레기 처리 신기술을 추종하는 사람들의 목소리가 드높았다.[6] 하지만 1960년대 초에 이미 퇴비화 하나만으로는 도시 쓰레기 문제를 해결할 수 없다는 사실이 명백해졌다. 중금속도 문제였다. 퇴비화된 쓰레기는 땅을 중금속으로 오염시킬 수 있었다. 1960년대에 이르자 이 기술을 추종하는 사람들은 소수로 전락했다.[7]

퇴비화는 이스라엘에서 비교적 오래 활용된 방법이다. 이 나라는 지리적 상황이 복잡하고 만성적인 물 부족에 시달리고 있어 자원 절약이 시급했다. 그러다 1950년대 중반 텔아비브 미크베 이스라엘 Mikveh Yisrael 근처 옛 쓰레기 매립지에 퇴비화 실험실이 건설되었다. 이후 예루살렘과 람라에도 이 기술이 도입되었다. 놀랍게도 1960년대에 이스라엘 쓰레기의 40%가 퇴비화되어 레몬 농업의 비료로 활용되었다. 하지만 인공 비료의 가격이 하락하고 쓰레기에서 플라스틱이 차지하는 비율이 늘어나면서 퇴비화는 끝을 맞았다.[8] 아프리카와 남아시아의 개발도상국들에서도 마찬가지였다. 이곳 쓰레기는 유기물의 비율이 높았기 때문에 한동안 퇴비화는 매력적인 대안이었다. 1912년에 설립된 덴마크 회사 다노Dano는 이미 1930년대와 1940년대에 생물학적 안정기를 발명했고, 1970년대에는 쓰레기 비료화 분야에서 '글로벌 플레이어'였다.[9] 하지만 플라스틱과 기타 퇴비화가 힘든 물질이 쓰레기에서 차지하는 비율이 증가하면서—대체로 도시적 삶의 방식이 원인이었다—이러한 기술을 적용하기 힘들어졌다. 퇴비화는 퇴비화할 수 있는 물질에만 적용할 수 있는 기술이었다.[10]

처리의 두 가지 주요 기술—매립과 소각—은 건재했고, 별다른 대안은 없었다. 이런 상황은 강한 경로 의존성path dependency으로 이어졌는데, 이는 쓰레기 처리의 역사를 관통하는 특징이다. 특정한 해결책을 한번 선택하고 나면, 보통은 계속 유지된다. 한번 쓰레기를 수거하기 시작하면, 수거는 점점 확장된다. 당국이 매립지를 계획하기 시작하면, 계획은 계속해서 유지된다. 쓰레기는 처리되어야만 하고, 여기에서 다양한 문제가 파생되었다. 이 방법이 아니면 어떻게 처리할 것인가? 이곳이 아니면 어디에 처리할 것인가? 2차 세계 대전 이후 쓰레기의 양이 크게 증가하면서 당장은 잘 아는 기술을 이용해야한다는 압박이 있을 수밖에 없었다. 전문가들이 이를 재고할 시간은 보통은 없었다.

강한 경로 의존성에도 불구하고 쓰레기 처리는 예전과는 크게 다르다. 적재와 소각 기술은 근본적으로 변화했다. 과거에는 빈 땅에 쓰레기를 아무렇게나 쌓아둘 뿐이었지만, 매립과 소각은 점차 토양 밀봉, 침출수 정화, 가스 정화 시설을 갖춘 복잡한 건설 작업이 되었다. 쓰레기 소각 시설에 설치할 필터 시스템도 개발되어, 1980년대 주민들을 두려움에 떨게 했던 위험한 화학 물질을 대부분 걸러낼 수 있게 되었다.[11]

이러한 변화는 쓰레기 문제를 기술을 활용해 해결 가능한 사건으로 바라보는 관점을 낳았다. 이 문제는 아직도 의견이 엇갈린다. 환경 운동가들은 매립과 소각이 물질의 순환을 방해한다며 이런 관점을 비판하는 목소리를 낸다. 또한 소각 과정에서 이산화탄소가 배출되기 때문에 쓰레기 소각장에 설치된 필터가 정말로 오염 물질을 걸러내는지도 의심한다.[12] 하지만 수거라는 문제가 그러하듯, 쓰레기 처리에서도 문제는 당장 활용할 수 있는 기술을 충분히 적용하지 못한다는 점이다. 쓰레기장의 토양 밀봉 조치와 소각장의 필터가 정말로 위험 물질을 막아주는지는 일단 매립지에 아무렇게나 쓰레기를 던져 넣지 않고—오늘날까지도 중국의 많은 지역이 그러하듯—소각 시설에 필터를 달지 않으면 의미가 없다.[13]

매립

매립지는 매우 다양한 방식으로 형성된다. 가장 합리적인 방식은 **계획**해서 설계하는 것이다. 지하수나 지형의 적합성을 고려해 땅을 선정하면 계획이 확정된다. 이후 주민들의 반대 의견을 취합하고 나면 건설이 시작된다.[14] 하지만 역사 속 매립지(혹은 쓰레기장)는 이러한 방식으로 건설되지 않았다. 어느 날 **자연스럽게** 이미 쓰레기가 쌓인 빈 땅이 생긴다. 쓰레기는 서로 모이는 경향이 있고, 쓰레기가 하나만 떨어져 있는 경우는 드물다. 적재를 위한 모서리가 있으면 쓰레기는 더욱 쉽게 모인다. 채석장 같은 장소에는 구덩이가 있어 쓰레기 처리가 특히 간편했다.

건설 작업으로 계획된 기술적 현대 매립지는 쓰레기 매립이 야기할 수 있는 위험성 때문에 고안된 결과는 아니었다. 위생 문제를 통제하는 것이 늘 우선 목표였다. 플라스틱, 도자기, 기타 폐기물 속 문제 물질들이 많아지기 전부터도 매립지 주변에 거주하는 것은 즐거운 일이 아니었다. 근처 거주민은 종종 식수가 상했다거나 이상한 맛이 난다는 불평을 쏟아냈다. 매립지에 토지 밀봉이 도입되지 않은 시기에는 놀라운 일이 아니었다. 쓰레기장에는 말 그대로 자체적인 생애가 있었다. 1940년대 말 프랑크푸르트 쓰레기장에 지쳐버린 주민은 다음처럼 생생하게 증언했다.

처음 사람들이 알아차린 것은 귀뚜라미였다. 최근에는 바퀴벌레, 집게벌레, 온갖 색의 파리와 개미들이 몰려든다. … 날씨가 따뜻해지면 벌레들이 울고 퍼덕이는 소리가 벽 틈새로 들려온다. 침대와 베개에는 이 역겨운 생명체가 돌아다니고, 때로는 먹다 남은 음식 속에서도 발견된다. 벌레와의 전쟁은 새벽 두 시, 그보다 늦은 시간까지도 계속되며, 아침에는 피곤에 찌든 몸을 이끌고 하루를 시작한다.[15]

이러한 기록에 따르면 매립지는 되도록 도시에서 먼 곳에 위치해야 했다. 1948년 제1차 중동 전쟁 이후 미크베 이스라엘에 건설한 쓰레기장에서는 끔찍한 악취가 풍겼고, 파리가 매개하는 전염병이 주기적으로 유행했다. 1960년대 초 도시 남동쪽에 버려진 아랍 마을을 대체지로 삼기 전까지 시민들은 계속해서 고통 받아야 했다.[16] 하지만 거리 두기 전략은 다른 문제로 이어졌다. 수거 차량의 동선이 길어 수거 시간이 너무 오래 걸렸다. 중간 역이 있는 철로 건설은 많은 도시가 감당할 수 있는 해결책이 아니었고, 다루기도 까다로웠다. 도시 공간에 매립하기는 힘들었기 때문에, 도시는 폐기물을 처리할 지방과 복잡한 협상을 거쳐야 했다. 결국 매립지는 다양한 방식으로 스스로 도시 공간과 가까워졌다. 도시 공간이 확장되기도 했고, 도시 내부, 특히 휴한지나 도시 가장자리에 수많은 임시 매립지가 생겼다. 하천 제방도 부피가 큰 폐기물이나 파손된 자동차를 처리하는 장소로 애용되었다. 이러한 쓰레기 문제는 1960년대 대량 소비 사회에서 자주 관찰되는 현상이었다. 임시 매립지는 포장재뿐만 아니라 가정용 화학 물질이 증가하면서 나타난 쓰레기 구성 성분의 변화를 가시적으로 보여주었다. 물건의 포장재로 쓰였던 쓰레기는 쥐나 다른 소동물이 드나드는 공간이 되었고, 또한 불이 붙기도 쉬웠다.[17] 1960년대 매립지에서는 일상적으로 화재가 일어났고, 프랑크푸르트의 중앙 매립지인 몬테 셔벨리노에 대형 화재가 발생하자 온 도시가 쓰레기 냄새로 진동했다.[18]

이는 결국 매립 기술의 적용으로 이어졌다. 주요 해결책은 앞서 언급한 대로 2차 세계 대전 이후 영국과 미국에서 특히 발달한 위생 매립이었다. 쓰레기를 묻고 흙으로 덮은 다음 기계로 압착해 빈 공간을 없앴다. 위생 매립은 불편 사항을 확실하게 줄이는 데 기여했고, 그 덕분에 도시 공간 주변에 매립지를 둘 수 있게 되었다.[19]

2차 세계 대전 이후 쓰레기 양이 대거 증가한 국가 중 대다수는 1960년대에 위생 매립을 도입했다. 그리고 얼마 지나지 않아 씁쓸한 깨달음을 얻어야 했다. 대량 소비 사회의 쓰레기는 더 이상 1900년대 도시 위생 개선을 위해 처리해야 했던 쓰레기와 같지 않았다. 1961년 신문 기사 하나가 생생하게 표현했듯, 쓰레기 속에는 '악마'가 도사리고 있었다. 수많은 화학 물질, 공장의 산업 부산물, 염료, 기름, 세탁과 설거지 세제, 매립지에 버려져 뜻밖의 화학 결합을 형성하는 플라스틱이 대표적이었다.[20] 문제가 되는 것은 유리나 플라스틱 같은 분해되지 않는 포장재만이 아니었다. 사람들은 매립지에 쌓인 수많은 물질에 실제로 어떤 독성이 있고, 이를 어떻게 처리해야 하는지 알지 못했다. 1970년대 정치권에서 환경 규제를 도입하기 전까지 엄청난 양의 산업 폐기물이 쓰레기장에 쌓여갔다. 전문적인 처리법도 없다시피 해서 곧 큰 문제가 되었다. 수질 보호도 마찬가지였다. 1950년대 후반에는 지하수 수질 오염을 규제하기 위해 수많은 법이 제정되었고,[21] 쓰레기 매립지는 곧 규제의 표적이 되었다. 1960년대 초에는 매립지가 강변에 위치한 경우가 많았고, 심지어는 강 **속**에 있기도 했다. 1980년대 초 일본에서는 매립지의 10%가 실제로 **물속**에 있었다.[22]

환경 오염 문제를 해결할 수 있는 매립 기술은 존재하지 않았고, 위생 매립법만으로는 문제를 전부 해결할 수 없었다. 1967년 서독에서는 전문 매립법에 관한 가이드 하나를 배포하는데, 가정 쓰레기와 산업 폐기물을 같이 매립하는 방안을 추천했다. 매립 전문가 클라우스 슈티프Klaus Stief는 이것이 오랜 시간 지지부진했던 폐기물 연구와 관련하여 일자리를 창출하려던 한 가지 방안이었을 것이라고 추측한다. 차수 방법으로는 지하 수원과의 일정한 거리를 유지하고, 매립지 지반의 약 1m(!)를 입자가 작은 쓰레기로 덮는 방안이 제안되었다.[23] 사람들은 이러한 방법이 독성 물질로 인한 지하수 오염을 막아줄 수 있을 것이라 믿었다. 오늘날의 기준으로 이 방안을 평가하기는 쉽지만, 당시는 폐기물의 위험성을 막 논의하기 시작한 때라는 것을 잊어서는 안 된다. 1960년대 중반에는 문제 물질이 몇 개 되지 않았지만, 1970년대 중반에는 이 수가 몇 천 가지로 늘어났다.[24] 불확실성은 커졌고, 환경 오염에 대한 인식과 성찰이 뒤따랐다. 당장 몇 년 전까지만 해도 거의 아는 것이 없었는데, 언제쯤 관련 지식─적어도 쓰레기 매립이 어떤 위험을 품고 있는지 현실적으로 어림잡을 수 있을 만큼─이 충분히 쌓일 것이라고 확언할 수 있겠는가?

배움의 과정은 고통스러웠고, 문제 해결은 한층 더 복잡했다. 우선 법적인 규제가 마련되어야 했다. 이러한 설비에 대한 필요성에도 당시의 기술로는 건설이 불가능하다는 점도 더해졌다. 인프라 건설과 쓰레기 연구는 평행하게 진행되었는데, 이 또한 매립지와 소각 시설을 반대하는 시위의 도화선이 되었다. 계획 당시에는 최첨단이던 시설도 완공 후에는 환경 보호와 관련된 기술 조건을 충족하지 못하는 경우가 많았다. 1960년대에는 이를 어느 정도 대중들에게 숨길 수 있었다. 하지만 대중이 새로운 처리 시설과 기술에 관한 지식으로 무장하고, 전문가들과 같은 눈높이에서 토론할 수 있게 되는 데에는 오랜 시간이 걸리지 않았다.[25]

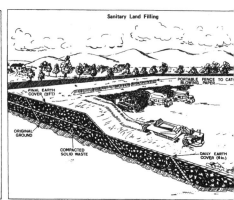

개방된 투기장 대 체계적인 쓰레기 매립지(1973년)[26]

쓰레기 위기를 해결하기 위해 다양한 방안이 시도되었다. 일단 쓰레기 처리를 법적으로 규제하기 시작했다. 1965년 미국의 **고형 쓰레기 폐기법**Solid Waste Disposal Act은 쓰레기 관련 법안 상정의 황금기를 보여주는 상징이었다.[27] 보건법은 오래전부터 존재했지만 1848년 통과된 영국의 **공중 보건법**Public Health Act이 쓰레기 관련 법안의 시발점이었다. 국가 공중위생의 기반이 되고 쓰레기와 하수를 규제한 1899년 일본의 **오염 청소법**Dirt Cleaning Law은 그 뒤를 이었다.[28] 하지만 이들 법안은 쓰레기 처리 책임을 공공에 지우는 데 초점을 두었으며, 명시적으로나 언어적으로도 공중위생과 훨씬 관련이 있었다. 1954년 통과된 일본의 **공중 정화법**Public Cleansing Law과 도시 위생법이 아닌 환경법에 속한 1974년 **쓰레기 처리 및 공중 정화법**Waste Disposal and Public Cleansing Law의 차이가 바로 이것이다.[29] 1972년 스칸디나비아 국가들과 서독은 미국의 고형 쓰레기 폐기법을 모방한 쓰레기 관련 특수 법안을 통과시켰다. 수질 및 대기 질을 보호하기 위해서였다.[30] 1973년 제정된 유럽 가이드라인은 1975년 통과된 이탈리아와 프랑스의 쓰레기 관련 법안의 청사진이 되었다.[31]

정치권이 설정한 목표에는 이미 존재하거나 새롭게 건설될 매립지의 기술 표준을 향상시키는 것이 포함되었다. 위생 매립의 틀 안에 있는 여러 조치만으로는 더 이상 충분히 문제를 해결할 수 없었다. 매립지 토양 차수가 여기에 해당된다. 하지만 빠르게 뒤바뀌는 과학 지식 앞에서 계획은 계속해서 좌절되었다. 침출수로 인한 토양 및 지하수 오염 방지가 얼마나 어려운 일인지 이해하는 데만 해도 오랜 시간이 걸렸다. 1980년대까지도 수질을 오염시키지 않는 적합한 장소를 찾으려면 운이 따라주어야 했다.[32]

결국 중요한 것은 매립지의 수를 줄이는 것이었다. 쓰레기 양이 증가하면서 대량 소비 사회에서 통제되지 않는 쓰레기장의 수 또한 증가했다.[33] 이 수는 대개 어림짐작만 할 수 있다. 1970년대 미국은 **미션 5000**을 가동했다. 개방된 **쓰레기장**Dumps의 수를 5000개로 줄이는 것이 목표였다.[34] 프로젝트는 이후 수십 년간 꾸준히 가동되었다. 1978년에서 1988년 사이에만 약 1만 4000개의 매립지가 문을 닫아 전체 매립지의 수는 약 5500개로 감소했으며, 1990년에는 1300여 개로 줄어들었다.[35] 서독의 매립지 수는 1970년대 5만이라는 추정치에서 1980년대에 약 2800개로 감소했다.[36] 특히 차수 등 기본적인 시설이 갖춰지지 않은 쓰레기장이 폐쇄되었다는 점에서 이는 분명 환경 보호 측면에서 긍정적인 신호였다. 이러한 점은 1980년대 말 쓰레기 처리 인프라 시설이 선샤인 스테이트Sunshine

State로 유입되는 대규모 인구 이동을 따라잡기 시작한 플로리다에서 특히 두드러졌다.[37]

이는 동시에 새로운 문제로 이어졌다. 폐쇄 조치로 쓰레기 매립지 수가 줄어들면서—동시에 쓰레기 양은 증가하면서—매립지의 규모는 점점 커졌다. 대량 소비의 피라미드를 설명하면서 이미 언급했지만, 이는 사실 환경 보호를 위한 정치 개혁의 결과였다.[38] 매립지의 위치는 점차 정치적 문제로 발전했다. 결말은 늘 씁쓸했다. 매립지는 해당 지역만이 아닌 더 넓은 구역의 쓰레기를 담아냈고, **패자가 전부 떠맡는다**The loser takes it all라는 구호에 충실해졌다. 1970년대부터는 환경 정의의 문제가 두드러지기 시작했다. 미국에서는 흑인들이 주로 거주하는 가난한 지역에 매립지가 건설되었다. 불만족스러운 쓰레기 수거 시스템이 사회 분쟁의 촉매제가 될 수 있었듯, 쓰레기 처리 문제 또한 큰 폭발력을 품고 있었다.[39]

정치적 문제는 이뿐만이 아니었다. 버려진 매립지를 처리하는 것도 골칫거리였다. 도시 공간이—인구 성장과 교외 정착 같은 요인으로—확장되면서 교외에 설치되었던 매립지와도 점차 가까워졌다.[40] 그래서 매립지를 녹지로 만들자는 발상이 설득력을 얻었다. 매립지를 녹지화하면 새로운 공공 공간을 만들 수 있었고, 이를 위해 귀중한 건축 토지를 희생할 필요도 없었다.[41] 쓰레기장이 발명되고 나서 1890년대부터는 매립지를 여가 시설로 바꾸는 것에 대한 환상이 생겨났다. 1895년 라이프치히는 지역의 매립지를 겨울 스포츠를 즐길 수 있는 공간으로 탈바꿈시켰다. 뉴욕의 도시 계획 위원회는 1969년 보고서에 이렇게 기록했다. "스태튼아일랜드의 쓰레기 매립지 프레시킬스에 스키 슬로프를 만드는 것은 불가능한 일이 아니다. 장기적으로 생각하면 이를 시도하지 않는 것이 오히려 더 비효율적일 것이다."[42] 1967년 폐쇄된 도쿄 해안만의 매립지 유메노시마도 마찬가지이다. 특히 **골칫거리**를 없앨 수 있다는 점에서 이 지역을 놀이공원으로 바꾸는 것은 큰 문제가 되지 않았다.[43]

매립지 용도 전환은 구미가 당기는 방안이었고, 실용적으로 보였다. 실제로 오늘날 멕시코 도시의 녹지 대부분은 과거 쓰레기 매립지였다.[44] 하지만 1970년대 중독 문제는 이러한 환상을 가로막는 장애물을 놓았다. 1970년대 말 프랑크푸르트의 중앙 매립지 몬테 셔벨리노를 낭만 가득한 공원으로 바꾸는 방안은 얼마 지나지 않아 철회되었다. 이 장소에 식물을 심는 것부터 어려움이 있었고, 마녀의 주방을 연상시키는 이 장소가 정말로 연인들의 산책로가 될 수 있으리라고 누구도 믿을 수 없었던 것이다. 이 쓰레기장은 1980년대 초에 문을 닫았고, 정화 작업에만 몇 년이 걸렸다.[45] 1990년대 다른 지역에서도 매립지 용도 전환을 시도했지만, 그 전에 정화 작업부터 해야 했다. 1960년대부터 텔아비브의 쓰레기를 처리했던 히리야 매립지는 1990년대부터 골칫거리가 되어갔다. 1998년 매립지의 윗부분이 무너지면서 떨어진 쓰레기가 아얄론강에 유입되었고, 쓰레기장에 모인 새 떼가 근처 벤구리온 공항의 비행기 운행을 방해했다.[46] 히리야 매립지는 2000년대 강도 높은 정화 작업을 거쳐 아리엘 샤론 파크로 탈바꿈했다.[47] 뉴욕의 중앙 매립지 프레시킬스의 정화 작업은 2030년대에 종료될 예정이다.[48]

경로 의존성은 쓰레기 매립에 주요한 역할을 했다. 쓰레기장은 한번 만들어지고 나면 그 자리에 계속 있었다. 건설 이전에는 마찰이 있더라도 지어지는 시점에는 어느 정도 해결이 된 후였다. 이는 가난한 나라건 부유한 나라건 마찬가지였다. 프레시킬스가 (적어도 한동안은) 세계 최대 규모의 쓰레기 매립지가 될 수 있었던 것도 이 때문이다. 1948년 뉴욕 남부 스태튼아일랜드에 매립지가 건설될 때까지만 하더라도 도시 내에 이미 다른 매립지나 소각장이 있었다. 하지만 이 시설들은 수용량의 문제나 주민들의 반대, 기술 노후화 같은 이유로 하나둘씩 폐쇄되었다. 프레시킬스는 아직 쓰레기를 수용할 수 있으면서 주민들의 반대가 묵인할 수 있는 수준에서 유지된 유일한 곳이었다. 결국 1991년 프레시킬스는 뉴욕의 유일한 대형 쓰레기 처리 시설이 되었고, 1990년대 말 폐쇄 전까지 규모를 계속해서 확장했다. 로스앤젤레스의 푸엔테힐스 또한 주변의 다른 처리 시설이 모두 폐쇄되면서 비슷한 양상을 보였다.[49]

이러한 과정은 전 세계에서 찾아볼 수 있었다. 쓰레기장은 쓰레기를 끌어당겼다. 가난한 나라에는 쓰레기로 생계를 꾸리는 사람들이 많았고, 위치가 환경 보호에 적합한지 여부는 쉽게 뒷전으로 밀려났다. 어차피 다른 대안은 많지 않았다. 1980년대 멕시코 도시 오악사카는 몇십 년간 쓰레기를 버려왔던 곳에 공식적인 쓰레기장을 건설했다.[50] 1989년 문을 연 인도네시아 최대 규모의 쓰레기장인 반타르게방은 숲속에 지어졌다가, 대안이 없어 이후 대규모 매립지로 확장되었다.[51]

대기나 토양 오염도 문제였지만, 쓰레기장은 지나치게 불이 붙기 쉬웠다. 쓰레기가 인화성 높은 물질이기도 했지만, 유기물이 발효되면서 생산한 열이 종종 자연 발화로 이어지기도 했다. 마닐라의 매립지인 스모키마운틴은 몇십 년 동안 이름값을 톡톡히 해왔다.[52] 비교적 규모가 작은 화재뿐 아니라 대형 화재가 벌어지기도 했다. 1993년 이스탄불의 대형 매립지 움라니예에서는 35만 톤에 달하는 쓰레기가 떨어지는 바람에 32명의 사상자가 발생했다. 앞서 언급한 보고타의 대형 매립지 도냐 후아나 또한 1997년에 비슷한 사건을 겪었다.[53] 2000년에 스모키마운틴에서 발생한 쓰레기 산사태는 공식적으로 200여 명의 사상자를 낳았는데, 실제로는 그보다 더 많을 것으로 추정된다. 쓰레기장에서 벌어진 화재 사건은 사람들에게 충격을 안겼고, 이는 행동의 변화로 이어졌다. 예를 들어 이스탄불은 움라니예 사건 이후 두 군데에 현대식 매립지를 신설했다.[54]

도시가 통제되지 않고 성장할 때 종종 불법 매립이 성행했다. 도시 공간이 확장되고 인프라 시설이 이 속도를 따라오지 못하게 되자 매립지가 **자연 발생**하기 시작했다. 한번 쓰레기가 놓인 곳에는 더 많은 쓰레기가 쌓였다.[55] 도시 팽창 속도가 너무 빨라 쓰레기 관리에 어려움이 따랐다. 1970년대 이란은 급격한 도시 성장을 겪으면서 많은 도시에서 쓰레기 관리가 한계에 도달했다. 그 틈에 계획되지 않은 수많은 매립지가 형성되었다.[56] 라고스의 쓰레기장 중 다수는 이렇게 형성되었고, 일부 쓰레기장은 새로 이주하는 사람들에게 도시로 가는 길잡이가 되어주기도 했다.[57]

위치나 환경 오염을 고려하면 매립지는 사실 도시 물질 순환 고리의 일부가 아닌 독립된 공간이어야만 했다.[58] 하지만 현실은 달랐다. 도시가 성장하면서 새로운 매립지도 형성되었고, 매립지는 다시 사람들을 끌어당겼다. 뭄바이의 대규모 슬럼가인 다라비가 대표적이다. 이 지역은 2차 세계 대전 이후 불법 쓰레기장에서 시작되었다. 뭄바이에는 물론 공식적인 매립지가 있었지만 대부분 공장과 거리가 너무 멀었고, 다라비에 위치한 쓰레기통은 좋은 대안이었다. 곧 주변에 쓰레기를 이용해 생계를 꾸려가는 사람들이 정착하기 시작했고, 매립지와 슬럼가는 함께 성장해나갔다.[59]

오늘날에는 1960년대에 비해 환경을 오염시키지 않는 매립지 건설 기술이 훨씬 발달되어 있다. 오늘날의 매립지는—최신 기술을 적용해—나쁘지 않게 쓰레기를 처리할 수 있다. 이러한 기술은 가난한 국가에도 이미 전해졌다. 문제는 이미 존재하는 수많은 매립지가 환경 보호 표준을 따르지 않는다는 사실이다. 이는 건설 계획의 문제이기도 하지만, 쓰레기 관리를 어렵게 할 만큼 빠른 도시 팽창 속도와도 관련이 있다.

쓰레기는 환경 정의와도 맞닿아 있다. 1970년대부터 미국의 쓰레기는 주를 넘어 이동하기 시작했다. 인구 밀도가 높은 주에서 낮은 주로, 부유한 주에서 가난한 주로, 환경 오염이 심하지 않은 지역에서 심한 지역으로 쓰레기는 이동했다.[60] 매립지는 가난한 지역에 먼저 건설되었다. 이는 낮은 땅값 때문이기도 했지만, 체계적인 차별과도 부정할 수 없을 만큼 뚜렷한 연관성이 있다. 쓰레기장은 낙인이었다. 일부 도시는 이를 숨기려고 노력했다. 지도에 표시하지 않거나 수사적 방식으로 존재를 숨기기도 했다.[61] 이 또한 쓰레기 매립 역사의 일부임은 부정할 수 없다.

소각

1950년대부터는 새로우면서도 오래된 기술이 매립과 경쟁을 벌였다. 바로 소각이었다. 7장에서 언급했다시피, 영국 도시는 이미 1870년대부터 쓰레기의 일부를 소각해왔다. 1920년대와 1930년대에는 특히 여러 대도시에서 이러한 기술을 도입했다. 하지만 여기에도 큰 단점이 있었다. 소각은 때로 쓰레기를 완전히 태워 없애지 못했고, 환경을 오염시켰다. 쓰레기로 경제적 이득을 보겠다는 꿈은 대개 실현되지 않았다. **기존의** 소각법은 막다른 골목에 다다랐고, 매립과는 경쟁조차 할 수 없었다.

하지만 1950년대에 이르러 상황이 바뀌었고, 대도시는 소각 시설에 많은 비용을 투자하기 시작했다. 여기에는 두 가지 이유가 있다. 첫 번째는 기술의 발전이었다. 소각장에서는 점차 석유가 사용되었고, 쓰레기를 소각하는 더 나은 방법도 개발되었다.[62] 두 번째는 쓰레기 구성 요소의 변화였다. 특히 포장재가 증가하고 가정에서 배출되는 재의 양이 줄어들면서 쓰레기를 태우기도 쉬워졌다. 특히 소각에는 확실한 장점이 있었다. 매립지와는 달리 많은 땅이 필요하지 않았다. 소각장은 도시 주변에 건설할 수 있었고, 그 덕분에 수거 차량의 운송 시간이 줄어들었다. 소각을 통해 전기와 열을 생산할 수도 있었다. 엔지니어와 기술 전문가들은 대부분 소각에 찬성했다. 소각장은 폐쇄적인 시스템이었지만, 굴뚝이라는 외부와 연결된 통로가 있었다. 시설의 규모는 컸고—적어도 이론상으로는—이를 계획하고, 제어하고, 기술의 발전에 발맞춰 개선할 수도 있었다. 소각된 쓰레기는 부피가 10~30% 감소했고, 재를 매립하는 것은 비교적 문제가 되지 않

았다. 1960년대에는 충분히 고려할 가치가 있는 장점이었다.[63]

물론 소각 시설에도 단점이 있었다. 일단 소각은 매립에 비해 비용이 훨씬 많이 들었다. 소각장을 짓는 데는 충분한 재정과 부지 확보라는 두 가지 전제 조건이 있었다. 일본은 1950~1985년 사이에 인구가 8300만에서 1억 2000만으로 증가했다. 인구의 45%가 주요 도시인 도쿄, 오사카, 나고야에 거주했다. 도시 면적에서 거주에 실질적으로 활용되는 면적은 20%밖에 되지 않았고, 인구 밀집도가 높았기 때문에 소각은 땅을 절약한다는 관점에서 충분히 의미 있는 선택지였다. 일본은 이미 1983년에 가정에서 발생하는 쓰레기 중 3분의 2를 소각했다. 당시에는 굉장히 높은 수치였다.[64] 사정이 별반 다르지 않았던 스위스 역시 쓰레기 소각의 선두 국가 자리에 섰다. 이곳은 1960년대에 이미 수많은 쓰레기 소각장을 계획하고 건설했으며, 1980년대에는 가정 쓰레기 중 80%를 소각했다. 기록적인 양이었다.[65]

땅의 부족이 건설의 전제 조건이 되었다는 점에서 소각 시설은 명백히 대도시의 해결법이었다. 1960년대만 하더라도 이러한 시설을 건설하는 것은 굉장히 복잡한 일이었다. 영국의 식민지였던 홍콩은 거주 가능 면적이 제한적이었던 데다 빠른 인구 성장으로 인해 소각을 위해 태어난 도시나 다름없었다. 하지만 비용이 너무 많이 들었고, 소각장 건설을 위한 대부분의 자재를 유럽에서 수입해야 했다는 점에서 소각 시설을 두 개나 짓는 일은 특히 골칫거리였다. 이렇게 지은 시설은 제대로 작동하지도 못했다. 우선 홍콩의 쓰레기가 비교적 수분 함량이 높았기 때문에 이를 태우는 것부터가 문제였다. **쓰레기**

를 에너지로 바꾸어 돈을 벌겠다는 희망은 빨리 묻어버려야 했다. 결국 2000년대 초 당국은 시설을 폐쇄했는데, 소각 시에 배출되는 유해 물질의 양을 고려하면 오히려 축복에 가까웠다. 물론 쓰레기 처리 문제는 여전히 이어졌고, 남아 있던 매립지가 이를 모두 짊어져야 했다.[66]

기술 문제가 아니더라도 소각 시설은 돈이 굉장히 많이 들었다. 1955년 마이애미에 위치한 세계 최대 규모의 소각장은 이미 개장 당시에 330만 달러가 들어갔다.[67] 1960년대 초반부터 서독에 건설된 다수의 소각 시설 중 건설 비용이 250만 마르크 이하였던 곳은 한 곳도 없었으며, 비용은 계속해서 상승했다. 1980년대에 이러한 시설의 액면가는—환경 규제가 강화되면서—약 열 배로 치솟았다.[68] 그런데도 부유한 국가의 대도시는 소각을 선호했다. 1967년 프랑스 렌에 현대적인 소각 시설이 처음 건립된 이후 여러 시설이 그 뒤를 이었다. 이탈리아에서는 1972년에 제노바에서, 1975년에는 피렌체에서 처음으로 소각 시설을 가동하면서 소각장 건설이 봇물 터지듯 시작되어 1975년에서 1984년 사이에 245개의—대개는 소규모의—소각장이 문을 열었다.[69] 일본은 1955년 도쿄에 처음으로 현대식 소각 시설을 건설한 이후 1978년에 이르러 소각 시설이 344개에 달했다.[70] 가난한 나라들 또한 대도시의 쓰레기 처리 해결책으로 소각장을 도입했다. 예를 들어 과야킬은 1982년에 스위스-이탈리아 컨소시엄인 피마르 S. A.^{PIMAR S. A.}를 선정해 2400만 달러 규모의 쓰레기 소각 및 분류 시설을 건설했다.[71]

소각은 분명 쓰레기 처리법으로서 장점이 있었다. 이는 당시

최신 기술을 이용한 방식이었고, 매립처럼 오염을 일으키지도 않았으며, 수거 차량의 운행 시간 또한 줄여주었다. 1970년대 중반까지만 하더라도 이러한 생각을 한 것은 전문가뿐만이 아니었다. 시민들도 매립지를 폐쇄하고 현대식 소각장을 건설할 것을 요구했다.[72] 1970년대 당시 사람들은 이 기술이 어떤 문제를 일으킬지 전혀 짐작하지 못했다. 1980년대에 들어 소각은 결국 잘못된 쓰레기 처리법의 상징이 되었다.[73]

1970년대 초기까지는 소각장이 일으키는 환경 오염은 순전히 기술적 문제로 여겨졌다. 대개는 소각장 보일러를 부식시킨 염산이 문제의 원인으로 지목되었다. 소각장 주변의 건물과 초목 손상이 보고되었을 때도 사람들은 소각장에서 배출되는 염산을 의심했다.[74] 1960년대 말에는 책임자들이 주거 지역이나 병원 주변에 소각로를 배치해도 문제가 없다며 낙관적인 주장을 펼쳤지만, 오늘날에는 소각장을 계획할 때 훨씬 신중하게 접근한다. 분명 소각은 당시 생각처럼 문제가 없는 기술은 아니다.[75]

1970년대 중반에 나타난 인식의 변화는 시작에 불과했다. 이미 1970년대 초에 화학 물질 중독 사건이 매스컴에 등장해 사람들을 공포에 질리게 했다. 염화물, 푸란, 시안화물 같은 단어는 대중이 이전에는 들어본 적도 없는 용어들이었다.[76] 1976년 이탈리아 세베소의 화학 공장에서 화재가 발생했을 때 대중들은 처음으로 **다이옥신**이라는 단어를 접했다. 다이옥신은 적은 양으로도 암을 유발할 수 있는 위험 물질이었다.[77] 쓰레기 처리에 관한 지식이 쌓이면서 새로운 문제가 눈에 들어오기 시작했다. 1977년 네덜란드 소각장의 필터에서 처음으로 다이옥신이 검출되었다. 그 밖에도 수많은 다른 유독성 물질이 소각장의 필터와 재에서 검출되었고, 이는 환경 운동가들의 소각장 반대 시위에 불을 지폈다.[78]

이 시기에는 환경에 대한 인식 또한 크게 변화했다. 1960년대에도 도시 위생 전문가들이 쓰레기 처리 정책을 진두지휘했지만, 이들이 중요하게 다룬 것은 오염 방지나 감염 질환 예방이었다. 하지만 1960년대에 통과된 환경법은 이러한 문제를 이미 해결된 것으로 간주하고, 전혀 다른 관점으로 사안을 바라보았다. 이제 문제는 수질, 대기, 토양을 오염시키는 세분화된 위험 물질이었다. 이러한 시도는 위험 물질을 바라보는 시각을 완전히 바꾸어놓았다. 박테리아나 바이러스는 사람을 아프게 하거나 그렇지 않거나 둘 중 하나였다. 결과는 곧장 나타났고, 신체에 축적되거나 몇십 년 뒤에 사람을 괴롭히는 일도 없었다. 하지만 이제는 암이 콜레라와 장티푸스의 지위를 넘어 환경 시대의 대표 질병으로 자리를 잡았다. 장기적이고 고통스러운 암 투병 과정은 사람들에게 큰 두려움을 심어주었다.[79]

암에 대한 공포 중 가장 사람들을 떨게 만든 것은 개인이 오염 물질에 얼마나 노출되었는지 정확히 알 수 없다는 사실이었다. 자신이 아프게 될 가능성을 정확하게 추정하기는 불가능했다.[80] 불확실성은 소각 과정에서 발생할 수 있는 물질을 정확하게 파악할 수 없다는 무지에 대한 공포로 이어졌다.[81] 쓰레기 처리 전문가들은 2, 3, 7, 8 테트라클로로다이벤조다이옥신(TCDD)—이른바 **세베소 독성 물질**—이 수백 가지 다이옥신 중 하나에 불과하며, 누출량이 많지 않아 위험하지 않다고 이야기했다.[82] 하지만 전문가들이 소각 과정에서 발생할 수 있는 5만 가지쯤 되는 화학 물질을 전부 다 설명할 수 있는 게 아니라면 이 공포를 누그러뜨릴 수 없었다.[83] 1985년 서독의 유명 독성학자는 이렇게 이야기했다.

"큰 방 안 벽에 배기 물질, 화학 폐기물, 하수 등에 포함된—무기(방사성 포함)와 유기—물질이 빼곡하게 적혀 있다. 화학자들은 어둠 속에서 작은 등불을 들고 있다. 등불 가까이에 있는 글씨는 알아볼 수 있지만, 멀리 떨어진 것은 읽을 수 없다. 램프는 다양한 분석 방법을 의미한다. 분석법은 존재하는 물질 중 일부만을 규명할 수 있을 뿐, 불빛이 닿지 않는 '어두운' 벽에 쓰인 것은 읽어낼 수 없다. 독성학도 마찬가지이다. 이러한 물질들은 분명 우리에게 영향을 미치지만, 분석할 수는 없기 때문이다."[84]

실제로 무지는 환경 담론의 주요 쟁점이 되었다. 이는 시민들의 두려움과 강하게 얽혀 있었으며, 다이옥신 공포가 시작된 1985년에 정점을 찍었다. 어느 책은 "이미 몇몇 다이옥신 분자는 암을 유발했(을 수도 있)다."라고 확신에 차 주장했다.[85] 1980년대 중반에는 세계 곳곳에서 소각 시설을 반대하는 시위가 활발하게 이어졌다. 당시 수많은 시설들이 새로 건설되었기 때문이다. 1970년대 말 이탈리아, 프랑스, 서독은 유례없는 수의 소각 시설을 신설했다. 몇몇 프로젝트는 시민들의 저항으로 무산되었는데 1986년 피렌체의 예시가 대표적이다. 심지어는—처리 시설이 턱없이 부족했는데도—기존 시설이 폐쇄되기도 했다.[86] 미국에는 소각장 신설을 반대하는 수많은 풀뿌리 단체가 생겨났다. 주를 넘나드는 쓰레기 운송은 여론을 더 악화시켰다.

펜실베이니아는 1980년대 말에 '트래실베이니아Trashsylvania'라는 오명을 얻었는데, 뉴욕과 다른 주에서 엄청난 양의 쓰레기를 넘겨받고, 이를 처리하기 위해 새로운 시설까지 지었기 때문이다. 일본에서도 특히 1983년 소각 시설의 재에서 다이옥신이 검출된 이후 시민들의 저항이 거세졌다.[87]

이 시기 소각 시설은 잘못된 쓰레기 처리법의 상징이었다. 미국에서는 소각 시설이 대기를 오염시키고, 재활용을 막을 뿐만 아니라 마피아—실제로 많은 도시에서 쓰레기 수거 사업을 손에 쥐고 있었다—에게 위험 부담이 없는 사업 아이템을 제공한다는 이유로 불만의 목소리가 높아졌다.[88] 대규모 시설은 건설 과정도 복잡했을뿐더러, 1970년대 이후에는 기괴하게 얽힌 부패 사례 또한 증가했다. 독일의 소각 관련 업체가 원자력 발전이나 재처리 공업 분야에도 발을 담그고 있다는 사실은 환경 운동가들을 분노하게 만들었다.[89] 보상 방식에도 문제가 있었다. 1982년 도쿄 스기나미 부지에 대규모 소각 시설이 건설되면서 보상으로 놀이터, 양로원, 지역 문화 센터가 들어섰다. 하지만 소각장이 주민들의 건강을 해친다면 이러한 보상이 무슨 소용이 있겠는가?[90]

당시 소각장 건설 반대 시위의 규모를 생각하면 1990년대에 들어 저항의 강도가 약해졌다는 사실이 의아할 정도이다. 새롭게 소각 시설이 건설되어도 시위대는 더는 거리를 점거하지 않았다. 이는 아마도 소각 기술의 발전 때문이었을 것이다. 소각 시설이 최적화되면서 소각 중에 생성되는 유해 물질의 양이 줄어든 것이다. 1970년대에는 대체로 집진기가 필터의 전부였지만, 1980년대와 1990년대를 거치며 기술은 월등하게 향상되었고, 필터는 소각 시설 건설 예산의 상당 부분을 차지하게 되었다. 이는 유독성 물질을 함유한 필터를 처리해야 하는 문제는 해결해주지 못했지만, 유해 물질로 인한 대기 오염은 확실하게 감소했다.[91]

지식과 무지의 논리에서 1980년대에 나타난 변화는 큰 회의론에 맞닥뜨렸다. 물론 저항이 줄어든 것은 완전히 '객관적인' 요소 때문만은 아니었다. 대중들의 관심은 지구 온난화 같은 다른 이슈로 쏠려갔다. 오늘날에도 많은 국가에서 쓰레기 소각은 논쟁거리이다. 대부분의 전문가들은 소각이—이러한 모든 문제에도 불구하고—매립과 대비되는 명확한 장점이 있다고 이야기한다. 하지만 필터가 정말 모든 위험 물질을 걸러내는지는 여전히 회의적이다.[92]

소각 시설 건설에는 큰 비용이 들었다. 건설 과정에서 누가 이득을 얻는지, 계약 체결과 이행이 적합하게 이루어지는지는 종종 불투명했다. 2002년 독일 기업 트리네켄스Trienekens가 쾰른에 대규모의 소각장을 건설하려 했던 일은 큰 물의를 빚었다. 2007년 프랑스에서는 마르세유 근교의 포쉬르메르에 쓰레기 소각장을 건설하려던 계획이 거대한 부패 스캔들로 변질되었다.[93] 환경 오염에 대한 우려와 시설 건설의 불투명함은 한데 뒤얽혀 오늘날에도 문제를 일으킨다. 이탈리아의 오성운동당 같은 정당은 이러한 이유로 소각을 강력하게 반대한다.[94]

하지만 세계적으로 쓰레기 소각량은 증가하고 있다. 2018년 에티오피아 아디스아바바에서는 아프리카 첫 현대식 소각 시설이 문을 열었다.[95] 아시아도 마찬가지이다. 1990년대 아시아의 쓰레기 중 약

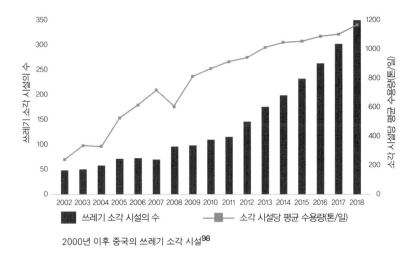

2000년 이후 중국의 쓰레기 소각 시설[98]

90%는 개방된 쓰레기장에 투기되었지만,[96] 특히 2000년대 중국이 쓰레기 처리법으로 소각을 도입한 이후 소각되는 쓰레기의 양이 크게 증가했다.[97] 시설의 수와 시설당 평균 소각량은 빠른 속도로 증가하는 추세이고, 신규 시설 건설 계획은 대개 시간에 쫓겨 이루어진다.

하지만 시설에 대한 환경 규제는 대부분 미약한 수준이다. 중국에서 쓰레기 처리 인프라는 빠르게 증가하는 쓰레기 양을 처리하는 데 급급해 환경 규제를 무시하곤 한다.[99] 이는 중국 내 환경 운동을 일으키는 촉매재가 되었으며 수많은 시위 단체가 형성되었다.[100] 하지만 이조차도 이제 막 걸음마를 뗀 수준이다. 소각 시설을 반대하는 환경 운동은 먼 과거의 일이 아니며, 많은 국가에서는 아직 시작조차 하지 않았다.

'라스트 싱크'의 세상

쓰레기가 도시 위생 문제로 다루어지던 시절에는 관련 담론은 위험물질과 위험성, 특히 오염, 미생물, 해충, 쥐가 존재하는 장소로 제한되었다. 특히 중요한 것은 전염병 예방이었다. 하지만 이러한 주장은 1960년대부터 점차 설득력을 잃어갔고, 결국 환경 문제로서 쓰레기를 대기, 수질, 토양 오염의 원인으로 보는 관점이 그 자리를 대체했다. 환경 문제는 자기 강화적인 성격을 띠고 있었다. 모든 환경 문제는 다른 것과 긴밀하게 얽힌다. 우주선에 함께 탑승한 동료로서 공익을 위해 기여해야 한다는 **지구 우주선**Spaceship Earth 같은 유명한 비유가 의미하는 지점도 이것이며—초기 재활용 기호에 자주 활용된—지구 사진은 늦어도 1969년 달 착륙과 1970년 **지구의 날** 제정 이후로 중요하게 다루어졌다. 환경 문제는 경계가 확실한 별도의 문제가 아닌, 행성을 위협하는 큰 문제의 다양한 일면이었다.[101]

앞서 매립과 소각 부분에서 설명한 것처럼, 쓰레기 문제에서는 처리 과정에서 발생하는 위험성이 주요하게 다루어졌다. 처리 과정에서 발생할 수 있는 독성 물질과 위험성에 대한 지식이 축적되면서 여태까지는 거의 논의되지 않던 쓰레기 문제의 일부분이 시야에 들어오기 시작했다. 1960년대까지만 해도 직접적으로 다루어진 적이 없던 산업 폐기물이 바로 그것이다. 1970년대 초까지만 해도—당국의 장려에 따라—산업 폐기물은 가정 쓰레기와 함께 처리되었다. 실제로 대부분의 폐기물은 이렇게 임시 매립지나 가정 쓰레기용 매립지에 묻혔다. 매립지가 한계에 도달하는 것은 시간문제였다. 2차 세계 대전 이후 화학 공장에서 엄청난 양의 위험 물질을 배출하면서 사안의

중요성이 커졌기 때문이다.[102]

공장이 위험한 폐기물을 배출하는 것은 1960년대에도 새로운 일이 아니었다. 20세기에 존재했던 변곡점 이후 산업 폐기물이 **매연 문제**와 심각한 식수 오염을 일으킨다는 점 외에도 또 다른 문제를 야기할 수 있다는 사실이 논의되었다.[103] 종종 화학 폐기물이 살균 작용을 할 수도 있다는 낙관적인 추측도 있었지만 실제로는 그렇지 않았다. 미국에서는 이미 1930년대에 수많은 문헌이 공장 폐수로 인한 지하수 오염을 다루었다. 2차 세계 대전은 효율적인 연막이었다. 이 시기에 많은 국가에서 특히 연료와 무기 산업이 많은 양의 유독성 폐기물을 생산했다. 하지만 전쟁 중에 이러한 폐기물이 일으키는 환경 오염에 대해 논의하기란 사실상 불가능했다.[104]

잠재적 오염 물질에 관한 지식은 계속 발전해나갔다. 1950년대에는 지하수 수질 변화와 오염에 관한 지식이 대중에 알려졌다. 수질 오염 방지 법안이 대부분의 나라에서 처음으로 제정된 환경 보호법이라는 사실은 결코 우연이 아니다.[105] 폐기물의 양이 빠른 속도로 증가하자 미국, 영국, 서독의 화학 기업은 이를 소각하기 시작했다. 이는 1960년대 이후 많은 산업체가 애용한 해결 방안이었다. 예를 들어, 1960년대 폭스바겐은 볼프스부르크에 플라스틱 폐기물 처리를 위한 자체 소각장을 건설했다.[106]

처리 방식에 반영되지는 않더라도, 대부분의 국가에는 기본적인 문제 인식이 있었다. 하지만 결국 폐기물의 복잡성을 밝히는 지식이 쌓이면서 문제가 **가시화**되었다. 1970년대 초부터 잇달아 발생한 독성 폐기물 사건 또한 여기에 기여했다. 1971년 보홈의 공터에서 시안화나트륨이 담긴 녹슨 통이 여럿 발견되었다. 이미 이 물질이 지하수 오염의 원인으로서 큰 논란을 일으킨 이후였다. 1972년 버밍엄 주변 너니턴의 놀이터에서도 시안화물 폐기물이 담긴 통이 발견되었다. 이후 영국은 빠르게 유독성 폐기물법Deposit of Poisonous Waste Act을 통과시켰다. 프랑스 몽샤냉 매립지에서도 유사한 사건이 발생했다. 몽샤냉은 손에루아르주에 속한 지역으로 1976년 특수 쓰레기 매립지를 건설했다. 이에 대한 보상으로 주민들은 현금을 지불받았고, 일부 지역은 그린벨트로 지정되었다. 하지만 얼마 지나지 않아 지역 주민들은 악취와 호흡기 질환에 시달리기 시작했다. 결국 거센 반대 시위가 벌어져 1988년에 매립지가 폐쇄되었고, 주민들에게는 몇 백만 프랑에 달하는 보상금이 지급되었다.[107]

이렇게 가정 쓰레기 처리 시설과 더불어 문제가 되는 화학 물질 및 기타 산업 폐기물을 처리하기 위한 매립지와 소각 시설이 지어졌다. 폐기물의 위험성을 생각하면 맹렬한 반대 시위가 없을 수는 없었다. 1978년에 발표된 독성 폐기물 사건은 오늘날에도 이러한 사례를 대표하는 예시로 알려져 있다. 1960년대까지 후커케미컬Hooker Chemicals이라는 기업은 나이아가라 폭포 주변의 미완성 수로에 폐기물을 매립했다. 이후 이 회사는 교육 기관에 이 부지를 1달러에 매각했고, 여기에 학교가 세워졌다. 하지만 얼마 지나지 않아 학생들에게 심각한 건강 문제가 발생했다. 정밀 조사 결과 이 부지에서 심각한 토지 오염이 확인되었고, 학교는 곧 폐쇄되었다.

러브 커낼 사건Love Canal Scandal으로 알려진 이 사례는 환경 오염을 고려하지 않은 산업 폐기물 처리의 위험성을 대중에게 각인시켰다. 이미 관련 지식이 잘 알려졌는데도 이러한 처리 관행이 유지되고 있었던 것이다.[108] 이 사건 이후 미국은 오염 지역 정화를 위해 대량의 자원을 투입하는 슈퍼펀드법Superfund act을 제정했다.[109] 쓰레기를 적절하지 않은 방식으로 처리하는 쓰레기장은 많았고, 이후 이 부지에 주거 지역이 조성되는 경우에 큰 문제가 발생했다. 플로리다도 같은 문제로 골머리를 앓았다. 1980년대 선샤인 스테이트는 급격한 인구 증가를 겪으면서 오염지에 거주지를 조성하는 문제로 큰 논란을 일으켰다.[110]

1960년대 말부터 부유한 국가들은 독성 산업 폐기물 처리를 위한 적절한 인프라를 건설하고 이를 규제할 법안을 통과시키기 위해 노력하기 시작했다. 현재 폐기물 관련 법안들은 주로 독성 폐기물의 운송과 처리를 규제하는 데 초점을 맞춘다. 경제협력개발기구OECD와 북대서양조약기구NATO 같은 국제기관도 쓰레기 문제의 현황을 짚어내고 적절한 법적 규제 방안을 제안하는 자료를 발행한다.[111] 1972~1973년에는 스톡홀름 선언과 오슬로 선언을 통해 위험 물질 처리에 악용되던 해양을 보호하기 위한 단계적 실행안이 발표되었다.[112] 1960년대 중반부터는 위험 폐기물 관련 지식이 폭발적으로 증가했다. 위험물 카탈로그는 1960년대까지만 해도 짧은 목록에 불과했지만, 현재는 **카탈로그들**이 되었다. 소각 처리 방식이 그랬듯, 문제는 우리가 무엇을 모르는지 모른다는 사실이었다. 대중들은 유독성 폐기물에 큰 두려움을 품을 수밖에 없었다.[113]

상황은 위태로웠다. 어떻게든 행동에 나서야 했지만, 법률의 입법과 개선은 지지부진했다. 독성 폐기물에 대한 사람들의 관심은 커졌지만, 적절하게 폐기물을 처리할 수 있는 인프라는 존재하지 않았다. 1970년대 초 수많은 유독성 폐기물 사건이 발생한 이유도 이 때문이었다. 기업에서 돈을 받고 폐기물을 처리해주는 쓰레기 처리 회사도 생겨났다. 이들은 결코 무고한 피해자라고 볼 수 없었다. 유독성 폐기물의 불법 투기와 관련한 수많은 소송에서 명백하게 드러났다시피, 이 회사들은 자신들이 처리 업체에 맡긴 쓰레기가 적절하게 버려지고 있지 않다는 사실을 아주 잘 알고 있었다. 때로는 비용 문제 때문이기도 했지만, 가끔은 단순히 폐기물을 어떻게 처리해야 하는지 알지 못했던 경우도 있었다. 환경법으로 처벌하기 위해서는 대개 특정 위반 사례에 대한 명백한 책임 증거가 필요하다. 그러나 불법적인 처리 관행이 널리 퍼져 있는 경우에는 처벌이 힘들 수밖에 없었다. 만연한 환경 오염은 역설적으로 독성 쓰레기를 배출하는 기업들을 보호해주었다.[114]

1970년대에 법률과 인프라가 점차 개선되었다. 그러면서 폐기물 처리에 드는 비용도 증가했다. 미국에서 독성 폐기물 처리 비용은 1980년에는 1톤당 15달러에 불과했지만, 10년 뒤에는 250달러로 치솟았다.[115] 회사들이 불법적인 처리 방식으로 눈을 돌리게 된 것도 놀라운 일이 아니었다. 남이탈리아에서는 1970년대부터 마피아가 북이탈리아의 독성 폐기물을 저렴한 가격에 처리해주기 시작했다. 마피아는 이 사업으로 많은 돈을 벌었고, 대기업들도 처리 비용을 획기적으로 절감할 수 있었다. 마피아는 독성 폐기물을 토지에 매립했다. 쓰레기는 불이 붙어 독성 가스를 배출했고, 이후 이들 지역은 **불의 땅**Terra dei fuochi이라는 이름을 얻었다.[116] 로베르토 사비아노Roberto Saviano

가 대표 저서 『고모라』에서 서술한 바에 따르면, 마피아는 자신들이 이러한 방법으로 이탈리아를 진정한 유럽 국가로 만들어주었다며 자랑스러워했다.[117] 캄파니아 지역은 점차 오염되었고, 주민들의 암 발병률은 대폭 증가했다.[118]

때로는 당국이 단순히 불법을 눈감아주기만 하는 것이 아니다. 1975년 일본에는 테시마종합관광개발Teshima Comprehensive Tourism Development이라는 흥미로운 회사가 있었다. 테시마섬에서 불법적으로 쓰레기를 처리하는 일을 전문으로 하는 회사였다. 이들은 폐차 뒤의 부산품, 기름, 폴리염화바이페닐을 포함한 수많은 독성 물질을 처리했고, 이 모든 것은 당국의 허가하에 이루어졌다. 당국은 이 회사에 모든 형식의 '폐기물 처리'를 인정하는 허가증을 발급해주었다. 시민들의 거센 항의가 성공을 거둔 것은 1990년대에 들어서였다.[119] 적절한 처리 인프라 시설이 부족한 지역은 종종 **차악**을 선택할 수밖에 없었고, 이는 이후 거센 시위로 이어졌다. 1970년대 말 불법 폐기된 폴리염화바이페닐을 워런 카운티에 매립하기로 결정한 것은 다름 아닌 환경 보호국—과 노스캐롤라이나 정부—이었다. 이곳은 주로 가난한 흑인들이 거주하는 지역이었다. 당국은 별다른 저항이 없을 것이라 예상했지만, 이 지역의 매립 반대 시위는 이후 환경 정의 운동의 출발점 중 하나가 되었다.[120]

늦어도 1980년대부터는 점점 더 많은 나라들이 진보적인 환경법을 적어도 일부는 준수해야 하며, 규제 도입을 방해하는 문제를 해결해야 한다는 압박을 받기 시작했다. 영국은 1980년대 말 **폐기물 전략 2000**Waste Strategy 2000을 도입해 **유럽 지역 오염의 대표 주자**라는 이미지를 씻어내려고 했다.[121] 유독성 폐기물에 대한 강력한 규제 및 제한의 부작용도 대중들의 이목을 집중시켰다. 인프라 시설이 마련되고 법으로 이를 강하게 규제하기 시작하자 기업들은 환경 규제가 약한 국가로 쓰레기를 수출하는 방법을 고안했다. 애매할 때는 돈을 주고 처리할 수도 있었다.[122]

인상 깊은 예시 중 하나가 앞서 언급한 독일 내 쓰레기 무역이다. 1960년대 후반 서독의 도시들은 외화를 위해 동독에 가정 쓰레기를 수출하기 시작했다.[123] 쓰레기 처리 공간이 부족했던 서베를린을 시작으로 함부르크 등 다른 대도시들도 줄지어 동독을 쓰레기장으로 이용했다. 당장 자금이 필요했던 동독은 이를 거부할 수 없었다. 1970년대부터는 독성 폐기물이 동독을 비롯한 동유럽 국가에 수출되기 시작했고, 1980년대에 이러한 관행은 서독 기업만의 전유물이 아니었다. 특히 철의 장막이 무너진 이후 메클렌부르크의 쇤베르크 매립지는 이러한 폐기물 처리 관행의 고유 명사가 되었다.[124]

쓰레기 수입은 환경 관리 부분에서 동독의 쓰레기 처리를 재앙으로 이끈 주요 원인이었다. 통일된 해에만 동독 지역에서 9668개의 매립지와 쓰레기장이 폐쇄되었고, 폐기물 처리 시설의 수는 1만 1000여 개에서 1993년 291개로 감소했다.[125] 대부분의 매립지는 제대로 관리되지 않았고, 동독은 유럽 절반에서 가져온 산업 폐기물로 스스로를 중독시킨 셈이었다. 많은 역사적 사건이 그러하듯, 이 문제 또한 결국 역설적인 결말을 맞이했다. 1989년 이후 동독에 처리한 쓰레기는 독일 전체의 문제로 부상했다. 쓰레기 관리 책임자들은 베를린 장벽이 철거될 때 웃지 못했을 것이다. 동독 지역 오염지를 정화하는 데에는 800억 마르크가 투입되었는데, 이는 오늘날까지도 세계 최대 규모의 정화 운동으로 꼽힌다.[126]

1980년대 독성 폐기물 무역은 규모가 점차 확대되었고, 국제적인 사업으로 발전했다. 1980년대 미국에서 **자원 회복법**Resource Recovery Act이 발효되기 직전 기업들은 독성 폐기물을 최대한 빨리 수로에 쏟아부었다. 이로 인해 일시적으로 환경 오염이 크게 악화됐다. 이후 이 법을 이용한 수상한 사업이 생겨났다. 시몬 뮐러Simone Müller가 기록한 콜버트Colbert 형제의 예시가 대표적이다. 1970년대에 유독 화학 물질이 점차 금지되기 시작하면서 형제는 시급하게 이를 처리하고 싶어 하는 회사들에게서 **농약 등 유해 폐기물**을 사들였다. 이후 이 폐기물을 부적절한 방식으로 보관하다가 아프리카 국가에 판매했다. 이들은 1986년에 장기 복역형을 선고받았다. 하지만 이러한 사건에는 늘 패턴이 있다. 유독성 폐기물을 배출한 회사들은 콜버트 형제가 떳떳하지 않다는 걸 알고 있었는데도 이들에게 폐기물에 대한 책임을 떠넘겼다. 당국도 국외인 아프리카의 환경을 오염 시켰다는 혐의로는 콜버트 형제를 처벌할 수 없었다. 이들은 결국 짐바브웨에 쓰레기를 수출할 때 미국 정부의 국가 보조금을 횡령한 혐의로 처벌받았다.[127]

1980년대에는 수많은 독성 폐기물 무역 사례가 대중의 관심을 끌었다. 특히 **키안시**Khian Sea**호 사건**은 사람들을 분노하게 만들었다. 필라델피아는 과거 소각장에서 발생한 재를 뉴저지 매립지에 처리했지만, 1984년부터 뉴저지시 정부가 이를 거부했다. 1986년 하청 계약을 맺은 업자는 소각장에서 발생한 1만 4000톤의 재를 싣고 전 세계를 떠돌아다니기 시작했다. 그는 처음에 이 특수 폐기물을 바하마에 처리하려고 했지만, 바하마 정부가 이를 거부했다. 이후 키안시호는 16개월에 걸쳐 대서양을 항해하며 화물을 처리할 지역을 물색했다. 선원들은 4000톤의 폐기물을 아이티 고나이브 주변 해안에 처리하는 데 성공했고, 이후 남은 재를 세네갈, 모로코, 유고슬라비아, 스리랑카, 싱가포르에 넘기려고 했다. 실패하자 선원들은 남은 1만 톤의 재를 싱가포르와 스리랑카 사이 인도양에 무단 투기했다.[128]

이 사례는—1987년 뉴욕의 쓰레기를 싣고 세계의 반을 돈 화물선 모브로 4000Mobro 4000호와 마찬가지로—언론에서 큰 화제가 되었을 뿐만 아니라 법적 책임도 져야 했다.[129] 이는 쓰레기 무역이 얼마나 국제화되고 서로 긴밀하게 연결되어 있는지 잘 보여주는 사례이다. 회색 지대에 놓인 처리 방식은 다양한 변형을 거쳤다. 쓰레기 유기 화물선은 추적을 어렵게 만들기 위해 중간에 이름을 여러 번 바꾸기도 했다. 또한 이 사례는 환경법과 세계의 쓰레기 처리 방식에 얼마나 모순이 많은지를 보여주었다. 폐기물을 배출한 곳에서 왜 직접 처리하지 않았겠는가? 물론 선원들도 범죄를 저지를 능력은 있으면서도 이러한 화물을 어떻게 처리해야 하는지는 알지 못했고, 어떻게든 이를 털어내야 한다는 압박만을 느꼈다.

사례의 재발을 방지하기 위해 1989년 바젤 협약이 비준되었다. 이 협약은 국제 쓰레기 무역을 규제하는 틀로 1992년부터 효력이 발휘되었으며, 현재 190개국이 이 협약에 참여하고 있다.[130] 여기에 2006년부터는 전자 폐기물E-Waste이, 2019년에는 플라스틱이 포함되었다. 하지만 주요 쓰레기 생산국인 미국은 바젤 협약에 참여하지 않는다.

쓰레기 문제는 개선되고 있을까? 딱 잘라 대답하기 어려운 문제이다. 많은 사업체가 오늘날에도 불법적으로 운영되거나 회색 지대에서 활동한다. 과거에는 특수 폐기물로 분류되던 것 중 많은 부분이 오늘날 재활용으로 인정된다.[131] 지금도 유해 폐기물 수출 규제를 시행하는 데에는 크고 작은 문제가 따른다. 쓰레기 문제는 완전히 해결되지 않았다. 2006년에 발생한 국제 쓰레기 처리 업체인 트라피구라Trafigura의 프로보코알라Probo Koala호 사건이 대표적이다. 이 배는 500톤에 달하는 독성 폐기물을 코트디부아르 아비장 항구에 투기했고, 중간상은 이 폐기물을 코트디부아르의 수도 내에 있는 여러 쓰레기장에 나누어 처리했다. 이 사건의 직접적인 피해로 최소 열 명이 사망했으며, 오늘날에도 수많은 피해자들이 오염으로 인한 심각한 후유증으로 고통 받고 있다. 결국 한 달 뒤 이 화학 물질은 다시 프랑스의 특수 쓰레기 처리 시설로 운송된 다음 처리되었다. 트라피구라는 이 사건으로 법정에 섰고, 1억 5000만 유로를 배상하라는 판결이 내려졌다.[132]

확실한 점은 유독 폐기물의 양이 줄지 않았다는 사실이다. 화학 산업이나 축산업 같은 업계 말고도 폐기된 전자 기기—이른바 전자 폐기물—또한 20여 년 전부터 주요 문제점으로 부상하고 있다. 앞서 언급한 대로, 산업적 생산 방식과 결부된 물질의 복잡성과 여기에 이용되는 복잡한 화합물은 잠재적인 오염 수준을 높였다. 1980년대 초만 하더라도 **하이테크 오염**과 폐전자 기기 처리는 문제라고 말할 수도 없는 수준이었다. 하지만 반도체 생산으로 캘리포니아를 심각하게 오염시킨 1982년 페어차일드카메라FairChild-Camera 사건은 처음으로 대중들에게 문제의식을 심어주었다.[133] 복잡한 화합물로 만들어진 재료는 기계 공학적으로 재사용하기가 어렵다. 이러한 쓰레기는 대개 특수 폐기물로 쓰레기장에 투기되거나 악명 높은 가나의 아그보그블로시 매립지에 묻힌다.[134]

그럼에도 희망은 있다. 대중은 독성 폐기물 수출 문제를 그 어느 때보다 뚜렷하게 인식하고 있으며, 국가의 규제도 훨씬 강화되었다. 물론 쓰레기 문제는 통제하기 힘들고, 법 시행에도 여전히 어려움이 따른다. 하지만 오늘날에는 1980년대에 비해 독성 폐기물을 어딘가에 부어버리는 것이 훨씬 힘들어졌다.[135] 회사는 쓰레기를 투기하면 기업 이미지가 손상된다는 것을 인지하고 있고, 불법 폐기 관행과 관련이 없다는 것을 스스로 증명해야 했다. 결국 기업들도 사회의 일부로서 환경에 대한 경각심을 학습해나갔다.[136] 물론 중국에도 이런 관점이 적용되는지는 의문이다. 하지만 그곳에서도 이렇게 무심한 폐기물 처리의 시대가 끝나간다는 신호가 있다.

13장
가난과 부: 정책, 그리고
생존 전략으로서 재활용

†

재활용과 순환은 미래를 만든다.

─볼프 하스Wolf Haas[1]

진부화라는 문화

여러 환경 운동 단체의 연합인 **지구의 벗**Friends of the Earth은 1971년 연합체의 첫 번째 활동으로 큰 이목을 끌었다. 병 보증금 제도가 폐지되자 음료 회사인 캐드버리슈웹스의 런던 본사 앞에 1500개의 음료병을 투기한 것이다. 이는 인상적인 사진과 함께 언론의 주목을 끌었다. 지구의 벗이 전하려는 메시지는 분명했다. 더 많은 쓰레기를 그만생산하고, 환경 보호에 더 주의를 기울여야 한다. 여기에는 재활용 정책을 강화해야 한다는 요구도 포함되어 있었다.

1970년대에 이는 주요한 사안이었다. 실제로 2차 세계 대전 이후 재활용은 큰 과제에 직면했다. 앞서도 이야기했듯, 이전에는 광범위한 범위에서 재활용과 재사용이 일반적이었다. 세계 대전이라는 예

캐드버리슈웹스 런던 본사 앞 '지구의 벗Friends of the Earth' 시위(1971년)[2]

외를 제외하면 여기에는 늘 공통점이 있었다. 물건과 물질이 재사용되는 것은 순전히—인류학자 대니얼 T. 시큘러Daniel T. Sicular의 말처럼—이것이 **원석**이었기 때문이다. 가치도 있고, 수요도 있지만, 우선 발굴해야 했기 때문이다. 정치권의 장려 운동이나 경고, 윤리는 필요하지 않았다. 재활용은 거의 항상 스스로 작동했다.[3]

하지만—적어도 미국과 부유한 서유럽 국가에서는—2차 세계대전 이후로 상황이 바뀌었다. 가정 쓰레기 수거와 재사용은 점차 줄어들다가 1960년대에는 거의 사라졌다. 반면 쓰레기 양은 계속 늘어났고, 이에 대한 맹렬한 비난이 이어졌다. 이미 1960년대에 미국 사회학자 밴스 패커드는 **폐기의 시대**Throwaway Age를 언급했고, 이후이는 토론에서 빼놓을 수 없는 주제가 되었다.[4] 폐기와 소비는 점차 비판의 대상이 되었다. 쓰레기 증가에 영향을 미쳤을 뿐만 아니라 재사용과 재활용의 가능성을 없애버렸기 때문이다. 물건을 고치거나 다른 방식으로 활용할 방법 또한 사라져갔다.

이는 오늘날 재활용, **제로 웨이스트** 혹은 **수리 문화**에 대한 담론에서 아직도 이야기되고 있다. 하지만 정말 이것이 결정적인 요소일까? 때로는 이것이 소비를 비판하면서 동시에 소비자를 용서하기 위해 이용되는 것처럼 보이기도 한다. 소비자들이 이렇게까지 많은 쓰레기를 버리고 싶지 않았지만, 산업의 전략과 방해와 유혹을 이기지 못하고 어쩔 수 없이 그러는 것처럼 말이다. 이 주제와 관련해 **계획적 진부화**Planned obsolescence도 자주 언급된다. 전자 기기를 얼마 못 가 고장이 나도록 설계해 소비자가 새로 사게 만드는 전략이 있다는 주장이다. 그 근거로는 대개 1924년의 포이보스 카르텔이 언급된다. 굴지의 전구 업체 대표들이 모여 전구의 수명을 1000시간 내로 제안하기로 합의한 것이다.[5] 하지만 에너지 효율 측면에서는 일리 있는 설계였다. 전구 수명을 늘리기 위해서는 더 두꺼운 필라멘트를 사용해야 하는데, 그러면 불을 켤 때 더 많은 전기가 소비된다. 이렇듯 제한의 목적은 쉽게 간과되곤 한다. 카르텔은 가격 담합을 위해서고, 그러려면 우선 제품을 표준화해야 한다. 실제로 전쟁 중에는 그 수를 집계하기 힘들 정도로 카르텔이 만연했다.[6]

수리 문화가 사라지고 있다는 주장은―애초에 사실이 맞다면―제한적으로만 적용할 수 있다. 실제로 많은 분야에서 수리 문화가 사라졌다. 1950년대에는 나일론 스타킹을 수선하는 수선점이 있었지만, 몇 년 지나지 않아 스타킹은 소모품으로 변모했다.[7] 수리는 사라졌다기보다는 변화하고 전문화되었다고 보는 것이 적합하다. 18세기에도 이미 수공업자의 몰락을 예언하는 사람들이 있었다. 대량 생산하는 공장의 가격 경쟁력을 이겨낼 수 없었기 때문이다. 하지만 신발 수선공, 자전거 수리공, 설치 전문가 같은 이들은 수리 기술의 분업화를 거치며 살아남았다. 수리 업계는 물론 사회나 기술의 변화를 이겨내야 했다. 예를 들어, 미국에서 자동차 수리점이나 텔레비전 수리 기사의 수는 꾸준하게 감소하고 있지만, 핸드폰 등 새로운 수리 분야가 생겨나면서 전체 수리 기사의 수는 크게 변하지 않았다.[8]

넓은 시야로 봐도 마찬가지이다. 오늘날에도 수리—정확히는 유지 보수—는 여전히 많은 분야에서 세상이 돌아갈 수 있도록 만드는 기본 전제 조건이다.[9] 비행기가 운항하는 동안 유지 보수에 드는 비용은 건조 비용에 맞먹는다. 자동차도 별반 다르지 않으며, 자전거는 보수 및 수리 비용이 구매한 값보다 몇 배 이상 나가기도 한다. 우리가 살아가는 세상의 물질과 기술이 복잡해지는 만큼 점차 수리는 전문화되었고—종종 비싼 비용을 요구하는—서비스로 진화했다. 더는 개인이 모든 기계를 이해하고 다룰 수 없게 되었다.[10] 직접 수리를 하는 사람들은 이로 인한 절망감을 느꼈다. 책상 전등의 스위치는 고칠 수 있을지 몰라도, 핸드폰 저장 장치를 직접 수리하기는 힘들다. 가솔린 자동차의 큰 장점은 주행 거리가 길고, 차주가 직접 수리할 수 있다는 것이었다. 하지만 1920년대부터는 점차 차량 전문 수리점이 생겨나기 시작했다.[11] 수리는—생산과는 달리—아직 최적화되지 않았다. 오늘날에도 수리라는 일이 수많은 사람들에게 일자리를 제공해줄 수 있는 이유이다.[12]

수리가 사라진 것이 사실이 아니라면 무엇이 문제일까? 개인이 직접 손을 댈 수 없다는 점도 문제일 수 있다. 마트를 거치는 소비는 단순히 생산자와 소비자의 관계를 단절시키고 상품을 추상화한 것만이 아니었다. 마트는 수리를 통해 상품을 개조할 수 없게 만들었다. 알프레트 존레텔은 1920년대에 나폴리 사례 보고에서 이 점을 명확히 했다. 무언가를 시작하려면 고장이 나야 했다. 고장은 사람들에게 도전 과제를 부여했고, 개조를 가능하게 했다. 물건이 잘 작동하거나, 고장 나도 스스로 고칠 수 없다면 이것이 어떻게 가능하겠는가? 1950년대 미국에서는 차고에 개인 공방을 만드는 것이 유행했는데, 그는 이러한 유행을 소외를 보상하기 위한 행동이라고 추측했다.[13]

이 점에 의문을 품는 것은 분명 중요하다. 하지만 2차 세계 대전 이후 재활용의 역사를 살펴보면 계획적 진부화 같은 이야기를 무조건적으로 받아들이지는 않게 될 것이다. 계획적 진부화를 입증하는 증거는 적고, 이는 또한 생산된 쓰레기나 재활용 사업의 본질을 짚어내지 못한다. 재활용할 수 있는 물품 중 대부분은 우리가 사용하고 곧장 버리는 것들이다. 포장재, 식료품, 의류는 폐차장에 있는 자동차보다 훨씬 더 많은 쓰레기를 생산한다. 오늘날 우리는 전근대에는 상상할 수도 없었을 만큼 효율적으로 자재를 활용한다.[14] 동물의 장 점막까지 미용 제품에 활용되지만, 그렇다고 이것이 친환경 재활용은 아니다. 재활용이 곧 환경 보호라는 생각은 편견이 아닐까? 이는 재사용 관행을 자세히 살펴보는 데 필요한 질문이다.

대량 소비 사회의 재활용

대량 소비 사회는 재활용의 전형적인 변화 과정을 짚어낸다. 1950년대에는 많은 지역에서 가정 쓰레기를 재활용했지만, 이러한 관행은 1960년대부터 점차 사라졌다. 그러다 1970년대에—특히 환경 보호에 대한 대중의 관심이 높아지면서—가정 쓰레기 재활용이 다시 강화되었지만, 지역에 따른 제한이 명확했다. 처음으로 기본적인 인프라 시설—폐유리 전용 쓰레기통 등—이 생겨난 것도 이 시기이다. 이후로도 가정 쓰레기 재활용 정책은 정치권에서 논의 밖으로 밀려난 적이 없으며, 오늘날에도 환경 정치에서 주요한 역할을 한다.

1950년대에 가정 쓰레기 재활용이 감소한 것은 분명 경제 발전과 연관이 있었다. 가정 쓰레기를 수거하고 분류하는 작업은 손이 많이 갔다. 힘들고, 돈이 되지도 않는 이러한 일에 뛰어들고 싶어 하는 사람들은 점점 적어졌다. 완전 고용이 실현되면서 이러한 일을 할 필요도 없었다. 전당포도 점차 자취를 감췄다. 새로운 매립 기술도 이러한 변화에 한 몫 했다. 위생 매립을 하는 지역 주변에는 철조망을 둘러쳤다. 쓰레기를 묻은 매립지를 다지는 무거운 롤러 차량이 사람들에게 위험했기 때문이다.

지역에 따른 차이도 있었다. 예를 들어 스코틀랜드와 북잉글랜드 도시에서는 1960년대 후반까지 종이와 유리 분리수거가 시행되었다. 반면 이 시기 서독에서는 가정 쓰레기 재사용 정책이 거의 전무했다. 이는 경제적 차이로도 설명할 수 있다. 당시 북잉글랜드 도시는 산업 구조의 변화로 큰 타격을 입었기 때문이다. 하지만 다른 요소도 있다. 나치 성향이 강했던 작센주에서는 몇십 년이 지난 뒤에도 이어

맨체스터에서 시행된 폐지 재활용(1966년)[17]

진 간섭주의와 재사용에 대한 주장이 사람들에게 거부감을 불러 일으켰다. 나치 박해 정책의 피해자인 반½유대인 철학자 한스 블루멘베르크Hans Blumenberg는 1990년대에도 재활용 정책 강화가 동계 구호 기금을 연상시킨다며 불편함을 드러냈고, 분리수거를 굴욕으로 받아들였다.[15] 반대로 영국은 오래전부터 재활용 관행이 있었고, 전쟁 중에도 재활용 정책을 시행했는데, 많은 문제와 반대가 있었지만 결국 히틀러 독일에게서 승리를 거두는 데 기여했다는 평가를 받는다. 또한 나치의 재활용 인프라 시설은 2차 세계 대전 이후 무너졌지만, 영국은 그렇게까지 큰 타격을 받지 않았다.[16]

재활용의 후퇴를 이야기할 때 잊지 말아야 하는 부분이 있다. 1960년대에 대량 소비 사회를 맞이하며 재활용에서 사라진 것은 **가**

정 쓰레기였지 재사용 분야가 바뀐 종이나 유리가 아니었다. 1950년 대와 1960년대에는 종이나 유리의 상업적 활용이나 슈퍼마켓의 자 체 수거 정책이 증가했다. 이렇게 얻을 수 있는 물건의 양은 많았고, 힘들게 분류할 필요도 없었다. 종이는 다 같은 종이가 아니었고, 유리 도 마찬가지였다. 인건비가 증가하며 분류에 문제가 생기자 재활용은 상업적 분야에 집중되었다. 종이는 이미 1970년대에 25%, 때로는 그 이상의 엄청난 재활용률을 달성했다. 환경 보호 정책으로서 재활용은 갑자기 튀어나온 전략이 아니었다.[18]

1970년대부터 재활용은 환경 정치 분야의 화두에 올랐다. 비슷 한 예시로는 쓰레기 문제도 있었다. 쓰레기 양이 증가한 결과는 눈으 로 보기도, 코로 맡기도 힘들었다. 그러다 독성 폐기물 유출 사건으로 인해 대중은 그간 무책임하게 쓰레기를 폐기한 결과를 인식하게 되 었다. 쓰레기 양이 크게 증가할 것이라는 예측은 대중에게 충격을 주 었다.[19] 재활용에는 마땅한 **대안이 없었다.** 할 수 있는 게 소각과 매 립뿐이라면, 남은 선택지는 많지 않았다.

몇몇 사건은 이러한 변화의 촉매제가 되었다. 1967년 서독의 음 료 회사들은 병 보증금 폐지 운동을 시작했다. 이들은 쉽게 버릴 수 있다는 장점을 들어 일회용 병을 선전했고, '홀짝하고 휙Ex-und-Hopp' 이라는 슬로건도 만들었다. 하지만 여기에 반대하는 목소리는 거셌 다. 일회용 병 때문에 쓰레기 양이 3분의 1가량 증가할 것으로 예상 되었으나 도시 위생 책임자들은 이렇게 발생한 쓰레기를 전부 처리 할 대책이 없었다. 유리는 태울 수도 없었고, 이미 기술적 문제로 어 려움을 겪는 소각 시설에 부담을 더할 수밖에 없었다.[20] 하지만 이 선

'홀짝하고 휙' 포스터(1967년)[25]

전이 무산된 것은 환경 문제 때문이 아니었다. 결정적인 것은 양조 업
계의 반발이었다. 많은 소규모 양조장이 일회용 병을 감당할 수 없을
것이라 예측했기 때문이다.[21]

　　프랑스와 미국을 보면 이러한 선전이 성공을 거뒀을 때 어떤 결
과가 벌어질지를 알 수 있다. 이 지역에는 1960년대부터 일회용 병
과 통조림이 보급되면서 소수의 대기업이 음료 산업을 장악했다.[22]
로베르트 프리델Robert Friedel은 1960년대 다회용 병이 일회용—특히
통조림—용기에 밀려난 과정을 보여준다. 독일의 유리병 보증금 제도
는 점차 축소되었고,[23] 서독 지역에서 '홀짝하고 휙' 캠페인은 한발 더
나아갔다. **편의성**은 경제 발전의 시기에 상품의 주요 장점이었다. 하

지만 쓰레기 양이 증가한 결과로 이어진 이러한 변화는 곧 비판의 대상이 되었다. 재활용이 일상 속에 스며드는 데는 시간이 걸렸지만, 재활용을 바라보는 사회적 분위기는 바뀌었다. 더 많은 쓰레기를 낳는 혁신은 더 이상 대중들에게 받아들여지지 않았다.[24]

1960년대 후반부터 많은 지역에 재활용을 촉구하는 행동 단체가 늘어났다. 이들은 재활용을 늘리기 위한 다양한 방안을 제안했다. 재활용은—1968년 68혁명이 끝나고 사회가 변화할 것이라는 희망이 가라앉은 후—작지만 일상을 변화시킬 수 있는 행동이었다. 젊은 이들은 항의 서한을 관련 행정 부서에 보냈고, 깨어 있는—담당자의 시각에서는 '건방진'—목소리로 재활용 정책 강화를 요구했다.[26] 네덜란드의 주부 단체는 전통적인 절약 방식으로 대량 소비 사회의 쓰레기에 맞섰다.[27]

환경 보호 의식이 있고 쓰레기 증가에 두려움을 느낀 사람들은 행동을 이끌었다. 하지만 이것만으로는 재활용을 보편화하기에 충분하지 않았다. 여기에는 인프라 시설이, 한 달에 한 번이 아니고 지속적으로 종이나 유리를 수거할 사람이 필요했다. 수거된 것들을 가공해 다시 물질 순환 고리에 편입시킬 회사도 마찬가지였다. 재활용을 실행하려면 인프라만 필요한 것이 아닌데, 정작 유리나 폐지를 수거하는 업체는 대개 시민 단체와 함께 움직이지 않았다. 민간 쓰레기 기업은 오히려 재활용을 수익성이 있는 사업 분야로 여길 뿐, 환경 보호를 우선으로 하지는 않았다. 이 때문에 오늘날에도 이 분야와 관련해서는 환경 단체와 기업 사이에 긴장감과 적대감이 있다.

잠시나마 경제와 환경 보호 사이의 관계가 호전된 듯 보였던 시기도 있다. 1973년 점차 석유 생산의 주도권을 쥐게 된 아랍 국가들은 서구 국가의 이스라엘 지원에 맞서 카르텔을 형성해 욤키푸르 전쟁이라 불린 제4차 중동 전쟁을 일으켰고, 석유 가격은 폭등했다. 석유 가격이 1950년대와 1960년대 수준으로 낮아지는 일은 없었다. 석유 파동으로 국제 시장에서 수많은 원자재 가격도 상승했다. 유리와 종이도 마찬가지였다.[28] 서독 기업들은 신문지를 묶어 집 문 앞에 내놓아 달라고 요청했다. 수많은 기업들도 고물 수거에 동참했다.

이런 호소는 수거뿐만 아니라 2차 원료에도 해당되었고, 원자재 수거에 대한 압박은 미국에서 특히 거셌다. 미국은 고철 수출이 비애국적인 행위이고 미래에 있을 전쟁에서 승리를 가로막는 요인이 될 것이라고 불평했다.[29] 하지만 이러한 재활용 유토피아는 오래가지 않았다. 몇 달 지나지 않아 석유 가격은 다시 하락하기 시작했고, 폐지나 폐유리 사업은 수익성이 좋지 않았다. 축축한 흙 위에 자라나는 버섯처럼 우후죽순 생겨난 미국의 재활용 센터는 순식간에 쇠퇴했다.[30]

폐지 수거의 예시는 1970년대 관련 사업의 복잡성을, 그리고 시장의 합리성과 환경 보호 운동이 조화를 이룬다는 것이 얼마나 비현실적인지를 보여준다. 폐지 가격은 종이 가격, 운송 비용, 수요 등 다양한 요소를 고려해 결정된다. 1970년대에 폐지 재활용이 활발할 수 있었던 것은 결국 급격한 가격 변동으로 2차 원료 시장이 세계적인 동력을 얻었기 때문이다. 고물 수거와 재활용은 때로는 수익성이 좋은 사업 분야였다가, 때로는 가격이 폭락해 보관 비용도 보전하기 힘들었다. 시장에 의존할수록 가정 쓰레기 재활용에 장기적으로 적용할 수 있는 해결 방안을 고안하기 힘들다는 점은 명백했다.[31]

그럼에도 변화는 일어났다. 특히 쓰레기를 바라보는 관점이 바뀌었다. 미국에서는 점차 **고형 쓰레기 처리**Solid Waste Disposal라는 용어 대신 **고형 쓰레기 관리**Solid Waste Management라는 표현이 보편화되었다.[32] 독일은 1970년대부터 **쓰레기 관리**Abfallwirtschaft라는 용어를 사용했다. 주로 쓰레기의 퇴비화 추종자들이 사용하던 단어였다.[33] 다양한 재활용 기호가 만들어지면서 쓰레기를 처리하는 여러 가지 방식이 대중에게 각인되었다.[34] 정치적 개입이 증가하면서 재활용 장려 프로그램이 진행되었고, 필요한 경우 보조금도 지급되었다. 재활용 기술 또한 발전했다. 새로운 재사용 기술이 발명되었고, 유리 및 플라스틱 병 보증금 제도의 효율성을 높인 병 자판기(공병을 넣으면 바코드를 인식해 보증금 환급용 바코드를 출력하는 기계로, 독일 전역의 마트에 보편적으로 설치되어 있다.—옮긴이) 같은 기기도 생겨났다.[35]

폐유리, 폐지, 1970년대에 중점적으로 도입된 퇴비화용 유기물 수거함 같은 재활용 인프라가 꾸준히 개발된 것은 정치권의 움직임 덕분이었다. 서독 등 여러 지역에서는 2차 원료의 가격 변동을 최소화하기 위해 최저 가격이 도입되었다. 1970년대 스칸디나비아 국가들도 폐유리와 포장재의 수거 및 분류 장려 운동을 펼쳤다.[36] 종종 이러한 정치적 움직임은 재활용의 수익성 증가로 이어졌다. 조사에 따르면 대중이 재활용을 받아들이기까지는 시간이 걸렸지만, 결국에는 온전히 자리를 잡았다.[37] 인프라 시설이 기반을 다지는 데에는 시간이 걸렸지만, 기능은 지속되었다.

현대 가정 쓰레기 재활용의 선두 주자는 일본이다. 일본은 이미 1970년대에 전통적으로 강조해온 절약 정신을 발휘해 폐지 및 기타 재사용 가능한 자재를 수거했다. 1980년대 초에는 이미 폐지 재활용률이 50%에 육박했는데, 경제 규모가 비슷한 다른 국가들에 비해 명확히 높은 수치였다. 일본은 1970년대에 가정 쓰레기 분리수거를 위해 다양한 색깔의 쓰레기통을 도입했다.[38] 정책을 보조하기 위한 설명회도 열렸다. 예를 들어, 도쿄 근교인 마치다에는 1년에 한 번씩 도시 위생청 직원들이 방문해 주민들에게 재활용 운동의 취지와 목적을 설명했다. 이곳은 이미 1980년대에 플라스틱을 재활용하기 위해 노력하기 시작했는데, 다른 지역에서는 아직 고려조차 되지 않던 행동이었다.[39] 재활용을 막은 큰 걸림돌 중 하나는 집의 크기였다. 일본의 집은 너무 작은 나머지 때로는 음식물 쓰레기를 분리수거할 공간을 마련하기도 힘들었다.[40]

1980년대에 이르자 미국과 서유럽 국가에서도 재활용이 주요 정치 안건에 오르게 되었다. 대량 소비 사회가 불러온 쓰레기 양 증가와 심각한 처리 시설 부족 문제를 통제하기 위해서였다. 하지만 행동하는 과정은 정치 구호를 만드는 것보다 훨씬 복잡했다. 새로운 쓰레기통이나 수거함뿐만 아니라 자원을 재사용하기 위한 적절한 시설과 업체도 마련되어야 했다. 1990년 서독 환경부 장관이었던 클라우스 퇴퍼Klaus Töpfer는 오랫동안 이어진 쓰레기 처리 문제와 베를린 장벽 붕괴에 대응하기 위해 녹색 점Grünen Punktes이라는 야심 찬 재활용 프로그램을 도입했다. 하지만 해당 프로그램에는 플라스틱 재사용을 위한 인프라 시설이 포함되어 있지 않다는 문제가 있었다. 이를 보완하기까지는 몇 년이 소요되었고, 프로그램을 일부나마 작동시키기 위해서는 많은 부분을 뜯어 고쳐야만 했다.[41]

이러한 프로그램은 종종 임시변통에 지나지 않았고 도입된 뒤에도 흐지부지 되는 일이 많았다. 하지만 오늘날 쓰레기 및 환경 정책에서는 재활용이 필수불가결하다. 소비 방식을 근본적으로 바꾸지 않는 한 처리해야 하는 쓰레기 양을 줄일 별다른 방법이 없기 때문만은 아니다. 한번 인프라가 건설되면 재활용을 단체 행동으로 만드는 **수행성**이 있었다. 폐유리 수거함은 사람들에게 재활용에 대한 인식을 심어주었다. 이후 도입된 여러 분리수거함도 마찬가지였다.[42] 바뀐 일상 속에서 재활용은 빼놓을 수 없는 존재였다.

빈곤 전략

온전히 경제적인 잣대로만 바라본다면 1960년대 이후 가정 쓰레기를 재활용하는 것은 불가능에 가까웠다. 재활용을 현안으로 가져오고 하나의 절차로서 시장에 끼워 넣는 과정은 정치권의 의지가 없이는 불가능했다. 하지만 빈곤한 국가에서는 달랐다. 이곳에는 판매하기 위해 폐기물을 수거하며 생계를 꾸려나가는 '시장 중심' 재활용이 존재했다. 19세기 파리의 시포니에들이 넝마를 주운 것처럼, 오늘날에도 전 세계의 수많은 지역에서 넝마 장수들이 활동한다. 이곳에서 재활용은 가난을 이겨내기 위한 전략이다. 토고의 쓰레기 수거인(스캐빈저)의 말마따나 "쓰레기장은 생명줄이다!"[43]

이러한 형태의 재활용은—당연하게도—특히 빈곤국에서 큰 영향력을 발휘하는데, 쓰레기 수거 시스템이 부족한 현실도 여기에 한 몫 한다. 절대적 빈곤만큼이나 중요한 것은 부유층과 빈곤층 사이의 엄청난 차이를 형성하는 사회적 불평등이다. 비교적 부유한 도시들에는 쓰레기 수거인이 있다. 부에노스아이레스와 중국의 도시들이 그러하다.[44] 많은 대도시는 여기에 더해 새로운 불평등을 형성한다. 도시사회학자 사스키아 사센Saskia Sassen은 대도시를 예시로 들어 교육 수준이 높은 부유층과, 대개 기술이 필요 없는 직종에 종사하며 경제적으로 위태로운 상황에 처한 빈곤층의 차이를 서술했다.[45]

특히 중국 도시의 재활용은 흥미로운 사례이다. 중국은 경제 성장 속도가 빠른 만큼 오늘날에도 심각한 사회적 격차가 존재한다. 이곳의 쓰레기 수거인 대부분은 '시골 사람'들로, 도시에 거주하고 도시에서 일을 하지만 **후커우**户口 **제도**(신분과 거주지를 증명하기 위한 제도인데 주서시 이동이 서의 불가능하다.—옮긴이)때문에 서주 등록을 하거나 학교에 다닐 수가 없다. 이들은 도시의 하류층이라는 낙인이 찍힌 채 살아간다.[46] 중국 도시를 떠도는 이러한 인식은 베이징의 쓰레기 수거인과 나눈 인터뷰에서 알 수 있다.

"저는 베이징 같은 대도시가 이렇게 많은 쓰레기를 만들어낸다고는 생각하지 못했어요." 춘밍이 말했다. 방송은 이러한 내용을 언급하지 않는다. 그는 베이징을 부와 발전의 오아시스라고 생각했다. 하지만 꽃피는 권력 뒤에는 썩어가는 쓰레기가 있었다. 사람들은 돼지처럼 쓰레기 속을 뒤지지만, 그 누구도 이를 신경 쓰지 않는 듯 보였다! … 이렇게 춘밍은 쓰레기섬의 완벽한 국민이 되었다. 매일 40여 명의 사람들이—왼손에는 쇠갈고리를 들고, 왼쪽 어깨에는 바구니를 멘 채로—100개에 달하는 대형 쓰레기차의 내용물을 뒤진다. 춘밍은 스티로폼, 병, 통조림, 유리, 판지 등 조금이라도 가치가 있는 것이라면 모두 갈고리로 집어 바구니에 넣는다. … 다른 사람들과 마찬가지로, 그는 온갖 것을 이용해 자신이 살고 있는 판자집을 지었다. 침대는 낡은 문이고, 책상은 쓰레기장에서 가져왔다. 침대 머리맡에는 스테레오가 있다. 전 주인이 버린 것을 주워 와 부품을 이용해 재조립하고 수리한 것이다. 심지어 잘 작동한다![47]

19세기와 마찬가지로 쓰레기 수거는 주로 길거리와 쓰레기장, 이 두 장소에서 이루어졌다. 쓸 만한 것들은 길거리에 널려 있거나, 쓰레기통이나 수거함에 버려져 있거나, 쓰레기장에서 골라낼 수 있었다. 여기에는 금속, 유리, 플라스틱, 종이, 판지, 옷감, 알루미늄, 납 등 상상할 수 있는 모든 것이 있었다.[48] 쓰레기 수거와 스캐빙 사이의 경계는 모호했다. 멕시코 도시에서는 수거인들이 쓰레기차의 쓰레기를 선분류하는 작업을 담당했다. 여기에서 버려진 것들은 쓰레기장으로 옮겨갔고, 이곳에서 다시 수거와 분류 작업이 이루어졌다.[49]

수거인들과 당국의 협업을 보여주는 대표적인 예시로는 카이로의 자발린Zabaleen이 있다. 이들은 쓰레기 수거와 플라스틱 재활용에서 큰 부분을 담당하며, 유기 쓰레기 재활용을 위해 도시에서 돼지를 사육하기도 한다.[50] 많은 전문가가 이들의 활동을 세계에서 가장 효율적인 재활용 시스템으로 평가했지만, 당국은 1980년대부터 이들을 눈엣가시로 여겼다.[51] 2009년 도시에 조류 독감이 발생하자 당국은 도시 내 돼지 사육을 금지했고, 자발린은 이 조치의 표적이 되었다. 분명 이 뒤에는 무슬림이 불결하다고 여기는 돼지를 공공 공간에서 몰아내려는 의도가 있었다. 자발린은 콥트 정교회 신자들로, 콥트 정교회는 이집트에서 차별받는 종교였다. 오늘날에도 문제는 계속 커지고 있다. 카이로가 여태까지 쓰레기에 파묻히지 않은 것은 비공식적인 재활용에 크게 의존하고 있었기 때문이라는 점도 명백해졌다.[52]

쓰레기 수거는 종종 큰 문제가 되었고, 이로 인해—의도했든 아니든—공공 쓰레기 수거 시스템과 쓰레기 수거인 사이의 협업도 발전해나갔다.[53] 많은 도시들은 수거 되지 않은 쓰레기가 길에 널려 있는 것을 막기 위해 스캐빙을 용인하거나 심지어 지원하기까지 한다.[54] 마틴 메디나Martin Medina가 추산한 인도 도시 내 비공식적 쓰레기 수거인의 수를 살펴보면 이 점을 명확히 알 수 있다.[55]

수거 및 분류 작업은 길에서뿐만 아니라 쓰레기장에서도 이루어진다. 이곳은 많은 사람들에게 일터이자 생활 공간이다. 민족학자

도시	2005년 인구 (단위: 100만)	스캐빈저 추정 수 (단위: 천)	연도
뉴델리	15	167	2000
뭄바이	18	135	2004
콜카타	13	80	2004
벵갈루루	5.5	70	2004
아마다바드	4.8	50	2003
푸네	3.5	10	1993

비공식 재활용업 종사자를 추정한 수치[56]

마틴 카마초Martine Camacho는 1980년대 마다가스카르의 수도인 안타나나리보 외곽에 위치한 키안자 쓰레기장에 대한 사례 연구를 통해 이 점을 명확히 보여준다.[57] 쓰레기장은 절대 안전하지 않았다. 만연한 질병, 독성 물질, 썩어가는 동물 사체는 사람들의 기대 수명을 단축시켰고, 쓰레기장에 거주하는 아이들의 건강을 해쳤다. 이곳은 동시에 사회 경제의 소우주였다. 쓰레기 수거와 분류는 이 우주의 일부일 뿐이었다. 실제로 이곳 주민 중 약 절반은 실제로 쓰레기 수거 일을 했지만, 나머지 절반은 수공예나 수리를 통해 생계를 유지했다. 사람들이 키우는 수많은 돼지는 경제 공동체의 일부였다. 카마초는 키안자가 다른 세상 같다는 인상을 받았고, 이 안에서 맺는 수많은 외부와의 관계나 수거한 물품을 판매하는 장소의 수에 경이를 느꼈다고 말한다. 심지어 형편이 좋지 않은 주변 마을 사람들은 이곳의 번성을 부러워하기도 한다.[58]

쓰레기장은 많은 사람의 생활 터전이었지만, 사람들은 건강과는 거리가 멀었다. 필리핀 수도 마닐라의 주요 쓰레기장이던 스모키마운틴(탐바칸Tambakan)이 대표적이다. 마닐라는 2차 세계 대전 이후 가장 빠른 속도로 성장한 남아시아의 대도시로, 1980년대에 인구수가 이미 1000만 명을 돌파했다. 스모키마운틴은 1954년 건설된 쓰레기장인데, 얼마 지나지 않아 쓰레기 활용과 채굴권을 두고 조직 간에 충돌이 발생했다. 이 충돌은 쓰레기장의 구역을 분할하는 것으로 일단락되었다. 1990년대에 스모키마운틴은 3만 명이 거주하는 소도시 규모로 성장했고, 이들은 쓰레기를 다루고 돼지를 사육하며 살아갔다.[59] 하지만 이곳에서 거주하는 것은 만만치 않았다. 사람들은 늘 독성 증기에 노출되어 있었다. 감염 위험, 비타민 결핍, 기생충, 영양 부족은 쓰레기장에서의 삶에 늘 함께하는 동반자였다. 쓰레기를 발굴하다가 부상을 입거나 추락하는 일도 잦았다. 수거인 중 노년기까지 살아남은 사람은 소수였다.[60]

　이러한 쓰레기 수거는 상당 부분 19세기의 재활용 관행을 떠올리게 한다. 스모키마운틴 사람들은 어깨에 메는 가방과, 쓰레기를 분류하고 사용할 만한 것들을 골라내는 갈고리인 칼라힉Kalahig을 갖추었다. 이는 오늘날에도 표준 장비로 사용된다.[62] 후안 루스케알카이노Juan Rusque-Alcaino와 레이 브롬리Ray Bromley는 콜롬비아 칼리의 한 공병 수거인의 생애를 통해 빈곤 속 생존 전략의 유연성과 창의성을 가감 없이 보여준다. 마리화나 판매부터 의류 수선, 사창가 운영까

마닐라의 스모키마운틴(1992년)[61]

지 그는 살면서 20개가 넘는 직업을 거쳤다. 이러한 사업을 운영할 수 있었던 종잣돈은 공병 수거에서 얻었다.[63]

스캐빈저는 자신이 수거하는 물건에 대해 정확히 알고 있어야 했다. 대량 소비 사회의 재활용과는 달리, 수작업 분류에서 이러한 지식은 필수였다.[64] 동시에 이들은 새로운 물건들을 계속해서 배워야 했다. 플라스틱이 대표적이다. 미국 같은 국가에서 플라스틱 재활용에 어려움을 겪었던 것을 생각하면 이 점은 놀랍게 느껴질 수 있다. 하지만 (특정) 플라스틱은 다양한 분야에 활용할 수 있어 물량이 부족할 정도였다. 애서 도런Assa Doron과 로빈 제프리Robin Jeffrey의 말처럼 "1990년대 플라스틱이 널리 퍼지면서 인도의 넝마 수집은 변화했다. 금속을 다루던 소규모 공방은 플라스틱으로 업종을 바꾸었다. 다른 업체들도 상황은 크게 다르지 않았다."[65] 수거인은 다양한 플라스틱을 구분할 줄 알아야 했다. 이들의 지식은 점차 전문화되어, 아주 작은 차이까지도 구분해낼 수 있는 경지에 이르렀다.[66]

수거의 목적—물건 판매나 수공업에 활용 등—에 따라 사업의 구성이나 관계망 구축 방식이 달랐다.[67] 야생이나 다름없는 곳에서 독립성은 과거 시포니에뿐만 아니라 오늘날 이러한 사업을 운영하는 사람들의 특징이기도 하다. 중국 도시에서 재활용 사업은 공장의 체계화된 규율을 따르지 않아도 된다는 장점이 있었다. 하지만 경제적 독립성은 확보할 수 있는 판매 활로와 긴밀하게 얽혀 있었다. 지역에 전문 재활용 시스템이 없거나, 구매자가 소수이면 좋은 값을 받기가 어려웠다.[68]

한 가지 해결책은 서로 힘을 합치는 것이었다. 방법은 다양했다. 동맹은 우호적일 수도, 비우호적일 수도 있었다. 쓰레기 수거인들은 특정 구역을 중심으로 서로 뭉쳤다. 2차 세계 대전 이후—쓰레기 매립으로 탄생한 지역에—**개미 빌라**Ants Villa가 탄생했다. 이곳에는 쓰레기를 이용해 생계를 꾸리는 50여 가구가 거주했으며, 이름은 스캐빈저를 개미라고 부르던 것에서 비롯되었다.[69] 1980년대 보고타나 리우데자네이루에서 생겨난 쓰레기 수거인 조합은 서로에게 우호적이었다.[70] 반면 1970년대와 1980년대 멕시코 도시에서는 쓰레기 수거인들이 마피아와 같은 조직을 형성했다. 이곳에 속한 젊은 쓰레기 수거인들은 수입 중 일부를 조직에 상납해야 했다. 이러한 조직 페페나도레스Pepenadores는 1986년 라파엘 구티에레스 모레노Rafael Gutiérrez Moreno가 살해당하면서 큰 주목을 받았다. 그는 여러 해에 걸쳐 조직을—때로는 잔인하게, 때로는 관대하게—이끌어온 사람이었다. 이렇게 번 돈으로 그는 많은 거주지를 건설했고, 공익 프로젝트를 지원하기도 했다. 그의 아내는 그를 살해한 뒤 조직을 차지했다.[71]

스캐빈저는 도시를 쓰레기에서 해방시키는 데에 크게 공헌했다. 때로는 '공식적인' 쓰레기 수거 시스템의 결함을 보완하기도 했다. 하지만 환경 보호를 위한 정책은 이러한 독립적인 쓰레기 처리 형식을 끝장내버렸다.[72] 무질서한 쓰레기장은 물건들을 찾아내기 쉬웠다. 사람들은 쓰레기를 밟고 돌아다니면서, 기계로 압착되지 않은 쓸 만한 물건들을 찾아냈다. 하지만 이러한 쓰레기장은 환경을 심각하게 오염시켰다. 토양, 지하수, 대기 오염뿐만 아니라—특히 열대 국가에서—화재도 자주 발생했다. 위생 매립이 도입되자 이러한 방식의 쓰레기 수거는 불가능해졌다. 쓰레기장 입구에 쏟아지면서 수거인들에게 영감을 주었던 쓰레기는 이제 무거운 기계로 압착되었다.

쓰레기장은 언젠간 폐쇄되기 마련이었다. 이러한 장소가 환경 규제에 발맞추지 못했기 때문이기도 했지만, 때로는 단순히 크기가 너무 커진 탓이기도 했다. 2000년대 초 스모키마운틴이 그랬고, 라틴 아메리카의 많은 대형 쓰레기장도 마찬가지였다.[73] 쓰레기 수거인들의 조직은 대개 살아남지 못했다. 공동체의 구조와 형태, 수거 구역의 분배 같은 모든 것은 특정 장소인 쓰레기장에 매여 있었다. 쓰레기장이 폐쇄되면 이들을 묶어주던 공통점도 사라진다. 이후 사람들은 새로운 직업을 찾았다. 이는 많은 지역에서 이들이 최하위 계층에 속하지 않으며, 일부는 자신의 의지로 이 직업을 선택했다는 사실을 보여주었다. 또한 이는 장소와 조직 사이의 관계를 드러낸다. 쓰레기장에 접근할 수 없고, 아무것도 얻을 수 없게 되자 이러한 공동체는 증발해버렸다.

최근 몇 년간 비공식적 쓰레기 수거에 관한 연구가 늘었다. 특히 민족학자들은 소외 계층의 공동체 형성, 현대 자본주의의 억압과 착취에 대한 반응이라는 측면에서 이러한 연구에 매료된다. 하지만 빈곤 사회의 재활용이 정말 자본주의 경제 속 자신만의 규칙을 가진 특수한 사회 계층을 보여주는 것일까? 이는 1960년대 미국 문화인류학자 오스카 루이스Oscar Lewis가 만들어낸 빈곤의 문화Culture of Poverty 개념이 이야기하는 바이기도 하다.[74] 하지만 쓰레기 수거인들이 자본주의 경제에 협력하면서도, 본인 스스로는 여기에 속하지 않는다고 여긴다고 이야기하는 사람도 있다.[75] 실제로 쓰레기 수거인들이 느끼는 소외는 이들이 겪는 사회적 고립 때문에 더 심화되기도 한다. 쓰레기장이 도시의 한 구역으로 인정되지 않는 것처럼, 수거인들끼리 각자가 대표하는 똘똘 뭉친 분리된 공동체를 꾸리는 것도 마찬가지이다.[76]

하지만 이러한 주장은 불편한 문제에서 애써 눈을 돌리고 있는 것인지도 모른다. 쓰레기 수거에는 정말로 시장의 작동 원리가 '적용'되지 않을까? 즉, 쓰레기장을 이루는 경제 순환 고리에 자발적인 통합이 나타나지 않는다고 할 수 있을까? 민족학 연구에서는 이를 종종 부정하는데, 자본주의 경제는 권력 중심의 관계를 기반으로 하기 때문이다.[77] 하지만 관찰 결과, 쓰레기 수거인들은 그 누구보다 가격 변동에 민감하게 반응하고, 수거한 물건의 구매자를 찾기 위해 창의적인 전략을 세운다. 그래서 오히려 비공식적 재활용 경세 순환의 난관이 되기도 한다. 구매자들은 가격을 낮추려고 하고, 점점 더 많은 사람이 부스러기라도 차지하려 이 분야에 뛰어든다.[78] 2002년 아르헨티나에 큰 경제 위기가 닥치면서 부에노스아이레스의 폐지 수거인인 **카르토네로스**Cartoneros 수는 1만 명에서 4만 명 이상으로 급격하게 증가했다.[79]

이를 낭만화해서는 안 된다. 크리스 버벡Chris Birbeck은 이렇게 이야기한다. "쓰레기 수거는 힘들고, 제대로 된 구매자를 찾는 것도 녹록지 않다. 수거인들은 또한 자신이 판매할 물건에 대해 정확히 알고 있어야 한다. 쉽게 말해, 이들은 누구보다 기업가적인 면모를 지녔다. 하지만 이 분야에서 그만큼 뻗어나가기란 불가능하다."[80] 물론 쓰레기 수거업은 불행한 일이 아니었다. 앞서 19세기에 대해 설명할 때 언급했듯, 스캐빈저들은 하위 계층에 속했지만, 최하위는 아니었다.[81]

구역을 사수하고, 물건을 두고 싸우고, 구매자를 찾는 것은 간단하지 않았다. 이들은 환경 보호는 거의 생각하지 않았다.[82]

사회주의의 재활용

부유한, 혹은 빈곤한 사회의 재활용 말고도 재사용이 경제 시스템의 필수 요소였던 사례가 있다. 사회주의 계획 경제에서 등장한 이 목표는 비효율적이고 낭비가 심한 자본주의의 자원 활용법을 뛰어넘는 것이었다. 사회주의는 대대적인 재활용 시스템을 운영했다. 공병 포장재, 폐지 수거함이 설치되었고, 공장은 금속이나 다른 잔여물들을 수거할 의무가 있었다. 가정에도 음식물 쓰레기를 분리 배출할 것이 요구되었다.

사회주의 경제의 개념은 언제나 두 가지로 뻗어나갔다. 일단은 행동을 개선시켜 일의 생산성을 높이고, 노동으로 인한 소외를 제거해야 했다. 다른 한편으로는 위기에 대한 취약성과 낭비라는 자본주의 경제의 약점을 뿌리 뽑아야 했다. 이 때문에 사회주의 국가는 자본주의와 분리된 적이 없고, 국가 중심의 자본주의가 그 자리를 대체했을 뿐이라는 시선도 있다.[83] 생산성은 자본주의와 사회주의 시스템 경쟁의 주축이었고, 인간적인 노동 환경이나 환경 보호는 늘 뒷전으로 밀려났다.

이러한 관점에서 대량 소비는 국가의 생산성을 실질적으로 중요한 생산 과정에 활용하는 대신 불필요한 것에 소모한다는 문제가 있었다.[84] 생산성에 대한 패러다임은 '자본주의적'이기보다는 사회주의가 추구한 목표에 가까웠다.[85] 사회주의 계획 경제는 원칙적으로 대규모 기술 패러다임을 따랐다. 생산량 증가를 통한 경제적 성공―이후 배럴 이데올로기barrel ideology라는 이름이 붙었다―이라는 패러다임은 특히 중공업 분야에 적용되었다.[86] 철강만큼 사회주의의 효율성과 물자 부족 극복을 잘 보여주는 분야는 없었다. 의류와 육류 생산 또한 물자 부족을 극복하는 성공 사례였고, 생산성을 끌어올리기 위해 몇 년간 과잉 생산이 이어졌다.[87]

재활용은 전쟁으로 인한 물자 부족을 이겨내는 데에 도움이 되었다고 여겨졌다. 이 뒤에는 국내의 원자재를 가능한 한 효율적으로 활용하려는 의도가 숨어 있었다. 낭비와의 싸움은 국가가 선언한 명확한 목표였다. 사회주의적 재활용은 전쟁 재활용에서 한발 더 나아간 형태로 여겨졌고, 실제로 거의 유사했다. 이 캠페인은 대중을 동원하고, 대중에게 호소하고, 다양한 운동을 펼쳤다.[88] 아이들도 자주 동원되었다. 1950년대부터 자유 독일 청소년 그룹은 정기적으로 쓰레기장에서 고물을 수집했다. 당국의 주요 목표는 전쟁 승리에서 사회주의 국가 건설로 바뀌었지만, 전투적인 문구는 그대로였다. 동시에 이러한 재활용 캠페인은 능동적으로 사회주의 건설에 기여해야 한다고 국민들을 압박했다.[89]

전쟁 재활용과 마찬가지로 외부와의 무역 의존도를 낮추는 것 또한 이들의 목표였다. 이들에게는 물자도, 이를 구매할 외환도 부족했다. 사회학자 주자 질Zsuzsa Gille에 따르면 1970년대 중반 헝가리에서 **금속 폐기물 제도**가 시행된 것은 고철을 수거해 제품 생산에 필요한 금속을 마련하기 위해서였다.[90] 1950년대 동독은 산업체와 국민

음식물 쓰레기 수거 운동
광고가 그려진 동독의 성냥갑[92]

들에게 고물 수거를 장려하기 위해 **넝마맨**Rumpelmännchen이라는 만
화 캐릭터를 만들었다. 관련 캠페인은 1950년대부터 있었고, 동베를
린에서는 1975년부터 돼지 사료 생산에 활용하기 위해 음식물 쓰레
기를 정기적으로 수거했다.[91]

1950년대에는 운동의 형태로 쓰레기 수거가 장려되었고,
1960년대에는 점차 가정 쓰레기 재사용을 위한 인프라 시설이 생겼
다. 1960년대 중반 체코슬로바키아의 프라하에는 100개가 넘는 고
물 수거소가 있었다.[93] 1981년부터는 동독에서 공병, 포장재, 금속을
배출하고 약간의 돈을 받을 수 있었던 SERO 수거소가 운영되었다.

중국에도 오래전부터 국가적인 재활용 이데올로기가 있었다. 대약진 운동(1958~1862년) 중에는 재활용할 수 있는 물건을 되도록 완전히 수거하고 낭비를 근절하려는 노력이 이어졌다.[94] 1966년 문화 대혁명 기간에는 '3대 낭비'—가스, 액체, 원자재—를 비난하며 이를 '3대 이점'으로 바꿀 수 있다는 기사가 쏟아졌다.[95] 1980년대 중반 상하이에는 골목마다 유리, 폐지, 금속, 옷감 수거함이 설치되었으며 공식 발표에 의하면 재활용률은 60%에 육박했다.[96] 하지만 국가가 주도한 재활용은 점차 쇠퇴했다. 자발적인 길거리 수거나 농업이 그 자리를 채웠다. 사회주의 국가의 쓰레기 처리 형식은 자본주의 경쟁자들과는 다른 방식으로 발전해나갔다.

하지만 사회주의는 생산력 경쟁에서 패배했다. 계획 경제는 미국이나 빠르게 성장한 다른 서유럽 자본주의 국가들에 비해 한참 뒤쳐졌다. 일인당 총 생산량은 적었고, 소비 방식 또한 제한되었다. 이는 세금의 문제이기도 했지만, 비효율적인 자원 활용과 부품 부족으로 작동 정지 시간이 긴 탓이기도 했다. 연료는 비효율적으로 활용되며 동부 유럽의 환경을 심각하게 오염시켰다. 1960년대 중반까지만 해도 사회주의 국가에는 자본주의 사회를 따라잡을 수 있다는 희망이 있었다. 하지만 1960년대 후반에 이르자 **수렴**convergence을 언급하는 일은 적어졌다. 사회 구조 경쟁의 승패는 뚜렷했고, 사회주의 국가는 정당성에 손상을 입었다. 이들은 이후 사회 시스템과 일자리 보장 측면을 강조하기 시작했다.

다양한 재활용과 재사용 방식을 만들어낸 물자 부족 현상은 흥미롭다. 2차 세계 대전 이후 사회주의 국가에서는 경제 계획의 유연성 부족을 보완하기 위해 **수리 문화**가 크게 발전했다. 수공업 문화 속에서 사람들은 상상력과 임기응변을 발휘해 자동차나 전자 기기를 직접 수리했다. 부품이 부족해 **전문적인** 수리 및 유지 보수가 제대로 이루어질 수 없다는 점도 이러한 문화에 보탰다.[97] 오늘날에도 증언에는 끊임없는 임기응변에 의지해 수리를 해야 했던 부끄러움과, 역경을 기발하게 극복했다는 자랑스러움이 뒤섞여 있다.

자동차가 아니더라도 제작과 수리는 일상의 일부였다.[98] 동독에는 미하엘 프린츠가 **뒷마당의 복지 국가**를 연상시킨다고 언급한 또 다른 관행이 존재했다. 바로 돼지 사육이었다. 동독에서는 1980년대까지도 돼지를 뒷마당에서 키우는 일이 흔했다. 이렇게 얻은 고기는 분명 에베르스발데에서 대량 사육된 돼지보다 여러 면에서 건강했지만, 도시에 많은 문제를 안겨주었다. 특히 돼지를 도살하고 가공하는 것이 문제였다.[99] 하지만 이는 사회를 유지하는 데 필요했고, 당국은 이를 미덕으로 삼았다. 소비에트 연방은 국가의 경제 계획에 도사리는 역경을 창의적으로 극복하는 유연한 사고의 국민을 이상적으로 묘사했다.[100] 수리와 적응 능력은 계획 경제를 살아가는 국민들의 특수한 능력이자, 소비에트 연방의 고안자가 1980년대에 선전한 사회주의의 현대화였다.[101] 물론 이데올로기의 실패를 가리려는 목적도 있었다. 결국 이러한 계획 경제에서 가장 중요한 것은 자본주의와의 경쟁에서 승리를 거두는 것이었기 때문이다.

1989년 서독에서 쓰레기 관리 문제가 심각해지자 함부르크의 **녹색당** 지부는 동독 정부에 재활용에 대한 조언을 요청하는 서신을 보냈다. 하지만 답장은 오지 않았다. 대체 무슨 말을 할 수 있었겠는가? SERO는 성공하지 못했다. 1980년대 동독은 재사용되지 않은 고물이 100만 톤에 달하며 창고가 터지기 일보 직전이었다. 이후 이러한 쓰레기는 대부분 설비가 미흡한 쓰레기장에 버려졌다. 마찬가지로 사육으로 발생한 배설물은 환경을 오염시켰고, 이를 처리하는 것은 골칫거리였다.[102]

결국 계획 경제는 재사용 방면에서 딱히 이점이 없다는 사실이 드러났다. 사회주의 계획 경제의 재사용 이념은 '멍청한'(크리스티안 뮐러Christian Möller) 행동으로 이어지곤 했다.[103] 헝가리는 이후 재사용할 수 있을지 확실하지 않은 독성 화학 물질을 보관했고, 1982년 동독에서는 에나멜 제련소에서 나트륨염 폐기를 신청했지만, 나트륨염 용액이 이후에 목재 방부제나 충치 예방용 불소 생산에 활용될 수 있다는 이유로 반려되었다.[104] 물론 여기에도 이유는 있었다. 계획 경제 사회에서 유연한 생산 계획이나 예비 부품보다 더 부족한 것이 바로 원자재였다. 하지만 재활용만으로 원자재 부족을 해결하기란 불가능했다. 계획 경제의 다른 부분이 그랬듯 문제가 발생한 것은 놀라운 일이 아니었다. 헝가리 경제학자 야노시 코르나이János Kornai는 이러한 부족과 낭비에 대해 자세히 설명한다.[105]

결국 철의 장막이 무너지고 몇 달 지나지 않아 사회주의 계획 경제는 이들이 건설한 재활용 시설과 함께 역사의 뒤안길로 사라졌다. 장벽이 철거된 후 동독 사람들에게 SERO 수거소는 더는 보고 싶지 않은 국가 사회주의의 상징이 되었다. 동독의 쓰레기 양은 통일된 지 몇 달 되지 않아 서독의 수준에 이르렀는데, 이는 두 사회가 '성공적으로' 통합된 몇 안 되는 사례 중 하나이다.[106]

국제 무역

사람들은 재활용이 실제로 환경 보호에 기여한다는 낙관적인 희망을 품곤 한다. 하지만 현대 재활용 경제 속 국제 관계를 살펴보고 나면 이러한 희망은 꺼져버리기 십상이다. **플라스틱 보이**라는 별명으로 알려진 재활용 회사 테라사이클TerraCycle의 사장 톰 재키Tom Szaky는 복잡한 화합물을 재활용하겠다는 발언으로 유명해졌지만, 플라스틱 쓰레기를 불가리아 시멘트 공장에서 소각한다는 사실이 알려져 망신을 당했다.[107] 이러한 이야기는 절대 예외적인 사례가 아니다. 많은 국가의 인프라 시설은 재사용 목표율을 달성하기 위해 국제 재사용 네트워크에 크게 의존한다. 대중이 생각하는 환경 보호는 막연하다. 2018년 중국이 플라스틱 폐기물 수입을 금지하기 전까지 사람들은 미국, 독일 같은 다른 부유한 국가들이 플라스틱 폐기물을 세계 반대편에 가져가 어떻게 재활용하는지 알지 못했다. 국제적인 고물 무역망은 위기 상황에서야 주목을 받고, '제대로 운영되는' 인프라는 대중이 거의 알아차리지 못한다.[108]

국제 재활용 무역은 1970년대부터 크게 성장했으며, 오늘날에는 **대규모 사업**의 반열에 올랐다. 이러한 추세는 부유한 사회의 재활용이 시장 중심으로 이루어진다는 위의 발언에 모순되는 것은 아닐까? "재사용은 대개 개발도상국의 내국 무역, 즉 시장을 통해 통제되는 현상이다. 정부의 지원이 없어도 이는 스스로 확장하고 발전한다. 반대로 선진국의 재사용은 환경 보호를 토대로 삼으며, 대중의 의견과 정부의 개입이 전자보다 중요하다."[109] 하지만—이미 언급했듯—산업 폐기물 재활용은 가정 쓰레기 재활용과는 전혀 다르고, 이 설명에도 해당되지 않는다. 물건들을 살펴보고 분류한 다음 다시 가치를 평가하고 시장을 찾는다. 그렇지 않으면 이 모든 물건은 버려지는 것 말고 방도가 없다. 결국 환경에 대한 정치적 규제는 재활용 시장을 창출하고 형성한다.[110]

1970년대에 재활용의 '2차 세계화 물결'이 가능해진 것은 1960년대 후반 이후 세계적으로 경제적 관계가 깊어진 덕분이었다.[111] 수많은 생산 시설이 점차 동아시아로 이전되면서 운송량은 크게 증가했고, 더 확장된 시장은 공급과 수요의 유연한 조정이라는 철칙을 따랐다. 세계화, 새롭게 형성된 가치 사슬, 도시화의 심화로 전반적으로 물자가 부족해졌다.[112]

가장 활발하게 운영되는 국제 재활용 시장은—예전과 마찬가지로—고철 시장이다. 금속의 수요는 세계적으로 높지만, 많은 국가는 1차 생산으로는 이를 전부 충족할 수 없다. 특수한 예시로는 알루미늄이 있다. 알루미늄은 비교적 낮은 비중량 덕분에 운반하기 수월하고 재사용해도 손실이 적다(약 5~8%). 하지만 생산 과정은 굉장히 연료 집약적이어서 비용이 많이 든다.[113] 많은 지역에서 알루미늄의 재활용률은 90%가 넘는다. 이는 다른 금속에서는 거의 찾아볼 수 없는 높은 수치이다.[114] 하지만 모순이 있다. 알루미늄은 연료 집약적인 생산 과정과 독성 폐기물(적니Red Mud)때문에 오랜 시간 오염원으로 여겨졌지만, 오늘날에는 높은 재활용률로 인해 지속 가능한 금속으로 여겨진다.[115]

수많은 비금속과 마찬가지로 알루미늄 및 강철도 대규모 재활용 시장이 존재한다. 다른 금속들은 보통 이 정도로 규모가 크지 않은

데, 앞서 언급한 대로 기술 발전 때문에 물질적 복잡성이 증가한 탓이다. 전자 제품에 활용되는 각 금속의 양은 적지만, 주로 다른 금속과 함께—예를 들면 합금으로—쓰인다. 이러한 금속의 수요는 높지만, 합금을 다시 분리하는 것은 쉽지 않다. 전자 폐기물의 가장 큰 문제가 이것이다. 전자 기기 재사용의 수익이 높지 않으면 중국 구이위의 대규모 전자 폐기물 재활용 시장 같은 곳이 생겨날 수밖에 없다. 이러한 폐기물이 적절한 설비를 갖추지 못한 쓰레기장에 버려지는 경우도 흔하며, 쓰레기는 그곳에 사는 주민들의 건강을 위협한다.[116]

국제적으로 재활용이 활발한 또 다른 분야로는 1970년대에 크게 팽창한 폐지 무역을 꼽을 수 있다. 이 사례는 재활용 시장의 가격 책정 과정이 복잡하고, 폐지 생산과 재사용 가능성 사이의 빈틈이 있으며, 국제 무역만으로는 재사용을 촉진할 수 없다는 사실을 보여준다. 실제로 2차 원료의 공급과 수요는 많은 요소에 의해 결정된다. 일단 중요한 것은 수요와 1차 원료의 가격이다. 1차 원료의 가격이 높으면 폐지 수요는 늘어난다. 가공 및 준비 비용—특히 임금—도 중요하다. 환경 규제 또한 큰 영향을 미치는데, 이러한 규제가 결국에는 가공 비용을 상승시키기 때문이다. 가격에 영향을 미치는 요소가 많기 때문에 재활용 시장의 가격 변동은 클 수밖에 없다. 이는—위에서 언급했듯—일상적인 수거에도 영향을 미친다.[117]

1970년대와 1980년대의 2차 원료 무역은 주로 부유한 국가 위주로 이루어졌다. 이후에는 무역 시장이 크게 분화되었다. 비교적 천연 자원이 부족한 인도나 중국에서는 종이 수요가 컸다. 하지만—새로운 재활용 제도로 형성된—가정 쓰레기 수출이 활발해지자 부유한

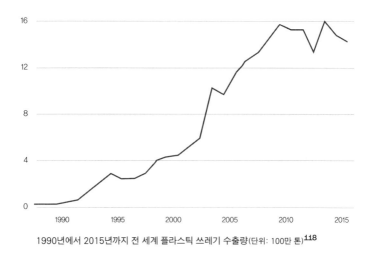

1990년에서 2015년까지 전 세계 플라스틱 쓰레기 수출량(단위: 100만 톤)[118]

국가와 개발도상국 사이의 국제 무역이 강화되었다. 특히 1990년대부터는 플라스틱 폐기물 수출이 급격하게 증가했다. 앞서 언급했듯, 2018년에 중국이 폐기물 수입을 금지하기 전까지 이러한 무역의 흐름 중 큰 줄기는 여러 동아시아 국가로 향했다.

이것만으로 전 세계의 재활용을 전부 설명할 수는 없다. 국제 중고 직물 시장이나 선박 분해와 관련된 복잡한 가치 사슬 등, 언급하지 못한 이야기가 많다.[119] 2차 세계 대전 이후 많은 분야에서 재활용 기술은 복잡해졌고, 이는 2차 원료를 거래하는 수많은 시장을 창출했다. 화학 산업에서는 1920년대에 '재활용'이라는 용어가 생겨나면서 부산물을 활용하는 다양한 방법이 발명되었다.[120] 1950년대부터는 생화학 지식이 발전하면서 앞서 언급한 장내 점막 활용 등 동물 사체를 완전히 재사용할 수 있게 되었다.[121] 그야말로 유례 없는 수준의 발전이다.

하지만 재활용이 늘 친환경적인 것은 아니다. 이 점은 이미 19세기 후반 공장의 재사용 분야에서 문제가 된 바 있다. 재사용은 기업의 비용을 절약하는 데에는 한 몫 하지만, 도시 환경 오염 수준을 낮추는 데에는 별 도움이 되지 않았다.[122] 니키 그레그슨Nicky Gregson 과 동료 운동가들이 꼬집었듯, 순환 경제는 최첨단에 깨끗하고 친환경적이기보다는 '지저분하고' 환경을 오염시키는 경우가 많다.[123] 국제 재활용 시장 때문에 무역과 폐기물 처리를 명확히 구분하기는 어려워졌다. '재활용'이라고 명시된 것은 단순히 위장에 지나지 않고 실제로는 독성 물질로 수출되는 사례도 허다하다. 재활용은 불법적이고 환경 파괴적인 행동을 은폐할 다양한 기회를 제공한다.

에필로그: 바다로 밀어낸 쓰레기

†
쓰레기를 넣으면 쓰레기가 나오기 마련이다.
─속담

바다를 떠돌아다니는 플라스틱 폐기물이 대중에게 알려지게 된 계기를 꼽기는 쉽지 않다. 작가 올더스 헉슬리─디스토피아 소설인 『멋진 신세계』로 잘 알려져 있다─는 1960년대 초에 있었던 경험담을 기록했다. 그는 1938년 토마스 만Thomas Mann과 함께 산타모니카의 해변을 걷고 있었다. 셰익스피어를 주제로 대화에 몰두하던 중, 죽은 애벌레같이 생긴 허여멀건 무언가가 해변 곳곳에 널브러져 있는 것을 발견했다. 로스앤젤레스 하이페리온 해변으로 연결되는 하수관을 따라 해변으로 밀려온 버려진 콘돔이었다.[1] 이는 플라스틱 쓰레기가 일으킨 해양 오염을 다룬 초기 기록 중 하나이다. 사회역사학적인 관점에서도 이 경험담은 상당히 흥미롭다. 사람들은 사용한 콘돔을 쓰레기통이 아닌 변기에 버렸는데, 흔적을 남기지 않기 때문이었을 것이다.

1960년대 후반 이후 해양 플라스틱 폐기물은 다양한 분야에서 문제로 떠올랐다. 1969년 노르웨이 실험고고학자인 토르 헤위에르달Thor Heyerdahl은 직접 만든 카약을 타고 태평양을 가로질렀다. 특히 그의 눈에 띈 것은 바다를 떠돌아다니는 수많은 플라스틱 쓰레기였다. 당장 15년 전까지만 해도 없던 것들이었다.[2] 그 뒤로도 비슷한 보고는 수없이 쏟아졌다. 생물학자 시어도어 머렐Theodore Merell은 1970년대 초반에 하와이 서쪽 한 무인도 해변에서 플라스틱 쓰레기를 발견했다. 일본의 해안가에서 바다로 유입된 뒤, 1000km가 넘는 거리를 떠돌아다니다 이곳에 밀려온 것이었다.[3]

오랫동안 플라스틱은 바다에 떨어진 다른 폐기물에 비하면 사소한 문제로 여겨졌다. 1973년에는 해양 환경 보호를 위한 마폴 협약 Marpol Agreement이 비준되었는데, 특히 해양에 배출되는 위험 폐기물을 감소시키는 것에 초점을 맞추었다.[4] 영국은 1960년대부터 원자력 발전소에서 발생한 방사능 폐기물을 아일랜드 바다에 버렸고, 이 쓰레기는 종종 어부들의 그물에 걸려 올라오곤 했다. 소비에트 연방은 **북극해를 쓰레기 하치장**으로 취급했고, 다른 바다도 죽음의 해역으로 만들었다.[5] 1980년대부터는 그린피스가 원자력 및 화학 폐기물 투기를 반대하는 캠페인을 벌여 대중의 이목을 끌었다. 1970년대부터는 해양 보호를 위한 국제회의도 생겨나기 시작했다.[6] 실제로 1980년대에 이르자 위험 폐기물을 해양에 투기하는 행위의 많은 부분을 규제할 수 있게 되었다. 하지만 바다의 엄청난 규모를 생각하면 완벽한 규제는 불가능에 가깝다.

바다에 떨어지는 '일반적인' 쓰레기는 사정이 조금 다르다. 이 부분에서는 규제가 이루어졌다고 말하기는 힘들다. 오히려 플라스틱 폐기물의 양은 1970년대부터 계속해서 증가하고 있다. 이러한 문제는 1980년대 말 새로운 국면을 맞았다. 처음으로 응집된 거대 폐기물—흔히 쓰레기 섬이라고 불리는—이 위성 사진에 포착된 것이다. 1997년 해양학자 찰스 J. 무어Charles J. Moore는 해양의 응집 폐기물에 대한 관심을 이끌어냈고, 이곳은 이후 **태평양 위의 거대 쓰레기 섬** Great Pacific Garbage Patch, GPGP이라는 이름으로 알려지게 되었다.[7] 대부분 플라스틱으로 이루어진 이 쓰레기 섬은 말 그대로 빙산의 일각에 불과하다. 시간이 지나고 미생물들이 플라스틱에 자리를 잡으면, 섬은 점차 허물어져 바닷속으로 침몰한다. 수면 위를 떠돌아다니는 쓰레기는 전체 쓰레기 중 5분의 1에 불과하다. 현재 바다 위에서 총 5개의 거대 쓰레기 섬이 발견되었다.

　　방사성 혹은 화학 폐기물 투기와 플라스틱 쓰레기 투기 사이에는 분명 차이가 있다. 전자를 바다에 처리하는 것은 위험하고, 불법이며, 환경을 오염시킨다. 하지만 이 모든 과정은 **의도적**으로 진행된다. 반면 오늘날 바다를 떠돌아다니는 쓰레기 대부분은 어쩌다 보니 그곳에 도달한 것이다. 선박에서 나오는 폐기물—특히 어선—도 물론 여기에 한 몫을 한다. 이 부분은 규모의 경제가 국제 어업에 얼마나 큰 영향을 끼치는지 보여준다. 하지만 바닷속 쓰레기 중 60%는 결국 관리에 실패한 쓰레기, 즉 적절하게 수거되거나 처리되지 못한 쓰레기이다. 소비에서 발생한 잔여물을 처리하는 데 따르는 어려움이 가져온 결과이다. 특히 1990년대 이후 쓰레기 증가 규모가 이를 증명한다.

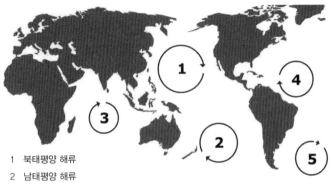

5개의 대규모 해류

1 북태평양 해류
2 남태평양 해류
3 인도양 해류
4 북대서양 해류
5 남대서양 해류

바다의 '쓰레기 섬'[8]

사람들은 오랫동안 쓰레기 문제를 기술의 발전으로 해결할 수 있을 것이라 믿었다. 특히 1980년대에 거셌던 환경 관련 시위에는 서구권에서 이 모든 걸 해결할 기술을 발명할 것이라는 낙관주의가 깔려 있었다. 이런 흐름에 반기를 든 몇몇 환경 운동가들은 비난을 받았다. 하지만 바다의 쓰레기는 이러한 희망을 짓밟았다. 소비 사회에 대한 프로이트적 해석의 전형적인 예시였다. 사람들은 쓰레기를 수거하고, 처리하고, 묻고, 태우지만, 결국 쓰레기를 완전히 떨쳐버릴 수는 없다. 결국 쓰레기는 토양과 수질 오염, 쓰레기 섬이라는 형태로 다시 돌아온다. 이러한 결론이 우리의 경험과 완전히 일치하지는 않을 수도 있다. 결국 바닷속 쓰레기는 쓰레기를 '밀어내는' 데에 실패한 결

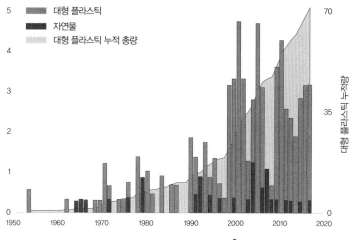

대형 플라스틱
자연물
대형 플라스틱 누적 총량

1950년대 이후 바다에 유입된 플라스틱 양의 증가 추이[9]

과이다. 말하자면 사람들은 대체로 자신의 소비에서 비롯된 폐기물을 적절하게 처리하지 못하고 있다.

그렇다면 다른 대안은 있는 걸까? 이를 개선하려면 어떻게 해야 할까? 여기에는 두 가지 방법이 있다. 첫 번째로, 수거 및 처리 인프라를 개선해 쓰레기로 인한 환경 오염을 줄이는 것이다. 이미 기술은 존재한다. 하지만 적합한 처리 인프라 건설에는 굉장히 많은 비용이 들며, 일부 지역은 이 조건을 충족할 수조차 없다. 특히 대도시는 당장 눈앞의 쓰레기를 처리하는 것만 해도 벅차다. '공식' 도시와 기본적인 쓰레기 수거 시스템이 없는 '비공식' 도시의 차이 때문만은 아니다. 교통 인프라나 몇 km에 달하는 교통 정체 또한 쓰레기 처리를 가로막는다. 수거 차량과 쓰레기통은 인프라의 전부가 아니다. 도시의 구조와 당국의 권한 또한 큰 영향을 미친다.

오래된 문제이지만 이를 개선하는 것은 쉬운 일이 아니다. 한 가지 주요한 이유는 2차 세계 대전 이후 나타난 세계적인 도시화 현상이다. 도시가 지나치게 빠르게 성장하다 보면 적절한 인프라 시설을 마련하기가 쉽지 않다. 1970년대 이후에는 수거 및 처리를 개선하기 위한 여러 조치가 시행되었고, 다양한 국제 조직이 보조금을 이용해 여기에 참여하고 있다. 하지만 많은 지역에서 문제가 개선되었다 해도 아직은 갈 길이 멀다. 인프라 시설이 도시 성장 속도에 발맞출 수 있게 되면 사실상 승리한 것이나 다름없다. 물론 이조차도 아직은 먼 일이다.

개선하려는 시도는 중요하고 환영할 만하지만, 여전히 만족스럽지는 않다. 여기에도 이러한 노력이—재활용에서와 마찬가지로—문제의 뿌리를 뽑기보다는 당장의 상황을 누그러뜨리려고만 한다는 비판이 존재한다. 우리가 소비하고 버리는 방식 자체를 근본적으로 바꿔야 한다고 말이다. 이 책은 쓰레기를 줄이는 법을 조언하려는 책이 아니다. 이에 대해서는 더 뛰어난 전문가들이 있다. 이 책의 목표는 쓰레기의 역사를 통해 교훈을 얻고, 문제를 정확히 파악하고, 해결 방안을 찾는 데 도움을 주는 것이다.

수많은 논문이 생활 방식을 바꾸어 쓰레기를 줄이는 다양한 방법을 제시한다. 하지만 결과는 좋지 않다. 그렇게 줄일 수 있는 양은—삶의 방식을 완전히 뒤바꾸지 않는 선에서—약 20% 정도로, 이 20%를 위해 일상 속에서 더 많은 주의를 기울여야 하고, 더 많은 제한을 받아들여야 한다.[10] 이 점은 내가 이 책에서 하고 싶었던 이야기를 증명한다. 결국 생산되는 쓰레기의 종류를 결정하는 것은 경제이다. 어떤 재화를 생산하고, 이것을 어떻게 거래하고, 이것이 어떤 방식으로 우리의 손에 쥐여지는지는 결국 경제가 규정한다. 이 책은 물론 쓰레기 없애는 법을 호소하는 연설문이 아니다! 하지만—쓰레기 양을 줄일 방법이 생긴다 하더라도—소비자를 교육하는 것만으로는 문제를 해결할 수 없다. 좀 더 근본적인 문제에 접근해야 한다.

때로는 과거의 관습에서 해결책을 찾아야 한다는 주장이 나온다. 현대의 사람들에게서 잊혔지만, 전근대의 지속 가능한 지식을 다시 활용해야 한다는 것이다. 실제로 전근대에는 수리, 개조, 재활용이 활발하게 이루어졌다. 하지만 그 시절에는 전혀 다른 경제 체제가 존재했고, 물자 부족이 심각했으며, 재화의 종류가 날랐고, 재화는 수로 수공예 기술로 생산되었다. 우리는 절대 다시 그 시절로 돌아갈 수 없다. 그리고 이러한 관습이 경제 체계와 얽혀 있는 한, 전근대의 지속 가능한 지식으로 우리의 쓰레기 문제를 해결할 수 있을 것이라는 믿음은 통하지 않는다.

이 점을 고려하지 않으면 쉽게 함정에 빠질 수 있다. 과거에는 모든 것을 수리하고 재활용했지만, 오늘날의 사람들은 물건을 너무 쉽게 버린다는 흔한 이야기가 그렇다. 19세기에 이르자 전근대 시기에 재활용을 가로막았던 수많은 걸림돌이 해결되었다. 오늘날에도 여전히 다양한 수리, 유지 보수 방식이 있고, 많은 물질이 거래되는 국제적인 재활용 시장도 잊어서는 안 된다.

문제는 효율성 증가에 집중하느라 어쩔 수 없이 포장에 의존하고, '수리'할 필요가 없는 물건을 끊임없이 생산해내는 경제 체계이다.

오늘날의 경제 체계는 점점 더 복잡해져가는 물질을 통해 다양한 방면으로 환경을 오염시킨다. 이는 재활용이 환경 보호가 아닌 이유이다. 물건을 운송하면 이산화탄소를 배출하고, 고물을 처리하는 과정에서는 썩지도 않고, 물질의 순환 고리 속에 다시 끼워 넣기도 힘든 수많은 화학 물질과 폐기물이 생산된다.

이러한 체계가 비판을 받는 데는 그럴 만한 이유가 있으며, 이는 실제 문제가 무엇인지를 보여준다. 많은 쓰레기는 이득을 의미한다. 수많은 재화를 대량 생산하고, 저렴한 가격에 손쉽게 이득을 얻는 과정 뒤에는 쓰레기가 존재한다. 쓰레기는 우리의 일상을 간편하게 만들고, 시간과 노동을 덜어준다. 현대의 운송 체계는 우리와 관련 없는 일이 아닌, 우리의 행동을 바꾸는 주요한 요소이다. 물건을 택배로 받고, 패스트푸드를 먹는 것은 곧 끊이지 않고, 편안하고, 빠른 소비를 의미한다. 이렇게 우리는 거대 국제 쓰레기 공장의 공범이 된다. 물류 운송 체계는—적어도 세계 일부 지역에서는—몇십 년 만에 몇백 년간 지속되던 물자 부족이라는 짐을 털어버릴 수 있게 만든 결정적인 요인이었다.

공급 부족이라는 문제가 사라지면서 새로운 부족이 드러났다. 파괴되지 않은 자연, 깨끗한 바다, 환경 오염이나 사람과 동물의 건강을 해치지 않고 쓰레기를 처리하기 위한 땅의 수용력이 대표적이다. 플라스틱 쓰레기가 증가하면서 해양 오염은 시급한 문제로 떠올랐다. 단순한 해결법이나 기술 발전만으로는 이를 바꿀 수 없다. 물론 언젠가는 환경을 오염시키지 않는 플라스틱 재사용 기술 같은 것이 발명될 것이다. 하지만 그게 정확히 언제일지는 아무도 알 수 없다. 쓰레

기 양을 근본적으로 감소시키는 것은—적어도 현재 기술 수준에서는
—일상을 비싸고, 느리고, 불편하게 만들 것이다. 값비싼 식료품을 감
당할 수 없는 빈곤층에게도 마찬가지이다.

그럼에도 불구하고, 이러한 논의는 필요하다. 우리는 쓰레기가
우리 자신에게, 일상과 삶에 얼마나 깊이 뿌리를 내렸는지 정확히 알
아야 한다. 과거의 방법으로는 오늘날 쓰레기를 감소시킬 수 없다는
점을 확실히 알아야 한다. 이러한 깨달음만으로도 큰 걸음을 내디딘
것이라 생각한다.

S. 인용 쪽수, Bd. (시리즈로 된 책의) 권, Hg. 편집, Ebd. (위와) 같은 출처, dies. 같은 저자

들어가는 말

1. John E. Young, "Reducing Waste, Saving Materials", L. R. Brown u. a. (Hg.), *State of the World, 1991: A Worldwatch Institute Report on Progress Toward a Sustainable Society*, New York 1991, S. 40–55, 44.

2. William Rathje, Cullen Murphy, *Rubbish! The Archaeology of Garbage*, New York 1992.

3. Riccardo Mayer / Shutterstock. https://www.shutterstock.com/image-photo/three-african-street-kids-standing-steaming-2243177643

4. https://www.spektrum.de/news/plastikmuell-jeden-tag-das-gewicht-von-100-eiffel-tuermen/1990567?utm_source=pocket-newtab-global-de-DE (접속 일자: 25.2.2022).

5. Silpa Kasa u. a., *What a Waste 2.0. A Global Snapshot of Solid Waste Management to 2050*, Washington 2018, S. 17.

6. Ebd., S. 17.

7. Kapil Dev Sharma, Siddharth Jain, "Municipal solid waste generation, composition, and management: the global scenario", *Social Responsibility Journal* 16,6 (2020), S. 917–948.

8. Marco Armiero, *L'era degli scarti. Cronache dal Wasteocene, la discarica globale*, Turin 2021.

9. Heather R. Perry, *Recycling the Disabled. Army, medicine, and modernity in WWI Germany*, Manchester 2014.

10. Jacob Doherty, *Waste Worlds. Inhabiting Kampala's Infrastructures of Disposability*, Berkeley 2021, S. 6.

11. Richard Girling, *Rubbish! Dirt On Our Hands And Crisis Ahead*, London 2005.

12. 쓰레기의 존재는 사회가 무언가를 배제하고 포용하는 방식을 보여주는 동시에 불안을 가져왔다. 하지만 쓰레기 자체만으로도 관심을 끌 수 있었을까? 그리고 이것이 단순히 사회적 행동에 불과하다면 이 모든 것을 어떻게 실질적으로 검증할 수 있겠는가?

13. Sabine Barles, *L'invention des déchets urbains. France: 1790-1970*, Seyssel 2005, S. 9.

14. 진정한 고전은 이 책이다. Mary Douglas, *Purity and Danger: An analysis of concept of pollution and taboo*, London, New York 2002 (1966). John Scanlan의 책도 참조하라. 그에게 '쓰레기'는 확실한 논리의 영역을 정하는 데 도움이 되는 차별화 작업이지만, 동시에 쓰레기는 그 자체로도 삶을 가지고 있다. John Scanlan, *On Garbage*, London 2005. 주로 우리가 폐기물과 맺는 관계를 살피는 책은 다음과 같다. Gay Hawkins, *The Ethics of Waste. How we relate to Rubbish*, Lanham, Maryland 2006. 마이클 톰슨[Michael Thompson]은 쓰레기가 사회 내에서 구분을 짓고 결국에는 가치의 변화를 가시적으로 만들기 위해 필요하다고 이야기했다. Michael Thompson, *Rubbish Theory. The Creation and Destruction of Value*, London 2017 (1979). 이에 대한 논의는 다음 책에서 찾아볼 수 있다. Tim Cooper, "Recycling Modernity: Waste and Environmental History". *History Compass* 8/9 (2010), S. 1114–1125.

15. Susan Strasser, *Waste and Want. A Social History of Trash*, New York 1999, S. 21–67.

16. Annette Kehnel, *Wir konnten auch anders. Eine kurze Geschichte der Nachhaltigkeit*, München 2021.

17. Georges Bataille, *Das obszöne Werk*, Reinbek b. Hamburg 1977, S. 59.

18. 게이 호킨스[Gay Hawkins]의 멋진 연구와 더불어 나는 여기에서 과도한 소비 증가가 '낭비 습관'을 온전히 바꾸었다고 주장하고자 한다. 다음을 참조하라. Hawkins, *The Ethics of Waste*, S. 27.

19. 이 문장의 표현은 다음에서 발췌했다. Manfred Sommer, Sammeln. *Ein philosophischer Versuch*, Frankfurt/M. 1999.

20. Hardin, "Garbage In, Garbage Out". *Social Research* 65,1 (198), S. 10 f.

21. 이러한 해석은 다음을 참조하라. Franck Aggeri, *From waste to urban mines: a historical perspective on the circular economy Field Actions Science Reports*, Institut Veolia, 2021, *Industry and Waste: toward a Circular Economy*, S. 10-13.

1장

1. William L. Rathje, "The History of Garbage". *Garbage. The Practical Journal of the Environment* 11 (1990), S. 32-39, 33.

2. 엄밀히 말하면 사실이 아니다. 이집트 학자인 베리 켐프[Barry Kemp]는 도굴을 '재활용'으로 지칭했다. 부장품은 쓸모없는 것도, 버려진 것도 아니었다. 그렇기 때문에 엄밀히 말하면 이는 절도에 해당된다.

3. Ulrike Sommer, "Dirt theory, or archaeological sites seen as rubbish heaps". *Journal of Theoretical Archaeology* 1 (1990), S. 47-60.

4. Nicolas Lyon-Caen, Raphaël Morera, *À vos poubelles citoyens! Environnement urbain, salubrité publique et investissement civique (Paris, XVIe-XVIIIe siècle)*, Paris 2020, S. 27 f.

5. Ian Douglas, *Cities. An Environmental History*, London 2012, S. 157.

6. Stefanie Jacomet, Christoph Brombacher, "Abfälle und Kuhfladen: Leben im neolithischen Dorf. Zu Forschungsergebnissen, Methoden und zukünftigen Forschungsstrategien archäobotanischer Untersuchungen von neolithischen Seeufer- und Moorsiedlungen". *Jahrbuch der Schweizerischen Gesellschaft für Ur- und Frühgeschichte* 88 (2005), S. 7-39.

7. Tania Hardy-Smith, Phillip C. Edwards, "The Garbage Crisis in prehistory: artefact discard patterns at the Early Natufian site of Wadi Hammeh 27 and the origins of household refuse disposal strategies". *Journal of Anthropological Archaeology* 23 (2004), S. 253-289.

8. 두엄 더미는 실제로 세계적으로 존재했으며, 일본에서도 찾아볼 수 있다. 다음을 참조하라. James L. Huffman, *Japan in World History*, Oxford 2010, S. 6.

9. Heinrich Erhard, *Aus der Geschichte der Städtereinigung*, Stuttgart 1954, S. 6.

10. Stella Macheridis, *Waste management, animals and society. A social zooarchaeological study of Bronze Age Asine*, Lund 2018, S. 94 f., 119 f.

11. William E. Doolittle, "Gardens are us, we are Nature: Transcending Antiquity and Modernity". *Geographical Review* 94 (2004), S. 391-404, 392.

12. Wendy Matthews, "Humans and fire: Changing relations in early agricultural and built environments in the Zagros, Iran, Iraq". *The Anthropocene review* 3,2 (2016), S. 107-139.

13. Brian Fagan, *Fishing. How the Sea Fed Civilization*, Yale 2017, S. 15.

14. Greger Larson u. a., "Current Views on Sus phylogeography and pig domestication as seen through modern mDNA studies", Umberto Albarell, Keith Dobney, Anton Ervynck, Peter Rowley-Conwy (Hg.), *Pigs and Humans: 10,000 Years of Interaction*, Oxford 2007, S. 30-41, 31 f. 참조.

15. 중국과 미 대륙의 경우. Marion Schwartz, *A History of Dogs in the early Americas*, New Haven, London 1997, S. 62. 참조.

16. Larson u. a., "Current Views on Sus phylogeography and pig domestication as seen through modern mDNA studies", S. 30 f. 그리고 Max Price, Hitomo Hongo, "The Archaeology of Pig Domestication in Eurasia". *Journal of Archaeological Research* 28 (2020), S. 557-615, 576.

17. Brian Lander, Mindi Schneider, Katherine Brunson, "A History of Pigs in China: From Curious

Omnivores to Industrial Pork". *The Journal of Asian studies* 79,4 (2020), S. 865–889, 868.

18. Ningning Dong, Jing Yuan, "Rethinking pig domestication in China: regional trajectories in central China and the lower Yangtse Valley". *Antiquity* 94 (2020), S. 864–879. 참조.

19. Wilson J. Warren, *Meat Makes People Powerful. A Global History of the Modern Era*, Iowa City 2018, S. 30.

20. Vaclav Smil, *Energy and Civilization. A History*, Cambridge/Mass. 2017, S. 66–76.

21. Caroline Grigson, "Culture, ecology, and pigs from the 5th to the 3rd millennium BC around the Fertile Crescent", Albarell u. a., *Pigs and Humans: 10,000 Years of Interaction*, S. 83–108, 99.

22. Price, Hongo, "The Archaeology of Pig Domestication in Eurasia", S. 561–564.Joseph L. Anderson, *Capitalist Pigs. Pigs, Pork, and Power in America*, Morgantown 2019, S. 7–10.

23. Umberto Albarell u. a., "Introduction", Albarell u. a., *Pigs and Humans: 10,000 Years of Interaction*, S. 1–12, 5.

24. 돼지를 터부시하는 행위를 설명하는 다양한 이론에 대해서는 Max D. Price, *Evolution of a Taboo. Pigs and People in the Ancient Near East*, Oxford 2020, S. 92–115. 참조. Douglas, *Purity and Danger*, S. 51–71 또한 참조하라.

25. Rob Meens, "Eating Animals in the Early Middle Ages: Classifying the Animal World and Building Group Identities", Angela N. H. Creager, William Chester Jordan (Hg.), *The Animal/ Human Boundary: Historical Perspectives*, Rochester 2002, S. 3–28, 12 f. 참조.

26. 이 문제에 대한 포괄적인 설명은 Price, *Evolution of a Taboo*. 그리고 Michel Pastoureau, *Le roi tué par un cochon. Une mort infâme aux origines des emblèmes de la France?*, Paris 2018, S. 87–89. 참조.

27. Albarell u. a., "Introduction", S. 6.

28. Price, *Evolution of a Taboo*, S. 172–194. 참조.

29. 마다가스카르는 (인도와 더불어) 종교적인 이유로 인분을 비료로 사용하지 않은 지역 중 하나이다. Tasha Rijke Epstein, "The Politics of Filth: Sanitation, Work, and Competing Moralities in Urban Madagascar 1890s–1977". *Journal of African History* 60,2 (2019), S. 229–256, 237.

30. Macheridis, *Waste management, animals and society*, S. 116–132.

31. Juliet Clutton-Brock, *A Natural History of Domesticated Animals*, Cambridge 1999, S. 186 f.

32. Ian Morris, *Wer regiert die Welt? Warum Zivilisationen herrschen oder beherrscht werden*, Frankfurt/M. 2011, S. 93–96.

33. Jared Diamond, *Guns, Germs and Steel. The Fates of Human Societies*, New York 1997.

34. 동물과의 공생에 대한 논쟁은 Eric L. Jones, *The European Miracle. Environments, Economies, and Geopolitics in the History of Europe and Asia*, Cambridge 20033, S. 9 f.를 참조하라. 전염병학은 시베리아 식민지화에도 주요한 역할을 했다. Donald Ostrowski, *Russian in the Early Modern World. The Continuity of Change*, Lanham 2022, S. 69. 참조.

35. Sarah Hill, "Making garbage, making land, making cities: A global history of waste in and out of place". *Global Environment* 9,1 (2016), S. 166–195, 169 f.

36. Rafał Szmytka, "Pollution in Early Modern Krakow", Adam Izdebski, Rafał Szmytka (Hg.), Krakow. *An Ecobiography*, Pittsburgh 2021, S. 108–131, 110.

37. Lukas Thommen, *Umweltgeschichte der Antike*, München 2009, S. 113; Paolo Cutolo, *Breve storia della Monnezza a Napoli*, Neapel 2014, S. 32; Günther E. Thüry, *Müll und Marmorsäulen, Siedlungshygiene in der römischen Antike*, Mainz 2001, S. 24 f.

38. Travis W. Stanton, M. Kathryn Brown, Jonathan B. Pagliaro, "Garbage of the Gods? Squatters, Refuse Disposal, and Termination Rituals among the Ancient Maya". *Latin American Antiquity* 19,3 (2008), S. 227–247, 228–231; Thüry, *Müll und Marmorsäulen*, S. 33; Martin Medina, *The World's Scavengers*: Salvaging for Sustainable Consumption and Production$, Lanham 2007, S.

22 f.

39. Ben Wilson, *Metropolis. A History of Humankinds Greatest Invention*, London 2020, S. 44 f.

40. E. J. Owens, "The Koprologoi at Athens in the Fifth and Fourth Centuries B. C.". *Classical Quarterly* 33,1 (1983), S. 44–50; Douglas, *Cities*, S. 158; Medina, *The World's Scavengers*, S. 19 f.

41. Clive Ponting, *A Green History of the World. The Environment and the Collapse of Civilizations*, New York 1991, S. 226.

42. Michael Jansen, "Water supply and sewage disposal at Mohenjo–Daro". *World Archaeology* 21,2 (1989), S. 177–192.

43. Wilson, *Metropolis*, S. 44 f.

2장

1. Graeme Wynn, "Foreword", in Jamie Benidickson, *The Culture of Flushing: A Social and Legal History of Sewage*, Vancouver 2007, S. vii–xxii, xxii 인용.

2. Jarrett A. Lobell, "Trash Talks". *Archaeology* 62,2 (2009), S. 20–25.

3. Emilio Rodriguez Almeida, *Il Monte Testaccio: ambiente, storia, materiali*, Rom 1984.

4. www.flickriver.com.

5. Paul M. Hohenberg, Lynn Hollen Lees, *The Making of Urban Europe 1000-1994*, Cambridge/Mass. 1999, S. 84; Paul Bairoch, Gary Goertz, "Factors of Urbanisation in the Nineteenth Century Developed Countries: A Descriptive and Econometric Analysis". *Urban Studies* 23,4 (1986), S. 285–305, 286. 참조.

6. 주로 오물의 상층부가 먼저 밭에 뿌려졌지만, 사실은 아래쪽 오물이 더 좋은 비료였고 감염 위험도도 적었다. Miriam Gross, *Farewell to the God of Plague. Chairman Mao's Campaign to Deworm China*, Oakland 2016, S. 125. 참조.

7. https://ourworldindata.org/urbanization.

8. Martin V. Melosi, "The Place of the City in Environmental History". *Environmental history review* 17,1 (1993), S. 1–23; "Humans, Cities, and Nature. How Do Cities Fit in the Material World". *Journal of Urban History* 36,1 (2010), S. 3–21.

9. 이 문제에 대해서는 다음을 참조하라. Joachim Radkau, *Natur und Macht. Eine Weltgeschichte der Umwelt*, München 2000, S. 11–51.

10. Jan de Vries, *European Urbanization, 1500–1800*, Cambridge/Mass 1984, S. 179–182. 일본의 사례에 대해서는 다음을 참조하라. Totman, *Japan. An Environmental History*, London, New York 2014, S. 164; Donald Filtzer, *The Hazards of Urban Life in Late Stalinist Russia: Health, hygiene, and living standards*, 1943–1953, Cambridge 2010, S. 260 f. 오랜 시간동안 도시 내 기대 수명이 시골에 비해 높았던 중국은 예외로 여겨진다. Wilson, *Metropolis*, S. 154. 참조.

11. Lewis Mumford, "What is a city?" *Architectural Record* 82 (1937), S. 93–96, 93.

12. Dolly Jørgensen, "'All Good Rule of the Citee': Sanitation and Civic Government in England, 1400–1600". *Journal of Urban History* 36,3 (2010), S. 301–315, 303 f.

13. J. Theodore Peña, "Recycling in the Roman World. Concepts, Questions, Materials, and Organization", Chloë N. Duckworth, Andrew Wilson (Hg.), *Recycling and Reuse in the Roman Economy*, Oxford 2020, S. 9–58, 20.

14. Szmytka, *Pollution in Early Modern Krakow*, S. 121, 123.

15. Ebd., S. 125, 그리고 Alexander M. Martin, *Enlightened Metropolis: Constructing Imperial Moscow, 1762-1855*, Oxford 2013, S. 45.

16. John Henderson, "Public Health, Pollution and the Problem of Waste Disposal", Simonetta

Cavaciocchi (Hg.), *Le interazioni fra economia e ambiente biologico nell'Europa preindustriale Secc. XIII-XVIII*, Florenz 2010, S. 373–382, 379.

17. Ronald Edward Zupko, Robert Anthony Laures, *Straws in the Wind. Medieval Urban Environmental Law-The Case of Northern Italy*, Boulder/Colorado 1996, S. 52.

18. 이는 쓰레기 용어의 역사 연구가 활발하게 이루어지지 않기 때문이기도 하다. Ansgar Schanbacher, "Eine der nöthigsten und wichtigsten Polizey–Anstalten': Abfälle und ihre Entsorgung in der frühneuzeitlichen Stadt", *Zeitschrift für Historische Forschung* 48,3 (2021), S. 437–473, 442–445. 참조.

19. 이러한 이유로 로마의 변소는 하수도와 연결되어 있는 경우도 많았다. Ann Olga Koloski–Ostrow, *The Archaeology of Sanitation in Roman Italy: Toilets, Sewers and Water Systems*, Chapel Hill 2015, S. 27.

20. 건설된 환경에 기후가 미치는 영향에 대해서는 연구가 더 필요하다. 반면 로마 제국과 중세 프랑스 지역에 한해서는 많이 진척된 편이다. Miko Flohr, "Hilltops, heat and precipitation: Roman urban life and the natural environment", *Urban Space and Urban His tory in the Roman World*, Milton Park 2021, S. 66–85. 그리고 Jean–Pierre Leguay, *La rue au Moyen Age*, Paris 1984, S. 39 f. 또한 하퍼[Harper]는 부유한 가정이 대개 높은 지대에 위치해 있어 하수 처리에 비교적 어려움을 겪지 않았을 것이라 주장한다. Kyle Harper, *Fatum. Das Klima und der Untergang des Römischen Reiches*, München 2020, S. 127 f.

21. Gregory S. Aldrete, *Daily Life in the Roman City. Rome, Pompeii, and Ostia*, Westport (Conn), London 2004, S. 34 f.

22. Noyan Dinçkal, *Istanbul und das Wasser: Zur Geschichte der Wasserversorgung und Abwasserentsorgung von der Mitte des 19. Jahrhunderts bis 1966*, München 2004, S. 59 f.

23. Steven T. Rosenthal, *The Politics of Dependency: Urban Reform in Istanbul*, Westport/Connecticut 1980, S. 188.

24. Michael Zeheter, *Epidemics, Empire, and Environments: Cholera in Madras and Quebec City, 1818-1910*, Pittsburgh 2015, S. 161. 그리고 Daniel R. Headrick, *The Tentacles of Progress: Technology Transfer in the Age of Imperialism, 1850-1940*, Oxford 1988, S. 154.

25. Richard Wines, *Fertilizer in America: From Waste Recycling to Resource Exploitation*, Philadelphia 1985.

26. Angela Chi Ke Leung, "Hygiène et santé publique dans la Chine pré–moderne", Patrice Bourdelais (Hg.), *Les hygiénistes. Enjeux, modèles et pratiques (XVIIIe-XXe siècles)*, Paris 2001, S. 343–371, 351 f.

27. Catherine de Silguy, *Histoire des Hommes et de leurs Ordures*, Paris 2009, S. 33; Douglas, *Cities*, S. 160; Stéphane Frioux, *Les Batailles de l'hygiène. Villes et environnement de Pasteur aux Trente Glorieuses*, Paris 2013, S. 51.

28. Steven H. Corey, "Gone and Unlamented. Citizen Activism, Ocean Dumping, and Incineration in New York City, 1876–1998", Carl A. Zimring, Steven H. Corey (Hg.), *Coastal Metropolis. Environmental Histories of Modern New York City*, Pittsburgh 2022, S. 146–168, 156. 그리고 Martin V. Melosi, *Fresh Kills: A History of Consuming and Discarding in New York City*, New York 2020.

29. Harold L. Platt, *Shock Cities: The Environmental Transformation and Reform of Manchester and Chicago*, London 2005, S. 378.

30. Théophane Ayigbédé, *Déchets solides ménagers et risques environnementaux au Bénin. Pratiques d'acteurs, inégalités socio-spatiales et gouvernance urbaine à Porto-Novo*, Paris 2016, S. 44 f.

31. Leguay, *La Rue au Moyen Age*, S. 86 f.

32. Fernand Braudel, *Sozialgeschichte des 15.-18. Jahrhunderts. Bd. 1: Der Alltag*, München 1990, S. 305.

33. Alon Tal, *Pollution in a Promised Land. An Environmental History of Israel*, Berkeley 2002, S. 247. 참조.

34. Jean—Pierre Leguay, *La pollution au Moyen Age dans le royaume de France et dans les grands fiefs*, Paris 1999, S. 40.

35. Jonathan M. Bloom, "Walled Cities in Islamic North Africa and Egypt with particular reference to the Fatimids (909–1171)", James D. Tracy (Hg.), *City Walls. The Urban Enceinte in a Global perspective*, Cambridge 2000, S. 210–246, 236–246.

36. Braudel, *Sozialgeschichte des 15.-18. Jahrhunderts. Bd. 1*, S. 536–538.

37. Vijay Prashad, *The Technology of Sanitation in Colonial Delhi: Modern Asian Studies 35,1 (2001)*, S. 113–155, 119 f.Angel O. Prignano, *Crónica de la Basura Porteña: Del fogón indígena al cinturón ecolólogico*, Buenos Aires 1998, S. 33 f.

38. Johannes Sachslehner, *Anno 1683-die Türken vor Wien*, Wien 2011, S. 33.

39. Philippe Dollinger, *Die Hanse(neu bearbeitet von Volker Henn und Nils Jörn)*, Stuttgart 20126, S. 192 f; Aldo Padovano, La storia della rûmenta, *La raccolta dei rifiuti a Genova dall'antichità a oggi*, Genua 2009, S. 16.

40. Chonglan Fu, Wenming Cao, *Introduction to the Urban History of China*, Singapur 2019, S. 32 f.

41. Yu Xinzhong, "The Treatment of Night Soil and Waste in Modern China", Angela Chi Ke Leung (Hg.), *Health and Hygiene in Chinese East Asia: Policies and Publics in the Long Twentieth Century*, S. 51–72, 57.

42. Yair Minzker, *The Defortification of the German City, 1689-1866*, Cambridge 2012, S. 10–41.

43. Braudel, *Sozialgeschichte des 15.-18. Jahrhunderts, Bd. 1*, S. 557.Ulf Dirlmeier, Bernd Fuhrmann, *Räumliche Aspekte sozialer Ungleichheit in der spätmittelalterlichen Stadt: Vierteljahrhefte für Sozial- und Wirtschaftsgeschichte 92* (2005), S. 424–439; Ercole Sori, *La città e i rifiuti: Ecologia urbane dal Medioevo al primo Novecento*, Bologna 2001, S. 223–247.

44. Jing Xie, \$Urban Form and Life in the Tang—Song Dynasties4, Singapur 2020, S. 21.

45. Braudel, *Sozialgeschichte des 15.-18. Jahrhunderts. Bd. 1*, S. 551.

46. Yinong Xu, *The Chinese City in Space and Time: The Development of Urban Form in Suzhou*, Honolulu 2000, S. 164.

47. Allison L. C. Emmerson, *Life and Death in the Roman Suburb*, Oxford 2020.

48. Carlo M. Cipolla, *Contro un nemico invisibile: Epidemie e strutture sanitarie nell'Italia del Rinascimento*, Bologna 1985, S. 68. 참조.

49. Janet L. Abu—Lughod, *Cairo: 1001 Years of the City Victorious*, Princeton 1971, S. 66.

50. Douglas, \$Cities4, S. 141.

51. Andrea Iseli, *Gute Polizey: Öffentliche Ordnung in der Frühen Neuzeit*, Stuttgart 2009, S. 50–55.

52. Leguay, *La pollution au Moyen Age*, S. 110–116.

53. Leona Skelton, *Sanitation in Urban Britain, 1560-1700*, London 2016, S. 24.

54. Hanley, "Urban Sanitation in Preindustrial Japan". *Journal of Inter disciplinary History* 18 (1987), S. 14; John F. Richards. *The Unending Frontier: An Environmental History of the Early Modern World*, Berkeley 2003, S. 151; Allan Macfarlaine, *The Savage Wars of Peace*: England, Japan and the Malthusian Trap\$, Oxford 1997, S. 207 f. (중국 도시는 해당되지 않는다.)

55. Xie, *Urban Form and Life in the Tang-Song Dynasties*, S. 29.

56. Carole Rawcliffe, *Urban Bodies: Communal Health in Late Medieval English Towns and Cities*, Woodbridge 2013, S. 39.

57. 프랑스의 사례는 다음을 참조하라. Leguay, *La rue au Moyen Age*, S. 65 f.

58. Leguay, *La pollution au Moyen Age*, S. 82.

59. Ebd., S. 79–81.

60. Aldrete, *Daily Life in the Roman City*, S. 97 f. 그리고 Benidickson, *The Culture of Flushing*, S. 99.

61. Bernd Fuhrmann, *Deutschland im Mittelalter: Wirtschaft, Gesellschaft, Umwelt*, Darmstadt 2017, S. 245–261.

62. 1465년 도르드레흐트에서는 대형 오물 차량이 특정 포장도로를 지나는 것이 금지되었다. 도로가 손상될 수 있다는 이유 때문이었다. Patrick Naaktgeboren, "Policing the Environment of Late Medieval Dordrecht", Claire Weeda, Carol Rawcliffe (Hg.), *Policing the Urban Environment in Premodern Europe*, Amsterdam 2019, S. 149–177, 159.

63. Caterina Isabella, Giuseppe Rubrichi, Franco Sensi, *Dal Canestraro al Netturbino: Per una storia della Nettezza Urbana a Roma dal 1870 al 1960*, Bergamo 1997, S. 14 f. 참조

64. Isla Fay, *Health and the City. Disease, Environment and Government in Norwich, 1200-1575*, York 2015, S. 176 f. 그리고 Padovano, *La storia della rûmenta*, S. 27. 장피에르 르게Jean–Pierre Leguay는 지배층의 공식적인 방문 덕분에 위생 관련 조치를 한결 쉽게 적용할 수 있었을 것이라 주장했다. Leguay, *La rue au Moyen Age*, S. 79.

65. Heng Chye Kiang, *Cities of Aristocrats and Bureaucrats: The Development of Medieval Chinese Cityscapes*, Honolulu 1999, S. 111. 그리고 John Ljungkvist u. a., "The Urban Anthropocene: Lessons for Sustainability from the Environmental History of Constantinople", Paul J. J. Sinclair u. a. (Hg.), *The Urban Mind, Cultural and Environmental Dynamics*, Uppsala 2010, S. 367–389, 383–386.

66. Fay, *Health and the City*, S. 122–125.

67. Braudel, *Sozialgeschichte des 15.-18. Jahrhunderts. Bd. 1*, S. 530. 그리고 아랍 농경에서 배설물 활용에 대한 전반적인 내용은 Daniel Varisco, "Zibl and Zirā'a: Coming to Terms with Manure in Arab Agriculture", Richard Jones (Hg.), *Manure Matters: Historical, Archaeological and Ethnographic Perspectives*, Milton Park 2016, S. 129–143에서 발췌.

68. Macfarlaine, *The Savage Wars of Peace*, S. 158 f.

69. Wilson, *Metropolis*, S. 176 f.

70. Bill Freund, *The African City: A History*, Cambridge 2007, S. 30.Wolf Liebeschuetz, *East and West in Late Antiquity. Invasion, Settlement, Ethnogenesis and Conflicts of Religion*, Leiden 2015, S. 7–11.

71. 멕시코 도시에는 이동식 수거가 일부 존재했다. Marcela Dávalos, *Basura e ilustración: La limpieza de la ciudad de México a fines del siglo XVIII*, Mexico Stadt 1997, S. 12.

72. 독일 데사우 연방환경청Umweltbundesamt Dessau의 에르하르트 컬렉션.

73. Martin Illi, *Von der Schissgruob zur modernen Stadtentwässerung*, Zürich 1987, S. 189–192.

74. André Gren, *The Grimy 1800s: Waste, Sewage & Sanitation in the Nineteenth Century*, Yorkshire 2019, S. 48 f.

75. Michaela Hermann, "Aus Latrinen und Müllhalden: Die Augsburger 'Warenwelt' im Spätmittelalter und in der Renaissance aus der Sicht der Archäologie", Wolfgang Wüst, Gisela Drossbach (Hg.), *Umwelt-, Klima- und Konsumgeschichte. Fallstudien zu Süddeutschland, Österreich und der Schweiz*, Frankfurt/M. 2018, S. 177–209, 182.

76. Naaktgeboren, *Policing the Environment of Late Medieval Dordrecht*, S. 161.

77. 여기에서 밝혀진 사례 연구 또한 굉장히 흥미롭다. Hermann, *Aus Latrinen und Müllhalden*.

78. 프랑스 포도 경작지에 대한 자세한 서술은 Thomas Labbé, Jean–Pierre Garcia, *Amendement et Renouvellement des sols dans la viticulture Bourguignonne aux XIVe et XVe siecles*, Marc Conesa, Nicolas Poirier (Hg.), *Fumiers! Ordures! Gestion et usage des déchets dans les campagnes de l'Occident médiéval et moderne*, Toulouse 2019, S. 69–85. 참조.

378

79. Cipolla, *Contro un nemico invisibile*, S. 68 f.

80. Naaktgeboren, *Policing the Environment of Late Medieval Dordrecht*, S. 161.Emily Cockayne, *Hubbub: Filth, Noise & Stench in England 1600-1770*, Yale 20212, S. 134 f.Padovano, *La storia della rûmenta*, S. 17. 그럼에도 불구하고 나폴리나 파리 등 전근대의 도시에서 쓰레기를 소각했다는 증거가 있다. Cutolo, *Breve storia della Monnezza a Napoli*, S. 41;Pierre—Denis Boudriot, "Essai sur l'ordure milieu urbaine a l'epoque pré—industrielle. Boues, immondices et gadoue à Paris au XVIIIe siècle". *Histoire Économie et Société*, 5,4 (1986), S. 515−528, 517; Douglas, *Cities*, S. 158.

81. Leona Skelton, *Sanitation in Urban Britain, 1560-1700*, S. 5.

82. Naaktgeboren, *Policing the Environment of Late Medieval Dordrecht*, S. 161 f; Cockayne, *Hubbub*, S. 183−187.

83. Fay, *Health and the City*, S. 133−135; Lara Sabbionesi, *'Pro maiore sanitate hominum civitatis... et borgorum': Lo smaltimento dei rifiuti nelle città medievali dell'Emilia Romagna*, Florenz 2019, S. 233.

84. Cutolo, *Breve storia della Monnezza a Napoli*, S. 37.

85. Sabbionesi, *'Pro maiore sanitate hominum civitatis'*, S. 153.

86. Catherine Dubé, Geneviéve Dumas, *Muddy Waters in Medieval Montpelier*, Weeda, Rawcliffe, *Policing the Urban Environment in Premodern Europe*, S. 179−206, 198.

87. Cipolla, *Contro un nemico invisibile*, S. 68−71.

88. Lyon—Caen, Morera, *À vos poubelles citoyens!*, S. 50.

89. Cutolo, *Breve storia della Monnezza a Napoli*, S. 33.

90. Jürgen Schlumbohm, "Gesetze, die nicht durchgesetzt werden: Ein Strukturmerkmal des frühneuzeitlichen Staates?" *Geschichte und Gesellschaft* 23,4 (1997), S. 647−663.

91. Zupko, Laures, *Straws in the Wind*, S. 111.

92. Bill Freund, *The African City*, S. 30.

93. Douglas, *Cities*, S. 158; Medina, *The World's Scavengers*, S. 21.

94. Charles D. Benn, *China's Golden Age. Everyday Life in the Tang Dynasty*, Oxford 2004, S. 49.

95. Sori, *La città e i rifiuti*, S. 164−168.

96. Carole Rawcliffe, "The View from the Street: The Records of Hundred and Lee Courts as Source for Sanitary Policing in late Medieval English Towns", Weeda, Rawcliffe, *Policing the Urban Environment in Premodern Europe*, S. 69−95, 71; Guy Geltner, "Urban Viarii and the Prosecution of Public Health Offenders in Late Medieval Italy", Weeda, Rawcliffe, *Policing the Urban Environment in Premodern Europe*, S. 97−119, 100 f.

97. Ernest Sabine, "City Cleaning in Mediaeval London". *Speculum* 12,1 (1937), S. 19−43, 24 f., 37 f; Rawcliffe, *Urban Bodies*, S. 137.

98. Fay, *Health and the City*, S. 143 f.

99. Rawcliffe, *The View from the Street*, S. 87.

100. Annemarie Kinzelbach, "Policing the Environment in Premodern Imperial Cities and Towns: A Preliminary Approach", Weeda, Rawcliffe, *Policing the Urban Environment in Premodern Europe*, S. 231−270, 240.

101. Walter Lehner, "Entsorgungsprobleme der Reichsstadt Nürnberg", Jürgen Sydow (Hg.), *Städtische Versorgung und Entsorgung im Wandel der Geschichte*, Sigmaringen 1981, S. 151−163, 153 f.

102. Naaktgeboren, *Policing the Environment of Late Medieval Dordrecht*, S. 161.

103. Szmytka, *Pollution in Early Modern Krakow*, S. 123.

104. Schanbacher, "Eine der nöthigsten und wichtigsten Polizey—Anstalten", S. 447−449.

105. Nelson Olaya Yagual, *Guayaquil Futuro. La crisis de la basura en Guayaquil*, Calama 1991, S. 16.

106. Naaktgeboren, *Policing the Environment of Late Medieval Dordrecht*, S. 150.

107. Ebd., S. 171; Arnold Esch, *Historische Landschaften Italiens. Wanderungen zwischen Venedig und Syrakus*, München 2018, S. 15–30.

108. Cutolo, *Breve storia della Monnezza a Napoli*, S. 68 f.

109. Pierre Godard, André Donzel, *Éboueurs de Marseille: Entre luttes syndicales et pratiques municipales*, Paris 2014, S. 22–25.

3장

1. Alois Blumauer, A. *Blumauer's sämmtliche Gedichte, Bd. 2*, Wien 1827, S. 61.

2. Melanie A. Kiechle, *Smell Detectives. An Olfactory History of the Nineteenth Century Urban America*, Seattle, London 2017, S. 25.

3. Martin, Enlightened Metropolis, S. 45; Allison S. "Coudert, Sewers, Cesspools, and Privies. Waste as Reality and Metaphor in Pre–Modern European Cities", Albrecht Classen (Hg.), *Urban Space in the Early Modern Age*, Berlin 2009, S. 713–733, 725 f. 참조.

4. Braudel, *Sozialgeschichte des 15.-18. Jahrhunderts. Bd. 1*, S. 160.

5. Price, Hongo, *The Archaeology of Pig Domestication in Eurasia*, S. 582; Conrad Totman, *Japan: An Environmental History*, London, New York 2014, S. 55.

6. Warren, *Meat Makes People Powerful*, S. 31 f.

7. Ebd. S. 39–42.

8. Alfred W. Crosby, *The Columbian Exchange. Biological and Cultural Consequences of 1492*, Westport 2003 (1973); Elinor G. K. Melville, *A Plague of Sheep. Environmental Consequences of the Conquest of Mexico*, Cambridge 1994; John F. Richards, *The Unending Frontier. An Environmental History of the Early Modern World*, Berkeley 2003, S. 309–333.

9. Robert Hendrickson, *More Cunning than a Man. A Social History of Rats and Men*, New York 1983, S. 75.

10. Warren, *Meat Makes People Powerful*, S. 75.

11. 일본은 쟁기질을 위해 소를 사육했다. Totman, *Japan*, S. 101.

12. Braudel, *Sozialgeschichte des 15.-18. Jahrhunderts. Bd. 2*, S. 148; Ponting, *A Green History of the World*, S. 95.

13. 더 자세한 이야기는 Braudel, *Sozialgeschichte des 15.-18. Jahrhunderts. Bd. 1*, S. 103; Edwin Gale, *The Species that Changed Itself. How Prosperity Reshaped Humanity*, London 2020, S. 35–37에서 찾아 볼 수 있다.

14. Lander, Schneider, Brunson, *A History of Pigs in China*, S. 870.

15. 여기에도 돼지가 상대적으로 자립적이라는 점이 큰 역할을 했다. 돼지가 벼농사의 잔여물을 먹을 수 있다는 점도 마찬가지였다. Yong Xue, "'Treasure Nightsoil as if it were Gold': Economic and Ecological Links between Urban and Rural Areas in Late Imperial Jiangnan". *Late Imperial China* 26,1 (2005), S. 41–71, 45.

16. De Silguy, *Histoire des Hommes et de leurs Ordures*, S. 47.

17. 청나라의 경우는 다음을 참조하라. Kiang, *Cities of Aristocrats and Bureaucrats*, S. 35. 19세기의 경우는 다음 자료를 참조하라. Yong Xue, "Treasure Nightsoil as if it were Gold", S. 48 f.

18. Lander, Schneider, Brunson, *A History of Pigs in China*, S. 870.

19. Susan B. Hanley, *Urban Sanitation in Preindustrial Japan: Journal of Interdisciplinary History 18 (1987)*, S. 1–26, 25 f. 참조.

20. Robert Shiel, Science and Practice. The Ecology of Manure in Historical Retrospect, Jones,

Manure Matters, S. 13–23; Braudel, *Sozialgeschichte des 15.-18. Jahrhunderts. Bd. 1*, S. 116 f.

21. C. Plinius Secundus d. Ä., *Naturkunde, Buch XVII, Darmstadt 1994*, S. 41–43. 9세기에 발라프리트 폰 데어 라이엔하우 또한 비료로서 배설물의 가치에 대해 찬사를 보낸 바 있다. Susan Signe Morrison, *Excrement in the Late Middle Ages: Sacred Filth and Chaucers Fecopoetics*, New York 2008, S. 10, 27. 및 Dominique Laporte, *Eine gelehrte Geschichte der Scheiße*, Frankfurt/M. 1991, S. 39 f. 참조.

22. Ponting, *A Green History of the World*, S. 95.

23. Braudel, *Sozialgeschichte des 15.-18. Jahrhunderts. Bd. 1*, S. 122–126.

24. Aldrete, *Daily Life in the Roman City*, S. 188.

25. Marta E. Szczygiel, "Cultural Origins of Japan's Premodern Night Soil Collection System". *Worldwide Waste* 3,1 (2020), S. 1–13; Cecelia F. Klein, "Divine Excrement: The Significance of 'Holy Shit' in Ancient Mexico". *Art Journal* 52,3 (1993), S. 20–27. 참조.

26. Yong Xue, "Treasure Nightsoil as if it were Gold", S. 43.

27. Donald Worster, *The Good Muck. Towards an Excremental History of China*, München 2017, S. 26 f.

28. Louis G. Perez, *Daily Life in Early Modern Japan*, Westport 2002, S. 222 f.

29. Gemelli Careri, *Voyage du tour du monde: Tome quatrieme, de la Chine*, Paris 1719, S. 92 f.

30. Totman, *Environmental History of Japan*, S. 124 f., 134 f., 183; Macfarlaine, *The Savage Wars of Peace*4, S. 156 f; Kayo Tajima, "The Marketing of Urban Human Waste in the Early Modern Edo/Tokyo Metropolitan Area". *Urban Environment* 1 (2007), S. 13–30, 16.

31. Tajima, *The Marketing of Urban Human Waste*; Vaclav Smil, *Enriching the Earth: Fritz Haber, Carl Bosch, and the Transformation of World Food Production*, Cambridge/Mass. 2001, S. 28; 인도는 종교적인 이유에서 배설물을 비료로 활용하지 않은 것으로 보인다. Braudel, *Sozialgeschichte des 15.-18. Jahrhunderts. Bd. 1*, S. 162.

32. Dean T. Ferguson, "Nightsoil and the 'Great Divergence': human waste, the urban economy, and economic productivity, 1500–1900". *Journal of Global History* 9 (2014), S. 379–402.

33. Kenneth Pomeranz, *The Great Divergence: China, Europe, and the Making of the Modern World Economy*, Princeton 2000.

34. Warwick Bray, *Everyday Life of the Aztecs*, New York 1987, S. 116. ; Medina, *The World's Scavengers*, S. 129; Daniel R. Headrick, *Humans versus Nature: A Global Environmental History*, New York 2020, S. 80 f.

35. Isabelle Parmentier, "L'or et l'ordure. Les initiatives du povoir central dans la gestion des déchets urbains au XVIIIe siècle en Belgique". *Histoire Urbaine* 18 (2007), S. 61–76; Macfarlaine, *The Savage Wars of Peace*, S. 169; Tajima, The Marketing of Urban Human Waste, S. 17.

36. David L. Howell, "Fecal Matters: Prolegomenon to a History of Shit in Japan", Ian J. Miller, Julia Adney Thomas, Brett L. Walker (Hg.), *Japan at Nature's Edge: The Environmental Context of a Global Power*, Honululu 2013, S. 137–151, 143 f. 시골 마을간 관계의 의미를 살피는 경우는 다음을 참조하라. Anne Walthall, "Village Networks: Sōdai and the Sale of Edo Nightsoil". *Monumenta Nipponica* 43,3 (1988), S. 279–303.

37. Yong Xue, "Treasure Nightsoil as if it were Gold", S. 52–57.

38. Prashad, *The Technology of Sanitation in Colonial Delhi*, S. 141.

39. Zupko, Laures, *Straws in the Wind*, S. 75; Braudel, *Sozialgeschichte des 15.-18. Jahrhunderts. Bd. 1*, S. 209.

40. Warren, *Meat Makes People Powerful*, S. 109–114.

41. Dolly Jørgensen, "Running Amuck? Urban Swine Management in Medieval England". *Agricultural History* 87 (2013), S. 429–451, 429 f.

42. Hitimo Hongo u. a., "Hunting or Management? The Status of Sus in the Jomon period in Japan",

Albarell u. a., *Pigs and Humans: 10,000 Years of Interaction*, S. 109–130, 127.

43. Zupko, Laures, *Straws in the Wind*, S. 78.

44. Michael Prinz, *Der Sozialstaat hinter dem Haus. Wirtschaftliche Zukunftserwartungen, Selbstversorgung und regionale Vorbilder: Westfalen und Südwestdeutschland 1920-1960*, Paderborn 2012, S. 307.

45. Simon Pirani, *Burning Up: A Global History of Fossil Fuel Consumption*, London 2018, S. 11.

46. 17세기 토스카나의 경우는 Carlo M. Cipolla, *Miasmi e umori. Ecologia e condizioni sanitarie in Toscana nel Seicento*, Bologna 2021 (1989), S. 31. 참조.

47. 돼지의 '우호성'에 대해서는 다양한 의견이 있다. 샘 화이트[Sam White]는 16세기 이후에나 야생 멧돼지를 닮은 중세의 "여위고, 어둡고, 무서운" 괴물에 대한 이미지가 사라지기 시작했다고 강력하게 주장한다. 18세기 말 유럽과 미국에 중국 돼지 종이 도입되면서 돼지는 배가 두둑하고, 무해하고, 호기심이 많은 풍자의 대상이 되었다. 돼지가 오래전부터 경기용으로 활용되었다고 알려져 있으나, 개인적으로는 이에 대한 출처가 확실하지 않다고 생각한다. Sam White, "From Globalized Pig Breeds to Capitalist Pigs. A Study in Animal Culture and Evolutionary History". *Environmental History* 16 (2011), S. 94–120, 108 f.

48. White, *Globalized Pig Breeds*, S. 95–97.

49. R. Johanna Regnath, *Das Schwein im Wald. Vormoderne Schweinehaltung zwischen Herrschaftsstrukturen, ständischer Ordnung und Subsistenzökonomie*, Ostfildern 2008.

50. Anderson, *Capitalist Pigs*, S. 37–46.

51. Regnath, *Das Schwein im Wald*, S. 71–79; Jutta Nowosadtko, "Zwischen Ausbeutung und Tabu: Nutztiere in der Frühen Neuzeit", Paul Münch (Hg.), *Tiere und Menschen. Geschichte und Aktualität eines prekären Verhältnisses*, Paderborn 1998, S. 247–274, 262 f.

52. Pastoureau, *Le roi tué par un cochon*.

53. 중세 잉글랜드의 사례는 다음을 참조하라. Jørgensen, *Running Amuck?*, S. 42; 이탈리아의 사례는 다음을 참조하라. Sori, *La città e i rifiuti*, S. 176 f.

54. Geltner, *Urban Viarii*, S. 101; Rawcliffe, *Urban Bodies*, S. 36 (1293년 옥스퍼드, 돼지 방목에 대한 법률).

55. Naaktgeboren, *Policing the Environment of Late Medieval Dordrecht*, S. 167.

56. Ottavia Niccoli, *Storie di ogni giorno in una città del Seicento*, Rom 2021 (2000), S. 47 f.

57. Rawcliffe, *The View from the Street*, S. 76 f., 83.

58. Kinzelbach, *Policing the Environment in Premodern Imperial Cities and Towns*, S. 241 f.

59. Macfarlaine, *The Savage Wars of Peace*, S. 209; 런던의 경우는 다음을 참조하라. Rawcliffe, *Urban Bodies*, S. 117.

60. Rosenthal, *The Politics of Dependency*, S. 9, 188.

61. Naaktgeboren, *Policing the Environment of Late Medieval Dordrecht*, S. 167.

62. Katherine M. Rogers, *First Friend: A History of Dogs and Humans*, New York 2005, S. 17.

63. Mark S. R. Jenner, "The Great Dog Massacre", William Naphy, Penny Roberts (Hg.), *Fear in Early Modern Society*, Manchester 1997, S. 44–61. 참조.

64. Leguay, *La pollution au Moyen Age*, S. 23.

65. 수톤[Sueton]은 베스파시아누스의 삶에 대해 다루면서 황제의 인생에 들어와 인간의 손을 잡은 개에 대해 이야기한 바 있다. C. Suetonius Tranquillus, Kaiserbiographien, Hg. V. Ursula Blank–Sangmeister, Stuttgart 2018, *Leben des Vespasian*, 5.4, S. 394.

66. Henderson, *Florence under Siege*.

67. Zeheter, *Epidemics, Empire, and Environments*, S. 71.

68. William Riguelle, "Que la peste soit de l'animal! La législation à l'encontre des animaux en période d'epidémies dans les villes des Pays–Bas méridionaux et de la principauté de Liège (1600-1670)", Rémi Luglia (Hg.), *Sales bêtes! Mauvaises herbes! 'Nuisible', une notion en débat*,

Rennes 2018, S. 109–123, 118 f. 참조.

69. Thomas Almeroth-Williams, *City of Beasts. How Animals Shaped Georgian London*, Manchester 2019, S. 76.

70. Prinz, *Der Sozialstaat hinter dem Haus*.

71. 더 자세한 설명은 Nathalie Blanc, *Les animaux et la ville*, Paris 2000. 참조.

72. 13세기 헨리 3세는 런던에서 도시 내 도살장을 금지시켰다. 하지만 징역형에 처할 수 있다는 위협에도 불구하고 이 조항은 곧잘 무시당하곤 했다. Hannah Velten, *Beastly London: A History of Animals in the City*, London 2013, S. 34 f.

73. Aldrete, *Daily Life in the Roman City*, S. 97.

74. *Epigramm 10,5*. Martial Epigramme Hg. von Walter Hoffmann, Frankfurt/M. 2000, S. 404.

75. Prignano, *Crónica de la Basura Porteña*, S. 48–50; Leung, *Hygiène et santé publique dans la Chine pré-moderne*, S. 352.

76. Frieder Schmitt, Von der Mühle zur Fabrik. *Die Geschichte der Papierherstellung in der württembergischen und badischen Frühindustrialisierung*, Ubstadt/Weiher 1994, S. 161.

77. Robert Malcolmson, Stephanos Mastoris, *The English Pig: A History*, London, Rio Grande 1998, S. 109–127.

78. Frank Huismann, *Ländliches Leben im Mittelalter im Paderborner Land*, Paderborn 2007, S. 25.

79. Nowosadtko, *Zwischen Ausbeutung und Tabu*, S. 267 f.

80. Lyon-Caen, Morera, *À vos poubelles citoyens!*, S. 27.

81. 젤라틴 공정에 대해서는 Jörg Liesegang, *Die Gelatine in der Medizin. Geschichtliches zur Verwendung der Gelatine in der Medizin des ausgehenden 17. bis zu dem beginnenden 20. Jahrhundert*. Diss., Heidelberg 2007, S. 5. 참조.

82. Zupko, Laures, *Straws in the Wind*, S. 35.

83. Malcolmson, Mastoris, *The English Pig*, S. 96 f.

84. Cem Behar, *A Neighborhood in Ottoman Istanbul. Fruit vendors and Civil Servants in the Kasap İlyas Mahalle*, New York 2003, S. 54 f; Sydney Watts, Meat Matters. *Butchers, Politics, and Market Culture in Eighteenth Century Paris*, Suffolk 2006, S. 45–48.

85. Leguay, *La pollution au Moyen Age*, S. 18 f.

86. Ulf Dirlmeier, "Umweltprobleme in deutschen Städten des Spätmittelalters", *Technikgeschichte* 48,3 (1981), S. 191–205.

87. Braudel, *Sozialgeschichte des 15.-18. Jahrhunderts. Bd. 1*, S. 201.

88. Rawcliffe, *Urban Bodies*, S. 40.

89. Zupko, Laures, *Straws in the Wind*, S. 35 f.

90. Valentina Costantini, "On a red line across Europe: butchers and rebellions in fourteenth-century Siena". *Social History* 41 (2016), S. 72–92. 참조.

91. Watts, *Meat Matters*, S. 63–69.

92. Janna Coomans, *Food Offenders. Public Health and the Marketplace in the Late Medieval Low Countries*", Weeda, Rawcliffe, Policing the Urban Environment in Premodern Europe, *S. 121-148, 128. Cockayne*, Hubbub$, S. 98 f. 또한 참조할 수 있다.

93. Rawcliffe, *Urban Bodies*, S. 41.

94. Robert Sullivan, *Rats. Observations on the History & Habitat of the City's Most Unwanted Inhabitants*, New York u. a. 2004, S. 40 f.

95. Hendrickson, *More Cunning than a Man*, S. 112; Wolfhard Klein, Mausetod. *Die Kulturgeschichte der Mäusefalle, Darmstadt*, Mainz 2011.

96. Hendrickson, *More Cunning than a Man*, S. 100 f.

97. Robert Muchembled, *Die Erfindung des modernen Menschen. Gefühlsdifferenzierung und kollektive Verhaltensweisen im Zeitalter des Absolutismus*, Hamburg 1990, S. 50.

98. Manfred Vasold, *Hunger, Rauchen, Ungeziefer. Eine Sozialgeschichte des Alltags in der Neuzeit*, Stuttgart 2016, S. 139.

99. John R. McNeill, *Mosquito Empires. Ecology and War in the Greater Caribbean, 1620-1914*, Cambridge 2010. 참조.

100. Macfarlaine, *The Savage Wars of Peace*, S. 208-213.

101. Cipolla, *Contro un nemico invisibile*, S. 73-79.

102. John F. M. Clark, *Bugs and the Victorians, New Haven and London*, London 2009, S. 195-202.

103. Warwick Anderson, *Colonial Pathologies. American Tropical Medicine, Race, and Hygiene in the Philippines*, Durham, London 2006, S. 62; Dawn Day Biehler, *Pests in the City: Flies, Bedbugs, Cockroaches, and Rats*, Seattle 2013, S. 114 f.

104. Biehler, *Pests in the City*.

105. Joanna L. Dyl, "The War on Rats versus the Right to Keep Chickens. Plague and Paving of San Francisco, 1907-1908", Andrew Isenberg (Hg.), *The Nature of Cities*, Rochester 2006, S. 38-61, 42 f.

106. Stéphane Frioux, "Les insectes, menace pour la ville à la Belle Epoque?", Julien Alleau, *L' animal sauvage entre nuisance et patrimoine: France, XVIe-XXIe siècles*, Lyon 2009, S. 115-130, 123-126.

4장

1. Charles Baudelaire, *Ébauche d'un épilogue pour la deuxième édition des Fleurs du Mal*, Paris 1861, S. 12.

2. Strasser, *Waste and Want*, S. 22.

3. Reinhold Reith, Altgewender, Humpler, Kannenplecker. "Recycling im späten Mittelalter und der frühen Neuzeit", Roland Ladwig (Hg.), *Recycling in Geschichte und Gegenwart*, Freiberg 2003, S. 41-79.

4. Peña, *Recycling in the Roman World*.

5. Ebd., S. 27.

6. Esch, *Historische Landschaften Italiens*, S. 13-38.

7. Anthony Turner, "Recycling Early Modern Mathematical Instruments", *Nuncius* 37 (2022), S. 42-58. 참조.

8. David Abulafia, *The Boundless Sea. A Human History of the Oceans*, Oxford 2019, S. 555.

9. Richard Ovenden, *Burning the Books. A History of Knowledge under Attack*, London 2020, S. 56-59; Anna Reynolds, "'Worthy to be reserved': Bookbinding and the Waste Paper Trade in Early Modern England and Scotland", Daniel Bellingradt, Anna Reynolds (Hg.), *The Paper Trade in Early Modern Europe. Practices, Materials, Networks*, Leiden, Boston 2021, S. 342-368.

10. Peña, *Recycling in the Roman World*, S. 25 f.

11. Donald Woodward, "'Swords into Ploughshares': Recycling in Pre-Industrial England". *The Economic History Review* 38,2 (1985), S. 175-191, 187-189; Frieder Schmidt, "'Ich brauche Hadern zu meiner Mül'. Die Lumpenwirtschaft der Papiermacher", *Ferrum* 85 (2013), S. 50-62, 54.

12. Pirani, *Burning Up*, S. 38 f. 참조

13. 호모 이코노미쿠스가 빈곤한 사회에서 이론적 인물로서 가치가 있다고 여겼던 소스타인 베블런[Thorstein Veblen]의 발언을 참조하라. Emily Brownell, *Gone to Ground. A History of Environment and*

Infrastructure in Dar es Salaam, Pittsburgh 2020, S. 10. 참조.

14. James L. Huffman, *Down and Out in Late Meiji Japan*, Honolulu 2018, S. 12.

15. Ebd., S. 113.

16. Wines, *Fertilizer in America*, S. 22 f; Strasser, *Waste and Want*, S. 21.

17. Paul Topping, David Morantz, Glen Lang, "Waste Disposal Practices of Fishing Vessels: Canada's East Coast, 1990–1991", James M. Coe (Hg.), *Marine Debris. Sources, Impacts, and Solutions*, New York 1997, S. 253–261, 258.

18. Branko Milanović, *Haben und Nichthaben. Eine kurze Geschichte der Ungleichheit*, Darmstadt 2017, S. 15–45. 참조.

19. Barbara Stollberg–Rilinger, Maria Theresia. *Die Kaiserin in ihrer Zeit*, München 2017, S. 375.

20. Leonhard Horowski, *Das Europa der Könige. Macht und Spiel an den Höfen des 17. und 18. Jahrhunderts*, Reinbek b. Hamburg 2017, S. 519–592.

21. Natacha Coquery, "The Social Circulation of Luxury and Second–Hand Goods in Eighteenth–Century Parisian Shops", Ariane Fennetaux, Amélie Junqua, Sophie Vasset (Hg.), *The Afterlife of Used Things. Recycling in the Long Eighteenth Century*, Milton Park 2015, S. 13–24, 18 f.

22. 이탈리아의 경우는 Patricia Allerston, "The Second–Hand Trade in the Arts in Early Modern Italy", Marcello Fantoni, Louisa C. Matthew, Sarah Matthews–Grieco (Hg.), *The Art Market in Italy, 15th-17th centuries*, Modena 2003, S. 301–312. 참조.

23. Coquery, *The Social Circulation*, S. 17 f.

24. Manuel Charpy, "The Auction House and its Surroundings: The Trade in Antiques and Second–Hand–Items in Paris during the Nineteenth Century", Bruno Blondé u. a. (Hg.), *Fashioning old and new: changing consumer preferences in Europe (seventeenth-nineteenth centuries)*, Turnhout 2009, S. 217–233. 중세의 골동품 거래를 통한 가게 운영에 대해서는 Elizabeth Emery, "Meubles: The Ever Mobile Middle Ages", Joseph Shack, Hannah Weaver (Hg.), *Recreating the Medieval Globe. Acts of Recycling, Revision, and Relocation*, Leeds, 2020, S. 122–154. 참조.

25. Lyon–Caen, Morera, *À vos poubelles citoyens!*, S. 26.

26. Ercole Sori, *Il rovescio della produzione. I rifiuti in età pre-industriale e paleo- tecnica*, Bologna 1999, S. 41.

27. Matteo Pompermaier, "Credit and Poverty in Early Modern Venice". *Journal of Interdisciplinary History* 52,5 (2022), S. 513–536, 527 f.

28. Georg Stöger, *Sekundäre Märkte? Zum Wiener und Salzburger Gebrauchtwarenhandel im 17. und 18. Jahrhundert*, Wien 2011.

29. Markus Friedrich, *Die Jesuiten: Aufstieg, Niedergang, Neubeginn*, München 2016, S. 184.

30. 이러한 맥락에서 볼 때, 미 대륙의 에스파냐 식민지 내 의복에 대한 법령이 에스파냐 본토의 법령보다 더 오래 유지되었다는 점은 흥미롭다. 하지만 이러한 방식으로 식민지화로 인한 사회적 변화를 통제하려는 시도는 번번이 실패로 돌아갔다. Robert DuPlessis, "Sartorial Sorting in the Colonial Caribbean and North America", Giorgio Riello, Ulinka Rublack (Hg.), *The Right to Dress. Sumptuary Laws in a Global Perspective c. 1200-1800*, Cambridge 2019, S. 346–371, 370 f. 참조.

31. Sophie White, *Wild Frenchmen and Frenchified Indians. Material Culture and Race in Colonial Lousiana*, Philadelphia 2012, S. 65, 69: Robert DuPlessis, *The Material Atlantic. Clothing, Commerce, and Colonization in the Atlantic World, 1650-1800*, Cambridge 2015, S. 74–81.

32. Laurence Fontaine, *The Moral Economy. Poverty, Credit, and Trust in Early Modern Europe*, Cambridge 2014.

33. Betty Naggar, *Old-clothes men: 18th and 19th centuries. Jewish Historical Studies* 31 (1988-1990), S. 171–191.

34. Ariane Fennetaux, Sentimental Economics. *Recycling Textiles in Eighteenth-Century Britain*, Fennetaux, Junqua, Vasset, *The Afterlife of Used Things*, S. 122–141, 124 인용.

35. 도널드 우드워드Donald Woodward는 가사 노동에 대한 영국의 문헌에서 옷 수선에 대한 정보가 사실상 존재하지 않는다는 사실을 꼬집었다. "Perhaps this was not an occupation commonly undertaken by the class of women addressed by such literature." Woodward, *Swords into Ploughshares*, S. 178. Ariane Fennetaux, "Réparation textile, reprisage et faire durer: la consommation industrieuse aux XVIIIe et XIXe siècles en Grande Bretagne", Gianenrico Bernasconi u. a. (Hg.), *Les Réparations dans l'Histoire. Cultures techniques et savoir-faire dans la longue durée*, Paris 2022, S. 119–140, 129–136; Cockayne, *Hubbub*, S. 76 f. 또한 참조할 수 있다.

36. Strasser, *Waste and Want*, S. 69–109.

37. Robert Darnton, *The Great Cat Massacre and other Episodes in French Cultural History*, New York 1984, S. 134–137. 의상에 대한 법령과 중고 의료 시장에 대한 관계를 살펴보는 것 또한 흥미로울 것이다. 전자가 의상과 장신구를 규제(적어도 하는 척)했고, 후자는 무엇을 모방해야 할지를 정확히 규정했다. "The Right to Dress: Sartorial Politics in Germany, c. 1300–1750", Riello, Rublack, *The Right to Dress*, S. 37–73, 43 f. 17세기 초반 하노버에서는 하녀가 여주인이 버린 옷을 입는 것이 금지되었는데, 이전까지는 이것이 널리 퍼진 관행이었다는 루블랙Rublack의 주장도 마찬가지이다(S. 68). 영국의 경우에는 Cockayne, *Hubbub*, S. 41, 74 f. 참조.

38. Jean–Claude Bonnet, *Mercier et l'art du recyclage. Revue d'Histoire littéraire de la France* 118,3 (2018), S. 517–522, 519 f; Muchembled, *Die Erfindung des modernen Menschen*, S. 359.

39. Joseph S. McDermott, *The Making of a New Rural order in South China. Bd. 1: Village, Land, and Lineage in Huizhou 900-1600*, Cambridge 2013, S. 94. 참조

40. Sally Ann Hastings, *Neighborhood and Nation in Tokyo 1905-1937*, Pittsburgh, London 1995, S. 47.

41. Kenneth Hudson, *Pawnbroking. An Aspect of British Social History*, London 1982. 참조.

42. Roberto D'Arienzo, *Métabolismes urbains. De l'hygiénisme à la ville durable. Naples 1884-2004*, Genf 2017, S. 50.

43. Peter F. Tschudin, *Grundzüge der Papiergeschichte*, Stuttgart 2002, S. 93–99.

44. Andreas Weber, "Material Sensibilities: Writing Paper and Chemistry in the Neth erlands and beyond, ca. 1800", Bellingradt, Reynolds, *The Paper Trade in Early Modern Europe*, S. 327–341, 328 f; Juraj Kittler, "From Rags to Riches. The limits of early paper manufacturing and their impact on book print in Renaissance Venice". *Media History* 21,1 (2015), S. 8–22.

45. Fennetaux, *Sentimental Economics*, S. 125.

46. Simon Werrett, "The Sociomateriality of Waste and Scrap Paper in Eighteenth–Century England", Carla Bittel, Elaine Leong, Christine von Oertzen (Hg.), *Working with Paper. Gendered Practices in the History of Knowledge*, Pittsburgh 2019, S. 46–59, 55–58.

47. Kehnel, *Wir konnten auch anders*, S. 147 f.

48. Naggar, *Old-clothes men*, S. 178–181.

49. Mengling Cai, *Overview of paper and papermaking in Xinjiang, China. The Studies into the History of the Book and Book Collections 2020*, S. 411–425, 412 f; Jacob Eyferth, "Making and Using Paper in Late Imperial China. Comparative Reflections on Working and Knowing beyond the Page", Carla Bittel, Elaine Leong, Christine von Oertzen (Hg.), *Working with Paper. Gendered Practices in the History of Knowledge*, Pittsburgh 2019, S. 208–223, 212 f.

50. Dagmar Schäfer, *The Crafting of the 10,000 Things. Knowledge and Technology in Seventeenth-Century China*, Chicago, London 2015, S. 243.

51. Kehnel, *Wir konnten auch anders*, S. 139 f.

52. The New York Public Library(미국 뉴욕공공도서관). "In the rag trade" The New York Public Library

Digital Collections. 1870. https://digitalcollections.nypl.org/items/510d47e0-db1f-a3d9-e040-e00a18064a99.

53. Braudel, *Sozialgeschichte des 15.-18. Jahrhunderts. Bd. 1*, S. 598 f.

54. Zoltán Biedermann, Anne Gerritsen, Giorgio Riello, "Introduction: Global Gifts and the Material Culture of Diplomacy in Early Modern Eurasia, dies", *Global Gifts. The Material Culture of Diplomacy in Early Modern Eurasia*, Cambridge 2018, S. 1-34, 16.

55. Carl A. Zimring, *Cash for your Trash. Scrap Recycling in America*, New Brundwick 2005, S. 15.

56. Woodward, *Swords into Ploughshares*, S. 184; Zimring, *Cash for Your Trash*, S. 14 f.

57. 이는 고고학적으로 서기 1000년도에 입증된 바 있다. Martin Baumeister, *Metallrecycling in der Frühgeschichte. Untersuchungen zur technischen, wirtschaftlichen und gesellschaftlichen Rolle sekundärer Metallverwertung im 1. Jahrtausend n. Chr.*, Rahden/ Westf. 2004, S. 197-208.

58. Woodward, *Swords into Ploughshares*, S. 185 f.

59. Saul Guerrero, *Silver by Fire, Silver by Mercury. A Chemical History of Silver Refining in New Spain and Mexico, 16th to 19th Century*, Leiden, Boston 2017.

60. Peña, *Recycling in the Roman World*, S. 37.

61. Ebd., S. 27.

62. Alan MacFarlaine, *Gerry Martin, Glass. A World History*, Chicago 2002, S. 14 f.

63. Alessandro Tana, "Made of Metal. The Use of Scrap Metal in Africa". *Newsletter Museum Ethnographers Group* 17 (1985), S. 60-66.

64. Carsten Jahnke, Das Silber des Meeres. *Fang und Vertrieb von Ostseehering zwischen Norwegen und Italien (12.-16. Jahrhundert), Köln*, Wien 2000, S. 221.

65. Leguay, *La rue au Moyen Age*, S. 92-124. 참조.

66. 이 용어는 Hans-Christian Petersen, *An den Rändern der Stadt? Soziale Räume der Armen in St. Petersburg (1850-1914)*, Köln 2019, S. 257에서 발췌했다.

67. 재활용 시장은 18세기까지만 해도 화폐보다는 물물 교환의 형태를 띠었다. "die Ausführungen zum 'Country Pay' bei", Medina, *The World's Scavengers*, S. 29. 참조.

68. Barrie M. Ratcliffe, "Perceptions and Realities of the Urban Marg The Rag Pickers of Paris in the First Half of the Nineteenth Century". *Canadian Journal of History 27 (1992)*, S. 201-233, 220.

69. Naggar, *Old-clothes men*, S. 172-176.

70. Schmidt, "Ich brauche Hadern zu meiner Mül", S. 55.

71. Sudhir Venkatesh, *Gang Leader for a Day. A Rogue Sociologist Takes to the Streets*, New York 2008, S. 254-259.

5장

1. Wolfgang U. Eckart, *Art: Hygiene, Enzyklopädie der Neuzeit, Bd. 5*, Stuttgart 2007, S. 736-741, 736 f.

2. Katherine Ashenburg, *The Dirt on Clean. An Unsanitized History*, Toronto 2007, S. 87-95.

3. Packard, *History of Global Health*, S. 61.

4. Ashenburg, *The Dirt on Clean*, S. 1-13.

5. Douglas Biow, *The Culture of Cleanliness in Renaissance Italy*, Ithaca 2006.

6. Ashenburg, *The Dirt on Clean*, S. 11-13.

7. Angélique G. Panayotatou, *L' hygiène chez les anciens Grecs*, Paris 1924.

8. Frank Kolb, *Rom. Geschichte der Stadt in der Antike*, München 2002, S. 15.

9. Wilson, *Metropolis*, S. 103; Karl-Wilhelm Weeber, *Smog über Attika. Umweltverhalten im Altertum, Zürich*, München 1990, S. 87-92.

10. Florian Werner, *Dunkle Materie. Die Geschichte der Scheiße*, Zürich 2011, S. 47.

11. Ann Heirmann, Mathieu Torck, *A Pure Mind in a Clean Body. Bodily Care in the Buddhist Monasteries of Ancient India and China*, Gent 2012.

12. Dinçkal, *Istanbul und das Wasser*, S. 54–56.

13. Janet M. Hartley, *The Volga. A History of Russia's Greatest River*, New Haven, London 2020, S. 25.

14. Muchembled, *Die Erfindung des modernen Menschen*, S. 44 f.

15. Al-Abdari의 "Travels, or The Moroccan Journey", Tabish Khair u. a. (Hg.), *Other Routes. 1500 Years of African and Asian Travel Writing*, Oxford 2006, S. 284–288.에서 발췌.

16. Hanna Diyab, *The Book of Travels, Vol. 1*, Hg. v. Johannes Stephan, New York 2021, S. 263.

17. Dinçkal, *Istanbul und das Wasser*, S. 55.

18. Pierre Belon, *Voyage au Levant. Les observations de Pierre Belon du Mans de plusieurs singularités & choses mémorables, trouvées en Grèce, Turquie, Judée, Égypte, Arabie & autres pays étranges*, Paris 2001 (1553); Sori, *Il rovescio della produzione*, S. 97; Braudel, *Sozialgeschichte des 15.-18. Jahrhunderts. Bd. 1*, S. 554–556.

19. Peter Hersche, *Die protestantische Laus und der katholische Floh. Konfessionsspezifische Aspekte der Hygiene*, Benedikt Bietenhard u. a. (Hg.), *Ansichten von der rechten Ordnung. Bilder über Normen und Normenverletzungen in der Geschichte*, Bern, Stuttgart 1991, S. 43–60, 54–57.

20. Werner Sombart, *Der Bourgeois. Zur Geistesgeschichte des modernen Wirtschaftsmenschen*, Leipzig 1913; Max Weber, *Die protestantische Ethik und der 'Geist' des Kapitalismus,* , *Gesammelte Aufsätze zur Religionssoziologie I*, Tübingen 19887, S. 17–206.

21. Simon Schama, *The Embarrassment of Riches. An Interpretation of Dutch Culture in the Golden Age*, New York 1987.

22. Macfarlaine, *The Savage Wars of Peace*, S. 213 인용.

23. Johann Wolfgang Goethe, *Italienische Reise*, Herbert von Einem (trans.), München 1980 (1816/17), S. 236.

24. Prashad, *The Technology of Sanitation in Colonial Delhi*, S. 117.

25. Gudrun Krämer, *Geschichte Palästinas. Von der osmanischen Eroberung bis zur Gründung des Staates Israel*, München 2015 (2002), S. 98.

26. Godard, *Donzel, Éboueurs de Marseille*, S. 18 f.

27. Claire Weeda, "Cleanliness, Civility, and the City in Medieval Ideals and Scripts", Weeda, Rawcliffe, *Policing the Urban Environment in Premodern Europe*, S. 38–68, 38 f.

28. Ebd., S. 58.

29. Macfarlaine, *The Savage Wars of Peace*, S. 213.

30. Ebd., Guy Geltner, *Urban Viarii and the Prosecution of Public Health Offenders in Late Medieval Italy*, S. 97–119, 113.

31. Annemarie Kinzelbach, *Policing the Environment in Premodern Imperial Cities and Towns*, S. 239; Cipolla, *Contro un nemico invisibile*, S. 73.

32. Werner, *Dunkle Materie*, S. 47 f.

33. Dirlmeier, *Umweltprobleme in deutschen Städten des Spätmittelalters*, S. 195; Barbara Rajkay, Die Kunst des Machbaren. "Die reichsstädtische Wasserwirtschaft, Christoph Emmendörffer", Christof Trepesch (Hg.), *Wasserkunst Augsburg. Die Reichsstadt in ihrem Element*, Augsburg 2018, S. 69–87.

34. Frank Rexroth, *Das Milieu der Nacht. Obrigkeit und Randgruppen im spätmittel- alterlichen London*, Göttingen 1999, S. 117–125.

35. Bas van Bavel, Oscar Gelderblom, *The Economic Origins of Cleanliness in the Dutch Golden Age.*

Past and Present 205 (2009), S. 41–69, hier: 59 f.

36. Tessa Morris-Suzuki, *The Technological Transformation of Japan. From the Seventeenth to the Twenty-first Century*, Cambridge 1994, S. 40.

37. Platt, *Shock Cities*, S. 266.

38. Hersche, *Die protestantische Laus und der katholische Floh*. 참조.

39. Georges Vigarello, *Le Propre et le sale: l'hygiéne du corps depuis le Moyen Âge*, Paris 1985.

40. 중세 말기 노리치의 경우는 다음을 참조하라. Fay, *Health and the City*, S. 24 f; Rawcliffe, *Urban Bodies*, S. 12–53.

41. Alain Courbin, *Le Miasme et la Jonquille*, Paris 1986 (1982).

42. Martin, *Enlightened Metropolis*, S. 50.

43. Sören Urbansky, *Beyond the Steppe Frontier. A History of the Sino-Russian Border*, Princeton, Oxford 2020, S. 56.

44. Headrick, *Tentacles of Progress*, S. 153.

45. Ruth Rogaski, *Hygienic Modernity. Meanings and Disease in Treaty-Port China*, Berkeley 2004.

46. Jean-Jacques Rousseau, *Bekenntnisse*, Frankfurt/M. 1985 (1782), S. 239 f.

47. David Forgacs, *Italy's Margins. Social Exclusion and Nation Formation since 1861*, Cambridge 2014, S. 40 f.

48. Roman Köster, "Mülldiskurse in der Bundesrepublik 1945–1990", David-Christopher Assmann (Hg.), *Verwalten-Verwerten-Vernichten. Kulturpoetische Formationen des Abfalls seit 1930*, Berlin 2023, S. 70–86, 73 f.

6장

1. Emma Lazarus, *Emma Lazarus. Selected Poems and other Writings*, Gregory Eiselein (Hg.), Ontario 2002, S. 233.

2. Arnd Brendecke, *Die Jahrhundertwenden. Eine Geschichte ihrer Wahrnehmung und Wirkung*, Frankfurt/M. 1999, S. 209.

3. Werner Sombart, *Die deutsche Volkswirtschaft im neunzehnten Jahrhundert und im Anfang des 20. Jahrhunderts*, Berlin 19215, S. 3–20.

4. Massimo Livi Bacci, *A Concise History of World Population*, Chichester 20176, S. 25.

5. Pomeranz, *The Great Divergence*.

6. John Maynard Keynes, *The Economic Consequences of the Peace*, London 1920, S. 6.

7. Angus Maddison, *Contours of the World Economy, 1-2030 AD: Essays in Macro-Economic History*, Oxford 2007, S. 382.

8. Walt W. Rostow, *The Stages of Economic Growth. A Non-Communist Manifesto*, Cambridge 1960.

9. Ulrich Wengenroth, Igel und Füchse. "Zu neueren Verständigungsproblemen über die Industrielle Revolution", Wolfgang Benad-Wagenhoff (Hg.), *Industrialisierung. Begriffe und Prozesse. Festschrift für Ákos Paulinyi zum 65. Geburtstag*, Stuttgart 1994, S. 9–21.

10. Nicholas Crafts, *British economic growth during the industrial revolution*, Oxford 1985; Nicolas Crafts, Charles K. Harley, "Output Growth and the British Industrial Revolution: A Restatement of the Crafts-Harley View". *The Economic History Review* 45 (1992), S. 703–730.

11. Jürgen Osterhammel, *Die Verwandlung der Welt. Eine Geschichte des 19. Jahrhunderts*, München 2009, S. 95–128, 129–180. 참조.

12. Joel Mokyr, *The Gifts of Athena. Historical Origins of the Knowledge Economy*, Princeton 2002, S. 1–27; *The Enlightened Economy. An Economic History of Britain 1700-1850*, Princeton 2009.

13. 18세기 후반부에 시작된 세계의 변화 속 산업화의 의미에 대해서는 Wengenroth, *Igel und Füchse*. 참조.

14. Tirthankar Roy, *India in the World Economy. From Antiquity to the Present*, Cambridge 2018, S. 181–209.

15. Werner Plumpe, *Konsum. Merkur. Deutsche Zeitschrift für Europäisches Denken* 67(2013), S. 619–627. Wendy A. Woloson, Crap. *A History of Cheap Stuff in America*, Chicago 2020. 또한 참조. 저자는 값싼 중고 물품을 소비자의 굴욕으로 여겼다.

16. Barles, *L' invention des déchets urbains*, S. 34–53; Ward, *The Clean Body*, S. 110–123.

17. Douglass C. North, *Structure and Change in Economic History*, New York 1981.

18. Bairoch, Goertz, *Factors of Urbanisation in the Nineteenth Century Developed Countries*, S. 288.

19. Joseph Bradley, *Muzhik and Muscovite. Urbanization in Late Imperial Russia*, Berkeley 1985, S. 21; Peter Ring, Bevölkerung, Horst Ulrich, Uwe Prell, Ernst Luuk (Hg.), *Berlin Handbuch. Das Lexikon der Bundeshauptstadt*, Berlin 1992, S. 236–248.

20. Osterhammel, *Die Verwandlung der Welt*, S. 371–375.

21. Livi Bacci, *A Concise History of World Population*, S. 143–146.

22. 의학적 관점에 대해서는 Samuel H. Preston, "The changing relation between mortality and level of economic development". *International Journal of Epidemiology 36* (2007), S. 484–490. 참조.

23. Ted Steinberg, *Gotham Unbound. An Ecological History of Greater New York, from Henry Hudson to Hurricane Sandy*, New York 2014; Hastings, *Neighborhood and Nation in Tokyo 1905-1937*, S. 123.

24. Headrick, *Tentacles of Progress*, S. 145 f.

25. 벵기에의 사례는 다음을 참조하라. Haraprasad Chattopadhyaya, *Internal Migration in India. A Case Study of Bengal, Kalkutta*, Neu Delhi 1987, S. 378 f.

26. Mintzker, *The Defortification of the German City*.

27. Howard Spodek, Ahmedabad. *Shock City of Twentieth-Century India*, Bloomington 2011, S. 25.

28. 인도의 경우에는 Narayani Gupta, "Urbanism in South–India: Eighteenth–nineteenth Centuries", Indu Banga (Hg.), *The City in Indian History. Urban Demography, Society and Politics*, New Delhi 1994, S. 121–147, 132; Reeta Grewal, "Urban Morphology under Colonial Rule", Banga, *The City in Indian History*, S. 173–190, 179. 자바의 수라바야에는 1840년대 초에 들어서야 성벽이 건설되었다. Howard W. Dick, *Surabaya. City of Work. A Socioeconomic History, 1900-2000*, Athens/Ohio 2002, S. 334. 참조.

29. Anthony S. Wohl, *Endangered Lives. Public Health in Victorian Britain, Cambridge 1983*, S. 292; Gareth Stedman Jones, *Outcast London. A Study in the Relationship between Classes in Victorian Society*, Oxford 1971, S. 159–178.

30. Graeme Davison, *The Rise and Fall of Marvelous Melbourne*, Melbourne 1978, S. 140 f.

31. Martin, *Enlightened Metropolis*, S. 39.

32. Bradley, *Muzhik and Muscovite*, S. 59.

33. Jürgen Reulecke, *Geschichte der Urbanisierung in Deutschland*, Frankfurt/M. 1985, S. 44.

34. Barles, *L'invention des déchets urbains*, S. 135.

35. William Cronon, *Nature's metropolis: Chicago and the Great West*, New York 1991.

36. 경로 의존성과 그 '궤적'에 대해서는 다음을 참조하라. Christoph Bernhardt, "Path–Dependency and Trajectories", Sebastian Haumann, Martin Knoll, Detlev Mares (Hg.), *Concepts of Urban Environmental History*, Bielefeld 2020, S. 65–77, 특히 S. 67–69. 참조.

37. Osterhammel, *Die Verwandlung der Welt*, S. 456–464.

38. Braudel, *Sozialgeschichte des 15.-18. Jahrhunderts. Bd. 1*, S. 576; Macfarlaine, *The Savage Wars of Peace*, S. 177.

39. Dieter Schott, *Europäische Urbanisierung (1000-2000). Eine umwelthistorische Einführung*, Wien, Köln 2014, S. 180 f.

40. Jeff Horn, *The Path not Taken. French Industrialization in the Age of Revolution, 1750-1830*, Cambridge/Mass, 2006. 참조.

41. Frioux, *Les batailles de l'hygiène*, S. 69–73.

42. Jean–Luc Arnaud, *Damas. Urbanisme et Architecture 1860-1925*, Arles 2006, S. 62 f., 145.

43. Todd A. Henry, *Assimilating Seoul. Japanese Rule and the Politics of Public Space in Colonial Korea, 1910-1945*, Berkeley 2014; Ihab Morgan, *Kairo. Die Entwicklung des modernen Stadtzentrums im 19. und frühen 20. Jahrhundert*, Bern 1999, S. 75; Abu–Lughod, *Cairo*, S. 98–108.

44. Lutz Trettin, *Abfallwirtschaft und informeller Sektor in der City of Calcutta*, Bochum 2002, S. 34.

45. Bernard Marchand, *Paris, histoire d'une ville (XIXe-XXe siècle)*, Paris 1993, S. 185–192.

46. Carl H. Nightingale, *Segregation. A Global History of Divided Cities*, Chicago, London 2012, S. 207.

47. 예를 들어 Frioux, Les Batailles de l'hygiène, S. 210 f; Platt, Shock Cities, S. 207.

48. Frioux, *Les Batailles de l'hygiène*, S. 211.

49. John Morgan, "Financing Public Goods by Means of Lotteries". *The Review of Economic Studies* 67 (2000), S. 761–784.

50. Jonathan Chapman, "Interest Rates, Sanitation Infrastructure, and Mortality Decline in Nineteenth Century England and Wales". *EHES Working Paper* No. 218, (2021 10).

51. Filtzer, *The Hazards of Urban Life in Late Stalinist Russia*, S. 22–65.

52. Friedrich Lenger, *Metropolen der Moderne. Eine europäische Stadtgeschichte seit 1850*, München 2013, S. 167.

53. June E. Hahner, *Poverty and Politics. The Urban Poor in Brazil, 1870-1920*, Albuquerque 1986, S. 157 f.

54. Ebd., S. 159, 164 f.

55. Wilson, *Metropolis*, S. 214.

56. Huffman, *Down and Out in Late Meiji Japan*, S. 32 인용.

57. Wohl, *Endangered Lives*, S. 10 f.

58. 1900년대 도쿄와 오사카에서 출생률이 사망률을 앞질렀다는 허프먼의 이론을 참조하라. Huffman, *Down and Out in Late Meiji Japan*, S. 29. 일반적인 인구 통계에 관해서는 Marina Gindelsky, Remi Jedwab, "Killer Cities and Industrious Cities? New Data and Evidence on 250 Years of Urban Growth". *Institute for International Economic Policy Working paper Series* IIEP–WP–2022–01. 참조.

59. Olaf Briese, "Namenszauber: Zum Status medizinischer Begriffsbildung am Beispiel 'Cholera'". *Archiv für Begriffsgeschichte* 43 (2001), S. 199–219, 211 f.

60. Mark Harrison, "A Dreadful Scourge: Cholera in early nineteenth–century India". *Modern Asian Studies* 54,2 (2020), S. 502–553.

61. Yu Xinzhong, Xu Wang, "The new plague on the eve of a great change. China's cholera epidemic in the early nineteenth century". *Journal of Modern Chinese History* 14 (2020), S. 205–220.

62. Frank M. Snowden, *Naples in the Time of Cholera, 1884-1911*, Cambridge 1995, S. 181–230; D'Arienzo, *Métabolismes urbains*, S. 66–71.

63. Richard J. Evans, *Death in Hamburg. Society and Politics in the Cholera Years 1830-1910*, Oxford 1987.

64. Sheldon Watts, *Epidemics and History. Disease, Power, and Imperialism*, New Haven, London 1997, S. 167; Xiaoping Fang, *China and the Cholera Pandemic. Restructuring Society Under Mao*, Pittsburgh 2021.

65. Frank Uekötter, *Im Strudel. Eine Umweltgeschichte der modernen Welt*. Frankfurt/M. 2020, S. 326–331.

66. Helga Schultz, "Social Differences in Mortality in the Eighteenth Century. An Analysis of Berlin Church Registers". *International Review of Social History* 26 (1991), S. 232–248, 237, 244.

67. Watts, *Epidemics and History*, S. 192; Evans, *Death in Hamburg*, S. 180–205; John S. Davies, *Russia in the Time of Cholera. Disease under Romanovs and Soviets*, London, New York 2018, S. 43. 영국 여왕 빅토리아는 장티푸스에서 살아남았다. 여러 사회 계층이 뒤섞여 있던 테헤란 같은 도시에서는 계층에 따른 사망률의 차이가 적게 나타났다. Wohl, *Endangered Lives*, S. 1 f; Amir A. Afkhami, *A Modern Contagion. Imperialism and Public Health in Iran's Age of Cholera*, Baltimore 2019, S. 66.

68. Frioux, *Les Batailles de l'hygiène*, S. 69.

69. Anne Rasmussen, "L'hygiène en congrès(1852–1912): circulation et configurations internationales", Bourdelais, *Les hygiénistes*, S. 213–239, 238 f.

70. Roman Köster, *Hausmüll. Abfall und Gesellschaft in Westdeutschland 1945-1990*, München 2017, S. 89; Zeheter, *Epidemics, Empire, and Environments*, S. 272 f.

71. Evans, *Death in Hamburg*, S. 490–507.

72. Suellen Hoy, *Chasing Dirt. The American Pursuit of Cleanliness*, New York, Oxford 1995, S. 107 인용.

73. Jorland, *Une société à soigner*, S. 226; Anne Hardy, *Ärzte, Ingenieure und städtische Gesundheit. Medizinische Theorien in der Hygienebewegung des 19. Jahrhunderts*, Frankfurt/M. 2005, S. 373–385.

74. Christopher Hamlin, *Cholera. The Biography*, Oxford 2009, S. 9.

75. Peter Münch, *Stadthygiene im 19. und 20. Jahrhundert. Die Wasserversorgung, Abwasser und Abfallbeseitigung unter besonderer Berücksichtigung Münchens*, Göttingen 1993. 참조.

76. Leguay, *La rue au Moyen Age*, S. 62 f; Johan S. Mackenbach, *A History of Population Health. Rise and Fall of Disease in Europe*, Leiden, Boston 2020, S. 137.

77. 18세기 후반 이후 의사들 사이에서 '환경'의 중요성이 크게 인식되기 시작했고, 체액에 대한 이론은 사실상 자취를 감추었다. 반면 세균학의 기반은 실험실로 한정되어 있었다. Etienne S. Benson, *Surroundings. A History of Environments and Environmentalisms*, Chicago 2020, S. 51, 71.

78. 러시아의 사례는 다음을 참조하라. Fall Davies, *Russia in the Time of Cholera*, S. 29–33.

79. Manuela Maggini Arreghini, *Nel Paese di Galileo. Vita di Filippo Pacini*, Florenz 1987, S. 70–78.

80. Fabienne Chevallier, *Le Paris moderne. Histoire des politiques d'hygiène (1855-1898)*, Rennes 2010, S. 242; Myron Echenberg, *Africa in the Time of Cholera. A History of Pandemics from 1817 to the Present*, Cambridge 2011, S. 52–64.

81. Maureen Ogle, *All the Modern Conveniences. American Household Plumbing, 1840-1890*, Baltimore 1996, S. 110.

82. 다음에서 인용함. Anderson, *Colonial Pathologies*, S. 59.

83. Ebd., S. 181.

84. Maynard W. Swanson, "The Sanitation Syndrome: Bubonic Plague and Urban Native Policy in the Cape Colony". *Journal of African History* 18,3 (1977), S. 387–410, 403; Nightingale, *Segregation*, S. 161.

85. 예를 들어: Nancy Tomes, *The Gospel of Germs. Men, Women, and the Microbe in American Life*, Cambridge/Mass. 1998, S. 113–135; Isabella, Rubrichi, Sensi, *Dal Canestraro al Netturbino*, S. 126.

86. Zeheter, *Epidemics, Empire, and Environment*, S. 229.

87. David S. Barnes, *The Great Stink of Paris and the Nineteenth-Century Struggle against Filth and Germs*, Baltimore 2006, S. 37.

7장

1. Lewis Mumford, *The City in History. Its Origins, Its Transformations, and Its Prospects*, London 1961, S. 474.

2. Franz-Josef Brüggemeier, *Das unendliche Meer der Lüfte. Luftverschmutzung, Industrialisierung und Risikodebatten im 19. Jahrhundert*, Göttingen 1996. 참조.

3. Ulrich Raulff, *Das letzte Jahrhundert der Pferde. Geschichte einer Trennung*, München 2015. 파리에서는 말의 수가 1830~1880년 사이에 약 3만 마리에서 8만 마리로 증가했다. S. François Jarrige, Thomas Le Roux, "Le rôle des déchets dans l'histoire". *La Découverte* 87,3 (2016), S. 59-68, 61.

4. David Edgerton, *The Shock of the Old. Technology and Global History since 1900*, London 2008, S. 32-36.

5. Clay McShane, Joel Tarr, *The Horse in the City. Living Machines in the Nineteenth Century*, Baltimore 2007; Prignano, *Crónica de la Basura Porteña*, S. 156.

6. Ebd., S. 102.

7. Lyon-Caen, Morera, *À vos poubelles citoyens!*, S. 164.

8. Anne Hardy, "Death and the Environment in London, 1800-2000", Bill Luckin, Peter Thorsheim (Hg.), *A Mighty Capital under Threat. The Environmental History of London*, Pittsburg 2020, S. 69-87, 73.

9. Almeroth-Williams, *City of Beasts*; Catherine McNeur, *Taming Manhattan. Environmental Battles in the Antebellum City*, Cambridge/Mass. 2014.

10. Mariano E. Torres Bautista, "La basura y sos destinos, Puebla 1878-1925", Rosalva Loreto, Francisco J. Cervantes B. (Hg.), *Limpiar y obedecer. La basura, el agua y la muerte en la Puebla de los Ángeles, 1650-1925*, Mexico City 1994, S. 221-248, 223.

11. Earl B. Shaw, "Swine Industry of China". *Economic Geography* 14,4 (1938), S. 381-397, 381.

12. Alan L. Olmstedt, "The First Line of Defense: Inventing the Infrastructure to Combat Animal Diseases". *The Journal of Economic History* 69,2 (2006), S. 327-357, 342-349; Andrew Fairbanks, Jennifer Wunderlich, Christoper Meindl, "Talking Trash. A Short History of Solid Waste Management in Florida". *The Florida Historical Quaterly* 91 (2013), S. 526-557, 534; Anderson, *Capitalist Pigs*, S. 95-100, 147 f.

13. Bénédicte Florin, "Résister, s'adapter ou disparaître: la corporation des chiffonniers du Caire en question", Delphine Corteel, Stéphane Le Lay (Hg.), *Les travailleurs des déchets*, Toulouse 2011, S. 69-91.

14. 예를 들어 18세기 제노바에서는 동물이 아무렇게나 돌아다니는 것이 불법이었다. Padovano, *La storia della rûmenta*, S. 12; 브라질의 사례는 다음을 참조하라. Hahner, *Poverty and Politics*, S. 167.

15. Alfred Sohn-Rethel, *Das Ideal des Kaputten*, Hg. und mit einem Nachwort versehen von zkfmf Carl Freytag, Freiburg, Wien 2018, S. 16-18. 대학 내 동물 사육에 대한 이야기를 조금 더 자세히 해 보는 것도 나쁘지 않을 듯하다. 적은 봉급을 받던 1970년대 다르에스살람의 대학 교수들은 주로 축산과 소규모 농업으로 살림살이를 충당하는 경우가 많아 '바나나와 치킨 프티 부르주아'[banana and chicken petty bourgeoisie']라고 불리기도 했다. Brownell, *Gone to Ground*, S. 127.

16. Joanna L. Dyl, *Seismic City. An Environmental History of San Francisco's 1906 Earthquake*, Seattle, London 2017, S. 232 f.

17. Velten, *Beastly London*, S. 20; Almeroth-Williams, *City of Beasts*, S. 101 f; Ian MacLachlan, "A Bloody Offal Nuisance. The Persistence of Private Slaughterhouses in Nineteenth Century London". *Urban History* 34 (2007), S. 227-254, 235.

18. 다음을 참조. Jorland, *Une société à soigner*, S. 59.

19. Thomas Le Roux, *Le laboratoire des pollutions industrielles. Paris, 1770-1830*, Paris 2011.

20. Steinberg, *Gotham Unbound*, S. 160–179.

21. Ebd., S. 158.

22. Benidickson, *The Culture of Flushing*, S. 83, 108; John von Simson, *Kanalisation und Städtehygiene im 19. Jahrhundert*, Düsseldorf 1983.

23. Steinberg, *Gotham Unbound*, S. 121 f; Martin V. Melosi, *The Sanitary City. Environmental Services in Urban America from Colonial Times to the Present*, Pittsburgh 2008, S. 97–112.

24. Ward, *The Clean Body*, S. 74 f.

25. Ogle, *All the Modern Conveniences*, S. 96 f.

26. Nightingale, *Segregation*, S. 257. 식민지화에 대한 기억 또한 이 분야에 영향을 미쳤다. Stephanie Newell, *Histories of Dirt. Media and Urban Life in Colonial and Postcolonial Lagos*, Durham NC 2020, S. 126. 참조.

27. 중소 도시가 선두 주자의 역할을 했던 영국은 예외이다.

28. Davison, *The Rise and Fall of Marvelous Melbourne*, S. 233 인용.

29. Lionel Frost, "Water Technology and the Urban Environment: Water, Sewerage, and Disease in San Francisco and Melbourne before 1920". *Journal of Urban History* 46 (2020), S. 15–32, 23 f.

30. Agatha Zysiak u. a., *From Cotton and Smoke. Łódź-Industrial City and Discourse of Asynchronous Modernity 1897-1994*, Łódź/Krakau 2018, S. 117–121, 155.

31. Benidickson, *The Culture of Flushing*, S. 59, 233 f; Christopher Hamlin, *Imagining the Metropolitan Environment in the Modern Period*, Luckin, Thorsheim, *A Mighty Capital under Threat*, S. 46–68, 61.

32. Steinberg, *Gotham Unbound*, S. 174.

33. Benedickson, *The Culture of Flushing*, S. 220–243, 284; Thomas Bauer, *Im Bauch der Stadt. Kanalisation und Hygiene in Frankfurt am Main 16.-19. Jahrhundert*, Frankfurt/M. 1998, S. 329–361; Joel A. Tarr, *The Search for the Ultimate Sink. Urban Pollution in Historical Perspective*, Akron/Ohio 1996.

34. Sabine Barles, *André Guillerme, L'Urbanisme Souterrain*, Paris 1995. 참조.

35. Michelle Allen, *Cleansing the City. Sanitary Geographies in Victorian London*, Athens/Ohio 2008.

36. Barles, *L'invention des déchets urbains*, S. 89.

37. Benidickson, *The Culture of Flushing*, S. 96.

38. 1830년대 콜레라 감염 방지에 대한 규율은 지방 자치 규정의 전신이 되었다. Cutolo, *Breve storia della Monnezza a Napoli*, S. 70–76. 참조.

39. Martin V. Melosi, *Garbage in the Cities. Refuse Reform and the Environment*, Pittburgh 2004, S. 20.

40. Susan Strasser, *Satisfaction Guaranteed. The Making of the American Mass Market*, New York 1989; Sören Flachowsky, *Saubere Stadt. Saubere Weste. Die Geschichte der Berliner Stadtreinigung von 1871 bis 1955 mit dem Schwerpunkt Nationalsozialismus*, Berlin 2021, S. 35. 또한 참조할 수 있다.

41. Dirk Wiegand, *Innovation durch Normung. Technische Regelsetzung in der kommunalen Technik*, Essen 2020, S. 382 f.

42. Frost, *Water Technology and the Urban Environment*, S. 23.

43. Sori, *Il rovescio della produzione*, S. 113.

44. Benidickson, *The Culture of Flushing*, S. 112.

45. Frank W. Geels, "The hygienic transition from cesspools to sewer systems (1840–1930): the dynamics of regime transformations". *Research Policy* 35 (2006), S. 1069–1082.

46. Vinay Kumar Srivastava, "On Sanitation: A Memory Ethnography". *Social Change* 44,2 (2014), S. 275–290, 276 f. 참조; 2018년 자료에 따르면 인도의 경우 약 30%의 가정이 하수도 시스템을 사용할

수 있다. Assa Doron, Robin Jeffrey, *Waste of a Nation. Garbage and Growth in India*, Cambridge/ Mass. 2018, S. 78.

47. Francisco Javier Cervantes Bello, "La ciudad de Puebla y sus desechos. Problemas y soluciones del siglo XIX (1810–1876)", Loreto, Cervantes B., *Limpiar y obedecer*, S. 127–186, 154; 맥시코 도 시의 경우: Dávalos, *Basura e ilustración*, S. 86.

48. Yagual, *Guayaquil futuro*, S. 16 f.

49. D'Arienzo, *Métabolismes urbains*, S. 61.

50. Godard, Donzel, *Éboueurs de Marseille*, S. 27. 퍼렌체의 사례는 Andrea Giuntini, *Cinquant'anni puliti puliti. I rifiuti a Firenze dall'Ottovento alla Società Quadrifoglio*, Mailand 2006, S. 39–41.

51. Ebd. S. 49.

52. Steinberg, *Gotham Unbound*, S. 111.

53. Melosi, *Fresh Kills*, S. 40; Medina, *The World's Scavengers*, S. 35.

54. Köster, *Hausmüll*, S. 86 f; Isabella, Rubrichi, Sensi, *Dal Canestraro al Netturbino*, S. 22; Godard, Donzel, *Éboueurs de Marseille*, S. 37; Eriksen, *Mensch und Müll*, S. 83.

55. Mehmet Mazak u. a., *Şehr-I İstanbul'un Temizlik Kültürü. Osmanlı'dan Günümüze Temizlik Çalişmalarive Küçükçemece Örnei*, Istanbul 2010.

56. Afkhami, *A Modern Contagion*, S. 189–192.

57. Wilson, *Metropolis*, S. 226; Björn Blaß, "Frauensache: Städtisches Haushalten als moralische Ökonomie in New York (1880–1917)". *Geschichte und Gesellschaft* 26 Sonderheft (2019), S. 133–161; Melosi, *Garbage in the Cities*, S. 98–101.

58. Benidickson, *The Culture of Flushing*, S. 61.

59. Rasmussen, *L'hygiène en congrès*, S. 238 f; Zeheter, *Epidemics, Empire, and Environments*, S. 272 f.

60. Melosi, *Garbage in the Cities*, S. 173. 세인트루이스, 뉴올리언즈 등 다른 도시의 사례에 대해서는 Patricia Strach, Kathleen S. Sullivan, *The Politics of Trash. How Governments used Corruption to Clean Cities*, Ithaca, London 2022. 참조.

61. Dyl, *The War on Rats versus the Right to Keep Chickens*, S. 51.

62. Melosi, *Garbage in the Cities*, S. 24, 170 f.

63. Wiegand, *Innovation durch Normung*, S. 301.

64. Hoy, *Chasing Dirt*, S. 79.

65. Library of Congress(미국 의회도서관). "N.Y.C. – 5th Avenue – White Wing Parade (N.Y.C. streetcleaners) May 1913". https://www.loc.gov/item/2007678104/.

66. Melosi, *Garbage in the Cities*, S. 42–65; ders., *Fresh Kills*, S. 53–63.

67. Flachowsky, *Saubere Stadt*, S. 77; A. A. Adedibu, A. A. Okekunle, "Environmental Sanitation on the Lagos Mainland: Problems and possible Solutions". *International Journal of Environmental Studies* 33,1–2 (1989), S. 99–109, 99. 인용.

68. Yong Xue, "Treasure Nightsoil as if it were Gold", S. 57–59; 그 밖에 Liping Bu, *Public Health and the Modernization of China*, London/New York 2017, S. 27–33.

69. Joshua Goldstein, *Remains of the Everyday. A Century of Recycling in Beijing*, Oakland 2021, S. 46–50, 86 f.

70. Xinzhong, *The Treatment of Night Soil and Waste in Modern China*, S. 58.

71. Yong Xue, "Treasure Nightsoil as if it were Gold", S. 60; Xinzhong, *The Treatment of Night Soil and Waste in Modern China*, S. 51 f; Luca Gabbiani, *Le développement de la santé publique à Pékin 1901-1911: influences et conséquences, Bourdelais, Les hygiénistes*, S. 373–391, 376 f; Xuelei Huang, "Deodorizing China: Odour, ordure, and colonial (dis)order in Shanghai, 1840s–1940s". *Modern Asian Studies* 50,3 (2016), S. 1092–1122, 1094.

72. Paul Kreitman, "Attacked by Excrement: The Political Ecology of Shit in Wartime and Postwar Tokyo", *Environmental History* 23,2 (2018), S. 342–366, 345; Takanori Hoshino, "Transition to Municipal Management. Cleaning Human Waste in Tokyo in the Modern Era", *Japan Review* 20 (2008), S. 189–202, 194–197.

73. Bu, *Public Health and the Modernization of China*, S. 27–33.

74. Xinzhong, *The Treatment of Night Soil and Waste in Modern China*, S. 67.

75. Dávalos, *Basura e ilustración*, S. 69.

76. Godard, *Donzel, Éboueurs de Marseille*, S. 30 f.

77. Isabella, Rubrichi, Sensi, *Dal Canestraro al Netturbino*, S. 45, 106 f; Giuntini, *Cinquant'anni puliti puliti*, S. 65.

78. Sigrid Fährmann, "'Denn ein undankbareres Geschäft denn dieses gibt es nicht'. Der zunehmende Einfluss der Verwaltung auf den Umgang mit Fäkalien", Regina Löneke, Ira Spieker (Hg.), *Reinliche Leiber - Schmutzige Geschäfte. Körperhygiene und Reinlichkeitsvorstellungen in zwei Jahrhunderten*, Göttingen 1996, S. 35–48, 39.

79. 1907년 쑤저우의 한 보고서. Xinzhong, *The Treatment of Night Soil and Waste in Modern China*, S. 66.

80. Toby Lincoln, *Urbanizing China in War and Peace. The Case of Wuxi County*, Honolulu 2015, S. 87; Frank Trentmann, *Empire of Things. How we became a World of Consumers, from the Fifteenth Century to the Twenty-first*, Milton Keynes 2016, S. 634.

81. 사진에 대한 설명은 이탈리아어 'rifiuto(거절)/rifiuti(쓰레기)'의 이중적인 의미를 활용한 언어유희이다. Bodleian Library(영국 보들리언도서관). "origine de l'etouffoir impérial". https://digital.bodleian. ox.ac.uk/objects/36e60306–bf4a–44d9–af4d–4473019ecf65/surfaces/36e60306–bf4a–44d9– af4d–4473019ecf65/.

82. Wiegand, *Innovation durch Normung*, S. 286–302. 참조.

83. 데사우 연방환경청의 에르하르트 컬렉션.

84. Gunnar Lundh, "Två män bär en soptunna till en sopbil". Stockholm år 1941. https:// www. europeana.eu/de/item/91625/nomu_photo_NMA0080579 (접속 일자: 23.11.2022)

85. Jeanne–Hélène Jugie, *Poubelle-Paris(1883-1896): la collecte des ordures ménagères à la fin du XIXe siècle*, Paris 1993, S. 58. 마르세유의 에스쿠비에들은 1830년 프랑스 7월 혁명 때까지 반란을 이어 갔다. Godard, Donzel, *Éboueurs de Marseille*, S. 25. 참조.

86. Anne Hardy, *Death and the Environment in London, 1800-2000*, S. 73.

87. Edward D. Wynot Jr., *Warsaw Between the World Wars: Profile of the Capital City in a Developing Land*, New York 1983, S. 208 f.

88. Pedro Montoliú, *Madrid en los 'felices' años 20, 1921-1931*, Madrid 2021, S. 416 f.

89. Isabella, Rubrichi, Sensi, *Dal Canestraro al Netturbino*, S. 100, 129.

90. Henry, *Assimilating Seoul*, S. 152; Dick, *Surabaya*, S. 189 f; Anat Helman, "Cleanliness and Squalor in Inter–war Tel–Aviv". *Urban History* 31,1 (2004), S. 72–99, 83.

91. Wiegand, *Innovation durch Normung*, S. 333–343.

92. Ebd., S. 301, 347–376; Flachowsky, *Saubere Stadt*, S. 72 f.

93. 조너선 채프먼Jonathan Chapman은 19세기 말 영국에서 낮은 금리가 위생 인프라 시설 건설의 증가로 이어져 소아 사망률을 감소시켰다고 주장한다. Chapman, *Interest Rates*.

94. Paul Einzig, *The Economics of Fascism*, S. 21: "Even Naples is becoming clean; much to the regret of the lovers of romance." Giuntini, *Cinquant'anni puliti puliti*, S. 61–63. 또한 참조.

95. 예를 들어: Wynot Jr., *Warsaw between the World Wars*, S. 194 f.

96. Raymond G. Stokes, Roman Köster, Stephen C. Sambrook, *The Business of Waste. Great Britain and Germany, 1945 to the Present*, Cambridge 2013, S. 160–166.

97. Torres Bautista, *La basura y sus destinos*, S. 244 f; Padovano, *La storia della rûmenta*, S. 66. 참조.

98. Köster, *Hausmüll*, S. 93; Prignano, *Crónica de la Basura Porteña*, S. 149–170.

99. Lyon–Caen, Morera, *À vos poubelles citoyens!*, S. 83–91.

100. McNeur, *Taming Manhattan*, S. 131. 인용.

101. Prashad, *The Technology of Sanitation in Colonial Delhi*, S. 129.

102. Pavla Šimková, *Urban Archipelago. An Environmental History of the Boston Harbor Islands*, Amherst, Boston 2021, S. 51–95.

103. Craig E. Colten, "Chicago's waste lands: refuse disposal and urban growth, 1840–1990". *Journal of Historical Geography* 20,2 (1994), S. 124–142, 128 f.

104. Craig E. Colten, "Chicago's Waste Lands. Refuse Disposal and Urban Growth, 1840–1990", Kathleen A. Brosnan, Ann Durkin Keating, William C. Barnett (Hg.), *City of Lake and Prairie. Chicago's Environmental History*, Pittsburgh 2020, S. 221–239, 228–230.

105. Nele Fabian, "Loretta Ieng Tak Lou, The Struggle for Sustainable Waste Management in Hong Kong: 1950s–2010s". *Worldwide Waste. Journal of Interdisciplinary Studies* 2,1 (2019), S. 1–12, 2.

106. Mariko Asano Tamanoi, "Suffragist Women, Corrupt Officials, and Waste Control in Prewar Japan: Two Plays by Kaneko Shigeri". *The Journal of Asian Studies* 68,3 (2009), S. 805–834, 806; Abu–Lughod, *Cairo*, S. 93.

107. Šimková, *Urban Archipelago*, S. 51–95.

108. Dávalos, *Basura e ilustración*, S. 87.

109. Abu–Lughod, *Cairo*, S. 126 f.

110. Wiegand, *Innovation durch Normung*, S. 270 f.

111. 파리 몽포콩 매립지Deponie Montfaucon의 경우: Ann F. La Berge, *Mission and Method. The early nineteenth-century French public health movement*, Cambridge 1992, S. 216–229.

112. Chevallier, *Le Paris moderne*, S. 249 f.

113. Godard, Donzel, *Éboueurs de Marseille*, S. 34 f; Flachowsky, *Saubere Stadt. Saubere Weste?*, S. 46 f.

114. Barles, *L'invention des déchets urbains*, S. 77.

115. 1900년대에도 유사한 일이 있었다. Isabella, Rubrichi, Sensi, *Dal Canestraro al Netturbino*, S. 61. 델리도 마찬가지다.: Prashad, *The Technology of Sanitation in Colonial Delhi*, S. 148 f.

116. Douglas, *Cities*, S. 163 f.

117. Barles, *L'invention des déchets urbains*, S. 225; Martin V. Melosi, "The Fresno Sanitary Landfill in an American Cultural Context". *The Public Historian* 24,3 (2002), S. 17–35, 24–29.

118. Steinberg, *Gotham Unbound*, S. 243, 247.

119. Melosi, *Garbage in the Cities*, S. 39.

120. D. G. Wilson, "A Brief History of Solid Waste Management". *International Journal of Environmental Studies* 9 (1976), S. 123–129, 127.

121. Douglas, *Cities*, S. 163.

122. Evans, *Death in Hamburg*, S. 529, 532.

123. Barles, *L'invention des déchets urbains*, S. 185.

124. Wiegand, *Innovation durch Normung*, S. 273 f.

125. Melosi, *Garbage in the Cities*, S. 41.

126. Fairbanks, *Wunderlich, Meindl, Talking Trash*, S. 532.

127. Dyl, *Seismic City*, S. 228 f.

128. Ellen Stroud, *Dead Bodies in Harlem. Environmental History and the Geography of Death*, Isenberg, *Nature of Cities*, S. 62–76.

129. A. Senti, R. Hermann, "Das Abfuhrwesen der Stadt Zürich". *Zürcher Statistische Nachrichten* 16

(1939), S. 173-224, 187-193.

130. Melosi, *Garbage in the Cities*, S. 174 f.

131. Yagual, *Guayaquil futuro*, S. 17.

132. Williams, *Health and Welfare in St. Petersburg*, S. 134.

133. Padovano, *La storia della rûmenta*, S. 56.

134. Tamanoi, *Suffragist Women*, S. 819, 827. 주부 단체는 종종 도쿄 청소 구역의 더러움에 경악을 금치 못했다. 반면 1980년대 일본의 쓰레기 관리 관행을 조사한 두 과학자는 일본에서는 길에서 식사를 해도 손색이 없을 정도라며 극찬했다. Allen Hershkowitz, Eugene Salerni, *Garbage Management in Japan: Leading The Way*, New York 1987, S. 69, 73; O. V., "Tokyo's Garbage War". *Japan Quaterly* 19,2 (April 1972), S. 125-129, 128. 참조.

135. Jones, Spadafora, *Waste, Recycling, and Entrepreneurship*, S. 14; Wiegand, *Innovation durch Normung*, S. 286 f.

136. Tamanoi, *Suffragist Women*, S. 807 인용.

137. Godard, Donzel, *Éboueurs de Marseille*, S. 44 f.

138. Prashad, *The Technology of Sanitation in Colonial Delhi*, S. 154.

139. Isabella, Rubrichi, Sensi, *Dal Canestraro al Netturbino*, S. 128 f.

140. Prignano, *Crónica de la Basura Porteña*, S. 164.

141. Dyl, *The War on Rats versus the Right to Keep Chickens*, S. 51. 또한 Melosi, *Fresh Kills*, S. 145-149. 참조.

8장

1. Paul Farmer u. a., *Reimagining Global Health. An Introduction*, Berkeley 2013, S. 37.

2. Barnes, *The Great Stink of Paris*, S. 67, 85 f.

3. Ward, *The Clean Body*, S. 37.

4. Barnes, *The Great Stink of Paris*, S. 204.

5. 19세기까지 미국 중서부 사람들은 '짐승에 가까운 더러운 존재'로 여겨졌다. 특히 비누를 쓰지 않는 것은 동해안 사람들에게 부정적으로 비추어졌다. Hoy, *Chasing Dirt*, S. 7.

6. Joseph W. Childers, "Foreign Matter: Imperial Filth", William A. Cohen, Ryan Johnson (Hg.), *Filth. Dirt, disgust, and modern life*, Minneapolis 2005, S. 201-221.

7. Jürgen Osterhammel, *Die Entzauberung Asiens. Europa und die asiatischen Reiche im 18. Jahrhundert*, München 1998.

8. Krämer, *Geschichte Palästinas*, S. 98 인용. 예루살렘에서 기능하지 않는 모든 것들은 와크프의 잘못이라는 이야기는 주요한 논쟁거리였다. Vincent Lemire, *La soif de Jérusalem. Essai d'hydrohistoire (1840-1948)*, Paris 2011. 참조.

9. "동남아시아의 정치 발전에는 역설적인 점이 있다. 권력과 후원의 낡은 구조, 그리고 이를 강화한 식민지 착취 모델이 겹쳐졌음에도 불구하고, 20세기 초반 동남아시아의 모든 국가에서 독립을 위한 투쟁은 근대성의 환기를 수반했기 때문이다." Michael Vatikiotis, *Blood and Silk. Power and Conflict in Modern Southeast-Asia*, London 2017, S. 102.

10. Headrick, *Tentacles of Progress*, S. 145-170. 참조.

11. Nightingale, *Segregation*; Morgan, *Kairo*, S. 75.

12. Terje Tvedt, *Der Nil. Fluss der Geschichte*, Berlin 2020, S. 55.

13. Dipesh Chakrabarty, "Of Garbage, Modernity and the Citizen's Gaze". *Economic and Political Weekly* 27,10-11 (7-14. März 1992), S. 541-547.

14. 고전적인 예시: Swanson, *The Sanitation Syndrome*.

15. Farmer u. a., *Reimagining Global Health*, S. 37.

16. S. Abu-Lughod, *Cairo*, S. 126. 필리핀에 대한 미국의 공중위생 정책을 다룬 워윅 앤더슨[Warwick Anderson]
    의 글에서도 이러한 관점이 드러난다. 그는 위생과 관련해서는 불만을 표시하지 않았다. Anderson,
    Colonial Pathologies, S. 10 f.

17. Dora L. Costa, Matthew E. Kahn, "Declining Mortality Inequality within Cities during the Health
    Transition". *American Economic Review* 105 (2015), S. 564-569.

18. Rana Mitter, "State-Building after Disaster: Jiang Tingfu and the Reconstruction of Post-World
    War II China, 1943-1949". *Comparative Studies in Society and History* 61 (2019), S. 176-206,
    192 f., 202 f; John R. Watt, *Saving Lives in Wartime China. How Medical Reformers built Modern
    Healthcare Systems amid Wars and Epidemics*, Leiden, Boston 2014, S. 57-62, 70-72, 94-98.

19. Colin McFarlane, "Governing the contaminated city. Infrastructure and Sanitation in Colonial
    and Post-Colonial Bombay". *International Journal of Urban and Regional Research* 32,2 (2008), S.
    415-435, 428.

20. Williams, *Health and Welfare in St. Petersburg*, S. 67.

21. Tomes, *Gospel of Germs*, S. 150-154.

22. Sori, *Il rovescio della produzione*, S. 161-163.

23. Ebd., S. 109.

24. Lemire, *Soif de Jérusalem*, S. 526-558.

25. Ellen J. Amster, *Medicine and the Saints. Science, Islam, and the Colonial Encounter in Morocco,
    1877-1956*, Austin 2013, S. 115 인용.

26. Julia Csergo, Liberté, egalité, propreté. La morale de l'hygiène au XIXe siecle, Paris 1988, S. 46.

27. Wolfgang Reinhard, *Die Unterwerfung der Welt. Globalgeschichte der europäischen Expansion
    1415-2015*, München 2016, S. 199-205.

28. 이는 유럽에만 해당하는 것이 아니다. 일본 또한 한국과의 전쟁에서 유사한 방법을 사용했다. Henry,
    Assimilating Seoul, S. 148. 참조.

29. Erica Charters, *Disease, War, and the Imperial State. The Welfare of the British Armed Forces
    during the Seven Years' War*, Chicago 2014, S. 53, 93.

30. Jorland, *Une société à soigner*, S. 55, 286 f. 참조. 1870/71년 프로이센-프랑스 전쟁은 프랑스에게 병영
    보다 전투지에서 더 많은 사람이 사망한 첫 전쟁이었다.

31. Judith Lissauer Cromwell, *Florence Nightingale, Feminist, Jefferson (NC)*, London 2013, S. 136 f., 222
    f., 228 f; Mark Harrison, *Public health in British India. Anglo-Indian Preventive Medicine, 1859-
    1914*, Cambridge 1994, S. 60 f.

32. Anderson, *Colonial Pathologies*, S. 26-28.

33. Randall M. Packard, *A History of Global Health. Interventions into the Lives of Other Peoples*,
    Baltimore 2016, S. 22 f; Benson, *Surroundings*, S. 52-56.

34. Nightingale, *Segregation*, S. 66-69, 88-95.

35. Ebd., S. 95-106.

36. 미국 도시의 사례는 Samuel Kelton Roberts Jr., *Infectious Fear. Politics, Disease, and the Health
    Effects of Segregation*, Chapel Hill 2009. 참조

37. 영국의 식민지 장교였던 스탠퍼드[W. E. Stanford]는 이렇게 표현했다. "부정해서는 안 된다. 주요한 동기는 공
    중 보건이어야 한다. 그러나 우리가 이들에게 제공하는 공간에 환경을 개선할 수단이 존재하지 않는 한
    이러한 행동은 모순적일 수밖에 없다. 이들은 비위생적인 환경에서 살면서 공중 보건에 해를 끼치고, 우
    리는 그러면서도 이들을 우리의 사업장과 가정에 고용하고 있기 때문이다." Swanson, *The Sanitation
    Syndrome*, S. 407 f. 인용.

38. Nightingale, *Segregation*, S. 125-129.

39. Morgan, *Kairo*, S. 44.

40. Prashad, *The Technology of Sanitation in Colonial Delhi*, S. 123 f.

41. Ebd., S. 121; Headrick, *The Tentacles of Progress*, S. 158 f.

42. Doron, Jeffrey, *Waste of a Nation*, S. 76 f. 1920년대 라고스에서도 비슷한 변화가 목격되었다. 흑사병이 유행하기 시작하자 이곳의 영국인들은 개혁 조치를 취하기 시작했다. Ayodeji Olukoju, "Population Pressure, Housing and Sanitation in Colonial Lagos". *The Great Circle* 15,2 (1993), S. 91–106.

43. Trettin, *Abfallwirtschaft und informeller Sektor* S. 48.

44. Prashad, *The Technology of Sanitation in Colonial Delhi*, S. 148–153.

45. "Sanitation in India" / by J. A. Turner; with contributions by B. K. Goldsmith (and others). Turner, J. A. (John Andrew). Date: 1914. Wellcome Trust London.

46. Prashad, *The Technology of Sanitation in Colonial Delhi*, S. 129 f.

47. Srivastava, *On Sanitation*, S. 282.

48. Mathieu Mérino, "Management of garbage in Nairobi. Perspectives of restructuring public action", Helene Charton–Bigot, Deyssi Rodriguez–Torres (Hg.), *Nairobi Today: The Paradox of a Fragmented City*, Dares Salaam 2010, S. 95–120, 95 f.

49. Rijke–Epstein, *The Politics of Filth*, S. 240–243.

50. Helga Rathjen, *Tsingtau. Eine deutsche Kolonialstadt in China (1897-1914)*, Wien 2021, S. 165.

51. Agnes Kneitz, "German Water Infrastructure in China: Colonial Qingdao". *NTM24* (2017), S. 421–450를 참조함. 상하이의 경우: Huang, *Deodorizing China*, S. 1111–1117.

52. Packard, *A History of Global Health*, S. 19. 인용.

53. Ebd.

54. Anderson, *Colonial Pathologies*, S. 48.

55. Ebd., S. 101.

56. Packard, *A History of Global Health*, S. 30.

57. Ebd., S. 31.

58. Huffman, *Japan in World History*, S. 81 f; Howell, *Fecal Matters*.

59. Henry, *Assimilating Seoul*, S. 42 f., 60 f. 참조.

60. Ebd., S. 135.

61. Todd A. Henry, "Sanitizing Empire: Japanese Articulations of Korean Otherness and the Construction of Early Colonial Seoul, 1905–1919". *The Journal of Asian Studies* 64, 3 (2005), S. 639–75, 651.

62. Packard, *A History of Global Health*.

63. Afkhami, *A Modern Contagion*, S. 90.

64. Jennifer L. Derr, *The Lived Nile. Environment, Disease, and Material Colonial Economy in Egypt*, Stanford 2019, S. 142; 미리엄 그로스Miriam Gross는 건강 검진에서 다른 사람의 대변 표본을 제출하는 관행을 예시로 들었다. 이는 1920~1930년대 이집트에서 흔한 일이었다. Gross, *Farewell to the God of Plague*, S. 149. 참조.

65. Rogaski, *Hygienic Modernity*.

66. "The Qianlong Emperor's Letter to King George III" (1793).

67. Rosenthal, *The Politics of Dependency*.

68. Dinçkal, *Istanbul und das Wasser*, S. 57–59.

69. Davide Deriu, "A challenge to the West. British views of Republican Ankara", Mohammed Gharipour (Hg.), *The City in the Muslim World. Depictions by Western Travel Writers*, London 2015, S. 277–301, 286 참조.

70. Cihangir Gündoğdu, "The state and the stray dogs in late Ottoman Istanbul: from unruly

subjects to servile friends". *Middle Eastern Studies* 54 (2018), S. 555–574, 564 f.

71. Morgan, *Kairo*, S. 16; Rosenthal, *The Politics of Dependency*, S. 125.

72. Abu–Lughod, *Cairo*, S. 86 f., 92.

9장

1. D'Arienzo, *Métabolismes urbains*, S. 51. 인용

2. Klaus Hentschel, "220 Tonnen leichter als Luft. Materialgeschichte des Zeppelins". https://www. hi.uni–stuttgart.de/gnt/ausstellungen/zeppelin/index.html (접속 일자: 13.1.2022).

3. Jones, *Outcast London*, S. 33–51.

4. Upton Sinclair, *The Jungle*, Chicago 1988 (1906), S. 35.

5. Barles, *L'invention des déchets urbains*.

6. 독일의 사례에 대해서는 Elisabeth Vaupel, "Ersatzstoffe – Geschichte, Bedeutung, Perspektiven", dies. (Hg.), Ersatzstoffe im Zeitalter der Weltkriege. *Geschichte, Bedeutung, Perspektiven*, München 2021, S. 9–81, dies., Florian Preiß, "Kinder, sammelt Knochen! Lehr– und Propagandamittel zur Behandlung des Themas Knochenverwertung an deutschen Schulen im 'Dritten Reich'". *NTM* 26 (2018), S. 151–183. 참조.

7. McShane, Tarr, *The Horse in the City*, S. 124.

8. Wines, *Fertilizer in America*, S. 25–32.

9. Jan Luiten van Zanden, *The Transformation of European Agriculture in the Nineteenth Century. The Case of the Netherlands*, Amsterdam 1994, S. 92.

10. Huffman, *Down and Out in Late Meiji Japan*, S. 72–75; Smil, *Enriching the Earth*, S. 28. 조지프 휘 트니[Joseph Whitney]는 1980년대 말 "도시의 쓰레기를 시골의 농경 자원으로 활용하는 전통적인 공생 관계는 완전히 무너져내렸다."라고 주장했다. Joseph B. R. Whitney, "The Waste Economy and the Dispersed Metropolis in China", Norton Ginsburg, Bruce Koppel, T. G. McGee (Hg.), *The Extended Metropolis. Settlement Transition in Asia*, Honolulu 1991, S. 177–191, 188.

11. Werner, *Dunkle Materie*, S. 147.

12. Johann Heinrich von Thünen, "Der isolierte Staat in Beziehung auf Landwirtschaft und Nationalökonomie" (헤르만 레만[Hermann Lehmann]과 루츠 베르너[Lutz Werner]가 미공개 원고를 편집하고 주석을 달았다.) Berlin/O. 1990 (1842), S. 17.

13. Barles, *L'invention des déchets urbains*, S. 100.

14. Liam Brunt, "Where there's muck, there's brass: the market for manure in the industrial revolution". *The Economic History Review* 60,2 (2007), S. 333–372. 참조.

15. Marc Linder, Lawrence S. Zacharias, *Of Cabbages and Kings County. Agriculture and the Formation of Modern Brooklyn*, Iowa City 1999, S. 35. 참조. 저자들은 뉴욕 킹스카운티의 도시 팽창을 예시로 도시 팽창이 농업을 파괴하면서도 다른 한편으로는 채소 농업의 새로운 상업화 활로를 형성했다고 이야기한다. 이는 일시적으로나마 도시 폐기물의 재사용율을 높여주었다.

16. Melosi, *Garbage in the Cities*, S. 33 f.

17. Barles, *L'invention des déchets urbains*, S. 67.

18. Tajima, *The Marketing of Urban Human Waste*, S. 22.

19. Henry Nygård, *Bara ett ringa obehag? Avfall och renhållning i de finländska städernas profylaktiska strategier 1830-1930*, Åbo 2004, S. 100–103, 146–148; Ferdinand Fischer, *Die Verwertung der Städtischen und Industrie-Abfallstoffe. Mit besonderer Rücksicht auf Desinfection, Städtereinigung, Leichenverbrennung und Friedhöfe*, Leipzig 1875, S. 110–117; 베이징에서는 배설물을 '비료 케이크[Fertilizer Cakes]'로 가공하기도 했다. Goldstein, *Remains of the Everyday*, S. 27.

20. Sabine Barles, Laurence Lestel, "The Nitrogen Question. Urbanization, Industrialization, and River Quality in Paris 1830–1939", *Journal of Urban History* 33,5 (2007), S. 794–812, 801–806; Kreitman, *Attacked by Excrement*, S. 353.

21. Wines, *Fertilizer in America*, S. 107–111; Macfarlaine, *The Savage Wars of Peace*, S. 173. 구아노 비료의 비법은 새가 따로 소변을 보지 않아 모든 성분이 대변으로 배출된다는 점에 있었다. Shiel, *Science and Practice*, S. 19. 참조.

22. Gregory T. Cushman, *Guano and the Opening of the Pacific World. A Global Ecological History*, Cambridge, New York 2013.

23. Frédéric Gannon, *La refondation de l'industrie chimique française de l'azote au lendemain du traité de Versailles à travers le parcours de l'un de ses protagonistes: Georges Patart (X 1889)*.

24. 예를 들어 1920년대 로마는 도로의 진창을 비료로 활용했으며, 쓰레기는 돼지 사료로 사용했다. Isabella, Rubrichi, Sensi, *Dal Canestraro al Netturbino*, S. 102 f., 122 f.

25. Arnaud Page, "'The greatest victory which the chemist has won in the fight (…) against Nature': Nitrogenous fertilizers in Great Britain and the British Empire, 1910s–1950". *History of Science* 54,4 (2016), S. 383–398, 391 f.

26. Axel Roschen, Thomas Theye (Hg.), *Abreise von China. Texte und Photographien von Wilhelm Wilshusen 1901-1919*, Basel 1980, S. 136.

27. Kreitman, *Attacked by Excrement*; S. Ogle, *All the Modern Conveniences*, S. 112.

28. Chevallier, *Le Paris moderne*, S. 264. 이러한 공포는 이유 없이 생겨난 것이 아니었다. 도시 쓰레기를 비료로 사용하던 1970년대 상하이에서는 실제로 소화기 질환이 널리 퍼져 있었다. Joseph B. R. Whitney, "The Waste Economy and the Dispersed Metropolis in China", Norton Ginsburg, Bruce Koppel, T. G. McGee (Hg.), *The Extended Metropolis. Settlement Transition in Asia*, Honolulu 1991, S. 177–191, 184.

29. Köster, *Hausmüll*, S. 167.

30. Wellcome Collection. "Foochow, Fukien province, China: a woman carrying buckets of night–soil". Photograph by John Thomson, 1871. https://wellcomecollection.org/works/bgu93992.

31. Erland Mårald, "Everything Circulates. Agricultural Chemistry and Recycling Theories in the Second Half of the Nineteenth Century". *Environment and History* 8 (2002), S. 65–84; Lina Zeldovich, *The Other Dark Matter. The Science and Business of Turning Waste into Wealth and Health*, Chicago 2021, S. 47–58; Nicolas Goddard, "A mine of wealth'? The Victorians and the agricultural value of sewage". *Journal of Historical Geography* 22,3 (1996), S. 274–190. 참조.

32. Georg Frederick Kunz, *Gotham Unbound*, S. 165. 인용.

33. Christopher Hamlin, "The City as a Chemical System? The Chemist as Urban Environmental Professional in France and Britain, 1780–1880". *Journal of Urban History* 33,5 (2007), S. 702–728.

34. Georg Stöger, Reinhold Reith, "Western European Recycling in a long–term Perspective. Reconsidering Caesuras and Continuities". *Jahrbuch für Wirtschaftsgeschichte* 56,2 (2015), S. 267–290.

35. Strasser, *Waste and Want*, S. 107 f; William Leach, *Land of Desire. Merchants, Power, and Rise of a new American Culture*, New York 1993, S. 182–189.

36. Woodward, *Swords into Ploughshares*, S. 178 f.

37. Manuel Charpy, "The spoils of war. Use and transformations of secondhand uniforms during the First World War in France", Maude Bass–Krueger, Hayley Edwards–Dujardin, Sophie Kukdijan (Hg.), *Fashion, Society, and the First World War. International Perspectives*, London 2021, S. 208–228, 212.

38. Afkhami, *A Modern Contagion*, S. 113. 도시는 사망자의 의류를 '재활용'하는 것을 방지하기 위해 결국

넝마 사업을 금지시켰다. Ebd., S. 116.

39. Tomes, *The Gospel of Germs*, S. 207.

40. 동시에 사람들은 굉장히 낮은 가격으로 인해 물자 재활용에 어려움을 겪었다. Peter Thorsheim, *Waste into Weapons. Recycling in Britain during the Second World War*, Cambridge 2015, S. 22 f. 참조

41. 행상인의 증가는 국제적인 경제 위기의 신호로 받아들여진다. Dick, *Surabaya*, S. 195.

42. Library of Congress(미국 의회도서관) Picture Collection(문의).

43. Hudson, *Pawnbroking*, S. 61.

44. Goldstein, *Remains of the Everyday*, S. 56; Woloson, "Crap; eine Fallstudie für Schweden, die einen Zusammenhang von sinkender Bedeutung der Pfandhäuser und Reallohnsteigerungen nachweist"; Sofia Murhem, "Credit for the poor. The decline of pawnbroking 1880–1930". *European Review of Economic History* 20,2 (2016), S. 198–214.

45. Hudson, *Pawnbroking*, S. 98 f.

46. Ratcliffe, *Perceptions*, S. 213.

47. Adam M. Mendelsohn, *The Rag Race. How Jews sewed their Way to Success in America and the British Empire*, New York, London 2015.

48. Walther Rathenau, *Von kommenden Dingen*, Berlin 1917, S. 118. 베를린공과대학교(TU Berlin) 하이케 베버[Heike Weber]의 자료를 참조했다.

49. Frank Dikötter, *Things Modern. Material Culture and Everyday Life in China*, London 2007, S. 51–64; Goldstein, *Remains of the Everyday*, S. 50–57.

50. Charpy, *Use and Transformations of Secondhand Uniforms*, S. 221 f.

51. Albert Londres, *Afrika in Ketten. Reportagen aus den Kolonien*, Berlin 2020, S. 33.

52. Mildred White, Donn Hutchinson, "From 'Rag–and–Tatter Town' to Booming– and–Bustling City: Remembering Mildred White and Ramallah". *Jerusalem Quarterly* 80 (2019), S. 92–98, 96.

53. Philipp Ther, *Die neue Ordnung auf dem alten Kontinent. Eine Geschichte des neoliberalen Europa*, Berlin 2016, S. 183–192. 참조.

54. Sohn–Rethel, *Das Ideal des Kaputten*, S. 41–46.

55. Ratcliffe, *Perceptions*, S. 212.

56. Schmidt, *Von der Mühle zur Fabrik*, S. 215 ff; Barles, *L'invention des déchets urbains*, S. 30 f; Kehnel, *Wir konnten auch anders*, S. 148–151.

57. Barles, *L'invention des déchets urbains*, S. 33.

58. Ebd., S. 165.

59. Ebd., S. 139, 175.

60. Ebd., S. 139.

61. Ebd., S. 29 f. 1860년 파리의 한 관찰자는 이렇게 말했다. "그들의 가격은 일종의 넝마주이 거래소에 의해 매겨지며, 거래소의 가격 폭은 꽤 변동이 잦지만, 지금까지는 계속 증가세에 있다." Barles, *L'invention des déchets urbains*, S. 57; Zimring, *Cash for your Trash*, S. 23.

62. Hanna Rose Shell, *Shoddy. From the Devil's Dust to the Renaissance of Rags*, Chicago, London 2020. 기계의 전투적 이미지 때문에 양모[shoddy]는 '악마의 먼지[Devil's Dust]'라고 불리기도 했다.

63. Jacob A. Riis, *How the other Half lives*, New York 1890.

64. Ulrich Wengenroth, "Unternehmensstrategien und technischer Fortschritt. Die deutsche und die britische Stahlindustrie 1865–1895, Göttingen 1986, S. 37-43; Zimring", *Cash for your Trash*, S. 42 f.

65. Zimring, *Cash for your Trash*, S. 55 f.

66. Ebd., S. 21.

67. Georg Hafner, *Der deutsche Schrotthandel und die Probleme seiner neueren Entwicklung. Ein*

Beitrag zur Frage der Rohstoffversorgung der deutschen Eisenindustrie, Rostock 1935. 두 세계 대전 사이의 기간 동안 독일과 영국 사이의 고철 무역에 대해 다룬 사례 연구는 Peter Thorsheim, "Trading with the enemy? The flow of scrap between Britain and Germany from pre-war rearmament to post-war reconstruction". *Business History* 64,5 (2022), S. 963-983. 참조.

68. Jones, Spadafora, *Waste, Recycling, and Entrepreneurship*, S. 30 f.
69. Edgerton, *The Shock of the Old*, S. 41.
70. John Iliffe, *Geschichte Afrikas*, München 1997, S. 288.
71. Photograph, c. 1911. (Wellcome Trust London)
72. Sven Beckert, *Empire of Cotton. A Global History*, New York 2015.
73. Lynnette Boney Wrenn, *Cinderella of the New South. A History of the Cottonseed Industry, 1855-1955*, Knoxville 1995.
74. Douglas A. Farnie, *The English Cotton Industry and the World Market 1815-1896*, Oxford 1979, S. 160.
75. Laurent Herment, Thomas Le Roux, "Recycling: the industrial city and its surrounding countryside, 1750-1940". *Journal for the History of Environment and Society* 2 (2017), S. 1-24, 14.
76. Ebd., S. 6 f.
77. Ratcliffe, *Perceptions*, S. 214.
78. Chevallier, *Le Paris moderne*, S. 232.
79. Andrea Tanner, "Dust-O! Rubbish in Victorian London", *The London Journal* 31 (2006), S. 157-178, 160; Barles, *L'invention des déchets urbains*, S. 103 f.
80. Brian Maidment, *Dusty Bob. A cultural history of dustmen, 1780-1870*, Manchester 2007. S. 216. 포괄적인 설명에 대해서는 Jones, *Outcast London*, S. 290-314; Antoine Compagnon, *Les Chiffonniers de Paris*, Paris 2017, S. 171-178. 참조.
81. Ratcliffe, *Perceptions and Realities of the Urban Margin*, S. 204.에서 인용.
82. Ratcliffe, *Perceptions*.
83. Frioux, *Les Batailles de l'hygiène*, S. 173 f.
84. Ratcliffe, *Perceptions*, S. 225 f; Medina, *The World's Scavengers*, S. 37. 런던의 사례.: Costas A. Velis, David C. Wilson, Christopher R. "Cheeseman, 19th Century London Dustyards: A Case Study in Closed Loop Resource Efficiency". https://spiral.imperial.ac.uk/bitstream/10044/1/39719/5/Dust%20 yards%20paper.pdf (접속 일자: 4.3.2016).
85. 모스크바의 사례.: Bradley, *Muzhik and Muscovite*, S. 184.
86. Ratcliffe, *Perceptions*, S. 216.
87. Ebd., S. 218.
88. Petersen, *An den Rändern der Stadt?*, S. 271-273; 정원이나 녹지에서 재활용 관련 활동이 점차 금지되었다는 점 또한 이를 시사한다. Peter Thorsheim, "Green Space and Class in Imperial London", Andrew C. Isenberg (Hg.), *The Nature of Cities*, Rochester 2006, S. 24-37, 31. 참조.
89. Huffman, *Down and Out in Late Meiji Japan*, S. 46.
90. Koji Taira, "Urban Poverty, Ragpickers, and the 'Ants' Villa' in Tokyo". *Economic development and cultural change* 17,2 (1969), S. 155-177, 163 f.
91. Huffman, *Down and Out in Late Meiji Japan*, S. 88 f.
92. Zimring, *Cash for your Trash*, S. 44-53; Medina, *The World's Scavengers*, S. 36.
93. Mendelsohn, *The Rag Race*.
94. Frank G. Carpenter, *Chiffonniers in Paris. Prints and Photographs division de la Bibliothèque du Congrès des États-Unis*.
95. Jones, Spadafora, *Waste, Recycling, and Entrepreneurship*, S. 16-23.
96. 예를 들어: Christian Kleinschmidt, *Rationalisierung als Unternehmensstrategie: die Eisen- und*

Stahlindustrie des Ruhrgebiets zwischen Jahrhundertwende und Weltwirtschaftskrise, Essen 1993, S. 41–58.

97. Jones, Spadafora, *Waste, Recycling, and Entrepreneurship*, S. 20.

98. Daniel Eli Burnstein, *Next to Godliness. Confronting Dirt and Despair in Progressive Era New York City*, Urbana, Chicago 2006, S. 42.

99. Wiegand, *Innovation durch Normung*, S. 267–270.

100. Jones, Spadafora, *Waste, Recycling, and Entrepreneurship*, S. 33, 44.

101. Münch, *Stadthygiene*, S. 53, 278.

102. Michael Kim, "The brassware industry and the salvage campaigns of wartime colonial Korea (1937–1945)". *Business History* 64,5 (2022), S. 923–945.

103. Zimring, *Cash for your Trash*, S. 22 f; Medina, *The World's Scavengers*, S. 45 f.

104. Thorsheim, *Waste into Weapons*, S. 244; Wiegand, *Innovation durch Normung*, S. 275.

105. Jonas Scherner, "Metallbewirtschaftung", Marcel Boldorf (Hg.), *Deutsche Wirtschaft im Ersten Weltkrieg*, Berlin 2020, S. 67–87.

106. Heike Weber, "Towards 'Total' Recycling: Women, Waste and Food. Waste Recovery in Germany, 1914–1939". *Contemporary European History* 22,3 (2013), S. 371–397, 377–381.

107. Lutz Budrass, "Die Professoren und die Kartoffel. Zu den deutschen Vorbereitungen auf die Hungerblockade im Ersten Weltkrieg", Jan–Otmar Hesse u. a. (Hg.), *Moderner Kapitalismus. Wirtschafts- und unternehmenshistorische Beispiele*, Tübingen 2019, S. 283–306.

108. Roger Chickering, *The Great War and Urban Life in Germany. Freiburg, 1914-1918*, Cambridge 2007, S. 188–193.

109. Ebd., S. 189; Thorsheim, *Waste into Weapons*, S. 15–22.

110. Regnath, *Das Schwein im Wald*, S. 20.

111. "Keep Good Food outside of your Garbage and Kitchen Sink". NARA. U. S. Food Administration. Educational Division. Advertising Section. (3/1918 – 1/1919). Records of the U. S. Food Administration NAID: 512694.

112. Chad B. Denton, "Korean kuzuya, 'German–style control' and the business of waste in wartime Japan, 1931–1945". *Business History* 64,5 (2022), S. 904–922, 910.

113. Jones, Spadafora, *Waste, Recycling, and Entrepreneurship*, S. 30.

114. Wiegand, *Innovation durch Normung*, S. 313.

115. Ole Sparenberg, *'Segen des Meeres': Hochseefischerei und Walfang im Rahmen der nationalsozialistischen Autarkiepolitik*, Berlin 2012, S. 47–54.

116. 1933년 "수입품보다 국산품"이라는 슬로건이 생겨난 이유는 이 때문이었다. Wiegand, *Innovation durch Normung*, S. 189.

117. Anne Sudrow, *Der Schuh im Nationalsozialismus. Eine Produktgeschichte im deutsch-britisch-amerikanischen Vergleich*, Göttingen 2010, S. 594 f. 인용.

118. Vaupel, Ersatzstoffe, S. 64–72; Günther Luxbacher, Roh– und Werkstoffe für die Autarkie. Textilforschung in der Kaiser–Wilhelm–Gesellschaft, Berlin 2004.

119. Jones, Spadafora, *Waste, Recycling, and Entrepreneurship*, S. 46 f.

120. Weber, *Towards 'Total' Recycling*, S. 391–395.

121. Jonas Scherner, Lernen und Lernversagen. "Die 'Metallmobilisierung' im Deutschen Reich 1939 bis 1945". *Vierteljahrshefte für Zeitgeschichte* 66 (2018), S. 233–266.

122. Heike Weber, "Nazi German waste recovery and the vision of a circular economy: The case of waste paper and rags". *Business History* 64,5 (2022), S. 882–903.

123. Nicholaus Mulder, *The Economic Weapon. The Rise of Sanctions as a Tool of Modern War*, New

Haven, London 2022, S. 213.

124. "쓰레기가 없는 나라"라는 표현은 Thorheim, *Waste to Weapons*, S. 27; Tamanoi, *Suffragist Women*, S. 828; Michael A. Barnhart, *Japan Prepares for Total War. The Search for Economic Security, 1919-1941*, Ithaca, London 1987, S. 26.에서 인용.

125. Chad Denton, "'Récupérez!' The German Origins of French Wartime Salvage Drives, 1939–1945". *Contemporary European History* 22,3 (2013), S. 399–430.

126. D'Arienzo, *Métabolismes urbains*, S. 159.

127. Cecilia Gowdy-Wygant, *Cultivating Victory. The Women's Land Army and the Victory Garden Movement*, Pittsburgh 2013.

128. 핀란드 도시인 투르쿠의 사례는 Rauno Lahtinen, "Guerilla Gardening? Urban Agriculture and the Environment", Simo Laakonen u. a. (Hg.), *The Resilient City in World War II. Urban Environmental Histories*, London 2019, S. 105–126. 참조.

129. Birgitte Beck Pristed, "Point of no return: Soviet paper reuse, 1932–1945". *Business history* 64,5 (2022), S. 946–962, 951.

130. Scherner, *Lernen und Lernversagen*, S. 244.

131. Zimring, *Cash for your Trash*, S. 81.

132. Thorsheim, *Waste into Weapons*, S. 38 f.

133. Ebd., S. 66–70.

134. Ebd., S. 70 f.

135. Ebd., S. 132 f.

136. Ebd., S. 143–149.

137. https://scalar.usc.edu/works/the-colorado-fuel-and-iron-company/scrap-paper- drive (접속 일자: 22.1.2023).

138. Chickering, *The Great War*, S. 190; Thorsheim, *Waste into Weapons*, S. 75 f.

139. Victoria de Grazia, *How Fascism Ruled Women. Italy, 1922-1945*, Berkeley 1992, S. 77 f.

140. D'Arienzo, *Métabolismes urbains*, S. 126 인용(프랑스어에서 번역).

141. Thorsheim, *Waste into Weapons*, S. 86–97.

142. Henry Irving, "'We want everybody's salvage!': Recycling, Voluntarism, and the People's War". *Cultural and Social History* 16,2 (2019), S. 165–184, 168.

143. Pristed, *Point of no return*, S. 653.

144. Anne Berg, "The Nazi rag-pickers and their wine: the politics of waste and recycling in Nazi Germany". *Social History* 40,4 (2015), S. 446–472, 461–465.

145. Pristed, *Point of no return; Karl Schlögel, Das sowjetische Jahrhundert. Archäologie einer untergegangenen Welt*, München 2018, S. 215 f.

146. Uekötter, *Im Strudel*, S. 81 f; Weber, *Nazi German waste recovery*, S. 892. 또한 참조.

10장

1. Robert R. Grinstead, "The New Resource". *Environment: Science and Policy for Sustainable Development* 12,10 (1970), S. 2–17, 2. 인용

2. Hershkowitz, Salerni, *Garbage Management in Japan*, S. xvii; Trentmann, *Empire of Things*, S. 627.

3. Köster, *Hausmüll*, S. 28–30.

4. Hershkowitz, Salerni, *Garbage Management in Japan*, S. xvii; Köster, *Hausmüll*, S. 31 f.

5. Samantha MacBride, *Recycling Reconsidered. The Present Failure and Future Promise of Environmental Action in the United States*, Cambridge/Mass. 2011, S. 247.

6. Paul R. Josephson u. a., *An Environmental History of Russia*, Cambridge 2013, S. 214 f; Hannsjörg F. Buck, "Umweltbelastung durch Müllentsorgung und Industrieabfälle in der DDR", Eberhard Kuhrt (Hg.), *Die Endzeit der DDR-Wirtschaft - Analysen zur Wirtschafts-, Sozial- und Umweltpolitik*, Opladen 1999, S. 455-493, 466. 참조.

7. Stefan Landsberger, *Beijing. A City besieged by Waste*, Amsterdam 2019, S. 46-48.

8. Goldstein, *Remains of the Everyday*, S. 146.

9. Robert J. Gordon, *The Rise and Fall of American Growth. The U. S. Standard of Living since the Civil War*, Princeton, Oxford 2016, S. 125 f; Martin Baumert, *Energie und Lebensführung*, Frankfurt/M. 1995, S. 45 f.

10. Birbeck, *Garbage*, S. 165 인용.

11. Ted Steinberg, *Nature's Role in American History*, New York, Oxford 20194, S. 212.

12. Roh Pin Lee u. a., "Sustainable waste management for zero waste cities in China: potential, challenges and opportunities". *Clean Energy* 4,3 (2020), S. 169-201, 175.

13. Sandra Johnson Cointreau, *Environmental Management of Urban Solid Wastes in Developing Countries*, Washington D. C. 1982, S. 10. 이는 현대에도 적용된다. 1980년대 뉴욕 주민은 평균적으로 하루에 1.80kg, 홍콩 주민은 0.85kg, 캘커타 주민은 약 0.5kg의 쓰레기를 배출했다.

14. Steinberg, *Down to Earth*, S. 214.

15. Will Steffen u. a., "The trajectory of the Anthropocene: The Great Acceleration". *The Anthropocene Review* 2 (2015), S. 81-98, 86 f.

16. Christian Pfister, Das "'1950er Syndrom' - die umweltgeschichtliche Epochenschwelle zwischen Industriegesellschaft und Konsumgesellschaft, ders". (Hg.), *Das 1950er Syndrom. Der Weg in die Konsumgesellschaft*, Bern, Stuttgart, Wien 1995, S. 51-95; John R. McNeill, Peter Engelke, *The Great Acceleration. An Environmental History of the Anthropocene since 1945*, Cambridge/Mass 2016.

17. Will Steffen u. a., "The Trajectory of the Anthropocene: The Great Acceleration". *The Anthropocene Review* 2,1 (2015), S. 81-98, 84, 86 f.

18. Will Steffen, Paul Crutzen, John R. McNeill, "The Anthropocene: Are Humans Now Overwhelming the Great Forces of Nature? Ambio". *A Journal of the Human Environment* 36 (2007), S. 614-621, 618; McNeill, Engelke, *The Great Acceleration* 또한 참조할 수 있지만 이 문제에 대해서는 거의 다루지 않는다.

19. 예를 들어: Eva Horn, Hannes Bergthaller, *Anthropozän zur Einführung*, Hamburg 2019; 좀 더 자세한 이야기: Vaclav Smil, *Grand Transitions. How the Modern World Was Made*, Oxford 2021; Christophe Bonneuil, Jean-Baptiste Fressoz, *The Shock of the Anthropocene. The Earth, History and Us*, London 2017.

20. Jaia Syvitski u. a., "Extraordinary human energy consumption and resultant geological impacts beginning around 1950 CE initiated the proposed Anthropocene Epoch". *Communications Earth & Environment* 2020, S. 1-13.

21. Fridolin Krausmann u. a., "Global socioeconomic material stocks rise 23-fold over the 20th century and require half of annual resource use". *Proceedings of the National Academy of Science of the United States of America* 114, 8 (2017), S. 1880-1885.

22. Vance Packard, *The Waste Makers*, New York 1960.

23. Alvin Toffler, *Future Shock*, New York 1970, S. 66 f.

24. Gordon, *Rise and Fall of American Growth*, S. 348.

25. Jean Fourastié, Jan Schneider, *Warum die Preise sinken. Produktivität und Kaufkraft seit dem Mittelalter*, Frankfurt/M. 1989; Sabine Haustein, *Vom Mangel zum Massenkonsum: Deutschland,*

Frankreich und Großbritannien im Vergleich, Frankfurt/M. 2007, S. 55–71; 실질 임금과 기술의 발전, 소비 비용 사이의 관계에 대한 자세한 분석은 Gordon, *The Rise and Fall of American Growth*.

26. Gordon, *The Rise and Fall of American Growth*, S. 114 f. 참조

27. Zimring, *Cash for your Trash*, S. 145 f.

28. Rachel Bowlby, *Carried Away. The Invention of Modern Shopping*, New York 2000, S. 135–147.

29. Victoria de Grazia, *Irresistible Empire. America's Advance through Twentieth Century Europe*, Cambridge 2005.

30. Ernest Zahn, *Soziologie der Prosperität*, Köln 1960, S. 101; Bowlby, *Carried Away*.

31. Lydia Nembach–Langer, *Revolution im Einzelhandel. Die Einführung der Selbstbedienung in Lebensmittelgeschäften der Bundesrepublik Deutschland (1949-1973)*, Köln 2013; Emanuela Scarpellini, *La spesa è uguale per tutti: l'avventura dei supermercati in Italia*, Venezia 2007; Vicki Howard, *A Cultural History of Shopping in the Modern Age*, London u. a. 2022.

32. Steinberg, *Down to Earth*, S. 191.

33. Beckert, *Empire of Cotton*, S. 164.

34. Zahn, *Soziologie der Prosperität*, S. 101.

35. Gordon, *The Rise and Fall of American Growth*, S. 85–90.

36. 전반적인 내용은 Warren, *Meat Makes People Powerful*, S. 191–197. 참조.

37. 이에 관해서는 수많은 문헌 자료가 존재한다. Karl Christian Führer, *Das Fleisch der Republik. Ein Lebensmittel und die Entstehung der modernen Landwirtschaft in Westdeutschland 1950-1990*, München 2022; Paul R. Josephson, *Chicken. A History from Farmyard to Factory*, Cambridge 2020; Veronika Settele, *Revolution im Stall. Landwirtschaftliche Tierhaltung in Deutschland 1945-1990*, Göttingen 2020; Roger Horowitz, *Putting Meat On the American Table. Taste, Technology, Transformation*, Baltimore 2006; Anderson, *Capitalist Pigs*; Warren, *Meat Makes People Powerful*.

38. Andrew C. Godley, Bridget Williams, "The Chicken, the Factory Farm, and the Supermarket: The Emergence of the Modern Poultry Industry in Britain", Warren Belasco, Roger Horowitz (Hg.), *Food Chains. From Farmyard to Shopping Cart*, Philadelphia 2009, S. 47–61, 59. 참조.

39. Steinberg, *Down to Earth*, S. 267.

40. Führer, *Das Fleisch der Republik*, S. 121–135.

41. Library of Congress(미국 의회도서관). "Shopping in supermarket". https://lccn.loc.gov/2017657529.

42. Horowitz, *Putting Meat on the American Table; Führer, Das Fleisch der Republik*.

43. Robert Friedel, "American Bottles: The Road to No Return". *Environmental History* 19 (2014), S. 505–527.

44. Nicolas Marty, *L'invention de l'eau embouteillée: Qualités, normes et marchés de l'eau en bouteille en Europe, XIXe-XXe siècles*, Brüssel 2013; Bartow J. Elmore, "The American beverage Industry and the Development of Curbside Recycling programs, 1950–2000". *Business History Review* 86,3 (2012), S. 477–501, 481–486.

45. 예를 들어: Stefan Kreutzberger, *Die Essensvernichter. Warum die Hälfte aller Lebensmittel im Müll landet und wer dafür verantwortlich ist*, Bonn 2013.

46. Strasser, *Satisfaction Guaranteed*, S. 31 f.

47. Tokue Shibata, "Land, Waste, and Pollution: Challenging history in creating a sustainable Tokyo Metropolis", Hidenori Tamagawa (Hg.), *Sustainable Cities. Japanese Perspectives on Physical and Social Structures*, Tokyo 2006, S. 96–124, 100.

48. Irwin W. Rust, Kelsey B. Gardner, *Sunkist Growers Inc. A California Adventure in Agricultural Cooperation*, Washington D. C. 1960, S. 75.

49. Thomas Welskopp, "Einleitung und begriffliche Klärungen: Vom Kapitalismus reden, über den Kapitalismus forschen, Unternehmen Praxisgeschichte". *Historische Perspektiven auf Kapitalismus, Arbeit und Klassengesellschaft*, Tübingen 2014, S. 1–23, 18–23.

50. Ebd.

51. Aaron Greenfield, T. E. Graedel, "The omnivorous diet of modern technology". *Resources, Conservation and Recycling* 74 (2013), S. 1–7.

52. Ebd., S. 4.

53. Susan Mossman, "Introduction", dies. (Hg.), *Early Plastics. Perspectives 1850-1950*, London 1997, S. 1–15; Yasu Furukawa, *Inventing Polymer Science. Staudinger, Carothers, and the Emergence of Macromolecular Chemistry*, Philadelphia 1998; Jeffrey L. Meikle, *American Plastic. A Cultural History*, New Brunswick 1995, S. 153–182.

54. Wiegand, *Innovation durch Normung*, S. 415 f; Wolfgang König, *Geschichte der Wegwerfgesellschaft. Die Kehrseite des Konsums*, Stuttgart 2019, S. 26–30; Uekötter, *Im Strudel*, S. 604 f.

55. Christina Hardyment, *From mangle to microwave: the mechanization of household work*, Cambridge 1988; Shibata, *Land, Waste, and Pollution*, S. 105; Gordon, *Rise and Fall of American Growth*, S. 333–338.

56. Bryan Lohmar u. a., "China's Ongoing Agricultural Modernization: Challenges Remain after 30 Years of Reform", Russell H. Jeffries, *China's Agricultural Modernization*, Hauppauge 2009, S. 1–68, 15.

57. König, *Geschichte der Wegwerfgesellschaft*, S. 55–57.

58. Plastic Europe Market Research Group 2016. https://www.oceaneye.ch/en/issues/consommation–de–plastique/.

59. Susanne Freidberg, *Fresh. A Perishable History*, Cambridge/Mass. 2009.

60. König, *Geschichte der Wegwerfgesellschaft*, S. 40–54.

61. Ward, *The Clean Body*, S. 183 f., 228–230.

62. Ebd., S. 200, 214 f.

63. Ruth Schwartz Cowan, *More Work for Mother. The Ironies of Household Technology from the Open Hearth to the Microwave*, New York 1985.

64. Jan L. Logemann, *Trams or Tailfins? Public and Private Prosperity in Postwar Germany and the United States*, Chicago, London 2012; Lizabeth Cohen, *A Consumer's Republic. The Politics of Mass Consumption in Postwar America*, New York 2003; Ruth Oldenziel, Karin Zachmann (Hg.), *Cold War Kitchen. Americanization, Technology, and European Users*, Cambridge/Mass. 2011. 참조

65. Davis Dyer, *Seven Decades of Disposable Diaper. A Record of Continuous Innovation and Expanding Benefits*. Unv. Ms. 2005.

66. Nelly Pons, *Océan Plastique. Enquête sur une pollution globale*, Arles 2020, S. 17.

67. Kala S. Sridhar, "Costs and Benefits of Urbanization. The Indian Case". Guanghua Wan, Ming Lu (Hg), *Cities of Dragons and elephants. Urbanization and Urban Development in China and India*, Oxford 2019, S. 40–77, 49.

68. Michael S. Oman–Reagan, "Bantar Gebang: An Urban–Refuse Waste Picker Community at Indonesia's Largest Landfill". SocArXiv, Open Science Framework.

69. Shunfeng Song, Kevin Honglin Zhang, "Urbanization and City–Size Distribution in China", Ding Lu (Hg.), *The Great Urbanization of China*, Singapur 2011, S. 11–28, 12; Tom Miller, *China's Urban Billion. The Story behind the biggest Migration in Human History*, London 2012.

70. Sean Fox, "Urbanization as a Global Historical Process: Theory and Evidence from sub–

Saharan Africa", *Population and Development Review* 38,2 (2012), S. 285–310, 290.

71. Matt Schiavenza, "Mapping China's Income Inequality". The Atlantic (13.9.2013). https://www.theatlantic.com/china/archive/2013/09/mapping-chinas-income-in-equality/279637 (접속 일 자: 31.1.2015).

72. Mérino, *Management of garbage in Nairobi*, S. 97–99.

73. Mike Douglass, "Mega-urban Regions and World City Formation: Globalisation, the Economic Crisis and Urban Policy Issues in Pacific Asia". *Urban Studies* 37,12 (2000), S. 2315–2334; Fox, *Urbanization as a Global Historical Process*; John Friedmann, Robert Wulff, *The Urban Transition. Comparative Studies of newly Industrializing Societies*, London 1976, S. 18–21.

74. Nick Devas, Carole Radoki, "The Urban Challenge", dies (Hg.), *Managing fast growing cities. New Approaches to Urban Planning and Management in the Developing World*, Burnt Mill 1993, S. 1–40, 3.

75. Rita Gudermann, "'Bereitschaft zur totalen Verantwortung'. Zur Ideengeschichte der Selbstversorgung", Michael Prinz (Hg.), *Der lange Weg in den Überfluss. Anfänge und Entwicklung der Konsumgesellschaft seit der Vormoderne*, Paderborn 2003, S. 375–411, 403 f.

76. Kramper, *Neue Heimat*, S. 154; Giuntini, *Cinquant'anni puliti puliti*, S. 99 f; Jon C. Teaford, *The Metropolitan Revolution. The Rise of Post-Urban America*, New York 2006, S. 242 f.

77. André Sorensen, *The Making of Urban Japan. Cities and planning from Edo to the twenty-first century*, London 2002, S. 200–207.

78. Shinichiro Nakamura, "Taikan Oki, Shinjiro Kanae, Lost Rivers. Tokyo's Sewage Problem in the High-Growth Period, 1953–73". *Technology and Culture* 63,2 (2022), S. 427–449.

79. Frederick Buell, *From Apocalypse to Way of Life. Environmental Crisis in the American Century*, New York, London 2004, S. 63.

80. Köster, *Hausmüll*, S. 35.

81. Lili Lai, *Hygiene, Sociality, and Culture in Contemporary Rural China: The Uncanny New Village*, Amsterdam 2017.

82. Maria Gunko, Andrey Medvedev, "'Seasonal Suburbanization' in Moscow Oblast': Challenges of Household Waste Management". *Geographica Polonica* 89,4 (2018), S. 473–484. 다만 이는 이미 소비에트 연방 시절부터 관찰되었다. Schlögel, *Das sowjetische Jahrhundert*, S. 245 f. 참조.

11장

1. Suketu Mehta, *Maximum City. Bombay Lost and Found*, New York 2014, S. 13.

2. O. V., *Tokyo's Garbage War*, S. 126; Lise Debout, Bénédicte Florin, "Chiffonniers et entreprises privées internationales Stratégies d'adaptation des acteurs formels et informels face à la reforme de la gestion des déchets au Caire". *Égypte/Monde Arabe* 8 (2011), S. 31–57, 50; Goldstein, *Remains of the Everyday*, S. 87.

3. Sarah A. Moore, "The Excess of Modernity: Garbage Politics in Oaxaca". *The Professional Geographer* 61,4 (2009), S. 426–437, 432; Köster, *Hausmüll*, S. 112.

4. Tal, *Pollution in a Promised Land*, S. 248 f.

5. Claudia Cirelli, Fabrizio Maccaglia, Patrice Melé, "'L'incinérateur est trop près, la poubelle trop loin' : gérer les déchets en régime de proximité". *Flux* 109–110 (2017), S. 61–72. 참조.

6. Brian Larkin, "The Politics and Poetics of Infrastructure". *Annual Review of Anthropology* 42,1 (2013), S. 327–343.

7. Toffler, *Future Shock*, S. 49.

8. Friedel, *American Bottles*, S. 521.

9. Craig James Calcaterra, *Wulf Alexander Kaal, Decentralization. Technology's Impact on Organizational and Societal Structure*, Berlin 2021, S. 83.

10. 일본의 사례는 Eiko Maruko Siniawer, *Waste: Consuming Postwar Japan*, Ithaca 2018, S. 44–88. 참조.

11. Leach, *Land of Desire*, S. 234 f.

12. De Grazia, *Irresistible Empire*, S. 336–375. 참조.

13. Kirsten Petrak u. a., *Adenauers Welt. Ein Lesebuch zur Alltags- und Sozialgeschichte der frühen Republik*, Essen 2006.

14. 예를 들어: Goldstein, *Remains of the Everyday*, S. 9.

15. 소비의 감정적, 사회적 효과는 다음에서 자세히 다루고 있다.: Don Slater, *Consumer Culture & Modernity*, Cambridge 1997.

16. George Katona, *Die Macht des Verbrauchers*, Düsseldorf 1962, S. 53.

17. Enrique Fidel, "Traperos de Madrid" (접속 일자: 2.10.2009). https://urbancidades.word–press.com/2009/10/02/traperos–de–madrid, 20. 11.2019.

18. Peter Kramper, *Neue Heimat. Unternehmenspolitik und Unternehmensentwicklung im gewerkschaftlichen Wohnungs- und Städtebau 1950-1982*, Stuttgart 2008, S. 154.

19. Melosi, *Sanitary City*.

20. O. V., *Tokyo's Garbage War*, S. 16.

21. Flachowsky, *Saubere Stadt*, S. 202.

22. 1964년 비스바덴의 시 청소 책임자가 이야기한 것이다. Köster, *Hausmüll*, S. 138.에서 인용.

23. Giuntini, *Cinquant'anni puliti puliti*, S. 138.

24. Benson, *Surroundings*, S. 139.

25. Stokes, Köster, Sambrook, *The Business of Waste*, S. 64–67.

26. Wiegand, *Innovation durch Normung*, S. 467–480.

27. Godard, Donzel, *Éboueurs de Marseille*, S. 90.

28. SASE GmbH Iserlohn 보관소의 동의를 얻은 복사본.

29. Ebd., S. 90.

30. Köster, *Hausmüll*, S. 116 인용.

31. Wiegand, *Innovation durch Normung*, S. 492–504.

32. Hanskarl Willms, Stephan Mlodoch, *Wiederaufbau, Wirtschaftswunder, Konsumgesellschaft. Stadtentwicklung, Stadthygiene und Abfallwirtschaft in Deutschland 1945 bis 1975*, Selm 2014, S. 179.

33. Otto Hermann Schwabe, "Müllabfuhr, ihre Fahrzeuge und Geräte", K. Giesen (Hg.), *Stadthygiene und Kommunalfahrzeuge*, Essen 1967, S. 51–56.

34. Eric Voytko, "City of Scottsdale Arizona, Solid Waste Management Division". Refuse Collection Vehicles. https://www.classicrefusetrucks.com/albums/albumpool/ CS.html (접속 일자: 23.9.2018).

35. Eric Voytko, "City of Scottsdale Arizona, Solid Waste Management Division". Refuse Collection Vehicles. https://www.classicrefusetrucks.com/albums/albumpool/CS. html (접속 일자: 23.9.2018).

36. Stewart E. Perry, San Francisco Scavengers. *Dirty work and the pride of ownership*Dirty , Berkeley 1978.

37. Melosi, *Garbage in the Cities*, S. 172 f.

38. Köster, *Hausmüll*, S. 124 f.

39. David Naguib Pellow, *Dirty Garbage Wars. The Struggle for Environmental Justice in Chicago*, Cambridge/Mass. 2002, S. 47.

40. Ebd., S. 47.

41. Harold Crooks, *Giants of Garbage. The Rise of the Global Waste Industry and the Politics of Pollution Control*, Toronto 1993, S. 37–72.

42. Ebd., S. 33 f. 쓰레기 관리 회사의 역사에 관해서는 다음을 참조하라. Timothy Jacobson, *Waste Management. An American Corporate Success Story*, Washington D. C. 1993.

43. Crooks, *Giants of Garbage*, S. 17–22; Jones, Spadafora, *Waste, Recycling, and Entrepreneurship*, S. 4.

44. Pellow, *Garbage Wars*, S. 142.

45. Berkenhoff, "Der VPS–Part an der Stadtreinigung in der Bundesrepublik". *Kommunalwirtschaft* 8 (1980), S. 220–222, 222.

46. Crooks, *Giants of Garbage*, S. 14–19.

47. Hershkowitz, Salerni, *Garbage Management in Japan*, S. 24; Giuntini, *Cinquant'anni puliti puliti*, S. 255.

48. O. V., "Véolia environnement–Historique". https://ww2.ac–poitiers.fr'Veolia_environnement (접속 일자: 3.2.2019).

49. Rosalind Fredericks, *Garbage Citizenship. Vital Infrastructures of Labor in Dakar, Senegal*, Durham, London 2018, S. 38.

50. Ebd., S. 30 f; Adedibu, Okekunle, *Environmental Sanitation*, S. 108.

51. Anna Karin Giannotta, "Il valore sociale dei rifiuti, L'intreccio tra istituzioni e pratiche di recupero nello spazio urbano di Casablanca (Marocco)". *Archivio antropologico mediterraneo* 22,2 (2020), S. 1–13, 10 f.

52. Clare Ostle u. a., "The rise in Ocean plastics evidenced from a 60–year time series". *Nature Communications* 10 (2019), S. 1–6, 1.

53. Spodek, *Ahmedabad*, S. 59.

54. Flachowsky, *Saubere Stadt*, S. 86 f.

55. Melosi, *Fresh Kills*, S. 248–250.

56. Anne Berg, "A Rubbished World: White Supremacy's Complicated Love Affair with Garbage". *Journal of Genocide Research* 25,1 (2023), S. 46–61, 51 f.

57. Darrel Enck–Wanzer (Hg.), *The Young Lords. A Reader*, New York, London 2010, S. 185–187.

58. Godard, Donzel, *Éboueurs de Marseille*, S. 74 f.

59. Dominik Geppert, *Thatchers konservative Revolution: der Richtungswandel der britischen Tories (1975-1979)*, München 2002.

60. Stokes, Köster, Sambrook, *The Business of Waste*, S. 163.

61. PA Images / Alamy Stock Photo. Image ID: G4HHB5. https://www.alamy.com/stock–photo–politics–strikes–winter–of–discontent–106107657.html.

62. Fredericks, *Garbage Citizenship*, S. 1 f.

63. Moore, *The Excess of Modernity*, S. 434.

64. Fredericks, *Garbage Citizenship*, S. 2.

65. Eileen Stillwaggon, *Stunted Lives, Stagnant Economies. Poverty, Disease, and Underdevelopment*, New Brunswick u. a. 1998, S. 77, 110–113.

66. Myers, *Disposable Cities*, S. 110.

67. Samuel Yaw Lissah u. a., "Managing urban solid waste in Ghana: Perspectives and experiences of municipal waste company managers and supervisors in an urban municipality". *Plus One* (März 2021), S. 1–18, 2.

68. Ayigbédé, *Déchets solides ménagers*, S. 221.

69. David Sims, *Understanding Cairo. The Logic of a City out of Control*, Cairo 2010, S. 106 f.

70. Mérino, *Management of garbage in Nairobi*, S. 95–120.

71. Wilson, *Metropolis*, S. 365; Adedibu, Okekunle, *Environmental sanitation on the Lagos mainland*, S. 108; Newell, *Histories of Dirt*, S. 115–141.

72. Haferburg, Krüger, *Domestic Waste Management in Mid-sized Cities of Botswana*, S. 33.

73. Sandra Johnson Cointreau, *Environmental Management of Urban Solid Wastes in Developing Countries*, Washington D. C. 1982, S. 33.

74. Fredericks, *Garbage Citizenship*, S. 90.

75. Lissah u. a., *Managing Urban Solid Waste in Ghana*, S. 8.

76. Yagual, *Guayaquil futuro*, S. 19, 35.

77. Ogunyebi Anuoluwapo Folakemi, *Waste Management and Sanitation Practice in Lagos: Towards Improving Wellbeing and Sustainable Economic Development*, Eberswalde 2020, S. 37–44.

78. Lissah u. a., *Managing urban solid waste in Ghana*, S. 8.

79. Randi Solhjell, "Garbage Collection in Bakavu. 'The Political Class Does Not Take Care of Garbage Here'", Tom De Heerd, Kristof Titeca (Hg.), *Negotiating Public Services in the Congo. State, Society and Governance*, London 2019, S. 168–189, 178.

80. Dick, *Surabaya*, S. 230 f; Daniel T. Sicular, *Scavengers, Recyclers, and Solutions for Solid Waste Management in Indonesia*, Berkeley 1992, S. 132.

81. Fredericks, *Garbage Citizenship*, S. 30.

82. Andrea Bortolotti, "Refuse of the city: Rethinking waste management in Brussels". *Brussels Studies* (2021), S. 1–18, 3–5.

83. Newell, *Histories of Dirt*, S. 133 인용.

84. François Jarrige, Thomas Le Roux, La contamination du monde. *Une histoire des pollutions à l'âge industriel*, Paris 2017, S. 28 f; Medina, *The World's Scavengers*, S. 201 f.; 방글라데시의 사례에 대해서는 Habiba Sultana, D. B. Subedi, "Caste System and Resistance. The Case of Untouchable Hindu Sweepers in Bangladesh". *International Journal of Politics, Culture and Society* 29,1 (2016), S. 19–32. 참조.

85. Louis Fréderic, *Daily Life in Japan at the Time of the Samurai 1185-1603*, London 1972, S. 67.

86. Zygmunt Bauman, @Verworfenes Leben. Die Ausgegrenzten der Moderne@, Hamburg 2005; Ivan Klíma, *Liebe und Müll* (orig.: Láska a smetí), München 1991.

87. 청소 노동자 중 여성이 약 20%를 차지하는 나폴리나 뉴욕 같은 예외도 존재한다. Robin Nagle, *Picking US. On the Streets and Behind the Trucks with the Sanitation Workers of New York City*, New York 2014.

88. Fredericks, *Garbage Citizenship*, S. 78–81.

90. De Silguy, *Histoire des Hommes et de leurs Ordures*, S. 24.

90. Janet Y. Chen, *Guilty of Indigence. The Urban Poor in China, 1900-1953*, Princeton 2012, S. 25.

91. Münch, *Stadthygiene*, S. 323.

92. Rijke–Epstein, *The Politics of Filth*, S. 247 f.; Newell, *Histories of Dirt*, S. 128.

93. Frioux. *Les Batailles de l'hygiène*, S. 179.

94. Nicky Gregson u. a., "Doing the 'dirty work' of the green economy: Resource recovery and migrant labour in the EU". *European Urban and Regional Studies* 23,4 (2016), S. 541–555.

95. Crooks, *Giants of Garbage*, S. 40 f.

96. Köster, *Hausmüll*, S. 137.

97. Flachowsky, *Saubere Stadt*, S. 188–212.

98. Köster, *Hausmüll*, S. 140 f.

99. Ulrich Billerbeck, *Dreckarbeit und Männerstolz. Müllmänner im Kampf um Anerkennung*, Münster 1998.

100. Frédéric Michel, "Quand tout un univers prend sens dans son rapport à la pénibilité de la tâche. Étude d'une entreprise privée d'éboueurs en Belgique", Corteel, Le Lay, *Les travailleurs des déchets*, S. 169–190, 181–185.

12장

1. Pellow, *Garbage Wars*, S. 1.

2. Giuntini, *Cinquant'anni puliti puliti*, S. 164 f.; Edward J. Walsh, Rex Warland, D. Clayton Smith, *Don't Burn it Here. Grassroots Challenges to Trash Incinerators*, Pennsylvania 1997, S. 53–68; Köster, *Hausmüll*, S. 289–299.

3. 예를 들어: Giuntini, *Cinquant'anni puliti puliti*, S. 65; Köster, *Hausmüll*, S. 170.

4. Konrad Fichtel, "Hausmüll–Pyrolyse: Vier Verfahren können erprobt werden". *Umwelt-Magazin* 5,4 (1975), S. 42–50.

5. Jinhee Park, *Von der Müllkippe zur Abfallwirtschaft. Die Entwicklung der Hausmüllentsorgung in Berlin (West) von 1945 bis 1990*, Berlin 2004, S. 118 f.

6. Arnaud Page, "Fertility from Urban Wastes? The Case for Composting in Great Britain, 1920s–1960s". *Environment and History* 25 (2019), S. 3–22; Isabella, Rubrichi, Sensi, *Dal Canestraro al Netturbino*, S. 191; Samantha MacBride, *Composting and Garbage in New York City*, Zimring, Corey, *Coastal Metropolis*, S. 184–201, 188–191.

7. Köster, *Hausmüll*, S. 159–170.

8. Tal, *Pollution in a Promised Land*, S. 248 f.

9. Sicular, *Scavengers*, S. 137 f. Zur Geschichte von Dano s. Jones, Spadafora, *Waste, Recycling, and Entrepreneurship*, S. 24–27.

10. J. E, Dziejowski, J. Kazanowska, "Heat Production During Thermophilic Decomposition of Municipal Wastes in the Dano Composting Plant", Herbert Insam, Nuntavun Riddech, Susanne Klammer (Hg.), *Microbiology of Composting*, Berlin u. a. 2002, S. 111–118, 111 f.

11. Bernhard Jäger, *Gutachten für das Bayerische Staatsministerium für Landesentwicklung und Umweltfragen: Die thermische Behandlung von Hausmüll und hausmüllähnlichen Abfällen in Müllverbrennungsanlagen*, München 1985, S. 37; Stadtreinigung Hamburg, *100 Jahre Müllverbrennung in Hamburg 1896-1996*, Hamburg 1996, S. 13, 15.

12. 예를 들어: Günter Dehoust, Holger Alwast, *Kapazitäten der energetischen Verwertung von Abfällen in Deutschland und ihre zukünftige Entwicklung in einer Kreislaufwirtschaft. Strukturanalyse thermischer Anlagen innerhalb der deutschen Kreislaufwirtschaft*, Berlin 2019.

13. Bondes, *Chinese environmental contention*, S. 53–86.

14. 현대의 경우 Samuel Weiss, *Sanitary Landfill Technology*, Park Ridge 1974, S. 17–22. 참조.

15. Köster, *Hausmüll*, S. 158 인용.

16. Tal, *Pollution in a Promised Land*, S. 247 f.

17. Melosi, *Fresh Kills*, S. 207.

18. Stadt Frankfurt/M., "Das Stadtreinigungsamt Frankfurt am Main". *15 Jahre Wiederaufbau*, Frankfurt/M. 1960, S. 18.

19. Melosi, *Garbage in the Cities*, S. 190 f.

20. O. V., "Die Konjunktur hat auch eine Kehrseite. Ersticken wir im Wohlstandsmüll?" *Rhein-*

Neckar Zeitung (1. 9. 1960).

21. Craig E. Colten, Peter N. Skinner, *The Road to Love Canal. Managing Industrial Waste before EPA*, Austin 1996, S. 81; Karl Boyd Brooks, *Before Earth Day. The Origins of American Environmental Law, 1945-1970*, Kansas City 2009, S. 58 f.; Ralf Herbold, Ralf Wienken, *Experimentelle Technikgestaltung und offene Planung. Strategien zur sozialen Bewältigung von Unsicherheit am Beispiel der Abfallbeseitigung*, Bielefeld 1993, S. 32–41.

22. Hershkowitz, Salerni, *Garbage Management in Japan*, S. 104.

23. James Marshall, *Going to Waste. Where will all the Garbage Go?*, New York 1972, S. 43–49. 1972년에 출간된 쓰레기 관리에 대한 한 영국 도서는 '통제된 투기'[controlled tipping]에 관해서 1930년대의 표준을 여전히 중요하게 참고하고 있었다. John Skitt, *Disposal of Refuse and other Waste*, London 1972, S. 26–34.

24. Köster, *Hausmüll*, S. 189, 244.

25. Stokes, Köster, Sambrook, *The Business of Waste*, S. 184–187.

26. Weiss, *Sanitary Landfill Technology*, S. 2 f.

27. Melosi, *Garbage in the Cities*, S. 200 f.

28. Tamanoi, *Suffragist Women*, S. 806; Frioux, *Les Batailles de l'hygiène*, S. 359 f.; Stokes, Köster, Sambrook, *The Business of Waste*, S. 25 f.

29. Hershkowitz, Salerni, *Garbage Management in Japan*, S. 15.

30. Kai F. Hünemörder, "Die Frühgeschichte der globalen Umweltkrise und die Formierung der deutschen Umweltpolitik (1950-1973)", *Stuttgart* 2004, S. 124–144.

31. Giuntini, *Cinquant'anni puliti puliti*, S. 144 f.

32. Stief, *40 Jahre Deponietechnik*.

33. Steinberg, *Back to Earth*, S. 215.

34. Thomas J. Sorg, "Mission 5000: A National Program to Eliminate Dumps". *Milk and Food Technology* 35,5 (1972), S. 291–294.

35. Fairbanks, Wunderlich, Meindl, *Talking Trash*, S. 553 f.; https://www.statista.com/statistics/193813/number-of-municipal-solid-waste-landfills-in-the-us-since-1990 (접속일자: 3.2.2021).

36. Hansjürgen Hoffmann, "Moderne Deponietechnik". *Umwelt-Magazin* 13, 6 (1983), S. 42–44, 42.

37. Fairbanks, Wunderlich, Meindl, *Talking Trash*, S. 553 f.

38. Herbold, Wienken, *Experimentelle Technikgestaltung*, S. 27.

39. Pellow, *Garbage Wars*, S. 68.

40. Beate Lohnert, "Waste Management in Zambia. Actors and Structure of the Waste Management Sector in Mazabuka and Livingstone", Krüger, Haferburg, *Waste Management in Southern Africa*, S. 67–93, 76 f.

41. Colten, *Chicago's waste lands*, S. 133.

42. Steinberg, *Gotham Unbound*, S. 253; Köster, *Hausmüll*, S. 156 인용.

43. Siniawer, *Waste. Consuming Postwar Japan*, S. 85 f.; Shibata, *Land, Waste, and Pollution*, S. 101.

44. Astrid Erhartt-Perez Castro, *Tlatel - Die Stadt am Müll: Müll als Ressource für eine nachhaltige Stadtteilentwicklung in Mexiko-Stadt*, Münster 2009, S. 54.

45. Matthias Gather, *Kommunale Handlungsspielräume in der öffentlichen Abfallentsorgung. Möglichkeiten und Grenzen einer aktiven Umweltplanung auf kommunaler Ebene im Raum Frankfurt am Main*, Frankfurt/M. 1992, S. 90.

46. Tal, *Pollution in a Promised Land*, S. 314–316.

47. Tal Alon-Mozes, "Ariel Sharon Park and the Emergence of Israel's Environmentalism". *Journal*

of Urban Design 17,2 (2012), S. 279–300.

48. Melosi, *Fresh Kills*, S. 545 f.

49. Edward Humes, *Garbology: Our Dirty Love Affair with Trash*, New York 2012, S. 91; Jessica Grosh, *Waste Management in La-La Land. An Analysis of the Loaded Words surrounding Sanitation in the City of Angels*, Los Angeles 2015, S. 130–153, 144–146. https://scholarworks.calstate.edu/downloads/xs55mg584 (접속 일자: 3.11.2021).

50. Moore, *The Excess of Modernity*, S. 432 f.

51. Oman–Reagan, *Bantar Gebang*.

52. Medina, *The World's Scavengers*, S. 186.

53. Frank Molano Camargo, "El relleno sanitario Doña Juana en Bogotá: la producción política de un paisaje tóxico, 1988–2019". *Historia Critica* 74 (2019), S. 127–149, 142.

54. Douglas, *Cities*, S. 177; Medina, *The World's Scavengers*, S. 186 f. 쓰레 관련 법안이 어떻게 발전되어 왔는지에 대해서는: O. Baloyi, K. Masinga, "The new national environmental management: Waste Act; a shift in the waste management approach in South Africa". *The Sustainable World* 142 (2010), S. 311–322.

55. Ayigbédé, *Déchets solides ménagers*, S. 239.

56. Haniyeh Jalalipour, *Sustainable Municipal Organic Waste Management in Shiraz, Iran*, Rostock 2021, S. 13–17.

57. Adewole A. Atere, Akeem Ayofe Akinwale, "Gender, Urbanization and Socio–Economic Development", *Hakeem Ibikunle Tijani (Hg.)*, Nigeria's Urban History. Past and Present$, Lanham 2006, S. 27–44, 30 f.

58. Newell, *Histories of Dirt*, S. 122.

59. Liza Weinstein, *Durable Slum. Dharavi and the Right to Stay Put in Globalizing Mumbai*, Minneapolis 2014, S. 25–53.

60. Steinberg, *Back to Earth*, S. 217.

61. Katherine M. Millar, *Reclaiming the discarded. Life and Labor on Rio's Garbage Dump*, Durham, London 2018, S. 19 f.

62. Thomas Rahn, *Garbage Incineration. Lessons from Europe and the United States*, Toronto 1987, S. 11 f.

63. Rolf Pohle, Reinhard Arndt, *Thermische Abfallbehandlung in Nürnberg- Rückblick auf 25 Jahre Müllverbrennung*, Nürnberg 1992, S. 11.

64. Blaise Farina, "World Historical Production and Waste". *Review (Fernand Braudel Center)* 30,3 (2007), S. 177–213, 198; Hershkowitz, Salerni, *Garbage Management in Japan*, S. 11, 15–17.

65. Giuntini, *Cinquant'anni puliti puliti*, S. 159.

66. Fabian, Tak Lou, *The Struggle for Sustainable Waste Management in Hong Kong*, S. 4.

67. Fairbanks, Wunderlich, Meindl, *Talking Trash*, S. 538.

68. Köster, *Hausmüll*, S. 296 f.

69. Padovano, *La storia della rûmenta*, S. 58; Giuntini, *Cinquant'anni puliti puliti*, S. 139.

70. Hershkowitz, Salerni, *Garbage Management in Japan*, S. 67; Shibata, *Land, Waste, and Pollution*, S. 102.

71. Yagual, *Guayaquil futuro*, S. 24; 부에노스아이레스 등 특히 라틴 아메리카 도시에는 가정 내 쓰레기 소각이 흔한 일이었다. 그러나 이는—쓰레기에서 플라스틱이 차지하는 비율이 상승하며—점차 문제가 되기 시작했으며, 부에노스아이레스는 1976년에 이를 금지하기에 이르렀다. Prignano, *Crónica de la Basura Porteña*, S. 311 f.

72. Köster, *Hausmüll*, S. 254.

73. J. Tevere MacFadyen, "Where Will All the Garbage Go?", Robert Emmet Long (Hg.), *The Problem*

of Waste Disposal, New York 1989, S. 8–17; Walsh, Warland, Smith, *Don't Burn it Here*.

74. Park, *Von der Müllkippe zur Abfallwirtschaft*, S. 103 f.

75. O. V., "Großstädte ersticken im Müll. Verbrennung oder Kompostierung? Jeder Großstädter produziert 1 cbm Abfall im Jahr". *Frankfurter Allgemeine Zeitung* (7. 2. 1961).

76. Köster, *Hausmüll*, S. 208 f.

77. 1950년대 다이옥신이 처음으로 전문적으로 다루어졌고, 이후 1973년 미국에서는 다이옥신 문제에 대한 대규모 심포지엄이 개최되었다. Thomas Whiteside, *The Pendulum and the Toxic Cloud. The Course of Dioxin Contamination*, New Haven, London 1979, S. 1–15; Joachim Radkau, *Die Ära der Ökologie. Eine Weltgeschichte*, München 2011, S. 153.

78. J. Jäger, *Organische Stoffe im Hausmüll als Vorprodukte zur Dioxin-Entstehung bei der Verbrennung*, Dessau 1984.

79. Bettina Hitzer, *Krebs fühlen. Eine Emotionsgeschichte des 20. Jahrhunderts*, Stuttgart 2020; Susan Sontag, *Illness as Metaphor*, New York 1988. 참조.

80. Ulrich Beck, *Risikogesellschaft: Auf dem Weg in eine andere Moderne*, Frankfurt/M. 1986, S. 34.

81. O. V. (Newsday), *Rush to Burn. Solving America's Garbage Crisis*, Washington D. C. 1989, S. 104–110.

82. Calvin R. Brunner, *Hazardous Air Emissions from Incineration*, New York 1985, S. 54–65.

83. Volker Grassmuck, *Christian Unverzagt, Das Müll-System. Eine metarealistische Bestandsaufnahme*, Frankfurt/M. 1991.

84. Otmar Wassermann, "Toxikologische Bewertung von Emissionen aus Deponien und Müllverbrennungsanlagen", Reiner Schiller–Dickhut, Harald Friedrich (Hg.), *Müllverbrennung. Ein Spiel mit dem Feuer*, Bielefeld 1989, S. 69–84, 76.

85. Hans–Dieter Degler, *Dieter Uentzelmann, Supergift Dioxin. Der unheimliche Killer*, Hamburg 1984, S. 18.

86. Giuntini, *Cinquant'anni puliti puliti*, S. 164 f.

87. Walsh u. a., *Don't Burn it here*, S. 122; Hershkowitz, Salerni, *Garbage Management in Japan*, S. 72, 82 f.

88. Walsh u. a., *Don't Burn it here*, S. 79.

89. K. A. Gourlay, *World of Waste. Dilemmas of Industrial Development*, New Jersey 1992, S. 86.

90. Shibata, *Land, Waste, and Pollution*, S. 105.

91. Committee on Health Effects of Waste Incineration (Hg.), *Incineration & Public Health*, Washington D. C. 2000, S. 30–32; Park, *Von der Müllkippe zur Abfallwirtschaft*, S. 177; Lothar Barniske, "Horst Voßköhler, Stand der Abfallverbrennung in der Bundesrepublik Deutschland". *Müll und Abfall* 10,5 (1978), S. 157–166.

92. Tim Schauenberg, "Müllverbrennung in Deutschland: Entsorgung mit Risiken?" (28.10.2019). https://www.dw.com/de/m%C3%BCllverbrennung–in–deutschland–entsorgung–mit–risiken/a–50759483 (접속 일자: 24.12.2020).

93. Tobias Girard, "Singuliers débordements. Un incinérateur, des hommes et… des catégories à déconstruire", Thomas Le Roux, Michel Letté (Hg.), *Débordements industriels. Environnement, territoire et conflit XVIIIe-XXIe siècle*, Rennes 2013, S. 41–56.

94. Andrea Bachstein, "Von den Sternen in den Staub". *Süddeutsche Zeitung* (17. Juli 2022).

95. https://www.gemeinsam–fuer–afrika.de/aethiopien–nimmt–erste–muellverbren–nungsanlage–in–afrika–in–betrieb (접속 일자: 23.11.2022).

96. Medina, *The World's Scavengers*, S. 51.

97. Bondes, *Chinese environmental contention*, S. 53–86.

98. Lee u. a., *Sustainable waste management for zero waste cities in China*, S. 175.

99. Xiaodu Huang, Dali L. Yang, "NIMByism, waste incineration, and environmental governance in China". *China Information* 34,3 (2020), S. 342–360, 346 f.

100. Bondes, *Chinese environmental contention*.

101. Sabine Höhler, *Spaceship Earth in the Environmental Age, 1960-1990*, London 2015, S. 70, 83.

102. Michael R. Greenberg, Richard F. Anderson, *Hazardous Waste Sites. The Credibility Gap*, New Jersey 1984, S. 1–29.

103. 일본의 사례: Shibata, *Land, Waste, and Pollution*, S. 98 f.

104. Colten, Skinner, *The Road to Love Canal*, S. 138 f.; Joshua O. Reno, *Military Waste. The Unexpected Consequences of Permanent War Readiness*, Berkeley 2020, S. 1–19.

105. Brooks, *Before Earth Day*, S. 58 f.

106. Manfred Grieger, "Going Round in Circles? The Disposal of PVC and Plastic at the Volkswagen Plant in Wolfsburg between Industrial Incineration and Landfilling since 1955". *Jahrbuch für Wirtschaftsgeschichte* 50,2 (2009), S. 81–98.

107. Köster, *Hausmüll*, S. 203–206; Iris Borowy, "Hazardous Waste: The Beginning of International Organizations Addressing a Growing Global Challenge in the 1970s". *Worldwide Waste: Journal of Interdisciplinary Studies* 2, 1 (2019), S. 1–10, 2; Anne–Claude Ambroise–Rendu u. a., *Une histoire des luttes pour l'environnement. 18e-20e, trois siècles de débats et de combats*, Paris 2021, S. 208.

108. Colten, Skinner, *The Road to Love Canal*, S. 53, 68, 147.

109. Robert W. Collin, *The Environmental Protection Agency. Cleaning Up America's Act*, Westport 2006, S. 29 f.

110. Fairbanks, Wunderlich, Meindl, *Talking Trash*, S. 530.

111. Borowy, *Hazardous Waste*, S. 7 f.

112. Thorsten Schulz–Walden, *Anfänge globaler Umweltpolitik. Umweltsicherheit in der internationalen Politik (1969-1975)*, München 2013, S. 235–243.

113. 예를 들어: Allen Stenstrup, *Hazardous Waste*, Chicago 1991, S. 29–33.

114. Köster, *Hausmüll*, S. 207 f.

115. Jennifer Clapp, *Toxic Exports. The Transfer of Hazardous Wastes from Rich to Poor Countries*, Ithaca 2018, S. 23.

116. Cutolo, *Breve storia della Monnezza a Napoli*, S. 85.

117. Roberto Saviano, *Gomorrha. Reise in das Reich der Camorra*, München 2009, S. 354.

118. Annette Langer, Roberto Salomone, 'Der Krebs ist wie ein Schatten' (9.2.2020). www.spiegel.de/panorama/gesellschaft/neapel–giftmuellverbrennung–und–krebs–tote–im–land–der–feuer–a–60a150dc–1260–4241–921e–eb89c899de79 (접속 일자: 24.1.2023).

119. Fumikazu Yoshida, *The Economics of Waste and Pollution Management in Japan*, Tokyo 2002, S. 32; Justin McCurry, "Garbage island no more: how one Japanese community triumphed over a toxic waste dump". *The Guardian* (27.6.2022).

120. Benson, *Surroundings*, S. 157.

121. Girling, *Rubbish!*, S. 180; Tal, *Pollution in a Promised Land*, S. 306–316.

122. 예를 들어: Clapp, *Toxic Waste*, S. 35 f.

123. Park, *Von der Müllkippe zur Abfallwirtschaft*, S. 84–92; Hildegard Frilling, Olaf Mischer, *Pütt un Pann'n. Geschichte der Hamburger Hausmüllbeseitigung*, Hamburg 1994, S. 168.을 참조.

124. Matthias Baerens, Ulrich von Arnswald, *Die Müll-Connection. Entsorger und ihre Geschäfte*, München 1993.

125. Buck, *Umweltbelastung durch Müllentsorgung*, S. 467 f.

126. Radkau, *Die Ära der Ökologie*, S. 535.

127. Simone M. Müller, "Hidden Externalities: The Globalization of Hazardous Waste", *Business History Review* 93,1 (2019), S. 51–74.

128. Steinberg, *Down to Earth*, S. 218.

129. 모브로 4000Mobro 4000에 대해서는 다음을 참조하라. Melosi, *Fresh Kills*, S. 328–332.

130. Christoph Hilz, *The International Toxic Waste Trade*, New York 1992; Michikazu Kojima, "Issues relating to the international trade of second-hand goods, recyclable waste, and hazardous waste", Etsujo Michida (Hg.), *International trade in recyclable and hazardous waste in Asia*, Northampton 2013, S. 1–13.에서 발췌.

131. Clapp, *Toxic Exports*, S. 31.

132. Thomas MacManus, *State-Corporate Crime and the Commodification of Victimhood. The Toxic Legacy of Trafigura's Ship of Death*, London, New York 2018.

133. Yoshida, *The Economics of Waste and Pollution Management*, S. 55 f.

134. John Ebotui Yajalin, "Understanding Political Participation From the Margins: The Perspectives of Migrant Slum Dwellers in Agbogbloshie, Ghana", *Journal of Asian and African Studies* (2022), S. 1–15.

135. Crooks, *Giants of Garbage*, S. 88–93.

136. Ann Kristin Bergquist, "Dilemmas of Going Green: Environmental Strategies in the Swedish Mining Company Boliden, 1960–2000", Hartmut Berghoff, Adam Rome (Hg.), *Green Capitalism. Business and the Environment in the Twentieth Century*, Philadelphia 2017, S. 149–171; Andre J. Hoffmann, *From Heresy to Dogma. An Institutional History of Corporate Environmentalism*, San Francisco 1997.을 참조.

13장

1. Wolf Haas, Müll, München 2022, S. 29.

2. PA Images / Alamy Stock Photo.

3. Sicular, *Scavengers*, S. 19.

4. Packard, *The Waste Makers*, S. 43.

5. Markus Krajewski, Fehler-Planungen. "Geschichte und Theorie der industriellen Obsoleszenz". *Technikgeschichte* 81,1 (2014), S. 91–114. 전반적인 개요에 대해서는 다음을 참조하라. Roman Köster, "Geplante Obsoleszenz". *Merkur* 69 (2015), S. 60–66.

6. Horst Wagenführ, *Kartelle in Deutschland*, Nürnberg 1931, S. XIII.

7. Heike Weber, "Recycling Europe's Domestic Wastes: The Hope of 'Greening' Mass Consumption through Recycling", Anna-Katharina Wöbse, Patrick Kupper (Hg.), *Greening Europe. Environmental Protection in the long Twentieth Century - A Handbook*, Berlin 2022, S. 269–301, 272; König, *Geschichte der Wegwerfgesellschaft*, S. 77 f.

8. Trentmann, *Empire of Things*, S. 659 f.; Stefan Krebs, Thomas Hoppenheit, *Questioning the Decline of Repair in the Late 20th Century: The Case of Luxembourg, Bernasconi, Les Réparations dans l'Histoire*, S. 185–199.

9. Stephen Graham, "When Infrastructures Fail", ders. (Hg.), *Disrupted cities: when infrastructure fails*, New York 2009, S. 1–26, 10.

10. Edgerton, *The Shock of the Old*, S. 75–102.

11. Stefan Krebs, "'Notschrei eines Automobilisten' oder die Herausbildung des deutschen Kfz-Handwerks in der Zwischenkriegszeit". *Technikgeschichte* 79,3 (2012), S. 185–206.

12. Edgerton, *The Shock of the Old*, S. 82 f.
13. Jonathan Voges, *'Selbst ist der Mann'. Do-it-yourself und Heimwerken in der Bundesrepublik Deutschland*, Göttingen 2017, S. 81–97.을 참조.
14. Führer, *Das Fleisch der Republik*, S. 222.
15. Rüdiger Zill, *Der absolute Leser. Hans Blumenberg - eine intellektuelle Biographie*, Berlin 2020, S. 360.
16. Thorsheim, *Waste into Weapons*, S. 256–262; Stokes, Köster, Sambrook, *The Business of Waste*, 125 f.
17. Stokes, Köster, Sambrook, *The Business of Waste*, S. 119.
18. Wolfgang Schneider, *Sekundärrohstoff Altpapier. Markt - und Marktentwicklung in der Bundesrepublik Deutschland*, Dortmund 1988, S. 74.
19. Köster, *Hausmüll*. S. 349 f.
20. Ebd.
21. Nancy Bodden, *Business as usual? Die Dortmunder Brauindustrie, der Flaschenbierboom und die Nachfragemacht des Handels 1950 bis 1980*, Dortmund 2019, S. 156–165.
22. Marty, *L'invention de l'eau embouteillée*.
23. Friedel, *American Bottles*, S. 521–523.
24. Weber, *Recycling Europe's Domestic Wastes*, S. 279–284.
25. https://www.wirtschaftswundermuseum.de/werbung–bilder–1967.html (접속 일자: 23.1.2022).
26. Andrea Westermann, "When Consumer Citizens spoke up. West Germany's early Dealings with Plastic Waste". *Contemporary European History* 22,3 (2013), S. 477–498.
27. Ruth Oldenziel, Mikael Hård, *Consumers, Tinkerers, Rebels: The People who Shaped Europe*, Basingstoke 2013, S. 238–244.
28. Emily Brownell, "Negotiating the New Economic Order of Waste". *Environmental History* 16 (2011), S. 262–289, 265.
29. Ebd., S. 267.
30. Ebd., S. 267 f.
31. Köster, *Hausmüll*, S. 357.
32. Fairbanks, Wunderlich, Meindl, *Talking Trash*, S. 543.
33. Köster, *Hausmüll*, S. 164, 235.
34. Finis Dunaway, *Seeing Green. The Use and Abuse of American Environmental Images*, Chicago 2015, S. 96–106.
35. Finn Arne Jørgensen, *Making a Green Machine. The Infrastructure of Beverage Container Recycling*, New Brunswick 2011.
36. Ebd., S. 29–48.
37. Bernhard Gallenkemper, Heiko Doedens, *Getrennte Sammlung von Wertstoffen des Hausmülls. Planungshilfen zur Bewertung und Anwendung von Systemen der getrennten Sammlung*, Düsseldorf 1987, S. 33, 176.
38. Hershkowitz, Salerni, *Garbage Management in Japan*, S. 30–34, 40.
39. Ebd., S. 54 f.
40. Shibata, *Land, Waste, and Pollution*, S. 106 f.
41. Agnes Bünemann, "Duales System Deutschland. Ein Rückblick über die Entwicklung in Deutschland", Peter Kurth (Hg.), *Ressource Abfall. Politische und wirt- schaftliche Betrachtungen anlässlich des 50-jährigen Bestehens des BDE*, Neuruppin 2011, S. 18–31.
42. Hershkowitz, Salerni, *Garbage Management in Japan*, S. 30–34, 40.
43. Akouété Galé Ékoué, *Représentations socioculturelles du sale et du propre et modes de gestion*

domestiques des déchets en milieu urbain Togolais. Étude du cas à Lomé, Lomé 2020, S. 205.

44. Fox, *Urbanization as a Global Historical Process*.

45. Saskia Sassen, *Expulsions. Brutality and Complexity in the Global Economy*, Cambridge/Mass. 2014.

46. Jason Young, *China's Hukou System. Markets, Migrants and Institutional Change*, New York 2013.

47. Toby Lincoln, *An Urban History of China*, Cambridge 2021, S. 252.에서 인용.

48. Medina, *The World's Scavengers*, S. 62.

49. Erhartt–Perez Castro, *Tlatel - Die Stadt am Müll*, S. 30–35.

50. Medina, *The World's Scavengers*, S. 214–220.

51. Debout, Florin, *Chiffonniers et entreprises privées internationales*, S. 44.

52. Wael Salah Fahmia, Keith Sutton, "Cairo's Contested Garbage: Sustainable Solid Waste Management and the Zabaleen's Right to the City". *Sustainability* 2 (2010), S. 1765–1783, 1775. 참조.

53. Medina, *The World's Scavengers*, S. 74.

54. Ebd., S. 200.

55. 베이징 내 스캐빈저의 수는 15만 명에서 30만 명에 달한 것으로 보인다. Goldstein, *Remains of the Everyday*, S. 3. 참조.

56. Medina, *The World's Scavengers*, S. 202.

57. Martine Camacho, *Les Poubelles de la Survie. La décharge municipale de Tananarive*, Paris 1986.

58. Ebd., S. 19, 40 f.

59. Medina, *The World's Scavengers*, S. 188 f.

60. Werner Raffetseder, *Leben im Müll*, Wien 1994, S. 11–23; Stephan Kunz, *Erwachsenenbildung als soziale Überlebensstrategie. Eine ethnologische Studie am Beispiel der Müllmenschen von Smokey Mountain/Tondo/Manila*, Frankfurt/M. 1998, S. 164–169.

61. Philippines, Manila: "Smokey mountain. Rubbish dump". © 1992 Didier Ruef.

62. Ebd., S. 11–23; Kunz, *Erwachsenenbildung als soziale Überlebensstrategie*, S. 164–169; Giannotta, *Il valore sociale die rifiuti*, S. 8.

63. Juan Rusque–Alcaino, Ray Bromley, "The Bottle Buyer: An Occupational Autobiography", Ray Bromley, Chris Gerry (Hg.), *Casual Work and Poverty in Third World Cities*, Chichester 1979, S. 185–215, 209 f.

64. Sebastián Carenzo, "Desfetichizar para producer valor. Refetichizar para producer el colectivo: Cultura material en una cooperativa de 'Cartoneros' del Gran Buenos Aires". *Horizontes Antropológicos* 36 (2011), S. 15–42, 24 f. 참조.

65. Doron, Jeffrey, *Waste of a Nation*, S. 133.

66. Cyrille Harpet, Brigitte Le Lin, *Vivre sur la décharge d'Antananarivo. Regards anthropologiques*, Paris 2001, S. 66–68.

67. Medina, *The World's Scavengers*, S. 58 f.

68. 재활용을 위해 수거된 자재들이 도달하는 남아프리카의 국가 보츠와나의 사례: Christoph Haferburg, Fred Krüger, *Waste management in Southern Africa: actors, institutions and organisations in midsized cities in Botswana and Zambia*, Erlangen 2014, S. 47; Rusque–Alcaino, Bromley, *The Bottle Buyer*, S. 209 f.

69. Taira, *Urban Poverty*.

70. Medina, *The World's Scavengers*, S. 82, 156 f.

71. Ana Cecilia Terviño, *Basura de oro. El asesinato de Rafael Gutiérrez Moreno, líder de los pepenadores*, Mexiko Stadt 1990; Medina, *The World's Scavengers*, S. 133.

72. 스캐빈저를 환경 운동가로 바라보는 문헌도 종종 찾아볼 수 있지만, 개인적으로는 이 견해가 옳다고 여기지 않는다. Johanna Kramm, Nicolas Schlitz, "Müll, Macht, Materialität: Politische Ökologien des Abfalls", Daniela Gottschlich (Hg.), *Handbuch Politische Ökologie. Theorien, Konflikte, Begriffe, Methoden*, Bielefeld 2022, S. 235–244, 239 f. 참조.

73. 리우데자네이루의 쓰레기 매립지인 자르딤 그라마초Jardim Gramacho의 예를 들면: Millar, *Reclaiming the Discarded*, S. 177 f.

74. Oscar Lewis, *Five Families. Mexican Case Studies in the Culture of Poverty*, New York 1959.

75. Sicular, *Scavengers*, S. 40–42.

76. Newell, *Histories of Dirt*, S. 121 f.

77. David Graeber, *Debt: The first 5000 Years*, New York 2011.

78. Medina, *The World's Scavengers*, S. 46.

79. Risa Whitson, "Negotiating Place and Value: Geographies of Waste and Scavenging in Buenos Aires". *Antipode* 43,4 (2011), S. 1404–1433, 1404; Medina, *The World's Scavengers*, S. 171 f.; Christine Furedy, "Strategies of the Urban Poor Scavenging and Recuperation in Calcutta". *GeoJournal* 8,2 (1984), S. 129–136, 130 f.

80. Chris Birbeck, *Garbage, Industry, and the 'Vultures' of Cali, Colombia, Bromley, Gerry, Casual Work and Poverty*, S. 161–183, 182.

81. Medina, *The World's Scavengers*, S. 64 f.

82. Jutta Gutberlet, Sebastián Carenzo, "Waste Pickers at the Heart of the Circular Economy: A Perspective of Inclusive Recycling from the Global South". *Worldwide Waste* 3,1 (2020), S. 1–6.

83. Thomas Fleischman, *Communist Pigs. An Animal History of East Germany's Rise and Fall*, Washington D. C. 2020, S. 13–16.

84. Natalie Moszkowska, *Zur Dynamik des Spätkapitalismus*, Zürich 1943, S. 26 f.

85. Francesco Boldizzoni, *Foretelling the End of Capitalism. Intellectual Misadventures since Karl Marx*, Cambridge/Mass. 2020, S. 74 f.

86. Roman Köster, "Transformationen der Kapitalismusanalyse und Kapitalismuskritik in Deutschland im 20. Jahrhundert". *Geschichte und Gesellschaft, Sonderheft* 24 (2012), S. 284–303. 참조.

87. André Steiner, *Von Plan zu Plan. Eine Wirtschaftsgeschichte der DDR*, Berlin 2007, S. 71 f., 110–115.

88. Verena Winiwarter, "History of Waste", Katy Bisson, John Proops (Hg.), *Waste in Ecological Economics*, Cheltenham 2002, S. 38–54, 51.

89. Christian Möller, "Der Traum vom ewigen Kreislauf. Abprodukte, Sekundärrohstoffe und Stoffkreisläufe im 'Abfall–Regime' der DDR (1945–1990)". *Technikgeschichte* 81 (2014), S. 61–89; Dirk Maier, "'Mehr Achtung für den Lumpenmann' – Altstofferfas– sung und Materialwirtschaft in der DDR der 1950er und 1960er Jahre", Mamoun Fansa (Hg.), *Müll: Facetten von der Steinzeit bis zum Gelben Sack*, Mainz 2003, S. 131–139.

90. Zsuzsa Gille, *From the Cult of Waste to the Trash Heap of History: The Politics of Waste in Socialist and Postsocialist Hungary*, Bloomington 2007.

91. Fleischman, *Communist Pigs*, S. 84.

92. https://www.berlinplaene.de/store/index.php?route=product/product&product_id=226 (접속 일자: 3.2.2020).

93. Radio Free Europe Research: "Situation Report Czechoslovakia" (5.2.1975).

94. Goldstein, *Remains of the Everyday*, S. 77–82.

95. Whitney, *The Waste Economy*, S. 180.

96. Ebd., S. 187.

97. 예를 들어: Ekaterina Gerasimova, "Sof'ia Chuikina, The Repair Society". *Russian Studies in History* 48,1 (2009), S. 58–74.

98. 소비에트 연방의 경우: Ol'ga Gurova, "The Life Span of Things in Soviet Society. Notes on the Sociology of Underwear". *Russian Social Science Review* 50,4 (2009), S. 49–60, 54 f.

99. Fleischman, *Communist Pigs*, S. 118–144.

100. Alexey Golubev, *The Things of Life. Materiality in Late Soviet Russia*, Ithaca/NY 2020, S. 30–34, 42 f.

101. Yulia Karpova, "Visions and Visualization of Sustainability: Leningrad Designers in Search of Soviet Recycling System, 1981–1984", Aga Skrodzka, Xiaoning Lu, Katarzyna Marciniak (Hg.), $The Oxford Handbook of Communist Visual Cultures, Oxford 2020, S. 1–27.

102. Fleischman, *Communist Pigs*, S. 97 f.

103. Möller, *Der Traum vom ewigen Kreislauf*, S. 85.

104. Ebd., S. 85 f.; Gille, *From the Cult of Waste*, S. 133–136.

105. Steiner, *Von Plan zu Plan*, S. 203–215.

106. Hans–Peter Jährig, "

SERO – Recycling à la DDR". *Jahrbuch Ökologie* (1992), S. 266–272, 272.

107. Tom Szaky, *Revolution in a Bottle. How Terracycle is Eliminating the Idea of Waste*, London 20132.

108. Graham, *When Infrastructures Fail*, S. 7 f.; Goldstein, *Remains of the Everyday*, S. 13 f.

109. Pieter J. H. van Beukering, Anantha Duraiappah, "The Economic and Environmental Impact of Wastepaper Trade and Recycling in India". *Journal of Industrial Ecology* 2 (1998), S. 23–42, 24.

110. Nicky Gregson, Helen Watkins, Melania Calestani, "Political markets: recycling, economization, marketization". *Economy and Society* 42,1 (2013), S. 1–25.

111. Brownell, *Negotiating the New Economic Order of Waste*, S. 267 f.

112. Nicky Gregson, Mike Crang, "From Waste to Resource: The Trade in Wastes and Global Recycling Economies". *Annual Review of Environment and Resources* 40 (2015), S. 151–762.

113. Pieter J. H. van Beukering, *Recycling, International Trade and the Environment: An Empirical Analysis*, Dordrecht u. a. 2001, S. 51.

114. Wei–Qiang Chen, T. E. Graedel, "Dynamic analysis of aluminum stocks and flows in the United States: 1900–2009". *Ecological Economics* 81 (2012), S. 92–102.

115. Mimi Sheller, Aluminum Dreams. *The Making of Light Modernity*, Cambridge/ Mass. 2014, S. 223–234; Zsuzsa Gille, *Paprika, Foie Gras, and Red Mud: The Politics of Materiality in the European Union*, Bloomington 2016, S. 61–64.

116. Davor Mujezinovic, "Electronic Waste in Guiyu: A City under Change?" *Environment & Society Portal, Arcadia* (Summer 2019), no. 29. Rachel Carson Center for Environment and Society. doi. org/10.5282/rcc/8805.

117. Beukering, *Recycling*, S. 89.

118. Martina Igini, "What Are the Consequences of China's Import Ban on Global Plastic Waste? Earth.Org" (7.4.2022). https://earth.org/chinas–import–ban/ (접속 일자: 12.1.2022).

119. Gregson, Crang, *From Waste to Resource*; Gregson, Watkins, Calestani, *Political markets*.

120. Herment, Le Roux, *Recycling*, S. 2.

121. Führer, *Das Fleisch der Republik*, S. 222.

122. Herment, Le Roux, *Recycling*, S. 9 f.

123. Gregson u. a., *Doing the 'dirty work' of the green economy*, S. 543.

에필로그

1. Mike Davis. *City of Quartz. Excavating the Future in Los Angeles*, London u. a. 2006. S. 196.
콘돔은 대체로 인공 생산된 라텍스로 만들어졌다.

2. Thor Heyerdahl, "Atlantic Ocean pollution and biota observed by the Ra Expeditions". *Biological Conservation* 3 (1971), S. 164–167.

3. Theodore R. Merrell Jr., "Accumulation of plastic litter on beaches of Amchitka Island, Alaska". *Marine Environmental Research* 3 (1980), S. 171–184.

4. Stefan W. Douvier, *MARPOL: technische Möglichkeiten, rechtliche und politische Grenzen eines internationalen Übereinkommens*, Bremen 2004, S. 12–20.

5. Jacob D. Hamblin, *Poison in the well. Radioactive Waste in the Oceans at the Dawn of the Nuclear Age*, New Brunswick 2008.

6. Peter G. Ryan, "A Brief History of Marine Litter Research", Melanie Bergmann u. a. (Hg.), *Marine Anthropogenic Litter*, Heidelberg u. a. 2015, S. 1–25.

7. Pons, *Océan Plastique*, S. 66 f.

8. https://sinplastic.com/plastikinseln (접속 일자: 5.12.2022).

9. Clare Ostle u. a., "The rise in ocean plastics evidenced from a 60–year time series". *Nature Communications* 10,1622 (2019), S. 1–6, 3.

10. D. Kolb, "Möglichkeiten durch das persönliche Verhalten der Konsumenten", Ministerium für Umwelt Baden–Württemberg (Hg.), *Leben ohne Müll. Wunsch oder Wirklichkeit? Kongress Abfallvermeidung/verminderung am 10. und 11. Oktober 1988*, Stuttgart 1988, S. 321–328, 326.

쓰레기의 세계사

초판 1쇄 인쇄 2024년 8월 29일
초판 1쇄 발행 2024년 9월 18일

지은이 로만 쾨스터
옮긴이 김지현
펴낸이 유정연

이사 김귀분
책임편집 유리슬아 **기획편집** 신성식 조현주 서옥수 황서연 정유진 **디자인** 안수진 기경란
마케팅 반지영 박중혁 하유정 **제작** 임정호 **경영지원** 박소영

펴낸곳 흐름출판(주) **출판등록** 제313-2003-199호(2003년 5월 28일)
주소 서울시 마포구 월드컵북로5길 48-9(서교동)
전화 (02)325-4944 **팩스** (02)325-4945 **이메일** book@hbooks.co.kr
홈페이지 http://www.hbooks.co.kr **블로그** blog.naver.com/nextwave7
출력·인쇄·제본 (주)삼광프린팅 **용지** 월드페이퍼(주) **후가공** (주)이지앤비(특허 제10-1081185호)

ISBN 978-89-6596-649-4 03900